朱子家禮
주자가례를 바탕으로 한

전통의례
傳統儀禮

주병구

明文堂

머리말

우리나라의 유교(儒敎) 전통사회에서는 관혼상제(冠婚喪祭)와 관련된 의례(儀禮)의 준거가 기록된 예서(禮書)들이 매우 중요한 위치를 차지하였다. 오경(五經)의 하나인 예기(禮記)는 이미 오래전부터 알려졌고, 성리학(性理學)이 전래한 이후에는 주자(朱子)의 가례(家禮)가 무엇보다도 중요한 역할을 하였다. 이에 조선 시대에는 가례(家禮)에 대한 연구가 활발하였는데 사례편람(四禮便覽)이 대표적이며, 한글로 번역된 가례언해(家禮諺解)도 출판되었다.

그러나 중국의 의례(儀禮)를 정리한 가례(家禮)를 우리나라에 적용하는 데에는 생활 방식에서 차이가 있었기 때문에 한계가 있었다. 그뿐만 아니라 우리나라의 의례(儀禮)에서는 유교(儒敎)적인 가례(家禮)를 원형으로 하여, 토속 신앙은 물론이고 불교적 요소도 혼재된 형태이다. 그럼에도 우리나라의 사대부가(士大夫家)에서는 주자(朱子)의 가례(家禮)를 따르는 것이 바른 예절(禮節)이라고 믿었고, 이를 지키기 위한 노력들도 이어졌다.

나는 1980년대 말에 전통 의례(儀禮)와 관련된 이 책을 쓰기로 마음먹었으니 30년 전이다. 그렇지만 이 책을 마무리 짓는 오늘에 이르러서는 망설임이 없지 않다. 이 책은 가례(家禮)라 이름하여 전통적으로 이어져 내려온 관혼상제(冠婚喪祭)와 관련된 책인데, 새것을 좋아하는 요즈음 세태에 비추어보자면 이 책은 그다지 유용하지 않을 것 같기 때문이다.

30년 전인 당시만 하여도 사람들은 그런대로 가례(家禮)에 대한 관심이 있었다. 그런데 지금에 이르러 예전과 비교하면, 세상은 판이하게 바뀌었다. 현대사회는 소비자의 취향에 맞추어 제품을 생산하고, 소비자의 취향이 변하면

얼른 새롭게 바꾸어야 살아남는 세상이다. 남들보다 서둘러 업그레이드해야 한다고 아우성이다. 낡은 것은 과감하게 버리라고 요구한다. 과거의 관념은 아무 쓸모가 없으니 무시하라고 말한다. 그러한 관점에서 보자면 관혼상제(冠婚喪祭)와 관련된 가례(家禮)가 아무리 우리의 전통이었다고는 하지만, 마치 굼뜬 늙은이가 젊은이의 잰 발걸음을 방해하는 듯한 느낌을 지울 수 없었다.

하지만 비록 시류(時流)에는 역행할지라도 전통예절을 정리해두어야 할 것 같았다. 세상은 빠르고 급하게 변하기는 하지만 전통을 찾고, 전통을 지키기 위해 애쓰는 사람들은 여전히 존재할 것이라고 믿는다.

30년 전만 하여도 가례(家禮)의 원문을 구하기는 쉽지 않았다. 그러나 현재에는 가례(家禮)가 완역되었고 사례편람(四禮便覽)도 역시 그러하다. 그러나 이 책들은 원문의 해석에는 충실하나 너무 자세하게 드러내었다. 따라서 학문적인 성과는 높을지 모르나 일반 독자들이 읽고 의례(儀禮)를 실천하기에는 어려움이 따른다. 그리고 몇몇 관련 서적들도 있으나 특정한 의례(儀禮)에 치중한 편이어서 전체를 모두 담고 있지는 못하다.

이 책은 주자가례(朱子家禮)의 형식을 빌어 통례(通禮), 관례(冠禮), 혼례(婚禮), 상례(喪禮), 제례(祭禮)의 순으로 나타내었다. 이 책에서는 지금은 없어진 관례(冠禮)에 대하여 기술하고 있고, 혼례(婚禮)도 신식혼례(新式婚禮)보다는 전통혼례(傳統婚禮)를 앞세우고 있으며, 상례(喪禮)에는 책의 많은 분량을 할애하였고, 제례(祭禮)에 대해서는 원론적으로 상세하게 나타내었다.

현대사회에서 관혼상제(冠婚喪祭)를 모두 익힌다는 것은 여간 쉽지 않은 일이다. 이 책을 참고하여 전통 의례(儀禮)를 실천하는데 조금이나마 도움이 된다면 나에겐 큰 보람이 되겠다.

2020년 정월 초하루 주 병 구

차례

제4장

상례(喪禮)

제 1 장

통례(通禮)

수자가례(朱子家禮)에서는 관혼상제(冠婚喪祭)에 앞서 먼저 통례(通禮)로 시작하였다. 통례(通禮)에는 사당(祠堂)과 심의제도(深衣制度), 사마씨거가잡의(司馬氏居家雜儀)를 나타내었다.

그러나 이는 오늘날의 현실과 매우 다르다. 사당(祠堂)은 이미 사라졌고, 서양 문물의 유입으로 복식(服飾) 또한 옛것과 많이 다르다. 따라서 이 장에서는 예서(禮書), 유림의례(儒林儀禮), 방위(方位), 배례(拜禮), 가족(家族), 호칭(呼稱)과 경어(敬語) 등에 대하여 살펴본다. 즉 예절(禮節)에 대한 일반적인 내용이다. 다만 선인(先人)께서 예서(禮書)의 시작을 통례(通禮)라 하였으므로 이를 따른다.

제1절 예(禮)의 기원

예(禮)의 시작을 거슬러 올라가면 인류의 시작과 같을 것이다. 초월적인 자연과 하늘에 제사(祭祀)를 지내고 지배자에 대한 충성을 서약하거나 무리의 안정적 생활을 위한 규범들을 만들었는데, 이것이 점차 체계화되어 예(禮)로 자리잡았다.

공자(孔子)께서 요(堯), 순(舜), 우(禹), 탕(湯), 문왕(文王), 무왕(武王), 주공(周公)으로 이어지는 전통(傳統)을 계승한 것과 같이, 유가(儒家)의 예(禮)도 고대로부터 내려온 전통(傳統)을 계승하고, 발전시켜 오늘에 이르고 있다.

유정동(柳正東)에 의하면 예(禮)라는 글자는 示와 豊이 모여서 이루어진 글자로, 示는 二와 小가 합쳐진 것이며, 豊은 曲과 豆가 합쳐진 것이라 하였다. 二는 上을 뜻하며 小는 상천(上天)에서 해와 달과 별의 빛이 내려와서 비춰주는 형상이다. 豆는 제기(祭器)이며 曲은 제물(祭物)을 그릇에 소복하게 담은 모습이다. 즉 제기(祭器)에 제물(祭物)을 담아 하늘에 바치는 존경심을 표현[1]한 것이 예(禮)의 어원(語源)이라 할 수 있다.

예(禮)는 하늘이나 임금과 같이 자신보다 초월적인 상대에 대하여 우러르는 마음에서부터 시작되었다. 여기에는 자신의 한계를 인식하고 그것을 인정한다는 조건을 바탕으로 성립하며, 이렇게 함으로써 얻는 이점은 평온함, 안전함을 추구하기 위해서였다. 상대를 높이고 자신을 낮추는 것을 공경(恭敬)이라 한다면, 공경(恭敬)하는 마음에서 예(禮)가 생긴 것이다.

---

1 성균관대학교 유학과(成均館大學校 儒學科), 유학원론(儒學原論), 成均館大學校出版部, 1981), p. 145.

그렇다고 하여 예(禮)가 일방적인 행위만은 아니며, 자신을 낮춘 보람이 따르는 쌍방적인 행위로 본다. 따라서 예(禮)는 오고 가는 것을 숭상한다고 하였다. 가기만 하고 오지 않는 것은 예(禮)가 아니며 오기만 하고 가지 않는 것 또한 예(禮)가 아니다.(禮尙往來, 往而不來, 非禮也. 來而不往, 亦非禮也.)[2]

한편 예(禮)는 상대적인 관계의 규범이기 때문에 상대에 따라 분명하게 구분하고 있다. 즉 예(禮)라는 것은 마디[節]를 가지는 것인데 마디가 없으면 예(禮)가 되지 못한다. 두터운 마디, 즉 두터운 관계는 두텁게 대접하는 것이며, 엷은 마디, 즉 엷은 관계는 엷게 대접하는 것이 예(禮)를 행하는 기본이다.

예(禮)에서는 임금과 신하 사이의 기강(紀綱)이라든지, 아버지와 아들 사이의 기강(紀綱), 지아비와 지어미 사이의 기강(紀綱) 등 상대적인 관계에 대한 규범이 바탕을 이루고 있다. 이렇게 함으로써 예(禮)는 사회생활에서 상대방에게 불쾌감을 주지 않고, 인간관계를 원만하게 하기 위한 자연 발생적인 것[3]으로 볼 수 있다.

이민수(李民樹)는 예(禮)의 발생을 인류의 계급적 관점[4]에서 해석하고 있다. 인류는 필연적으로 무리 지어 살 수밖에 없었고 자연스럽게 집단이 생기게 되는데, 이때 대소강약(大小强弱)에 따라 치자(治者)와 예속자(隸屬者)가 생겼다. 즉 예(禮)는 전쟁이나 싸움의 화를 없애고 사회를 문식(文飾) 히기 위하어 발생했다는 것이다.

예(禮)는 역사와 문화의 발전 및 사회 구조의 분화에 따라 이론적 뒷받침을 마련해 갔다. 그리고 수직 관계는 물론이고 서로 대등한 관계인 수

---

2 예기(禮記), 곡례(曲禮) 상편(上篇)
3 兪炳鶴 編著(1984), 言語生活, 敎學硏究社, p. 160.
4 이민수(1997), 禮記解題, 혜원출판사, pp. 9~17.

평적 관계의 규범으로도 확장하였다. 수평적 관계의 특징은 두려움이나 거리감보다는, 친밀하며 가까움에 있다. 결국 예(禮)는 수직적 관계와 수평적 관계를 모두 포함하게 되는데 예(禮)의 근본을 '명분을 지키며 사랑하고 공경하는 실체[5](名分之守 愛敬之實)'라 하는 것은 이를 나타내는 말이다.

살아가면서 우리가 겪어야 할 대인 관계는 이루 헤아릴 수 없이 많다. 그러나 수많은 상대방의 생활 방식을 일일이 알 수는 없는 일이다. 그래서 보편적이고 일반적인 생활 방식을 정해야 하며[6] 그럼으로써 대인 관계가 원만해질 수 있게 되어 예(禮)는 사회의 규범으로 자리해 갔다.

계급적인 관점에서 볼 때 형식적인 행동은 두 종류가 있는데, 강한 사람이나 두려운 존재 등에 대한 외경(畏敬)과, 대등하거나 상호 존중하는 관계의 화평(和平)이다. 외경(畏敬)의 예(禮)는 제의(祭儀), 장식(葬式), 조의(朝儀), 군례(軍禮) 등이며, 화평(化平)의 예(禮)는 방문(訪問), 접대(接待), 회맹(會盟), 향연(饗宴) 등이다. 외경(畏敬)의 관점에서 볼 때, 예(禮)는 말할 것도 없이 자신을 낮추고 상대방을 지극히 높이는 행동 양식이 나타나며, 화평(和平)의 관점에서도 될 수 있으면 자신을 낮추는 행동을 요구하고 있다.

따라서 예(禮)를 갖추는 데에는 수용적이며 수동적이고 소극적인 태도가 필요하다. 예기(禮記)에는 '대체로 예(禮)는 자기 자신을 낮추고 남을 존경한다. 비록 등짐 진 장사꾼이라 하더라도 반드시 존경할 점이 있을 것(夫禮者, 自卑而尊. 雖負販者, 必有尊也.)'[7]이라고 한 것과 '재물에 임해서는 구차하게 얻으려 하지 말고, 어려운 일을 당해서는 구차하게

---

5 김득중(金得中), 예절강좌, 유교신문(儒教新聞), 1988년 9월 1일자.

6 김득중(金得中), 예절 이야기, 유교신문(儒教新聞), 1994년 10월 15일자.

7 예기(禮記), 곡례(曲禮) 상편(上篇)

면하려 하지 마라. 싸움에는 꼭 이길 것을 구하지 말고, 재물을 나누는 데 많이 얻으려고 하지 마라. 의심나는 일을 밝혀내려고 하지 말고, 몸을 곧게 가지고 내 의견을 고집하려고 하지 마라.(臨財毋苟得, 臨難毋苟免. 很毋求勝, 分毋求多. 疑事毋質, 直而勿有.)[8]라는 등의 내용에서 그것을 엿볼 수 있다.

신(神)에게 제물(祭物)을 바치는 형식에서 비롯된 예(禮)는 천명(天命)을 받아 정치하는 중국의 정치사상에서 정치적 법제(法制), 사회적 전례(典禮), 윤리적 의례(禮儀)로 실천하도록 확대되었다.

정치적 법제(法制)의 면에서 볼 때, 고대는 제정일치(祭政一致) 시대로서 군주의 명령은 하늘의 뜻으로 생각하였다. 따라서 법제(法制)는 곧 예(禮)이며, 예악정치(禮樂政治)를 이상으로 하는 유가(儒家)에서 왕도(王道) 실현에 매우 중요한 일로 생각되었다. 사회적 전례(典禮)로서는 길흉군빈가(吉凶軍賓嘉)의 오례(五禮)나 관혼상제(冠婚喪祭)의 사례(四禮)를 들 수 있다. 윤리적 의례(儀禮)는 오상(五常) 등의 예(禮)이다.

예(禮)의 규범을 적은 예서(禮書)는 오랜 옛날부터 꾸준히 쓰였다. 그 중 우리나라에 영향을 끼친 문헌으로는 예기(禮記)와 주자(朱子)[9]의 주자가례(朱子家禮), 그리고 조선의 이이(李珥) 선생의 격몽요결(擊蒙要訣), 이재(李縡) 선생의 사례편람(四禮便覽)을 들 수 있다.

주자가례(朱子家禮)는 주자(朱子)가 모친상을 입었을 때 고금(古今)을 참자하고 그 변례(變禮)를 두루 극진히 하여 상장제례(喪葬祭禮)를 만들고 관혼례(冠婚禮)에도 적용하여 가례(家禮)라 이름하였다. 만들어진 것을 한 아이가 훔쳐 달아났는데, 주자(朱子)께서 돌아가시고 나서야 그 글

---

8 예기(禮記), 곡례(曲禮) 상편(上篇)

9 주희(朱熹): 중국 남송의 유학자. 성리학(性理學)의 집대성자. 자는 원회(元晦)이고 호는 회암(晦庵), 회옹(晦翁), 운곡노인(雲谷老人) 등이다.

이 비로소 세상에 나와 행해졌다.(先生服母喪, 參酌古今, 咸盡其變, 因成喪葬祭禮, 又推之於冠昏, 名曰家禮. 旣成, 爲一童行 竊之以逃. 先生易簀, 其書始出行於世.)[10]라고 하였다.

주자가례(朱子家禮)는 주자(朱子)가 여러 문헌을 참작하여 저작하였다. 주자가례(朱子家禮)에는 이에 대하여 '주자(朱子)가 가례(家禮)를 지음에는 고금(古今)의 마땅한 것을 통용하였다. 그러므로 관례(冠禮)는 사마씨(司馬氏)[11]를 많이 취하였고, 혼례(婚禮)는 사마씨(司馬氏)와 정씨(程氏)[12]를 참작했으며, 상례(喪禮)는 사마씨(司馬氏)를 근본으로 하였는데, 후에는 고씨(高氏)[13]를 최선으로 여기게 되었다. 합사(合祀)[14]와 체천(遞遷)[15]을 논함에는 횡거(橫渠)[16]를 취하고, 유명치상(遺命治喪)은 서의(書儀)[17]가 소략(疏略)하다 하여 의례(儀禮)를 이용하였다. 제례(祭禮)는 사

---

10 주희(朱熹) 저, 임민혁 옮김(1999), 주자가례, 예문서원, p. 27.

11 사마씨(司馬氏) : 송(宋)대의 명신 사마광(司馬光; 1019~1086). 태사 온국공(溫國公)을 증직받아 사마온공(司馬溫公)이라 함. 왕안석의 신법을 반대하였다가 실각하였으나 철종 때 정승이 되어 신법을 모두 폐지함. 저서는 자치통감(資治通鑑), 통감고이(通鑑考異), 독락원집(獨樂園集) 등이 있음.

12 정씨(程氏) : 송대의 학자 정이(程頤; 1033~1107) 선생. 자는 정숙(正叔), 호는 이천(伊川). 이천백(伊川伯)에 봉해져 이천선생(伊川先生)이라 불림. 주돈이(周敦頤)의 문인. 처음으로 이기철학(理氣哲學)을 제창하여 유교(儒敎) 도덕에 철학적 기초를 부여함. 30여 년을 강학하면서 많은 문인을 배출함. 저서에는 역전(易傳), 춘추전(春秋傳), 어록(語錄) 등이 있음.

13 고씨(高氏) : 송대의 고항(高閌). 남송 고종 초 예부시랑(禮部侍郎). 후종례(厚終禮)를 찬함.

14 부(祔) : 합사(合祀).

15 체천(遞遷) : 제사(祭祀)를 맡아 지낼 자손이 끊긴 조상의 신주(神主)를, 4대 이내의 자손 가운데 항렬이 가장 높은 사람이 대신 제사(祭祀)를 지내기 위하여 자기집으로 옮김

16 횡거(橫渠) : 송대의 유학자 장재(張載; 1020~1077). 자는 자후(字厚), 호는 횡거(橫渠). 일원설(一元說)로 기(氣)에 의한 우주 구성 및 기질을 변화시키는 수양론을 주장하여 주자(朱子)의 학설에 큰 영향을 끼침. 저서에는 정몽(正蒙), 동명(東銘), 서명(西銘) 등이 있음.

17 서의(書儀) : 사마광(司馬光)이 지은 의례(儀禮)에 관한 예서(禮書).

마씨(司馬氏)와 정씨(程氏)를 겸용하였는데 앞뒤로 본 바가 같지 않은 것이 있다. 절사(節祀)는 한위공(韓魏公)이 행하던 것을 법으로 삼았다. (及自述家禮, 則又通之以古今之宜. 故冠禮則多取司馬氏, 昏禮則參諸司馬氏程氏, 喪禮本之司馬氏, 後又以高氏爲最善. 及論祔遷則取橫渠, 遺命治喪則以書儀疎略而用儀禮. 祭禮兼用司馬氏程氏, 而先後所見, 又有不同. 節祠則以韓魏公所行者爲法.)'[18]라고 하였다.

조선은 치국 이념으로 성리학(性理學)을 채택하였고, 성리학(性理學)의 중요 내용 가운데 하나가 바로 예(禮)이다. 특히 주자가례(朱子家禮)는 일반인의 생활 규범 전반에 걸쳐 실천 항목으로 절대적인 역할을 하였다. 또한 예기(禮記)도 중요한 자료로 사용되었다. 그리고 우리나라에서는 주자가례(朱子家禮)가 성리학(性理學)의 정착과 더불어 유교(儒敎)사회의 가정의례(家庭儀禮)를 규정하는 준거가 되어 의례(儀禮)에 관련된 전적들이 많이 쓰였는데, 이 중에서 격몽요결(擊蒙要訣)과 사례편람(四禮便覽)은 우리나라의 전통예절(傳統禮節)에 매우 큰 영향을 끼쳤다.

---

18 주희(朱熹) 저, 임민혁 옮김(1999), 주자가례, 예문서원, p. 27.

제2절 예(禮)의 의의

1. 예절(禮節)

공자(孔子)께서는 '예(禮)에 어긋나는 것은 보지 말고, 예(禮)에 어긋나는 것은 듣지 말며, 예(禮)에 어긋나는 것은 말하지 말고, 예(禮)에 어긋나는 것은 행하지 말라.(非禮勿視, 非禮勿聽, 非禮勿言, 非禮勿動.)'[19]라고 하였다.

예(禮)의 목적은 이상(理想)적인 사회를 구현하는 데 있다. 나라에 큰 도(道)가 행해지면 사람들은 유독 그 부모만 부모로 여기지 않았고, 유독 그 아들만을 아들로 여기지 않았다.(不獨親其親, 不獨子其子.) 또한 어진 사람이 대우를 받고, 어려운 사람을 보살필 곳이 있으며, 저마다 직분이 있었다. 이러한 세상에서는 간사(奸詐)한 생각이 막혀 일어나지 않으며, 도둑과 흉악한 무리가 생기지 않았다. 그러므로 바깥 문을 닫지 않았다. 이것을 대동(大同)이라 한다.(故外戶而不閉. 是謂大同.)[20] 이러한 세상을 만든 사람은 요(堯)임금과 순(舜)임금이었으며, 공자(孔子)가 꿈꾼 이상(理想)적인 세상은 바로 이런 세상이었다.

그러나 우(禹)임금과 탕왕(湯王) 시대에는 대도(大道)는 이미 사라지고 저마다 자기 부모만을 부모로 여기며, 자기 자식만을 자식으로 여기고(各親其親, 各子其子.), 재물과 인력도 자기만을 위해서 썼다. 이와 같은 세상에서는 제도(制度)로써 보강해야 하였고, 사람들은 간사(奸詐)한 계책을 만들어내어 전쟁을 일으켰다. 따라서 성곽을 견고하게 쌓아야 하며, 인의(仁義)와 예악(禮樂)으로써 사람들을 교화할 필요가 있었다. 이

---

19 논어(論語) 안연편(顏淵篇).
20 예기(禮記), 문왕세자편(文王世子篇).

러한 사회를 공자(孔子)는 소강(小康)[21]이라 하였다.

그러나 오늘날의 현실을 살펴보면 대동(大同)은 고사하고 소강(小康)조차 간절히 바라야 하는 세상이 되었으니, 예(禮)가 필요함은 더 말해 무엇하겠는가. 예(禮)는 사악한 데로 돌아가려는 마음을 버리게 하고 아름다운 바탕을 더하게 해준다고(禮釋回, 增美質.)[22] 하였다.

예(禮)는 예부터 전통적(傳統的)으로 이어져 내려온 것이어서 쉽게 바뀌지는 않는다. 즉 과거의 법식(法式)이나 제도를 유지하는 기능이 있다. 이런 까닭으로 군자는 예(禮)에 있어 자기의 생각대로 지어서 그 정(情)을 극도로 나타내려고 하지 않는다. 이것은 옛날부터 전해온 유래가 있기 때문이다.(是故君子之於禮也, 非作而致其情也. 此有由始也.)[23]

그렇지만 예(禮)는 오랜 역사를 두고 새로 만들어졌고, 시대에 따라 바뀌었으며, 지켜야 할 의무에서도 강약이 달랐다. 그러나 예(禮)의 바탕이 외경(畏敬)과 화평(和平)인 것은 시대가 변하여도 여전하였다.

만일 예(禮)를 지키지 않았다면 어떻게 될까. 법(法)에 따른 규제보다는 그 정도가 약할지라도 예(禮)를 어긴 경우에는 책임을 묻는다. 혹은 예(禮)를 준수하지 않은 잘못으로 일신상의 피해가 있음을 예서(禮書)에서는 꾸준히 강조한다. 예기(禮記)에는 '나라를 무너뜨리고, 집을 잃으며, 사람을 망치는 것은 반드시 그 예(禮)를 버렸기 때문이다. 따라서 예(禮)는 사람에 있어서 마치 술에 누룩과 같은 것(故壞國喪家亡人, 必先去其禮. 故禮之於人也. 猶酒之有蘗也.)[24]이라고 하였다. 이는 예(禮)의 근간이 외경(畏敬)과 화친(和親)임을 생각할 때 필연적인 귀결이라 할 것이다.

---

21 예기(禮記), 문왕세자편(文王世子篇)
22 예기(禮記), 예기편(禮器篇)
23 예기(禮記), 예기편(禮器篇)
24 예기(禮記), 문왕세자편(文王世子篇)

주자가례(朱子家禮)에서는 '예(禮)에는 근본(根本)과 문식(文飾)이 있다고 하였다. 집에서 행하는 것부터 말하자면 명분을 지키는 것과 사랑하고 공경하는 진실이 그 근본이다. 관혼상제(冠婚喪祭)와 의장도수(儀章度數; 威儀, 文章, 制度, 數目)는 그 문식(文飾)이다. 근본(根本)이라는 것은 집에서 날마다 실행하는 상체(常體)[25]이니 진실로 하루라도 닦지 않을 수 없다. 문식(文飾) 또한 모두 사람된 도리의 처음과 끝을 바로 세우는 것이다. 비록 그것을 행함에 때가 있고 그것을 베풂에 장소가 있더라도, 생각함이 분명하고 익힘이 익숙하지 않으면 일에 부닥쳤을 때 이치에 맞고 절문(節文)[26]에 상응하지 못할 것이니, 이 또한 하루라도 강습(講習)하지 않을 수 없다.(凡禮, 有本有文. 自其施於家者言之, 則名分之守, 愛敬之實, 其本也. 冠昏喪祭, 儀章度數者, 其文也. 其本者, 有家日用之常體, 固不可以一日而不修. 其文又皆所以紀綱人道之始終. 雖其行之有時, 施之有所, 然非講之素明, 習之素熟, 則其臨事之際, 小無以合宜而應節, 是亦不可一日, 而不講且習焉者也.)'[27]라고 하였다.

2. 예악(禮樂)

예(禮)가 외면적인 데 비하여 악(樂)은 내면적이다. 예기(禮記)에 의하면 '악(樂)은 안에서부터 나오고, 예(禮)는 밖에서부터 일어난다. 악(樂)은 안에서부터 나오기 때문에 고요하고, 예(禮)는 밖에서부터 일어나기 때문에 문식(文飾)이 있다. 대악(大樂)은 반드시 쉽고, 대례(大禮)는 반드

---

25 상체(常體): 체(體)는 예(禮)와 같다. 체(體)가 군자에게 갖추어지지 않으면 성인이라 할 수 없다.(家禮增解)
26 절문(節文): 사리에 맞게 정해놓은 조리(條理).
27 주희(朱熹) 저, 임민혁 옮김(1999), 주자가례, 예문서원, p. 25.

시 간략하다. 악(樂)이 지극하면 원망이 없고, 예(禮)가 지극하면 다투지 않는다.(樂有中出, 禮自外作, 樂有中出故靜, 禮自外作故文, 大樂必易, 大禮必簡, 樂至則無怨, 禮至則不爭.)'[28]라고 하였다. 예(禮)와 악(樂)의 구분에서 주목할 점은 예(禮)에는 문식(文飾)이 있다는 것과 예(禮)가 지극하면 다투지 않는다는 점이다.

예(禮)는 문식(文飾), 즉 형식적 가치를 존중한다. 악(樂)이 내면적인 인간 본연의 자연적인 발로라면, 예(禮)는 인위적으로 꾸민 형식이며 절차이다. 때로는 번잡한 과정과 형식일지라도 예(禮)의 시작이 인성의 밖에서 만들어낸 일들이기 때문에 그렇다. 그리고 예(禮)는 서로 간의 다툼을 막기 위한 것이다. 원시적인 싸움을 그치기 위하여 우열을 가르고, 이를 바탕으로 우월한 존재에 대한 경외(敬畏)를 표현하는 것이다. 이는 열자(劣者)의 비굴을 의미하는 것이 아니라 우열을 인정하고 싸움을 그쳐 상생(相生)하고자 하는 정신이다. 따라서 예(禮)는 사회적이며 평화를 추구한다.

악(樂)이 부드러움이라면, 예(禮)는 곧음이다. 부드러움과 곧음은 상반된 가치이면서도 상호 보완적이다. 유교(儒敎)에서는 예(禮)와 악(樂)의 조화를 통하여 완성된 인간상을 추구한다. 예기(禮記)에 이르기를 '대체로 삼왕(三王)이 세자(世子)를 가르치는 데는 반드시 예악(禮樂)으로 하였으니, 악(樂)은 안을 닦기 위한 것이요, 예(禮)는 밖을 닦기 위한 것(凡三王敎世子, 必以禮樂. 樂所以脩內也. 禮所以外也.)'[29]이라고 하였다. 이러한 이유로 장횡거(張橫渠)는 수양의 방법으로 예(禮)를 이해하였는데, 내면적 수양으로는 마음을 바르게 하여 허심평탄(虛心平坦)을 유지하도록 하며, 외면적으로 예(禮)를 중시하였다.[30]

---

28 예기(禮記), 악기편(樂記篇).

29 예기(禮記), 문왕세자편(文王世子篇).

30 성균관대학교 유학과(成均館大學校 儒學科, 1981), 유학원론(儒學原論), 成均館大學校 出版部, p. 151.

3. 오륜삼강(五倫三綱)

오륜(五倫)이란 인간으로서 지켜야 할 다섯 가지의 도리를 말하는 것으로써 맹자(孟子) 등문공편(滕文公篇)에 나타나 있다. 맹자(孟子)는 사람이 사람답게 살아가는 데 필요한 다섯 가지의 덕목을 부자유친(父子有親), 군신유의(君臣有義), 부부유별(夫婦有別), 장유유서(長幼有序), 붕우유신(朋友有信)이라 하였다. 그 의미는 다음과 같다.

ㅇ부자유친(父子有親) : 아버지와 아들 사이에는 친애(親愛)함이 있어야 한다.

ㅇ군신유의(君臣有義) : 임금과 신하 사이에는 의리(義理)가 있어야 한다.

ㅇ부부유별(夫婦有別) : 남편과 아내 사이에는 분별(分別)이 있어야 한다.

ㅇ장유유서(長幼有序) : 어른과 아이 사이에는 차서(次序)가 있어야 한다.

ㅇ붕우유신(朋友有信) : 친구와 친구 사이에는 신의(信義)가 있어야 한다.

또한 삼강(三綱)은 임금과 신하, 아버지와 아들, 그리고 남편과 아내 사이의 도리를 밝힌 것으로서 한(漢)나라 반고(班固)의 '백호통(白虎通)'에 나타나 있으며 그 내용은 다음과 같다.

ㅇ군위신강(君爲臣綱) : 임금은 신하의 법기(法紀)가 되어야 한다.

ㅇ부위자강(父爲子綱) : 아비는 아들의 법기(法紀)가 되어야 한다.

ㅇ부위부강(夫爲婦綱) : 남편은 아내의 법기(法紀)가 되어야 한다.

4. 현대 생활과 예절(禮節)

우리나라는 일제의 침탈로 인하여 해방 이후 사회 질서가 혼란해졌고, 서구화 및 산업화로 의식(意識)이 급격하게 변화하였으며, 입시 위주의 교육 등으로 인성 교육을 등한시하게 되었다. 그뿐만 아니라 현대에서는 핵가족화와 맞벌이 가정이 증가, 편부나 편모 가정의 증가 등도 가정 교육이나 사회의 교육적 기능을 떨어뜨려 예절(禮節) 교육을 소홀히 하게 되었다.

지금의 현실과, 다가올 미래는 예절(禮節)의 측면에서 그리 밝지는 않다. 하루가 멀다 하고 터져 나오는 반인륜적인 사건들을 보면 인간성의 회복과 예절(禮節) 교육이 시급한 형편이다. 과거보다 물질문명은 풍족해졌으나 경제 발전의 그늘에 가려져 예절(禮節)은 날로 피폐해져 가고 있음은 누구나 인정하는 사실이다.

예(禮)의 사전적 의미는 '사람이 마땅히 지켜야 할 의칙(儀則)'³¹이다. 그러나 오늘날 사회적 혼돈은 무엇이 옳고, 무엇이 그른지 가치관이 흔들리고 있다. 우리에게는 미풍양속(美風良俗)이 있었다. 그러나 이러한 좋은 문화유산이 자꾸만 잊혀가고 있다. 사회적인 관심에서도 벗어난 듯하다. 서둘러 우리의 아름다운 전통(傳統)을 되살려야 할 것이다.

선인(先人)들은 인간 자체가 근본이요, 물질은 도구라고 생각하였다. 예절(禮節)은 인간관계에서 서로가 상대방을 편하게 하여주는 요인이다. 또한 정신적, 혹은 물질적으로 상대방에게 도움을 주는 것에서 시작된다. 예절(禮節)을 실천하면 손해라는 부정적인 사고보다는 남에게 베푼다는 긍정적인 사고로 전환할 필요가 있다. 예서(禮書)에서는 '군자(君子)는 예(禮)에 후(厚)하고, 소인(小人)은 예(禮)에 박(薄)하다.(君子以厚, 小人以薄.)'³²라고 하였다.

자유분방함보다 예절(禮節)의 실천은 분명 인간의 욕구를 억제하는 것이며, 참는 것이다. 따라서 실천에는 어려움이 따른다. 공자(孔子)는

---

31 민중서림 편집국(民衆書林 編輯局, 1987), 民衆 엣센스 국어사전(國語辭典), 民衆書林.
32 예기(禮記), 문왕세자편(文王世子篇).

자신에 대한 억제를 극기(克己)라 하고, 남에게 베푸는 것을 복례(復禮)라 하여 최상의 인간 관계를 극기복례(克己復禮)[33]로 보았다.

그러나 오늘날에는 수단과 방법을 가리지 않고 물질을 축적하고자 하며, 그것을 최고의 목표로 삼고 살아가고 있으니 깊이 반성해야 한다. 아울러 전통문화(傳統文化)라 해서 과거의 형태만을 고집하다 보면 변화하는 사회를 쫓아가지 못하여 외면당하기 쉽다. 따라서 변화하는 사회에 적절히 대응하여야 하며, 또한 새로운 가치관을 담은 예절(禮節)의 정립도 필요하다.

---

33 조남국(趙南國), 나를 이기고 남을 위하는 마음, 유교신문(儒敎新聞), 1991년 8월 15일자.

제3절 예서(禮書)

예(禮)와 관련된 서적은 아주 오래전부터 쓰여지기 시작하였다. 그리고 문화적인 변화를 겪으면서 새로 쓰이거나 덧붙여져 오늘에 이르고 있다. 예서(禮書) 중에서 우리에게 영향을 끼친 대표적인 것으로는 예기(禮記), 주자가례(朱子家禮), 사례편람(四禮便覽)이 있다.

1. 예기(禮記)

예기(禮記)는 유가(儒家)의 오경(五經)의 하나로서 전체 49편(編)으로 이루어져 있다. 예기(禮記)는 주례(周禮), 의례(儀禮)와 더불어 삼례(三禮)라고 한다. 예경(禮經)이라 하지 않고 예기(禮記)라고 한 것은 예(禮)에 관한 경전을 보완(補完)·주석(註釋)하였다는 뜻이다. 그래서 때로는 의례(儀禮)가 예(禮)의 경문(經文)이라면 예기(禮記)는 그 설명서에 해당한다고 말하기도 한다. 하지만 예기(禮記)가 의례(儀禮)의 해설서라고만 여겨지는 것은 옳지 않다. 예기(禮記)는 의례(儀禮)의 해설뿐 아니라 음악, 정치, 학문 등 일상생활의 사소한 영역까지 예(禮)의 근본정신에 대하여 다방면으로 서술하고 있기 때문이다.

예기(禮記)는 전한(前漢) 시대의 대성(戴聖)이 편찬한 것으로 알려졌다. 공자(孔子)와 그 후학들이 지은 책들에 대한 정리는 한무제(漢武帝) 때 하간(河間)과, 한선제(漢宣帝) 때 유향(劉向) 등에 의해 이루어졌다. 당시에 대덕(戴德)이 85편으로 골라낸 것을 대대예기(大戴禮記)라 하고, 대덕(戴德)의 조카였던 대성(戴聖)이 49편을 골라낸 것을 소대예기(小戴禮記)라고 한다. 그러나 대대예기(大戴禮記)는 오늘날 40편밖에 그 내용을 알 수 없다. 따라서 일반적으로 예기(禮記)라고 하면 대성(戴聖)이 엮은 소대예기(小戴禮記)를 지칭한다.

예기(禮記)는 곡례(曲禮), 단궁(檀弓), 왕제(王制), 월령(月令), 예운(禮運), 예기(禮器), 교특성(郊特性), 명당위(明堂位), 학기(學記), 악기(樂記), 제법(祭法), 제의(祭儀), 관의(冠儀), 혼의(婚儀), 향음주의(鄕飮酒儀), 사의(射儀) 등으로 구성되며, 예(禮)의 이론과 실제를 논하는 내용이다. 사서(四書)의 하나인 대학(大學)과 중용(中庸)도 예기(禮記)의 한 편이다. 예기정의(禮記正儀)는 후한(後漢)의 정현(鄭玄)이 주석하고, 당(唐)나라의 공영달(孔穎達)이 해석하여 소(疏)를 단 것으로, 예기(禮記)의 주석서로 통용된다.

2. 주자가례(朱子家禮)

성리학(性理學)을 집대성한 송(宋)나라의 학자 주희(朱熹)가 가정에서 일용하는 예절을 모아 엮은 책으로, 8권 3책이며 우리나라에서는 1759년(영조 35년)에 간행되었다.

첫머리에는 가례도(家禮圖) 20장이 있다.

권1은 통례(通禮)로 사당(祠堂)과 심의(深衣)에 관한 것이다.

권2는 관례(冠禮)로 관(冠), 계(笄)에 관한 것이다.

권3은 혼례(婚禮)로 의혼(議昏), 납채(納采), 납폐(納幣), 친영(親迎), 견구고(見舅姑), 견처부모(見妻父母)에 관한 것이다.

권4는 상례(喪禮)로 초종(初終), 습(襲), 영좌(靈座), 소렴(小斂), 성복(成服), 조석곡(朝夕哭), 조부(弔賻), 분상(奔喪)에 관한 것 등이다.

권5는 장례(葬禮)로 치장(治葬), 천구(遷柩), 견전(遣奠), 발인(發靷), 성분(成墳), 반곡(反哭), 우제(虞祭), 졸곡(卒哭), 부제(祔祭)에 관한 것이다.

권6은 소상(小祥), 대상(大祥), 담제(禫祭)에 관한 것이다.

권7은 서식(書式)에 관한 것이다.

권8은 제례(祭禮)로 사시제(四時祭), 기제(忌祭), 묘제(墓祭)에 관한 것이다.

가례(家禮)의 저술 동기에 대해 주희(朱熹)는, 예(禮)는 근본(根本)과 문식(文飾)이 있는데, 가정에서 시행되는 것 가운데 명분을 지키고 애경(哀敬)을 행함은 근본(根本)이며 관혼상제(冠婚喪祭)에 대한 의식(儀式) 절차는 문식(文飾)이므로 근본(根本)과 문식(文飾)을 동시에 이루기 위한 것이라고 하였다.

우리나라에서도 주자가례(朱子家禮)는 준용되어 국가와 사대부가(士大夫家)의 바탕이 되어 왔다. 그렇지만 풍속과 관념이 중국과는 달라서 시행상에 문제점도 있었다. 그러나 예(禮)를 지키고 의식(儀式)을 잘 이행하는 것이 사대부(士大夫)의 명예를 유지하고 체면을 지킨다고 생각하여 주자가례(朱子家禮)를 잘 지키고자 하였다.

뿐만 아니라 우리나라에서는 주자가례(朱子家禮)에 대한 의견과 시행에 필요한 세부 사항 등을 규정하는 서적, 그리고 주자가례(朱子家禮)를 보충하고 어려운 것을 해석하는 저술이 지속적으로 이어졌다. 대표적인 것으로는 이언적(李彦迪; 1491~1553)의 봉선잡의(奉先雜儀), 김장생(金長生; 1548~1631)의 가례집람(家禮輯覽), 신의경(申義慶; 1557~1648)의 상례비요(喪禮備要), 유계(俞棨; 1607~1664)의 가례원류(家禮源流), 이재(李縡)의 사례편람(四禮便覽), 이의조(李宜朝; 생졸미상)의 가례증해(家禮增解) 등이 있다. 또한 신식(申湜; 1551~1623)이 주자가례(朱子家禮)를 번역한 가례언해(家禮諺解)도 있다. 이러한 노력으로 인하여 주자가례(朱子家禮)는 가정생활의 전통으로 자리잡게 되었다.

3. 사례편람(四禮便覽)

사례편람(四禮便覽)은 이재(李縡; 1680년~1746년) 선생이 쓴 예(禮)에 관한 저술이다.

사례편람(四禮便覽)은 4책으로 되어 있는데, 실제 생활에 크게 이용된 예서(禮書)이다. 범례에서 밝히기를 '고금(古今)의 예서(禮書)가 상략(詳略)이 같지 않으니, 너무 소상하면 번거로운 것이 탈이고, 너무 소략하면 지나치게 간략하게 되는 것이 탈인데, 주자의 가례(家禮)는 고금(古今)의 제도를 참작하여 만들어졌으나 거기에도 미비한 점이 있어 상례비요(喪禮備要)[34]를 지었는데 거기에도 미비한 점이 있어 고례(古禮)를 참작해 이 책을 썼다.'라고 하였다.

---

34 상례비요(喪禮備要) : 조선 중기의 학자 신의경(申義慶)이 찬술한 상례(喪禮) 관계의 초보적인 지침서.

제4절 유림의례(儒林儀禮)

예기(禮記)에서는 예(禮)를 분류하기를 육례(六禮)라 하여 관(冠), 혼(昏), 상(喪), 제(祭), 향(鄕), 상견(相見)(六禮冠昏喪祭鄕相見)[35]이라고 하였다.

의식(儀式)으로서의 예(禮)를 의례(儀禮)라 한다. 성균관(成均館)에서는 의례(儀禮)를 종교의례(宗敎儀禮)와 생활의례(生活儀禮), 유림의례(儒林儀禮)로[36] 구분하였다.

성균관(成均館)의 의례(儀禮)를 분류하면 [그림 1-1]과 같다.

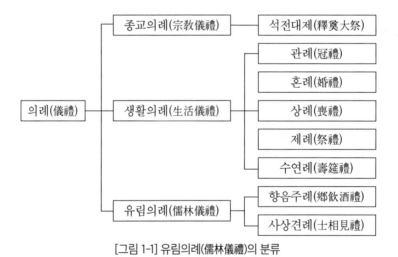

[그림 1-1] 유림의례(儒林儀禮)의 분류

대표적인 종교의례(宗敎儀禮)는 석전대제(釋奠大祭)이다. 석전대제(釋奠大祭)는 문묘(文廟)에서 공자(孔子)께 제사(祭祀) 지내는 의식(儀式)

---

35 예기(禮記), 왕제편(王制篇).
36 성균관(成均館, 1993), 유림교양전서(儒林敎養全書), p. 85.

을 일컫는다. 즉 만세(萬世)의 스승인 공자(孔子)께서 남긴 인의도덕(仁義道德)의 이상(理想)을 근본으로 삼아 사람으로서 마땅히 행하여야 할 효제충신(孝悌忠信)의 실천과 수제치평(修齊治平)[37]의 도리를 천명함으로써 배사모성(拜師慕聖)의 예(禮)로서 춘추(春秋) 길일(吉日)인 음력 2월과 8월 상정일(上丁日)[38]을 택하여 전례(奠禮)를 행한다.

생활의례(生活儀禮)는 일상생활에서 겪는 의례(儀禮)로서 관례(冠禮), 혼례(婚禮), 상례(喪禮), 제례(祭禮), 수연례(壽筵禮) 등이 해당한다.

유림의례(生活儀禮)에는 향음주례(鄕飮酒禮), 사상견례(士相見禮) 등이 있다.

---

37 수제치평(修齊治平): 수신(修身), 제가(齊家), 치국(治國), 평천하(平天下).
38 그달 일진(日辰)에 처음으로 정(丁)이 들어가는 날.

제5절 방위(方位)

의례(儀禮)에서 '신랑은 왼쪽에 서고 신부는 오른쪽에 선다.'라는 내용이 있다고 한다면, 보는 위치에서 따라서 신랑과 신부의 위치는 혼란스러울 수 있다. 병풍이 쳐진 위치에서 보는 것과, 하객(賀客)들이 보는 위치는 정반대이기 때문이다. 따라서 전후좌우(前後左右)라 하면 누구를 기준으로 한 것인지 알 수 없어 혼동될 수가 있으므로 의례(儀禮)에서는 각각의 위치에 대하여 전후좌우(前後左右)를 쓰기도 하지만 동서남북(東西南北)을 위치로 쓸 때도 있다.

1. 동서남북(東西南北)

동양의 음양사상(陰陽思想)에 의한 방위의 개념을 알아두는 것은 관혼상제(冠婚喪祭)와 관련한 전통의례(傳統儀禮)를 이해하는 데 매우 중요하다. 의례(儀禮)에서 위치를 표현함에 전후좌우(前後左右)의 표현도 쓰이지만 동서남북(東西南北)의 표현도 또한 많기 때문이다. 다음 [그림 1-2]는 방위(方位)의 의미이다.

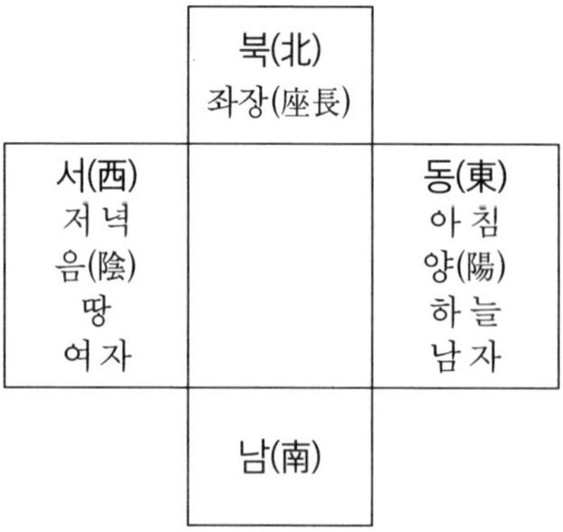

북(北) 좌장(座長)		
서(西) 저녁 음(陰) 땅 여자		동(東) 아침 양(陽) 하늘 남자
	남(南)	

[그림 1-2] 방위(方位)의 의미

북(北)에는 북극성(北極星)을 중심으로 북두칠성(北斗七星)을 비롯한 뭇 별들이 운행하고 있다. 따라서 불변(不變)과 중심(中心)을 상징하는 북쪽은 모든 것의 중심이다.

의례(儀禮)에서는 북쪽을 기준으로 한다. 그러나 여기서의 북쪽은 지리적(地理的)인 북쪽과는 차이가 있다. 즉 의례(儀禮)에서는 좌장(座長)을 기준으로 하며 좌장(座長)의 위치가 북쪽이다. 북쪽의 위치는 실제 방위와는 무관하게, 혼인(婚姻)이라면 주례(主禮)나 병풍이 쳐진 곳이며, 상례(喪禮)에서는 돌아가신 분이 모셔진 곳이다. 제례(祭禮)에서는 신주(神主)나 지방(紙榜)을 모신 곳이 북쪽이다.

북쪽으로 정한 위치에서 일반 방위와 마찬가지로 맞은편이 남쪽이며, 양쪽에 동서(東西)가 위치하는데, 특히 동(東)은 해가 뜨는 방위이기 때문에 양(陽)과 남자를 상징한다. 그에 비하여 서(西)는 해가 지는 방위이며 음(陰)과 여자를 상징한다. 이러한 음양사상(陰陽思想)은 전통 의례(傳統儀禮)에서 자주 눈에 띈다. 그 몇 가지 예를 들면 다음과 같다.

혼례(婚禮)에서 신랑이 신부의 어머니에게 기러기를 드리는 의식(儀式)인 전안례(奠雁禮)에서 신랑이 기러기를 들 때도 기러기의 머리를 왼쪽으로 향하게 한다. 그리고 초례청(醮禮廳)에서 병풍을 중심으로 왼쪽은 신랑이, 오른쪽은 신부가 자리하도록 한다. 또한 합궁례(合宮禮)에서 신랑의 침구는 동쪽에 깔고, 신부의 침구를 서쪽에 깔아놓는다. 제례(祭禮)에서는 남자 자손은 동쪽에 서고, 여자 자손은 서쪽에 서는 것을 예로 들 수 있다. 이는 모두 남자는 양(陽)이며 동쪽이고 왼쪽이기 때문이다.

2. 남좌여우(男左女右)

좌장(座長)을 기준으로 하여 왼쪽은 동쪽이다. 동쪽은 양(陽)이기 때

문에 남자의 위치이다. 그리고 오른쪽은 서쪽이고 음(陰)이기 때문에 여
자의 위치이다. 그러므로 이를 좌장(座長)을 기준으로 남좌여우(男左女
右)라 한다.

설날을 맞아 부모님이 아들과 며느리의 세배를 받기 위해 앉아야 할
남자와 여자의 자리를 [그림 1-3]을 바탕으로 예를 들어보자.

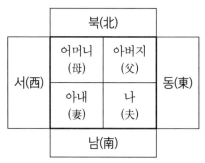

[그림 1-3] 남자와 여자의 위치

방안에서 좌장(座長)은 부모님이다. 따라서 지리적(地理的)인 방위와
는 무관하게 [그림 1-3]에서 보는 바와 같이 부모님이 앉아 계신 자리를
북쪽으로 본다. 아버지는 남자이기 때문에 북쪽 중에서도 동쪽에 자리하
여야 하며, 어머니는 여자이기 때문에 북쪽 중에서도 서쪽이다. 나와 아
내는 남쪽이다. 나는 남자이기 때문에 남쪽 중에서도 동쪽이고, 아내는
여자이기 때문에 남쪽 중에서도 서쪽이다. 이러한 나와 아내의 좌석 배
치는 상례(喪禮)의 복인(服人) 배치나 제례(祭禮)에서 참례자(參禮者)의
위치에도 통용된다.

남자의 자리가 여자보다 상석인 이유는 남존여비(男尊女卑)에 있는
것이 아니라 남자는 양(陽)이며 하늘이고, 여자는 음(陰)이며 땅이기 때
문[39]이다.

---

39 김득중(金得中), 예절강좌, 유교신문(儒敎新聞), 1989년 4월 15일자.

조선시대의 의정부(議政府)에서 최고 관직은 영의정(領議政)이었다. 그 밑에 좌의정(左議政)과 우의정(右議政)을 두었는데, 영의정(領議政)이 좌장(座長)이었다. 따라서 영의정(領議政)의 관점에서 동쪽은 좌측이며 서쪽은 우측이다. 또한 좌측에 앉는 좌의정(左議政)이 우측에 앉는 우의정(右議政)에 비하여 품계(品階)가 높았다.

만일 상대방이 없는 상태에서, 즉 나 혼자일 때는 나의 등 쪽을 북쪽으로 본다. 나 혼자이므로 내가 남쪽을 향하여 앉은 셈이다.[40]

3. 길흉사(吉凶事) 방위

산 사람은 양계(陽界)에 있으므로 양(陽)의 방위인 동쪽이 상석(上席)이고, 죽은 사람은 음부(陰府)에 있으므로 서쪽이 상석(上席)[41]이다. 따라서 남좌여우(男左女右)의 방위는 평상시 방위이며 살아있는 사람의 방위이다. 돌아가신 분은 그것을 반대로 하여야 한다.

사마온공(司馬溫公)이 말하기를 '(돌아가신 분에게) 서쪽을 위로 삼는 것은 신도(神道)가 오른쪽을 숭상하기 때문이다.(司馬溫曰, 所以西上者, 神道尙右故也.)'[42]라고 하였다. 또한 가례증해(家禮增解)에서 이르기를 살아있는 사람은 양(陽)이기 때문에 왼쪽을 숭상하고, 귀신은 음(陰)이기 때문에 오른쪽을 숭상한 것이라고 하였다.

방에서 제례(祭禮)를 지내는 경우, 실제 방위와는 무관하게 신위(神位)를 모신 곳이 북쪽이며, 참례(參禮)하는 사람의 위치를 남쪽으로 본다. 참례(參禮)하는 사람이 신위(神位)를 보고 설 때 오른쪽은 동쪽이며 왼쪽

40 김득중(金得中), 예절강좌, 유교신문(儒敎新聞), 1989년 5월 15일자.
41 이형석(1998), 좌우에 관한 전통 관습 -남좌여우·남동여서-, 우리문화 9월호, p. 24.
42 주희(朱熹) 저, 임민혁 옮김(1999), 주자가례, 예문서원, p. 51.

은 서쪽이다.

　부모님과 내가 같은 장소에 있다면 부모님이 좌장(座長)이다. 따라서 부모님이 계신 곳이 북쪽이다. 아래 [그림 1-4]에서 보면 나(夫)와 아내(妻)의 위치는 변치 않으나 부모님이 돌아가신 경우에는 위치가 바뀐 것을 볼 수 있다. 부모님이 살아 계실 때는 아버지는 동쪽에, 어머니는 서쪽에 자리하는 것이 바른 위치이다. 나는 동쪽에 서고 아내는 서쪽에 선다. 그러나 돌아가신 분에 대해서는 반대이다. 부모님이 돌아가시면 아버지는 서쪽에, 어머니는 동쪽에 자리하는 것이 바른 위치이다. 지방(紙榜)이나 산소의 위치에서도 돌아가셨으므로 서쪽에는 고위(考位)를 모시고 동쪽에는 비위(妣位)를 모신다.

	북(北)		
서(西)	어머니 (母)	아버지 (父)	동(東)
	아내 (妻)	나 (夫)	
	남(南)		

살아 계실 때

	북(北)		
서(西)	아버지 (父)	어머니 (母)	동(東)
	아내 (妻)	나 (夫)	
	남(南)		

돌아가셨을 때

[그림 1-4] 생사(生死)에 따른 남녀 위치

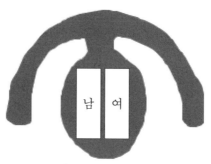

[그림 1-5] 묘소의 남녀 위치

여러 조상의 위패를 모신 사당(祠堂)에서도 윗대 조상을 서쪽에 모시고 아랫대 조상을 동쪽에 모시는 것이 바르다. 여러 대(代)의 선조(先祖)를 모신 선영(先塋)의 산소 배치도 윗대 조상의 산소가 서쪽에 위치해야 한다.

돌아가신 분을 합장(合葬)하는 경우 남녀의 위치는 위의 [그림 1-5]에서 보는 바와 같이 살아있는 사람의 반대이다.

4. 소목(昭穆)

소목(昭穆) 제도는 상고(上古) 시대부터 있었는데, 주(周)나라의 주공(周公)이 예악(禮樂)을 정비하면서 구체화하였다. 주례(周禮)에서 조상의 신위(神位)를 배열함에 제1세는 중앙에 모시고, 이하의 신위(神位)를 왼쪽과 오른쪽에 번갈아 모셨다. 즉, 2세는 왼쪽, 3세는 오른쪽, 다시 4세는 왼쪽, 5세는 오른쪽이다. 이때 왼쪽[東]을 소(昭)라고 하고, 오른쪽[西]을 목(穆)이라 한다.

천자(天子)는 중앙에 1세, 소(昭)에 2·4·6세, 목(穆)에 3·5·7세를 각각 봉안하여 삼소삼목(三昭三穆)의 칠묘(七廟)로 하였다. 제후(諸侯)는 중앙에 1세, 소(昭)에 2·4세, 목(穆)에 3·5세를 각각 봉안하여 이소이목(二昭二穆)의 오묘(五廟)였고, 대부(大夫)는 일소일목(一昭一穆)의 삼묘(三廟)였다.[43]

성균관(成均館)의 오성위(五聖位)인 대성지성문선왕(大成至聖文宣王) 공자(孔子), 연국복성공(兗國復聖公) 안자(顏子), 성국종성공(郕國宗聖公) 증자(曾子), 기국술성공(沂國述聖公) 자사(子思), 추국아성공(鄒國亞聖公) 맹자(孟子)나 공문십철(孔門十哲)인 비공(費公) 민손(閔損), 운공(鄆公) 염경(冉耕), 설공(薛公) 염옹(冉雍), 제공(齊公) 재여(宰予), 여공(黎公) 단목사(端木賜), 서공(徐公) 염구(冉求), 위공(衛公) 중유(仲由), 오공(吳公) 언언(言偃), 위공(魏公) 복상(卜商), 영천후(潁川侯) 전손사(顓孫

---

43 한국민족문화대백과, 한국학중앙연구원.

師)를 배향할 때에도 역시 소목(昭穆)에 따른다.

5. 좌향(坐向)

묘소나 집터의 방향을 표시할 때는 지리적(地理的)인 방위인 좌향(坐向)을 쓴다. 즉 남좌여우(男左女右)가 상대적인 방위인 데 비하여 좌향(坐向)은 고정된 방위이다. 좌향(坐向)의 방위 표시는 십이지지(十二地支)에 의한 방법과 팔괘(八卦)에 의한 방법이 있다.

십이지지(十二地支)에 의한 표시는 정북(正北)을 자(子)로 시작하여 12등분 한다. 따라서 각각의 등분 사이의 각도는 30도이다. 십이지지(十二地支)를 그림으로 나타낼 때는 시계 방향으로 한다. 시계의 0시는 자(子), 1시는 축(丑), 2시는 인(寅) 등으로 이어진다. 보통 묘소에서 좌향(坐向)을 나타낼 때는 십이지지(十二地支)에 의한 방법을 쓴다. 예를 들어 자좌오향(子坐午向)이라고 한다면 머리는 정북(正北)에 있으며 정남(正南)을 바라보는 방위(方位)이다. 십이지지(十二地支)에 의한 방위 표시를 [그림 1-6]에 나타내었다.

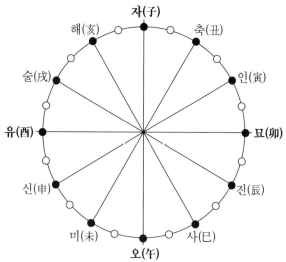

[그림 1-6] 십이지지(十二地支)에 의한 방위 표시

괘(卦)에 의하여 방위를 나타낼 수도 있다. 괘(卦)는 양효(陽爻)의 기호
(━━)와 음효(陰爻)의 기호(━ ━)로 구성하는데, 세 개의 효(爻)를 묶어
하나의 괘(卦)를 구성하므로 여덟 가지이며, 따라서 팔괘(八卦)라고 한다.
여기에서 세 개의 효(爻)는 천지인(天地人) 삼재(三才)를 의미한다.[44]

　　팔괘(八卦)는 감(坎), 간(艮), 진(震), 손(巽), 이(離), 곤(坤), 태(兌), 건
(乾)의 순으로 표시한다. 건(乾)은 서북(西北), 간(艮)은 동북(東北), 감
(坎)은 정북(正北), 진(震)은 정동(正東)으로 모두 양(陽)이다. 곤(坤)은 서
남(西南), 손(巽)은 동남(東南), 이(離)는 정남(正南), 태(兌)는 정서(正西)
로 모두 음(陰)이다.

　　[그림 1-7]은 팔괘(八卦)에 의한 여덟 방위를 표시한 것이다.

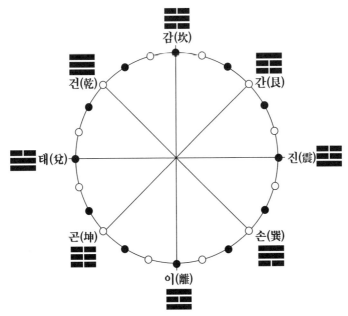

[그림 1-7] 팔괘(八卦)에 의한 방위 표시

44　남만성(1977), 주역 해제(周易 解題), 성균서관, pp. 16~35.

십이지지(十二地支)와 팔괘(八卦)에 의한 방위를 서로 겹쳐서 나타내면 이름이 정해지지 않은 방위가 나타나는데, 이러한 방위는 천간(天干)을 이용하여 채운다. 이렇게 하여 완성된 방위는 다음 [그림 1-8]과 같다.

묘소의 좌향(坐向)이 간좌곤향(艮坐坤向)이라면 동북에서 서남을 바라보는 방향이며, 계좌정향(癸坐丁向)은 정남북(正南北)인 자좌오향(子坐午向)에 비하여 15도 기운 방향이다.

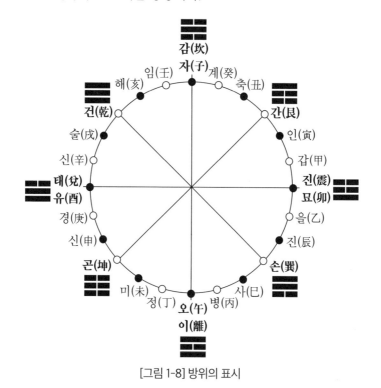

[그림 1-8] 방위의 표시

제6절 공수(拱手)와 배례(拜禮)

배례(拜禮)는 읍(揖)과 배(拜)로 분류한다. 읍(揖)은 약례(略禮)이기 때문에 예서(禮書)에서는 어른에게 올리는 예(禮)가 아니라 하였다.

1. 복식(服飾)

생활하는 지역의 기후, 민족의 기질에 따라 지구상의 인류는 모두가 고유의 복식이 있다. 즉 의복은 곧 그 민족이며 문화이다.

그러나 우리나라는 서구 문명의 영향으로 전래하여 내려온 한복(韓服)이 아닌 양복(洋服)이 정장이 되어 버렸다. 한복(韓服)을 입고 거리에 나서면 주위의 사람들은 '전통의례(傳統儀禮)에 참석'한다고 생각한다. 이렇게 한복(韓服)은 단지 명절이나 전통적(傳統的)인 의식(儀式)에만 겨우 입는 의례용(儀禮用)의 옷이 되었다. 아무리 더운 여름일지라도 양복(洋服)을 입고 넥타이를 동여매야 사람 구실을 할 것이라고 믿는 세태이다. 넥타이를 매지 못하면 흉이 되지만 한복(韓服)의 옷고름은 매지 못하여도 흉이 되지 않는 세상이다. 즉 우리는 전래하여 내려온 한복(韓服)을 버렸으니 껍데기를 버렸고, 한복(韓服)의 가치를 알아주지 않으니 알맹이도 버렸다.

그렇다고 전통(傳統)만을 강조할 수는 없다. 현대는 다문화 가정의 증가, 활발한 국제 문화 교류 등으로 사회는 다원화되었기 때문에 다른 사람의 문화나 의견을 수용해야 하고, 다른 나라의 음식도 먹어야 한다.

두루마기는 남자에게는 예복(禮服)이고, 여자는 방한복(防寒服)이다. 남자는 바깥 생활을 주로 하므로 두루마기가 예복(禮服)이어서 실내에서도 두루마기를 입어야 한다. 그러나 여자는 방한복인 두루마기를 실내에서 입고 있다면 실례(失禮)이다.[45] 목도리는 남녀 모두 방한용이기 때문에 실내에서는 벗어야 한다.

2. 공수(拱手)

배례법(拜禮法)의 기본은 공수(拱手)이다. 예기(禮記)에는 '남자가 절할 때는 왼쪽 손을 위쪽으로 한다. 대체로 여자가 절할 때 오른쪽 손을 위쪽으로 한다.(凡男拜尚左手. 凡女拜尚右手.)'[46]라고 하였으니, 이것이 공수법(拱手法)을 말하는 것이다. 즉 공수(拱手)는 손을 포개어 맞잡는 것이다.

평상시 남자는 왼손이 오른손의 위에 오도록 손을 잡으며, 여자는 오른손이 왼손의 위에 오도록 하여 손을 잡는다. 이러한 공수(拱手)의 자세로 웃어른을 뵈어야 하며, 절할 때도 역시 마찬가지다. 군대 문화에 의하여 어른 앞에서 '열중쉬어' 자세나 '차려' 자세를 취하는 사람도 있는데, 이는 웃어른을 뵙는 우리의 전통예절(傳統禮節)이 아니다. 아울러 어른 앞에서는 낯빛을 공손히 하고 묻는 말씀에는 명확하게 대답해야 한다.

가례집람(家禮輯覽)에 의하면, 공수(拱手)의 자세를 '무릇 손을 맞잡는 법은 왼손으로 오른손 엄지손가락을 잡되 왼손의 작은 손가락은 오른손 팔뚝을 향하고, 오른손 네 손가락은 모두 떼며 왼손 엄지손가락은 위로 향한다. 오른손으로 자기의 가슴을 덮되 가슴에서 두세 치쯤 떨어뜨린다.'라고 하였다.

위의 가례집람(家禮輯覽)에서 설명한 공수(拱手)는 남자일 경우이고, 여자는 기본적인 동작은 같으나 오른손이 위에 오도록 하여야 한다.

---

45 김득중(金得中), 예절강좌, 유교신문(儒教新聞), 1989년 2월 1일자.

46 예기(禮記), 내측편(內則篇).

그리고 길사(吉事)냐, 흉사(凶事)냐에 따라 공수(拱手)의 방법이 다르다. 흉사(凶事)에는 공수(拱手)를 반대로 하여야 옳다. 관혼상제(冠婚喪祭)에서 관례(冠禮)와 혼례(婚禮), 그리고 제례(祭禮)는 길사(吉事)이다. 그리고 상례(喪禮)에서는 임종(臨終)에서 졸곡(卒哭)까지만 흉사(凶事)로 본다. 따라서 상례(喪禮)의 졸곡(卒哭) 이후에는 길사(吉事)이다. 졸곡(卒哭) 이후에 치르는 소상(小祥)이나 대상(大祥)을 비롯한 그 이후는 모두 길사(吉事)이다.

상가(喪家)에 문상(問喪)간 남자의 왼손이 위에 있다거나, 제사(祭祀)를 올리는 사람의 오른손이 위로 간 공수법(拱手法)은 모두 잘못된 것이다.

3. 읍(揖)

공수(拱手)한 손을 허리 숙여 밀어냈다가 끌어들이는 것을 읍(揖)이라 한다. 그 방법은 구체적으로 다음과 같다.

○공수(拱手)하고 발을 약간 벌리고 선다.

○무릎을 곧게 펴고 허리를 굽혀 공수(拱手)한 손이 무릎을 지나게 하되 눈은 신발 끝을 보고 손이 무릎 사이로 들어가지 않게 한다.

○허리를 펴며 손을 가슴으로 가져온다.

○읍(揖)할 때는 손가락을 내놓지 않지만, 엄지손가락만 소매 밖으로 내민다.

○읍(揖)은 간략한 예(禮)이고 어른을 뵙는 예(禮)가 아니다.

또한 읍(揖)에는 예(禮)를 올려야 할 상대에 따라 세 가지가 있는데 상례(上禮), 중례(中禮), 하례(下禮)이다.

○상례(上禮) : 읍(揖)을 하고 손을 끌어들일 때 손이 눈 아래의 높이가

되도록 한다. 아랫사람이 윗사람에게 표하는 예(禮)이다.

○중례(中禮) : 입 아래의 높이로, 아랫사람이 윗사람에게, 또는 같은 또래 간에 표하는 예(禮)이다.

○하례(下禮) : 가슴 높이로, 아랫사람의 예(禮)에 답할 때 표하는 예(禮)이다.

4. 남자의 절

배례(拜禮)는 상대방에게 절하는 것을 말하며 기본 동작과 종류는 다음과 같다.

가. 기본 동작

○공수(拱手)하고 절할 분을 향해서 바르게 선다.

○엎드려 공수(拱手)한 손으로 바닥을 짚는다.

○왼쪽 무릎을 먼저 구부린다.

○오른쪽 무릎을 왼쪽 무릎 옆에 나란히 한다.

○왼발이 앞(아래쪽)이 되도록 하여 발을 포개고 뒤꿈치를 벌리며 엉덩이를 내려 깊이 앉는다.

○팔꿈치를 바닥에 붙이며 이마를 손등에 댄다. 이때 엉덩이가 들려서는 안된다.

○머리를 들며 팔꿈치를 바닥에서 뗀다.

○오른쪽 무릎을 먼저 세운다.

○공수(拱手)한 손을 바닥에서 떼어 오른쪽 무릎 위에 얹는다.

○오른쪽 무릎을 힘주어 일어선다.

나. 남자 절의 종류

○큰절(계수배; 稽首拜) : 이마를 내려 손등에 대고 한참 있다가 일어난다. 계(稽)는 '더디다, 늦다'라는 뜻이며, 신하가 임금이나 동궁(東宮)에게 하는 절이다.

○평절(돈수배; 頓首拜) : 이마가 손등에 닿으면 즉시 일어난다. 돈(頓)이란 '꾸벅거린다'라는 뜻이다. 평절은 맞절할 때나 답배(答拜)할 때에 한다. 연장자나 스승, 상관에게 한다.

○반절(공수배; 控首拜) : 머리를 내리되 손등에 대지 않고 바로 일어난다. 이는 윗사람이 아랫사람에게 답배(答拜)하는 경우에 하는 절이다.

○고두배(叩頭拜) : 손을 공수(拱手)하지 않고 벌려서 바닥을 짚고 이마로 바닥을 세 번 두드린다. 신하는 임금에게 오배(五拜)를 하였는데, 계수배(稽首拜)를 네 번 하고 마지막으로 고두배(叩頭拜)를 하였다.

○숙배(肅拜) : 원래 궁중의 절이었는데, 이것은 부인의 절이 되었다. 숙배(肅拜)는 우리나라의 숙배(肅拜)와 중국식(中國式) 숙배(肅拜)가 있는데, 이에 관한 내용은 여자의 배례법(拜禮法)에 나타내었다.

○흉배(凶拜) : 큰절, 평절, 반절이 있으며 흉사(凶事) 시에 하고, 다만 공수(拱手)하는 손의 위치가 다르다.

5. 여자의 절

여자의 큰절은 원래 남자의 숙배(肅拜)였는데, 이를 여자가 한다. 여자의 평절은 중국식(中國式) 숙배(肅拜)로서 우리나라의 숙배(肅拜)보다 편하므로 평절로 하는 것이다. 큰절이나 평절의 방법은 다음과 같다.

가. 큰절

여기에서 소개하는 여자의 큰절은 여학교 등에서 가르치는 내용과는 다르다. 그러나 김득중[47]은 사례집람(四禮輯覽)을 인용했음을 밝히며, 아울러 현대의 짧은 치마를 입은 여자의 큰절에 적합하다고 하였다. 방법은 두 무릎을 가지런히 꿇고(兩膝齊跪), 허리를 편 채 낮추면서 머리를 숙이고(伸腰低頭俯), 손을 끌어들이고(引其手), 머리가 바닥에 이르지 않는다(而頭不至地)고 하였으니, 그 과정은 다음과 같다.

○ 공수(拱手)한 손이 어깨높이로 수평이 되게 올린다.

○ 이마를 숙여 공수(拱手)한 손등에 댄다.

○ 왼쪽 무릎을 먼저 구부린다.

○ 오른쪽 무릎을 왼쪽 무릎 옆에 나란히 한다.

○ 오른발이 앞(아래쪽)이 되도록 발등을 포개고 뒤꿈치를 벌리며 엉덩이를 내려 깊이 앉는다.

○ 윗몸을 앞으로 굽히되 공수(拱手)한 손이 바닥에 닿거나 엉덩이가 들려서는 안된다.

○ 잠시 머물렀다가 윗몸을 일으킨다.

○ 오른쪽 무릎을 먼저 세운다.

○ 일어나면서 왼쪽 발을 오른쪽 발과 가지런히 모은다.

○ 오른쪽 무릎을 힘주어 일어선다.

○ 수평으로 올렸던 공수(拱手)한 손을 원위치로 내린다.

---

47 김득중(金得中), 예절강좌, 유교신문(儒敎新聞), 1988년 11월 15일자. 가례집람(家禮輯覽) 사당조(祠堂條)에 보면 '부인배(婦人拜)'라고 소상히 소개되고 있다. 다행스럽게도 두 무릎을 벌리고 하는 것이 아니라 남자와 같이 두 무릎을 꿇고 하므로 현대의 복장이라도 불편 없이 할 수 있어 좋다.

나. 평절

주자(朱子)는 두 무릎을 가지런히 꿇고(朱子曰 兩膝齊跪), 손으로 바닥을 짚고(手至地), 머리는 바닥에 닿지 않는 것이 숙배(而頭不下爲肅拜)라고 하였으니[48], 이것이 중국식(中國式) 숙배(肅拜)이며 우리나라로 넘어와 평절이 되었다. 그 과정을 구체적으로 나타내면 다음과 같다.

ㅇ공수(拱手)한 손을 풀어 양옆으로 내린다.

ㅇ왼쪽 무릎을 먼저 꿇는다.

ㅇ오른쪽 무릎을 왼쪽 무릎과 가지런히 꿇는다.

ㅇ오른발이 앞(아래쪽)이 되게 하여 발등에 포개고 뒤꿈치를 벌려 엉덩이를 내리고 깊이 앉는다.

ㅇ손가락을 가지런히 모아 손끝이 양옆을 향하게 무릎과 가지런히 바닥에 댄다. 이때 엄지를 벌리지 않는다.

ㅇ윗몸을 앞으로 숙이며 손바닥을 바닥에 댄다. 머리가 바닥에 닿지 않으며 엉덩이를 들지 않는다.

ㅇ잠시 머물렀다가 윗몸을 일으키며 손바닥을 바닥에서 뗀다.

ㅇ오른쪽 무릎을 세우며 손끝을 바닥에서 뗀다.

ㅇ일어나면서 오른발과 왼발을 가지런히 모은다.

ㅇ두 손을 앞으로 모아 공수(拱手)한다.

6. 세배(歲拜)

새해가 시작되어 설날이 되면 세배(歲拜)를 한다. 세배(歲拜)는 의례(儀禮)이기 때문에 이른 아침에 문안 인사를 드렸다 하여도 반드시 어른

---

48 김득중(金得中), 예절강좌, 유교신문(儒教新聞), 1988년 11월 15일자.

께 세배(歲拜)를 드리는 것이 옳다. 세배(歲拜)의 자리 배치와 절차[49]는 다음과 같다.

가. 자리 배치

세배(歲拜)할 때의 자리 배치는 [그림 1-9]와 같다. 북쪽에는 부모가 앉고 남쪽에는 아들과 며느리가 선다. 여기서 북쪽과 남쪽은 실제의 방위가 아니며, 부모의 자리를 북쪽으로 보았기 때문에 상대적으로 아들과 며느리의 위치는 남쪽이 된 것이다. 동쪽은 남자의 자리이며 서쪽은 여자의 자리이다.

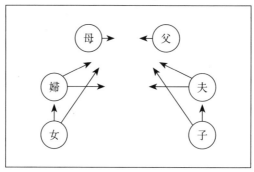

[그림 1-9] 세배(歲拜)의 자리 배치

나. 세배(歲拜)의 순서

세배(歲拜)의 절차는 아래와 같다. [그림 1-9]에 화살표로 나타낸 것은 절하는 방향, 즉 대상을 표시한 것이다.

ㅇ 부모(父母), 그리고 부부(夫婦)간에 평절로 맞절을 한다.

ㅇ 부모(父母)는 남쪽을 향해 앉는다.

---

49 김득중(金得中), 예절강좌, 유교신문(儒敎新聞), 1989년 2월 1일자.

○부부(夫婦)와 자녀(子女)가 부모(父母)에게 큰절로 세배(歲拜)한다.

○부부(夫婦)가 남쪽을 향해 자리에 앉는다.

○자녀(子女)가 큰절로 세배(歲拜)한다.

○자녀(子女) 중 남쪽을 향해 연상자가 자리에 앉는다.

○연하자가 세배(歲拜)한다.

제7절 가족(家族)

사회를 구성하는 기본 단위인 가족(家族)은 혈연을 주축으로 부모를 공경하고 자녀를 양육하는 기능과 더불어 전통(傳統)의 유지와 교육의 기능을 담당하는 기본적인 단위이다. 가족은 예(禮)의 출발이다. 따라서 예절(禮節)의 많은 부분이 가족과 관련이 있으며, 배우고 가르치는 순기능은 가족의 범위를 넘어 사회를 건강하게 한다.

예기(禮記)에 이르기를 '팔과 다리가 바르고, 피부와 근육이 충실한 것은 사람의 살찜이며, 부자가 돈독하고, 형제가 화목하며, 부부가 화합하는 것은 집의 살찜이다.(四體旣正, 膚革充盈, 人之肥也. 父子篤, 兄弟睦, 夫婦和, 家之肥也.)'[50]라고 하였으니, 이는 건강한 가족의 필요성을 건강한 신체와 비교한 표현이다. 아들 노릇을 제대로 해야 아비 노릇을 제대로 할 수 있는 것이며, 어린 사람으로서 어른을 제대로 공경해야 나중에 어른으로서 제대로 대접받는다. 그래서 예기(禮記)에서는 '남의 자식 된 도리를 안 뒤에라야 남의 아비가 될 수 있고, 남의 신하가 된 도리를 안 뒤에라야 남의 임금이 될 수 있고, 남을 섬기는 도리를 안 뒤에라야 능히 남을 부릴 수 있다.(是故知爲人子, 然後可以爲人父. 知爲人臣, 然後可以爲人君. 知爲事人, 然後能事人.)'[51]라고 하였다.

과거에는 대가족을 구성하여 할아버지, 아버지, 나, 아들로 이어지는 직계(直系) 존비속(尊卑屬)이 함께 생활하였다. 따라서 대(代)가 이어지는 교육적인 여건이 자연스럽게 만들어졌다. 그러나 현대에 들어오면서 가족은 핵가족으로 구성되어 과거의 전통(傳統)을 잃어가고 있으며 본래

---

50 예기(禮記), 문왕세자편(文王世子篇).

51 예기(禮記), 문왕세자편(文王世子篇).

의 기능도 상실할 위기에 처해있다.

정자(程子)는 '천하의 인심을 다스려 종족(宗族)[52]을 거두고 풍속을 후(厚)하게 하여 사람들로 하여금 근본을 잊지 않게 하려면 모름지기 계보(系譜)를 밝히고 세족(世族)을 보살피며 종자법(宗子法)을 세워야 한다. 종자법(宗子法)이 무너지면 사람들은 자신이 온 곳을 알지 못하여 사방으로 떠돌아다니고 왕왕 친화(親和)가 끊어지지 않았는데도 서로 알지 못하게 된다.(管攝天下人心, 收宗族, 厚風俗, 使人不忘本, 須是明譜系, 收世族, 立宗子法. 宗子法壞, 則人不知來處, 以至流轉四方, 往往親未絶不相識.)[53]라고 하였으니, 이는 가정과 가문(家門)의 중요성을 강조한 말이다.

1. 시조(始祖)와 본관(本貫)

시조(始祖)란 한 가문(家門)의 제일 윗대 선조(先祖)로서 맨 처음의 조상이다. 그리고 시조(始祖) 이후에 가문을 중흥시킨 조상을 중시조(中始祖), 또는 중조(中祖)[54]라 한다. 입향시조(入鄕始祖)는 대대로 살아온 세거지(世居地)에 처음 들어온 조상을 일컫는다.

본관(本貫)이란 시조(始祖) 또는 중시조(中始祖)의 출신지, 또는 씨족이 대대로 살아온 근거지를 이른다.[55] 향적(鄕籍), 관향(貫鄕), 관(貫) 등으로도 나타낸다. 즉 본관(本貫)은 시조(始祖)나 씨족의 고향을 일컫는다.

---

52 종족(宗族): 종(宗)은 동성(同姓)을, 족(族)은 겨레붙이를 뜻한다. 즉 성(姓)이 같은 겨레붙이를 종족(宗族)이라 한다.
53 주희(朱熹) 저, 임민혁 옮김(1999), 주자가례, 예문서원, p. 50.
54 성균관(成均館, 1993), 유림교양전서(儒林敎養全書), p. 433.
55 성균관(成均館, 1993), 유림교양전서(儒林敎養全書), p. 433.

2. 일가(一家)

내 집과 관계된 사람들을 구별할 때 친당(親黨), 본당(本黨), 시친당(媤親黨), 친정당(親庭黨), 처당(妻黨)으로 구분한다.

친당(親黨)이란 '아버지의 당'으로서 형제 항렬(行列) 이상이 해당하며 직계(直系)와 방계(傍系)로 분류할 수 있다. 즉 친당(親黨)은 아버지, 어머니, 할아버지, 할머니, 큰아버지, 큰어머니가 나의 친당(親黨)이다. 또한 친당(親黨)의 남자들은 아버지와 같은 성씨를 가지고 있지만, 어머니의 경우처럼 여자들은 아버지와 성씨가 다른 사람들이 주류를 이룬다. 그에 비하여 본당(本黨)은 아들 항렬(行列) 이하부터 해당한다. 본당(本黨) 사람들로는 아들, 딸, 조카, 손자 등이 여기에 해당한다.

아버지와 같은 성씨이면서 출가외인(出嫁外人)이 된 여자들은 나에 대하여 친당(親黨)이라 하지 않고 이를 친정당(親庭黨)이라 한다. 또한, 시집온 여자들은 이를 시친당(媤親黨)이라 하는데, 남편의 친당(親黨)인 셈이다. 그리고 아내의 친정당(親庭黨)을 처당(妻黨)이라 한다.

본당(本黨), 친당(親黨), 시친당(媤親黨) 사람을 모두 가족, 또는 일가, 집안사람이라 한다.

3. 세대(世代)

부자(父子)의 관계를 따질 때 대(代)라는 표현과 세(世)라는 표현을 쓴다. 즉 '시조(始祖)의 몇 세손(世孫)'이라거나 '몇 대조(代祖) 할아버지'의 표현이 그것이다. 대불급신(代不及身)이라 하여 대(代)에는 나를 제외한다.[56]

---

56 성균관(成均館, 1985), 유림편람(儒林便覽), 유도회총본부(儒道會總本部), p. 162.

즉 아버지와 나의 관계에서 아버지는 나의 1대(代)이고, 할아버지와 나의 관계는 2대(代)이다. 그러나 세(世)는 나를 포함한다. 즉 나와 아들의 관계에서 아들은 나의 2세(世)이며, 나와 손자는 나로부터 3세(世)이다.

4. 직계(直系)와 방계(傍系)

직계(直系)는 '할아버지-아버지-나-아들-손자'의 관계와 같이 부자지간 (父子之間)으로 이루어진 계통이며, '나-아버지-할아버지-큰아버지'처럼 형제지간(兄弟之間)으로 이루어진(여기서 아버지와 큰아버지가 형제지 간임) 관계를 방계(傍系)라 한다.

5. 존속(尊屬)과 비속(卑屬)

나보다 항렬(行列)이 높은 어른을 존속(尊屬)이라 하며, 비속(卑屬)은 나보다 항렬(行列)이 낮은 사람이다. 아버지, 큰아버지, 할아버지, 증조 할아버지는 존속(尊屬)이며 아들, 조카, 손자 등은 비속(卑屬)이다. 존속 (尊屬)과 비속(卑屬)을 합하여 존비속(尊卑屬)이라고 한다.

6. 친족(親族)의 계촌(計寸)

촌수(寸數)란 '혈연이 나와 몇 마디(寸)인지 나타내는 수(數)'이다. 그러 므로 촌수(寸數)가 작으면 작을수록 나와의 마디가 가깝다고 할 수 있다.

나와 형제는 직접 연결되는 핏줄이 아니라 부모를 매개로 하여 '나-아 버지-형(제)'라는 두 번의 마디를 지나야 한다. 이를 2촌(寸)이라 한다. 나 와 큰아버지(伯父)의 관계를 살펴보자. 나로부터 시작하여 큰아버지에게 이르기까지는 '나-[1촌]-아버지-[2촌]-할아버지-[3촌]-큰아버지'라는 세 개의 마디를 지나야 한다. 따라서 삼촌(三寸)이다. [그림 1-10]은 이를 나타낸 것이다.

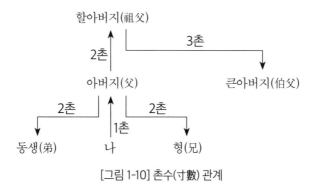

[그림 1-10] 촌수(寸數) 관계

또한, 나와 아내[夫婦 사이]에는 혈연관계가 아니다. 따라서 촌수(寸數)가 없으며 나와 처남(妻男)의 관계도 혈연이 아니므로 촌수(寸數)가 없다. 그러나 나와 외숙부의 관계는 어머니를 매개로 '나-어머니-외할아버지-외숙부'라는 혈연관계다. 따라서 삼촌(三寸) 간이며, 특히 외가(外家)이므로 이를 외삼촌(外三寸)이라 한다.

작은 아버지를 '삼촌(三寸)'으로 부르거나 외숙부를 '외삼촌(外三寸)'이라 부른다면 '핏줄의 마디가 세 개'라는 표현이므로 호칭으로는 옳지 않다.

우리나라에는 방계(傍系)의 친족(親族)에 대하여 다양한 관계칭(關係稱)이 발달하였는데, 이는 세계적으로도 드문 일이다. 그러나 과거에는 고유의 관계칭(關係稱)을 사용하였지만, 오늘날에는 핵가족화가 가속화되어 젊은이들에게는 낯설 수 있다.

다음 [그림 1-11]은 친족(親族)의 관계칭(關係稱)[57]이다.

---

57 대천문화원(1987), 전통예절(傳統禮節), 明文堂, p. 11.

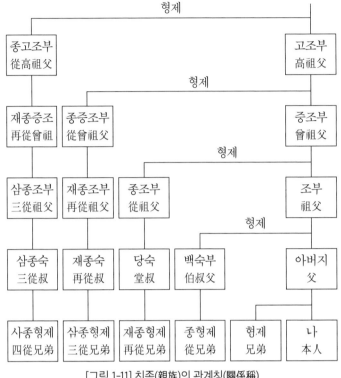

[그림 1-11] 친족(親族)의 관계칭(關係稱)

일반적으로 직계(直系) 친족(親族)의 경우에는 나와의 관계를 촌수(寸數)로 칭하지 않는다. 가까운 직계(直系)일 경우에는 보통 '조부(祖父)'나 '손자(孫子)'처럼 고유의 호칭이 있어 그것을 쓰거나, 관계가 먼 직계(直系)일 경우에는 '10대조(代祖)'나 '5세손(世孫)' 등과 같이 나와의 관계를 대(代)와 세(世)로 나타낸다.

나와 5촌(寸) 관계인 당숙(堂叔)을 종숙(從叔)이라고도 한다. 종형제(從兄弟)이면 촌수(寸數)로는 4촌(寸)이다. 또한 재종형제(再從兄弟)는 6촌(寸), 삼종형제(三從兄弟)는 8촌(寸)이다.

7. 내종(內從)의 계촌(計寸)

내종(內從)은 직계(直系) 존속(尊屬)인 아버지, 할아버지와 남매간인 고모(姑母), 대고모(大姑母) 등의 자손을 이르는 말이다. 외종(外從)에 상대하여 이르는 말이기 때문에 내종(內從)이라고 한다.

[그림 1-12]는 내종간(內從間)의 관계칭(關係稱)[58]이다.

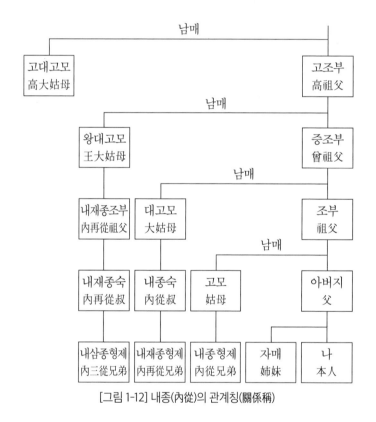

[그림 1-12] 내종(內從)의 관계칭(關係稱)

내종(內從)의 관계칭(關係稱)은 같은 촌수(寸數)의 친족(親族)의 관계칭(關係稱)에 '내(內)'를 붙인다.

---

58 대천문화원(1987), 전통예절(傳統禮節), 明文堂, p. 12.

8. 외종(外從)의 계촌(計寸)

외종(外從)은 어머니와 남매간인 외숙(外叔)의 자손과, 외조부(外祖父)와 형제간인 자손들로 구성된 외가(外家)의 자손을 이르는 말이다.

[그림 1-13] 외종(外從)의 관계칭(關係稱)[59]을 나타낸 것이다.

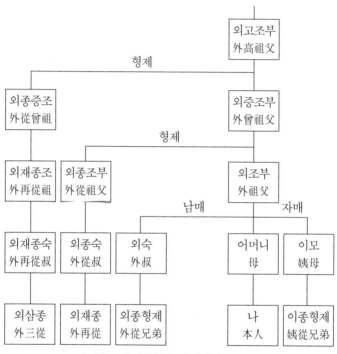

[그림 1-13] 외종(外從)의 관계칭(關係稱)

---

59 대천문화원(1987), 전통예절(傳統禮節), 明文堂, p. 13.

제8절 호칭(呼稱)과 경어(敬語)

말씨는 그 사람의 모든 것, 즉 생활 태도나 직업, 나이, 성별 등은 물론 그 이상의 인격까지도 나타내므로[60] 반드시 똑똑하고 격에 맞는 말씨를 써야 한다. 언어 예절은 웃어른일 때, 평교간(平交間)일 때, 아랫사람일 때 각기 다르다.

경어(敬語)를 쓸 때는 몸가짐도 또한 공손하여야 한다. 웃어른이 부르면 즉시 '예'라고 대답하며 '왜요?'라든가, '뭐요?'라고 반문하지 말아야 한다. 정중한 말씨 못지않게 겸손한 태도도 중요하다.

나와 상대방의 관계를 나타내는 말을 칭호(稱號)라 한다. 칭호(稱號)에는 호칭(呼稱)과 관계칭(關係稱), 촌수칭(寸數稱)이 있다.

1. 호칭(呼稱)

호칭(呼稱)은 부르는 말이다. 듣는 쪽을 불러서 말을 건넬 때 쓴다.

과거에는 부부 사이의 부름말이 없었다. 이는 내외법(內外法)으로 인하여 부부 사이에는 직접 부르지 못하고 다른 사람을 거쳐야 하므로 직접 부를 필요가 없어 호칭(呼稱)도 없었다.

호칭(呼稱)에서 '님'이라든가 '씨'라는 말은 혈연관계가 아닌 사람에게 사용하는 접미사[61]이다. 따라서 자기를 낳아준 아버지를 '아버님'이라 부르는 것은 잘못이며, 며느리가 시아버지를 '아버지'라고 부르는 것 또한 잘못된 호칭(呼稱)이다.

---

60 유병학(兪炳鶴) 編著(1984), 언어생활(言語生活), 教學硏究社, p. 149.
61 대천문화원(1987), 전통예절(傳統禮節), 明文堂, p. 26.

2. 관계칭(關係稱)

관계칭(關係稱)은 두 사람 사이의 걸림을 나타내는 말로, 나와 상대방의 관계를 나타낼 때 쓰는 말이다. 관계칭(關係稱)은 항렬(行列)에 따라, 그리고 나와의 원근(遠近)에 따라 규정되는데 아래의 예를 참고해 보자.

○ 할아버지 항렬(行列) : 종조(從祖), 재종조(再從祖)

○ 아버지 항렬(行列) : 백부(伯父), 중부(仲父), 숙부(叔父), 종숙(從叔), 재종숙(再從叔)

○ 같은 항렬(行列) : 종형제(從兄弟), 재종형제(再從兄弟), 고종형제(姑從兄弟), 외종형제(外從兄弟), 이종형제(姨從兄弟)

○ 조카 항렬(行列) : 질(姪), 생질(甥姪), 이질(姨姪),

○ 손자 항렬(行列) : 종손(從孫), 재종손(再從孫)

위의 예에서 보는 바와 같이 할아버지 항렬(行列)이면 '조(祖)'가 들어가고, 아버지 항렬(行列)이면 '부(父)'나 '숙(叔)'이 들어간다. 그리고 같은 항렬(行列)이면 '형(兄)'이나 '제(弟)'가 들어가고, 조카 항렬(行列)에는 '질(姪)'이 들어간다. 손자 항렬(行列)에는 '손(孫)'이 들어간다.

호칭(呼稱)과 관계칭(關係稱)이 같을 때도, 그리고 엄격히 구별된 때도 있다.

관계칭(關係稱)의 사용에 따른 원칙[62]은 다음과 같다.

○ 친당(親黨), 시친당(媤親黨), 본당(本黨)의 경우 4촌부터 8촌에 이르는 범위에 든 사람들끼리 관계칭(關係稱)은 이미 하나의 낱말로 만들어져 있다.

○ 모당(母黨)이나 처당(妻黨) 사람들을 일컬을 때는 관계칭(關係稱) 앞에 '외(外)'나 '처(妻)'를 붙인다.

---

[62] 대천문화원(1987), 전통예절(傳統禮節), 明文堂, p. 28.

○부인의 경우 시당(媤黨) 사람들에게 시당(媤黨) 사람을 말할 때는 호칭(呼稱)과 관계칭(關係稱)이 같으나, 친정당(親庭黨) 사람에게 시당(媤黨) 사람을 말할 때는 그 관계칭 앞에 '시(媤)'자를 붙여야 한다.

3. 촌수칭(寸數稱)

촌수칭(寸數稱)은 촌수(寸數)를 나타내는 말로, 학습이나 유전학을 나타낼 때 외에는 거의 사용하지 않는다.[63]

'삼촌 오신다.'라고 하면 '혈연관계가 세 마디짜리 오신다.'라고 한 것과 같다. 아버지의 형제는 '큰아버지'나 '작은아버지'가 호칭이요, 장가들기 전에는 '아제'가 부름말이다. 옛날에는 서자(庶子)인 삼촌 간인 사람을 하대(下待)하는 의미에서 장가를 들었든 그렇지 않은 간에 '삼촌'으로 불렀다고 한다. '아제'로 부르자니 장가들었고, '작은아버지(숙부)'로 부르자니 과분해서 어정쩡하게 '삼촌'으로 불렀던 모양이다.

'내'라는 표현은 본당(本黨) 사람에게만 사용하되, 듣는 이가 말하는 사람보다 하급일 때만 사용한다. '내 아들', '내 조카', '내 며느리', '내 손녀'가 그 예이다. 그러나 듣는 이가 말하는 이와 동급이면 '우리'란 표현을 써야하며 '우리 아들', '우리 딸'이라 불러야 한다. 만일 상급이면 '저의'나 '제'라는 표현을 써야 한다. 윗사람에게는 '저의 아들', '저의 딸'이 맞다.

또한, 듣는 이가 말하는 이보다 하급일지라도 친당 사람 앞에는 '나'나 '내'를 쓸 수 없다. 즉 '내 아버지'는 틀린 말이며 '저의 아버지'나 '우리 아버지'라고 해야 한다.

---

[63] 대천문화원(1987), 전통예절(傳統禮節), 明文堂, p. 30.

'내'라는 표현은 척당(戚黨)이나 처당(妻黨)에는 쓸 수 없다. 그러므로 '내 외손자'라는 말은 틀린 말이고 '우리 외손자'라고 해야 한다.

웃어른에게 말할 때는 그 사람보다 아래인 제삼자에 대한 말을 할 때, 제삼자가 자기보다 손윗사람일지라도 경칭(敬稱)이나 경어(敬語)를 빼는 것이 원칙[64]이다. 할아버지에게 말씀드릴 때는 어머니가 비록 웃어른이긴 하지만 '어머니가 사 주었습니다.'라고 말해야 한다. 남에게 자기 부모를 말할 때는 비록 그가 손위라 하더라도 '아버지이십니다.'라고 경칭을 쓴다.

---

[64] 유병학(兪炳鶴) 編著(1984), 언어생활(言語生活), 敎學硏究社, p. 150.

4. 친족간(親族間)의 호칭(呼稱)

[표 1-1] 친족간(親族間)의 호칭(呼稱) ①

대상자	자기가 일컬을 때			자기를 일컬을 때		
	생존(生存)	사후(死後)	서장(書狀)	생존(生存)	사후(死後)	서장(書狀)
父	아버지	아버지 顯考(축)	父主	아들	아들, 孝子(축) 孤子(모생존) 孤哀子	不肖子 不孝子 小子, 迷子
母	어머니	어머니 顯妣(축)	慈主	아들	아들, 孝子(축) 哀子(부생존) 孤哀子	不肖子 不孝子, 小子
祖父	할아버지 祖父	祖考 顯祖考(축)	祖父主	孫子 孫	孫子, 孫 孝孫(축)	不肖孫 不孝孫, 小孫
祖母	할머니 祖母	祖妣 顯祖妣(축)	祖母主	孫子 孫	孫子, 孫 孝孫(축)	不肖孫 不孝孫, 小孫
伯父母 仲父母 叔父母	伯父母 仲父母 叔父母	伯父母 仲父母 叔父母	伯父母 仲父母 叔父母	從子, 猶子 姪子, 姪	從子, 猶子 姪子, 姪	從子, 猶子 姪子, 姪

대상자	남에게 일컬을 때			남이 일컬을 때		
	생존(生存)	사후(死後)	서장(書狀)	생존(生存)	사후(死後)	서장(書狀)
父	父親, 家親 嚴親, 家嚴	先親, 先考 先人, 先君	家大人, 家君 家公, 家父	어르신네 椿府丈, 椿丈		椿堂, 尊大人 堂丈, 大庭
母	母親 慈親	先妣 老親	母親 慈親	大夫人 慈堂, 慈親		尊堂 令堂
祖父	祖父	祖考, 王考 先祖考, 先王考	祖父 王父	祖父丈 王大人	王考丈, 尊祖考 先王尊丈 先王大人	祖父丈 王尊丈 王府丈
祖母	祖母	祖妣 先祖妣	祖母 老祖母	祖母 王大夫人	先祖母, 尊祖妣 先王大夫人	尊祖母 尊王大夫人
伯父母 仲父母 叔父母	伯父母 仲父母 叔父母	先伯父母 先仲父母 先叔父母	伯父母 仲父母 叔父母	伯父丈 尊伯母	先伯父丈 先伯母夫人	伯父丈 尊伯母

[표 1-2] 친족간(親族間)의 호칭(呼稱) ②

대상자	자기가 일컬을 때			자기를 일컬을 때		
	생존(生存)	사후(死後)	서장(書狀)	생존(生存)	사후(死後)	서장(書狀)
夫	서방님 夫君	서방님 顯辟(축)	夫子 萬砧	妻	妻	拙妻졸처 妻
妻	夫人	亡妻 亡室(축)	慈主	拙夫 家夫	拙夫 家夫	拙夫 家夫
子	집아이 家兒	亡子	家豚, 家督 迷兒	아비	아비	아비
女	女息, 아기		家嬌, 瓦雛	아비	아비	아비
外祖父	외할아버지 外祖父	외할아버지 外祖父	외할아버지 外祖父	外孫 杵孫	外孫 杵孫	外孫 杵孫
外祖母	외할머니 外祖母	외할머니 外祖母	외할머니 外祖母	外孫 杵孫	外孫 杵孫	外孫 杵孫
丈人	丈人 聘丈	丈人 聘丈	外舅主 聘父, 岳父	사위	사위	壻 外生男
丈母	丈母, 聘母	丈母, 聘母	外姑主, 岳母	사위	사위	壻, 外生男

대상자	남에게 일컬을 때			남이 일컬을 때		
	생존(生存)	사후(死後)	서장(書狀)	생존(生存)	사후(死後)	서장(書狀)
夫	바깥양반 사랑양반 家夫	亡夫	夫君 家夫子	바깥양반 賢君	先令君子	令君子 賢君子
妻	家人 室人	亡妻 亡室	拙妻	內相 令夫人	故令夫人 故賢閤	閤夫人 賢閤
子	집아이 家兒	亡子	家豚 家督 迷兒	아드님 令胤, 賢胤 胤玉, 胤君		貴公子 令胤, 賢胤 胤玉, 胤君
女	女息		家嬌, 瓦雛	따님, 令愛		令嬌, 令愛
外祖父	外祖父	外祖父	外祖父	外祖父님	外祖父님	外王尊丈 外王大人
外祖母	外祖母	外祖母	外祖母	外祖母님	外祖母님	外王大夫人
丈人	丈人	丈人	鄙聘丈	聘丈	聘丈	貴聘丈
丈母	丈母	丈母	鄙聘母	聘母	聘母	貴聘母

[표 1-3] 친족간(親族間)의 호칭(呼稱) ③

대상자	자기가 일컬을 때			자기를 일컬을 때		
	생존(生存)	사후(死後)	서장(書狀)	생존(生存)	사후(死後)	서장(書狀)
兄	兄, 伯兄, 仲兄, 叔兄(세째)	兄, 伯兄 仲兄, 叔兄	兄主, 伯兄主 仲兄主, 叔兄主	弟		舍弟, 家弟 仲弟
兄嫂	아주머니 兄嫂氏	아주머니 兄嫂氏	아주머니 兄嫂氏	媤弟	媤弟	媤弟
弟	아우	亡弟(축)	舍弟, 家弟 仲弟	兄	兄	舍兄, 家兄 舍伯, 舍仲
弟嫂	弟嫂氏 季嫂氏	弟嫂氏 季嫂氏	弟嫂氏 季嫂氏			
姉	누나	누나	姉主	동생, 아우	동생, 아우	舍弟
妹	누이	누이	舍妹	오빠	오빠	家兄
姪	家姪	家姪		아제비	아제비	아제비
姑母	姑母	姑母	姑母主	舍姪	舍姪	舍姪

대상자	남에게 일컬을 때			남이 일컬을 때		
	생존(生存)	사후(死後)	서장(書狀)	생존(生存)	사후(死後)	서장(書狀)
兄	舍伯, 家伯 舍兄, 舍仲	先伯, 先伯兄 先仲	舍伯, 家伯 舍兄, 舍仲	伯氏丈 仲氏丈	先伯氏丈 先仲氏丈	伯氏丈 仲氏丈
兄嫂	아주머니 兄嫂氏	아주머니 兄嫂氏	아주머니 兄嫂氏	令兄嫂氏	故令兄嫂氏	令兄嫂氏
弟	아우	亡仲弟, 亡叔弟 亡弟(축)	舍弟, 家弟 仲弟	季氏, 令弟氏 賢弟氏	先季氏 先弟氏	季氏, 令弟氏 賢弟氏
弟嫂	弟嫂氏	弟嫂氏	弟嫂氏	令弟嫂氏	故令弟嫂氏	令弟嫂氏
姉	姉氏	姉氏	姉氏	令姉氏	故令姉氏	令姉氏
妹	妹弟, 舍妹	妹弟, 舍妹	妹弟, 舍妹	令妹氏	故令妹氏	令妹氏
姪	家姪	家姪	鄙姪	令姪, 咸氏	令姪, 咸氏	令姪, 令咸氏
姑母	姑母	姑母	鄙姑母	姑母	姑母	貴姑母

제2장

관례(冠禮)

주자가례(朱子家禮)에서는 관례(冠禮)와 계례(笄禮)를 통하여 젊은이가 어른으로 성장하는 단계를 분명하고 엄숙하게 하였다.

그러나 세월이 바뀌면 문화도 바뀌고 예절에도 변화가 있기 마련인데, 관혼상제(冠婚喪祭)의 예법(禮法)은 옛날과 비교하면 매우 달라졌다. 그중에서도 변화가 가장 심한 것이 관례(冠禮)일 것이다.

이 장에서는 관례(冠禮)의 절차를 알아보고, 그 의미를 새기며, 관례(冠禮)와 같은 가치를 지니는 현대의 성년식(成年式)에 대하여 알아본다.

제1절 관례(冠禮) 개요

1. 관례(冠禮)

관례(冠禮)란 오늘날의 성년식(成年式)에 해당하는 의식(儀式)으로, 남자의 나이가 20세가 되면 행하였다. 예기(禮記)에 이르기를 '20세가 되면 관례(冠禮)를 하고, 비로소 예(禮)를 배우며 갖옷과 비단옷을 입는다.(二十而冠, 始學禮, 可以衣裘帛.)'[1]라고 하였다. 우리나라에서는 남자가 15세에서 20세가 되면 그동안 땋아 내렸던 머리를 올려 상투를 틀고 그 위에 관(冠)을 씌우는 의식(儀式)을 하였다.

관례(冠禮)를 치룬 사람은 사회 구성원의 권리와 의무가 따랐다. 관례(冠禮)를 치룸으로서 사회에서는 성인(成人)으로 대우하는 대신에, 책임 있는 생활인이 되길 강조하였다. 즉 관례(冠禮)는 소년에서 성인(成人)으로 변화하는 시기에 치루는 통과의례(通過儀禮)였다.

예기(禮記)에서는 '성인(成人)이라 한다면 그는 장차 성인(成人)의 예(禮)를 권고받게 된다. 성인례(成人禮)를 권하는 것은 사람의 자식으로, 사람의 아우로, 사람의 신하로, 사람의 젊은이로 만드는 예(禮)를 행하기를 권하는 것이며, 장차 이 네 가지를 사람에게 행하기를 권하는 것이니, 그 예(禮)가 중요하지 않을 수 있으랴. 그러므로 효제충순(孝弟忠順)의 행실이 성립된 후에라야 가히 사람이 되는 것이며, 가히 사람이 된 후에라야 가히 사람을 다스릴 수 있는 것(成人之者, 將責成人禮焉也, 責成人禮焉者, 將責爲人子爲人弟爲人臣爲人少者之禮行焉. 將責四者之行於人, 其禮可不重與. 故孝弟忠順之行立, 而后可以爲人, 可以爲人, 而后可以治人也.)'[2]이

---

1 예기(禮記), 내칙편(內則篇).
2 예기(禮記), 관의편(冠義篇).

라고 하여 관례(冠禮)의 가치를 강조하였다.

그러므로 옛날에는 관례(冠禮)를 중요시하여 사당(祠堂)에서 이를 행하였다. 사당(祠堂)에서 이를 행한다는 것은 그 일을 존중한 까닭이며, 그 일을 존중한다 함은 감히 중대사를 함부로 자행하지 못하였기 때문이고, 중대사를 함부로 자행하지 못한 것은 자신을 낮추고 이렇게 함으로써 선조(先祖)를 높이고자 하였기 때문이다.(是故古者重冠, 重冠, 故行之於廟, 行之於廟者, 所以尊重事, 尊重事而不敢擅重事, 不敢擅重事, 所以自卑而尊先祖也.)[3]

관례(冠禮)의 나이와 관련하여 주자(朱子)는 '남자는 나이 15세에서 20세[4]까지 모두 관례(冠禮)를 할 수 있다.(男子年十五至二十, 皆可冠.)'[5]라고 하였으니, 남송(南宋) 시대에는 이전보다 어린 나이에 관례(冠禮)를 시행하였던 것으로 보인다. 관례(冠禮)를 치르면 성인(成人)의 복장을 할 수 있었으며 자(字)를 쓰고, 혼인(婚姻) 및 임관(任官)의 자격과 향교(鄕校)나 성균관(成均館)에 입학할 수 있었다.

여자 역시 15세 안팎이 되면 머리를 올려 쪽을 찌고 비녀를 꽂는 의식(儀式)을 치렀는데, 이를 계례(笄禮)라고 한다. 계례(笄禮)는 남자의 관례(冠禮)만큼 보편화 된 것은 아니었으며, 우리나라에서는 혼례(婚禮)에 계례(笄禮)가 흡수되었다.[6] 여자는 처음으로 머리를 올리고 신랑을 만나

---

3 예기(禮記), 관의편(冠義篇).

4 진씨는 다음과 같이 말하였다. '20세에 관례(冠禮)를 하는데, 남자는 양(陽)이며 20은 음수(陰數)이다. 20세에 관례(冠禮)하는 것은 음(陰)으로 양(陽)을 이루는 것이다. 반대로 여자는 음(陰)이고 15세는 양수(陽數)이다. 15세에 계례(笄禮)하는 것은 양(陽)으로 음(陰)을 이루려는 것이다. 따라서 음양(陰陽)이 서로 이루어지고 성명(性命)이 서로 통하게 된다'(家禮增解; 陳氏曰, 二十而冠, 子陽之數也, 而二十, 則陰之數矣. 二十而冠者, 以陰而成乎陽. 女陰之數也, 而十五, 則陽之數矣. 十有五年而笄者, 以陽而成乎陰. 陰陽之相成, 性命之相通也)라 해석하기도 한다.

5 주희(朱熹) 저, 임민혁 옮김(1999), 주자가례, 예문서원, p. 119.

6 권영한(1998), 사진으로 배우는 관혼상제(冠婚喪祭), 전원문화사, p. 37.

게 되며, 신랑이 그것을 풀어주는 것이 전통사회(傳統社會)의 관습이었는데, '귀밑머리 올린다'라거나 '머리 올린다.'라는 것의 행위 형식은 계례(筓禮)이지만 그 실제 의미는 여자가 혼인(婚姻)함을 뜻하는 것이다.

중국에서는 주(周)나라 이전에 이미 관례(冠禮)가 시행된 것으로 보인다. 그리고 우리나라에서는 고려 광종(光宗) 16년에 태자(太子)인 추(抽)에게 처음으로 관례(冠禮)를 치러주었다고 한다.

고려 이후 조선 중기에는 보편화된 제도였으나 조선 말기 조혼(早婚)의 경향과 개화기 이후 사회의 관습에서 관례(冠禮)는 서서히 사라졌다.[7] 현재에는 사례(四禮) 중에서 상례(喪禮)나 제례(祭禮)는 어느 정도 유지되고 있지만, 관례(冠禮)는 혼례(婚禮)와 더불어 관심이 매우 적은 편이다. 그러나 관례(冠禮)의 과정과 의의를 살펴볼 때, 관례(冠禮)는 낡은 옛 풍습이라 하기에는 소중한 가치를 지니고 있다. 그러므로 성균관(成均館)에서는 관례(冠禮)를 성년식(成年式)의 형식으로 변화시키려고 노력하고 있다.

2. 관례(冠禮)의 가치

지금은 비록 관례(冠禮)가 사라졌다고는 하지만 본래의 가치를 살펴보는 것은 의미 있는 일이다.

예기(禮記)에서는 대체로 사람이 사람답게 사는 소이(所以)를 예(禮)로 보았다. 그런데 예의(禮義)의 출발은 몸가짐을 바르게 하고, 안색을 평정하게 가지며, 응대하는 말을 순하게 하는 데 있다. 이러한 출발은 관(冠)이 있고 복(服)이 갖추어져야 하며, 복(服)이 갖춰진 뒤에 몸가짐이

---

7 권영한(1998), 사진으로 배우는 관혼상제(冠婚喪祭), 전원문화사, p. 14.

바르게 되고 안색은 평정되며 응대하는 말이 순하게 되는 것이다. 따라서 관례(冠禮)를 예(禮)의 출발이라고 말한다.(凡人之所以爲人者, 禮義也. 禮義之始, 在於正容體, 齊顔色, 順辭令. 故冠而后服備, 服備而后容體正, 顔色齊, 辭令順. 故曰, 冠者, 禮之始也)[8]

　관례(冠禮)를 마치면 자(字)를 지어준다. 그리고 지금까지 부르던 이름 대신에 자(字)로 부른다. 성인(成人)이 된 사람의 이름을 함부로 부르지 않는다는 의미이다. 그뿐만 아니라 어머니도 아들인 관례자(冠禮者)를 대할 때는 절을 하였다. 예기(禮記)에 이르기를 '이미 관(冠)을 하였으니 자(字)를 칭하고, 곧 성인(成人)의 도리로 대하는 것이다. (관례자를) 어머니에게 보여드리면 어머니가 절을 하고 형제에게 보여주면 형제가 절하니, 성인(成人)이기 때문에 함께 예(禮)를 하는 것이다.(已冠而字之, 成人之道也. 見於母, 母拜之, 見於兄弟, 兄弟拜之, 成人而與爲禮也.)'[9]라고 하였다. 또한 '남자는 20세에 관례(冠禮)를 하고 자(字)를 짓는다. 아버지 앞에서 이름을 말하고 임금 앞에서 신하는 이름을 말한다.(男子二十 冠而字 父前子名 君前臣名.)'[10]라고 하였으니, 관례자(冠禮者)는 아버지와 임금 앞에서만 그 이름을 말할 만큼 확실하게 성인(成人)으로 대우를 하였다. 남자의 경우에는 자(字)를 지은 데 비하여 여자의 경우에는 당호(堂號)[11]라는 별명을 지어주 었다.

　성인(成人)이 된 그들에게는 상투를 틀거나 쪽을 찌는 등의 겉모습 변화뿐만 아니라 여러 가지 변화가 뒤따르게 된다. 우선 주위의 어른들도 이들에게 '해라'라는 낮춤말 대신에 '하게'라는 보통 말씨로 높여서 말하게 되며,

---

8　예기(禮記), 관의편(冠義篇).

9　예기(禮記), 관의편(冠義篇).

10　예기(禮記), 곡례(曲禮) 상편(上篇).

11　성균관(成均館, 1993), 유림교양전서(儒林敎養全書), p. 129.

또한 이들로부터 절을 받을 때도 앉아서 받지 않고 답배(答拜)를 하게 된다.

그뿐만 아니라 관례(冠禮)는 동쪽 섬돌에서 행하는 상징적 의미를 부여하여 가문을 이끌어갈 사람이라는 것을 보임으로써 관례자(冠禮者) 스스로에게도 막중한 책무를 느끼도록 하였다. 예기(禮記)에서 '그러므로 관례(冠禮)는 동쪽 섬돌[12]에서 행하며, 이로써 대(代)를 명백히[13]하였다.(故冠於阼, 以著代也.)'[14]라고 하였다.

---

12 조(阼)는 조계(阼階)로서 동쪽 섬돌임. 섬돌은 동쪽과 서쪽에 있는데, 동쪽은 주인(主人)이 이용하고, 서쪽은 손님이 이용함. 따라서 관례(冠禮)를 동쪽계단에서 한다 함은 주인(主人)으로 대한다는 의미임.

13 저대(著代)의 저(著)는 명(明)과 같음. 아비의 대(代)를 이음을 뜻함.

14 예기(禮記), 관의편(冠義篇).

제2절 관례(冠禮)

주자가례(朱子家禮)의 관례(冠禮) 절차를 간추리면 다음과 같다.[15]

> 관례(冠禮)는 남자 나이 15세에서 20세에 시행하며 반드시 부모에게 기년(朞年) 이상의 상(喪)이 없어야 비로소 행할 수 있다. 그 절차는 다음과 같다.
> ■3일 전에 주인(主人)은 사당(祠堂)에 아뢴다. (前期三日, 主人告于祠堂.)
> ■빈객(賓客)을 청한다. (戒賓.)
> ■관례(冠禮) 하루 전에 거듭 빈객(賓客)을 청한다. (前一日, 宿賓.)
> ■관례(冠禮) 치를 장소를 준비한다. (陳設.)
> ■아침 일찍 관례(冠禮) 치를 관(冠)과 의복을 준비한다. (厥明夙興, 陳冠服.)
> ■관례(冠禮)를 위해 주인(主人) 이하는 차례로 선다. (主人以下, 序立.)
> ■빈객(賓客)이 이르면 주인(主人)이 맞이하여 들어가 당(堂)에 오른다. (賓至, 主人迎入升堂.)
> ■빈객(賓客)이 관자(冠者)에게 읍(揖)하고 자리에 나아가 관(冠)과 건(巾)을 씌운다. (賓揖將冠者就席, 爲加冠巾.)
> ■관자(冠者)는 방으로 가서 심의(深衣)를 입고 신발을 신고 나온다. (冠者適房, 服深衣納履出.)
> ■빈객(賓客)이 관자(冠者)에게 두 번째 모자를 씌운다. (再加帽子.)
> ■관자(冠者)는 조삼(皂衫)을 입고 혁대(革帶)를 하고 가죽신을 신는다. (服皂衫革帶繫鞋.)
> ■빈객(賓客)이 세 번째 복두(幞頭)를 씌우는데 공복(公服)과 혁대(革帶)를 하고 가죽신을 신고 홀(笏)을 든다. 또한 난삼(襴衫)을 입고 가죽신을 신는다. (三加幞頭, 公服, 革帶, 納靴, 執笏. 若襴衫, 納靴.)
> ■초례(醮禮)를 한다. (乃醮.)

---

15 주희(朱熹) 저, 임민혁 옮김(1999), 주자가례, 예문서원, pp. 119~144.

- ■빈객(賓客)이 관자(冠者)에게 자(字)를 지어준다.(賓字冠者.)
- ■빈객(賓客)이 나와서 막차(幕次)로 간다.(出就次.)
- ■주인(主人)은 관자(冠者)를 데리고 사당(祠堂)에 알현한다.(主人以冠者, 見于祠堂.)
- ■관자(冠者)가 웃어른을 뵙는다.(冠者, 見于尊長.)
- ■이에 주인(主人)이 빈객(賓客)을 대접한다.(乃禮賓.)
- ■관자(冠者)가 향선생(鄉先生)과 아버지의 친구를 뵙는다.(冠者遂出, 見於 鄉先生, 及父之執友.)

성균관(成均館)에서는 관례(冠禮)의 절차를 사전의식(事前儀式)과 본래의 관례(冠禮), 사후의식(事後儀式)으로 구분하여[16] [그림 2-1]과 같이 나타내었다.

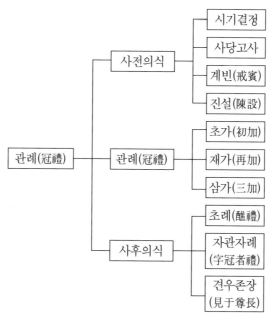

[그림 2-1] 관례(冠禮)의 절차

---

16 성균관(成均館, 1993), 유림교양전서(儒林敎養全書), p. 128.

1. 시기의 결정과 사당(祠堂) 고사(告辭)

가. 시기 결정

관례(冠禮)는 반드시 부모에게 기년(朞年)[17] 이상의 상(喪)이 없어야 비로소 행할 수 있었다. 대공(大功)[18]의 복을 입은 사람이 아직 장사(葬事)를 지내지 않았다면 또한 행할 수 없었다.(必父母無朞以上喪, 始可行之. 大功未葬, 亦不可行.)[19]

사례편람(四禮便覽)에는 '옛날의 예(禮)에는 날짜를 택했으나, 정월(正月) 안에 하루를 택한다.'[20]고 하였고, 여의치 않아 때를 놓치면 4월이나 7월의 초하루[21]에 한다.

나. 사당(祠堂) 고사(告辭)

관례(冠禮) 3일 전이나[22]당일 아침에[23] '○○○의 ○째 아들(또는 딸) ○○은 성년이 되었으므로 오늘 관례(冠禮)를 하나이다.'라는 내용으로 조상께 고사(告辭)를 지낸다.

가묘(家廟)에서 지내기도 하고, 그렇지 않으면 위패(位牌)를 모셔놓고 집에서 지내기도 한다. 가묘(家廟)나 위패(位牌)가 없으면 지방(紙榜)으로 대신한다. 그리고 술과 과일과 포를 올리고 [서식 2-1]의 축문[24]을 읽는다.

---

17 기년(朞年) : 1년 동안 상복(喪服)을 입는 복제(服制). 상례(喪禮) 성복(成服) 참조.

18 대공(大功) : 9개월 동안 상복(喪服)을 입는 복제(服制). 상례(喪禮) 성복(成服) 참조.

19 주희(朱熹) 저, 임민혁 옮김(1999), 주자가례, 예문서원, p. 120.

20 이재(李縡), 국역 사례편람(四禮便覽), 우봉이씨 대종회, 명문당, p. 17.

21 권영한(1998), 사진으로 배우는 관혼상제(冠婚喪祭), 전원문화사, pp. 16~17.

22 권영한(1998), 사진으로 배우는 관혼상제(冠婚喪祭), 전원문화사, pp. 18~19.

23 성균관(成均館, 1993), 유림교양전서(儒林敎養全書), p. 132.

24 권영한(1998), 사진으로 배우는 관혼상제(冠婚喪祭), 전원문화사, pp. 18~19.

[서식 2-1] 관례축(冠禮祝)

향 饗　주과용신 건고근고 상　酒果用伸 虔告謹告 尙　영달 연점장성 금장가관 근이　永達 年漸長成 今將加冠 謹以　현증조비유인 밀양박씨 순택지자　顯曾祖妣孺人 密陽朴氏 淳澤之子　현증조고학생부군　顯曾祖考學生府君　효손순택 감소고우　孝孫淳澤 敢昭告于　유세차 정축정월임오삭초오일임신　維歲次 丁丑正月壬午朔初五日壬申

정축년 정월 5일에 효손[25] 순택은 증조부와 증조모 밀양박씨의 영전에 삼가 고하나이다. 순택의 아들 영달이 해가 갈수록 장성하여 이제 곧 관례를 치르옵기에 삼가 주과를 드리오며 이에 삼가 경건하게 고하니 흠향하소서.

2. 계빈(戒賓)과 진설(陳設)

가. 계빈(戒賓)

계빈(戒賓)은 관례일(冠禮日) 전에 빈객(賓客)을 초청하는 것이다. 주변에서 본받을 만한 어른으로 어질고 덕망이 있으며 예법(禮法)을 잘 아는 사람을 의식(儀式)의 큰손님으로 정하여 모신다. 이때 관례(冠禮)를 참관할 손님들도 함께 정하여 청한다. 주자가례(朱子家禮)에서는 '친구

---

25 위 고사(告辭)에서 효손순택(孝孫淳澤)이라 하였으면 현조고(顯祖考)라 하여야 맞다. 현증조고(顯曾祖考)는 잘못된 것이다.

가운데 어질고 예(禮)를 아는 사람 한 명을 택하는 것이 좋다.(但擇朋友賢而有禮者一人可也.)'[26]라고 하였고, 사례편람(四禮便覽)에서는 친구 중에서 선량하고 예의 바른 사람[27]을 선택한다고 하였다.

주자가례(朱子家禮)에는 빈객(賓客)을 모시는 것에 대하여 구체적인 대화를 나타내고 있다. 관례자(冠禮者)의 아버지가 빈객(賓客)을 찾아가 '아무개에게는 아들 아무개가 있는데, (또는 아무개의 아무 친족은 아들 아무개가 있는데) 장차 그 머리에 관(管)을 씌우려고 하니, 그대가 가르쳐주시기를 바랍니다.'라고 말한다. (그러면) '아무개가 불민하여 일을 받들지 못해서 그대를 욕되게 할까 두려우니 감히 사양합니다.'라고 대답한다. 청하는 자가 '그대가 끝내 가르쳐 주시기를 바랍니다.'라고 말하면, '그대가 거듭 명하시니 아무개가 감히 따르지 않을 수 있겠습니까.'라고 대답한다(某有子某, 若某之某親有子某, 將加冠於其首, 願吾子[28] 之敎之也. 對曰, 某不敏, 恐不能供事, 以病[29] 吾子, 敢辭[30]. 戒者曰, 願吾子之終敎之也. 對曰, 吾子重有命, 某敢不從.)[31]

나. 진설(陳設)

모든 준비를 마치고 관례일(冠禮日) 하루 전에 대청의 동북쪽에 장소를 마련한다. 관례일(冠禮日)이 되면 병풍을 치며 자리를 깔고 탁자를 준비하고 주안상을 마련한다. 모든 준비가 끝나면 빈객(賓客)을 기다린다.

---

26 주희(朱熹) 저, 임민혁 옮김(1999), 주자가례, 예문서원, p. 122.

27 이재(李縡), 국역 사례편람(四禮便覽), 우봉이씨 대종회, 명문당, p. 19.

28 여기서는 남자의 미칭이다. '그대'.

29 병(病)은 '욕되게 하다(辱)'의 뜻.

30 사(辭)는 한 번 사양함을 말하며, 두 번 사양하고 허락하는 것을 고사(固辭)라 하고, 세 번 사양하는 것을 종사(終辭)라 하여 끝내 허락하지 않는 것이다.

31 주희(朱熹) 저, 임민혁 옮김(1999), 주자가례, 예문서원, p. 122.

주자가례(朱子家禮)에는 관례(冠禮) 치를 장소에 대야와 수건을 준비하였는데, 이는 관례(冠禮) 당사자가 정결하게 손을 씻고 엄숙하게 참여하게 하게 하기 위함이었다.

3. 초가(初加)

관례(冠禮) 의식(儀式)은 초가(初加; 혹은 始加), 재가(再加), 삼가(三加)로 분류된다.

첫 단계는 상투를 틀어 관(冠)을 씌우고 어른의 평상복을 입힌 후 어린 마음을 버리고 어른스러워지라고 당부한다.[初加] 이어 두 번째 단계에서는 어른이 외출할 때 입는 옷을 입히고 머리에는 모자를 씌운 다음 말과 행동을 어른답게 할 것을 당부하고 축사를 한다.[再加] 세 번째 단계는 어른의 예복을 입히고 머리에 유건(儒巾)[32]을 씌운 다음 어른의 책임을 다할 것을 당부한다.[三加]

초가(初加)는 시가(始加)[33]라고도 한다. 주자가례(朱子家禮)에서는 빈객(賓客)이 관자(冠者)에게 말하기를 '좋은 달 좋은 날에 비로소 원복(元服)을 입었으니, 너의 어린 뜻을 버리고 너의 어른스러운 덕을 따르면 장수하고 상서로우며 복을 크게 하리라.(吉月令日[34], 始加元服, 棄爾幼志, 順爾成德, 壽考[35]維祺, 以介景[36]福.)'[37]라고 한다고 하였다.

권영한은 초가(初加)의 축사 내용과 관례자(冠禮者)의 대답[38]을 다음 [서식 2-2]와 같이 나타내었다.

---

32 유교를 공부하는 학생들이 쓰던 모자의 일종.
33 김득중(金得中), 예절강좌, 유교신문(儒教新聞), 1989년 5월 1일자.
34 영일(令日) : 좋은 날, 길일(吉日).
35 수고(壽考) : '늙다(老)'의 뜻.
36 개경(介景) : '크다(大)'라는 뜻.
37 주희(朱熹) 저, 임민혁 옮김(1999), 주자가례, 예문서원, p. 131.
38 권영한(1998), 사진으로 배우는 관혼상제(冠婚喪祭), 전원문화사, p. 20.

[서식 2-2] 초가(初加)의 축사와 대답

> ○ 축사 : 길한 날을 가려 처음으로 관을 쓰게 하니 이제부터는 어린 마음을 버리고 어른의 덕을 지녀서 건강하게 오래 살아 하늘의 큰 복을 누릴지어다.
> ○ 대답 : 제가 비록 불민하오나 삼가 받들겠습니다.

4. 재가(再加)

재가(再加)는 어른의 출입복을 입히고 모자를 씌우고서 빈객(賓客)이 관례자(冠禮者)에게 축사하는 의식(儀式)이다.

주자가례(朱子家禮)에서는 '좋은 달 좋은 날에 너의 옷을 거듭 입히니, 너의 어른스러운 행동을 삼가고, 너의 덕을 맑게 하며 영원토록 살면서 오랜 큰 복을 누리라.(吉月令辰, 乃申爾服, 謹爾威儀, 淑愼爾德, 眉壽[39]永年, 享受胡福[40].)'[41]라고 한다고 하였다. 권영한은 재가(再加)의 축사 내용과 관례자(冠禮者)의 대답[42]을 다음 [서식 2-3]과 같이 나타내었다.

[서식 2-3] 재가(再加)의 축사와 대답

> ○ 축사 : 이제 성인이니 항상 몸가짐을 삼가라. 성심으로 조상을 받들고 어버이에게 효도해서 행복한 가정을 이루고 사회에 이바지하여라.
> ○ 대답 : 신명을 다해 따르겠습니다.

---

39 미수(眉壽) : 장수를 뜻함. 사람이 늙으면 눈썹이 빼어나게 나오기 때문이다.(詩經 ; 人年老者, 眉有豪毛秀出, 故稱長壽之曰眉壽).

40 호(胡)는 '멀다'의 뜻으로, 호복(胡福)은 '오랜 큰 복'을 의미함.

41 주희(朱熹) 저, 임민혁 옮김(1999), 주자가례, 예문서원, p. 133.

42 권영한(1998), 사진으로 배우는 관혼상제(冠婚喪祭), 전원문화사, p. 22.

5. 삼가(三加)

삼가(三加)에서는 어른의 예복을 입히고 복두(幞頭)나 유건(儒巾)을 씌우고서 빈객(賓客)이 축사하는 의식(儀式)이다.

주자가례(朱子家禮)에서는 '좋은 해의 좋은 달에 너의 옷을 다 입혔으니, 형제가 함께 살면서 덕을 이루고 늙도록 오래 살아 하늘의 경사를 받아라.(以歲之正, 以月之令, 咸加爾服, 兄弟具在, 以成厥德, 黃耇無疆, 受天之慶.)'[43]라고 한다고 하였다. 권영한은 삼가(三加)의 축사 내용과 관례자(冠禮者)의 대답[44]을 다음 [서식 2-4]와 같이 나타내었다.

[서식 2-4] 삼가(三加)의 축사와 대답

> ○축사 : 이제 어른의 복식을 다 갖추었으니 덕을 쌓아 이웃과 함께 어른으로서의 책무를 다하며 복되게 살아라.
> ○대답 : 신명을 다해 따르겠습니다.

6. 초례(醮禮)

관례(冠禮)의 사후의식(事後儀式)은 빈객(賓客)이 술을 내려 하늘에 어른이 되었음을 서약하게 하는 동시에 술을 마시는 예절을 가르치고[醮禮], 자(字)를 지어주고 축사하며[字冠者禮], 성인(成人)이 된 관자(冠者)는 웃어른을 찾아뵙고 어른의 자격으로서 인사를 드리는[見于尊長禮] 것이다.

술을 따르고는 술잔을 주고받지 않는 것을 초(醮)라 한다.[45](酌而無酬

---

43 주희(朱熹) 저, 임민혁 옮김(1999), 주자가례, 예문서원, p. 134.
44 권영한(1998), 사진으로 배우는 관혼상제(冠婚喪祭), 전원문화사, pp. 22~23.
45 주희(朱熹) 저, 임민혁 옮김(1999), 주자가례, 예문서원, p. 134.

酢[46]日, 醮.) 초례(醮禮)는 빈객(賓客)이 관례자(冠禮者)에게 술을 한 잔 내리고 '술은 맛 좋고 향기로우나 과하면 좋지 않으니 분수에 맞게 마셔야 한다.'라고 술 마시는 예(禮)를 가르치는 것이다.

주자가례(朱子家禮)에서는 '맛있는 술이 이미 맑아졌으니 좋은 안주와 향기로운 술을 절하고 받아 제사(祭祀) 지내 너의 상서로움을 안정시키고 하늘의 경사를 이어 오래 살며 잊지 말라.(旨酒旣淸, 嘉薦令芳, 拜受祭之, 以定爾祥, 承天之休, 壽考不忘.)'[47]라고 축사한다고 하였다. 권영한은 초례(醮禮)의 축사와 대답[48]을 아래의 [서식 2-5]와 같이 한다고 하였다.

[서식 2-5] 초례(醮禮)의 축사와 대답

ㅇ축사 : 술은 향기로우나 지나치면 실수하고 건강을 해치니 알맞게 마셔야한다.
ㅇ대답 : 삼가 일생 동안 명심하겠습니다.

---

7. 자관자례(字冠者禮)

예기(禮記)에는 '관례(冠禮) 후에는 자(字)를 쓰는 것은 그 이름을 존경하는 것(冠而字之, 敬其名也.)'[49]이라고 하였다. 이때 관례자(冠禮者)에게 별명(別名)을 지어준 것을 자(字)라 하며, 자관자례(字冠者禮)는 자(字)의 뜻에 어울리도록 행세하라고 다짐받는 것이다.

---

46 수초(酬酢) : 술잔을 주고받는 것.
47 주희(朱熹) 저, 임민혁 옮김(1999), 주자가례, 예문서원, p. 134.
48 권영한(1998), 사진으로 배우는 관혼상제(冠婚喪祭), 전원문화사, p. 23.
49 예기(禮記), 교특생편(郊特牲篇).

주자가례(朱子家禮)에서는 '빈객(賓客)'이 자(字)[50]를 지어주면서 "예의(禮儀)가 이미 갖추어져 좋은 달 좋은 날에 너에게 자(字)를 밝혀 알려 준다. 자(字)가 매우 아름다워 뛰어난 선비에게 마땅한 바이고 복에 마땅하니 길이 받아서 보존하라." 관자(冠者)는 "아무개가 비록 불민하나 감히 밤낮으로 공경하여 받들지 않겠습니까?"라고 대답한다. 빈객(賓客)이 혹 따로 자(字)를 지어준 뜻을 문장으로 지어주어도 또한 좋다.(賓字之日, 禮儀旣備, 令月吉日, 昭告爾字. 爰字孔嘉, 髦士收宜, 宜之于嘏, 永受保之. 冠者對日. 某雖不敏. 敢不夙夜祇奉. 賓或別作辭命以字之意, 亦可.)[51]라고 하였다.

권영한은 자관자례(字冠者禮)의 축사와 대답[52]을 아래의 [서식 2-6]과 같이 나타내었다.

[서식 2-6] 자관자례(字冠者禮)의 축사와 대답

> ○축사 : 이제 자(字)를 지어 소중하게 지니며, 아름다운 뜻으로 이에 합당하게 행동하여라.
> ○대답 : 제가 비록 부족하오나 힘써 받들겠습니다.

8. 견우존장(見于尊長)

견우존장(見于尊長)은 관례(冠禮)가 끝난 당사자가 빈객(賓客)과 그의 부모, 손님들을 뵙고 절하는 것이다. 그러면 비록 부모라도 일어나서 절을 받고 스승이나 촌장이라도 답례를 하며, 말씨도 '하게'를 하여 깍듯이 대접한다.

---

50 자(字)는 관례(冠禮) 때 지어주는 별명이다. 이름(名)을 공경해서 자(字)를 지어준다. 임금과 아버지는 이름을 부르지만, 타인은 자(字)를 부르니 그 이름을 공경하는 것이다. (儀禮 ; 冠而字之 敬其名也 疏 君父之前稱名 至於他人稱字也 是敬其名也.)

51 주희(朱熹) 저, 임민혁 옮김(1999), 주자가례, 예문서원, p. 136.

52 권영한(1998), 사진으로 배우는 관혼상제(冠婚喪祭), 전원문화사, p. 24.

제3절 계례(笄禮)

주자가례(朱子家禮)의 계례(笄禮)[53]를 간추리면 다음과 같다.[54]

> 여자는 출가를 허락하면 계례(笄禮)를 하는데, 나이가 15세가 되면 출가
> 를 허락하지 않았어도 계례(笄禮)를 한다. 어머니가 주부(主婦)이다.
> ■3일 전에 빈객(賓客)을 청한다.(前期三日, 戒賓.)
> ■하루 전에 빈객(賓客)을 거듭 청한다.(一日宿賓.)
> ■계례(笄禮)를 치를 장소를 준비한다.(陳設.)
> ■아침에 계례(笄禮)를 치를 옷을 진설한다.(厥明陳服)
> ■차례대로 선다.(序立.)
> ■빈객(賓客)이 이르면 주부(主婦)가 맞이하여 들어와 당(堂)에 오른다.(賓
> 至, 主婦迎入升堂.)
> ■빈객(賓客)이 계례(笄禮)를 할 자에게 관(冠)을 씌어주고 비녀를 꽂아준
> 다. 방에 들어가 배자(背子)를 입는다.(賓爲將笄者, 加冠笄. 適房服背子.)
> ■이에 초례(醮禮)를 한다.(乃醮.)
> ■이에 자(字)를 지어준다.(乃字.)
> ■이에 빈객(賓客)을 대접하는데, 모두 관례(冠禮)와 같다.(乃禮賓, 皆如冠.)

계례(笄禮)는 어머니가 주부(主婦)이며, 빈객(賓客) 역시 친인척[55]인
부녀자 중에서 어질고 예의가 있는 사람을 택한다.(賓亦擇親姻婦女之賢
而有禮者爲之.)[56]

---

53 계(笄)는 비녀이다. 옛날에는 여자 나이 15세가 되면 계례(笄禮)를 하고 자(字)를 지어
    주었다.
54 주희(朱熹) 저, 임민혁 옮김(1999), 주자가례, 예문서원, pp. 144~149.
55 여기서 친(親)은 주관하는 주부(主婦)의 친척이며, 인(姻)은 남편의 친척을 말한다.
56 주희(朱熹) 저, 임민혁 옮김(1999), 주자가례, 예문서원, pp. 144~145.

제4절 현대의 성년식(成年式)

성균관(成均館)에서는 전통적(傳統的)인 관례(冠禮)를 현대 생활에 맞게 응용하여 소개하고 있는데, 그 내용[57]은 다음과 같다.

1. 성년식(成年式)의 준비

가. 식장의 준비

성년식(成年式)을 치르기 위해서는 먼저 식장을 준비한다. 식장의 배치[58]는 [그림 2-2]와 같다.

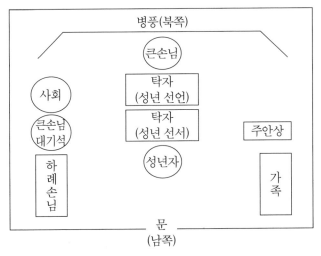

[그림 2-2] 성년식장(成年式場)의 배치

---

57 성균관(成均館, 1993), 유림교양전서(儒林教養全書), pp. 133~137.
58 성균관(成均館, 1993), 유림교양전서(儒林教養全書), p. 132.

나. 성년 선서와 성년 선언의 준비

성균관(成均館)의 성년 선서[59]와 성년 선언[60]은 다음과 같다.

[서식 2-7] 성년 선서

> ### 성 년 선 서
>
> 성년자 ○ ○○
○○년 ○월 ○일생
>
> 저는 이제 성년이 되기에, 오늘이 있게 하신 조상과 부모님의 은혜에 감사하고 자손의 도리를 다할 것을 맹세하며 완전한 사회인으로서 정당한 권리에 참여하고 신성한 의무에 충실하여 어른으로서 해야 할 도리를 다할 것을 참마음으로 엄숙히 선서합니다.
>
> ○○년 ○월 ○일
성년자 ○ ○○ 서명

[서식 2-8] 성년 선언

> ### 성 년 선 서
>
> 성년자 ○ ○○
○○년 ○월 ○일생
>
> 그대는 이제 성년이 됨에, 자손의 도리를 다하고 완전한 사회인으로서 정당한 권리와 의무에 충실할 것을 맹세하고 서약하였으므로 이 의식을 주관한 나는 이에 그대가 성년이 되었음을 선언하노라.
>
> ○○년 ○월 ○일
주례 ○ ○○ 서명

---

59 성균관(成均館, 1993), 유림교양전서(儒林敎養全書), p. 130.
60 성균관(成均館, 1993), 유림교양전서(儒林敎養全書), p. 131.

2. 성년식(成年式)

　성년식(成年式)의 순서는 사전 정리, 의식(儀式)의 거행 선언, 큰손님 맞이, 성년자 입장 및 경례, 성년자 경례, 성년 선서와 성년 선언, 술의 의식(儀式), 큰손님의 교훈 및 경례, 마무리의 순이다.

가. 사회자의 사전 정리

○주인(主人) 이하 가족은 동쪽의 정한 자리에 차례로 서세요.
○손님께서는 서쪽의 정한 자리에 서세요.
○성년자[관례자(冠禮者)]는 문 앞에서 북쪽을 향해 서세요.
○주인(主人)께서는 문 앞 동쪽에서 서쪽을 향해 서세요.
○큰손님께서는 문 앞으로 오셔서 서쪽에서 동쪽을 향해 서세요.
○주인(主人)과 큰손님께서는 서로 절(경례)하세요.
○주인(主人)께서는 큰손님을 대기석으로 모신 후 자기 자리로 가셔서 서세요.

나. 의식(儀式)의 거행 선언

○지금부터 ○○○씨와 ○○○여사의 ○째 아드님(또는 따님) ○○군(또는 ○○양)의 성년례를 ○○○선생님을 큰손님으로 모시고 거행하겠습니다.

다. 큰손님 맞이

○주인(主人)께서는 큰손님을 정한 자리로 모시기 바랍니다.
○주인(主人)께서는 큰손님 앞에 마주 서서 서로 절(경례)하세요.
○큰손님께서는 정한 자리에 가셔서 남쪽을 향해 서시고, 주인(主人)께서는 자리로 돌아가세요.

라. 성년자 입장 및 일동 경례

○성년자는 입장하여 정한 자리에서 공수하고 북쪽을 향해 서세요.

○참석하신 분께서는 자기의 앞을 향하여 경례하시겠습니다. 경례.

바. 성년자 경례

○이제 성년자가 절(경례)하겠습니다. 아직 성년이 되기 전이므로 성년자의 경례에 웃어른은 답배하지 마세요.

○성년자는 서쪽의 손님을 향해 절(경례)하세요.

○성년자는 동쪽의 주인(主人) 또는 가족을 향해 절(경례)하세요.

○성년자는 북쪽의 큰손님을 향해 절(경례)하세요.

바. 성년자의 확인 및 다짐

○큰손님께서 성년자에게 다짐을 받겠습니다. 성년자는 대답하세요.

○큰손님 : 너는 이제 성년이 되는 성년 선서를 하겠느냐?

○성년자 : 예, 성년 선서를 하겠습니다.

사. 성년 선서와 성년 선언

○성년자가 성년 선서를 하고 서명을 하겠습니다. 성년자는 성년 선서를 읽은 다음 서명하세요.

○큰손님께서는 성년 선언과 서명을 하시겠습니다.

아. 술의 의식(儀式)

○이제 술의 의식(儀式)을 거행하겠습니다. 집사(執事)는 성년자의 앞에 주안상을 차리세요.

○집사(執事)는 잔반(盞盤)에 술을 부어 큰손님께 받들어 올리세요.

○ 큰손님께서는 두 손으로 술잔을 받아 가슴 높이로 올리세요.

○ 성년자는 큰손님 앞에 사서 북향해 서시고, 큰손님께서는 성년자에게 술의 교훈을 내려주세요.

○ 큰손님 : (술에 대한 교훈을 내린다.)

○ 성년자는 두 손으로 잔반(盞盤)을 받아 자기 자리로 돌아가세요.

○ 성년자는 무릎 꿇고 앉아서 잔반(盞盤)을 눈높이까지 받들어 하늘에 서약하고, 잔을 내려 모사(茅沙)에 세 번을 좨주(祭酒)해 땅에 서약하세요.

○ 성년자는 서쪽을 향해 돌아앉아 남은 술을 마시세요.

○ 성년자는 일어서서 잔반(盞盤)을 집사(執事)에게 주고, 집사(執事)는 잔반(盞盤)을 받아 상 위에 놓은 다음 주안상을 원래의 자리로 치우세요.

○ 모두 앉아주세요.

자. 큰손님의 교훈 및 경례

○ 큰손님께서 성년자에게 교훈을 주시겠습니다.

○ 큰손님 : (성년자에게 교훈의 말씀을 하신다.)

○ 이제 성년자가 경례하겠습니다. 성년이 되었으므로 근친이 아닌 웃어른은 모두 자리에서 일어나 답배를 하세요.

○ 성년자는 북쪽의 큰손님에게 절(경례)하세요.

○ 성년자는 동쪽의 가족에게 절(경례)하세요.

○ (이때 가족은 답배하며 아랫사람은 먼저 절한다.)

○ 성년자는 서쪽의 손님에게 절하세요. (손님은 답배한다.)

○ 모두 자기의 앞을 향해 절하세요.

차. 성년식(成年式)의 마무리

ㅇ이상으로 ○○○군(양)의 성년식(成年式)을 모두 마칩니다.

ㅇ주인(主人)께서는 큰손님을 다른 방으로 모시고 돌아오세요.

ㅇ손님은 성년자에게 축하 인사를 하고 다른 방으로 가세요. 주인(主
人)께서는 손님에게 감사의 인사를 하고 다른 방으로 인도하세요.

ㅇ선물이 준비되신 분은 성년자에게 선물을 주세요.

ㅇ(기념촬영을 한다.)

제**3**장

혼례(婚禮)

주자가례(朱子家禮)에서 혼례(昏禮)는 의혼(議婚), 납채(納采), 납폐(納幣), 친영(親迎)의 순으로 한다. 이는 주자(朱子)께서 주(周)의 육례(六禮)를 간소화한 것이다. 주육례(周六禮)와 주자(朱子)의 사례(四禮)는 중국의 혼례(婚禮)이기 때문에 우리나라와는 다른 점이 있다. 이에 우리나라의 전통혼례(傳統婚禮)도 살펴보았다. 또한 전통혼례(傳統婚禮)마저도 서양 문물의 유입으로 지켜지지 않아 오늘날의 혼인식(婚姻式)을 따로 나타내었다.

제1절 혼례(婚禮) 개요

1. 혼례(婚禮)

예기(禮記)에서 공자(孔子)는 혼례(婚禮)에 대하여 이르기를 '이성(二姓)의 좋아함을 합하여 선성(先聖)의 뒤를 이음으로써 천지(天地)와 종묘사직(宗廟社稷)의 주인(主人)이 되는 것(合二姓之好, 以繼先聖之後, 以爲天地宗廟社稷之主.)'[1]이라고 하였다. 즉 혼례(婚禮)는 남자와 여자가 자연의 이치에 따라 좋아함으로 시작하며, 혼인(婚姻)을 통하여 후사(後嗣)를 이어 하늘과 땅의 주인(主人)이 되는 것이 목적이다. 그러므로 혼례(婚禮)는 세계(世系)를 잇는 시초이다. 또한 예기(禮記)에서 '천지(天地)가 합한 뒤에 만물이 일어난다. 대체로 혼인(婚姻)은 만세(萬世)의 시초인 것(天地合而后萬物與焉, 夫婚禮, 萬世之始也.)'[2]이라고 하였다.

김득중은 혼인(婚姻)의 의미에 대하여 '천지(天地)의 이치에 순응하고(順天地之理), 인정(人情)의 마땅함에 합치(合致)하는 것(合人情之宜)'[3]이라고 하였으니, 여기서 하늘과 땅의 이치란 양(陽)과 음(陰)이 합하여 만물이 창조됨을 뜻하며, 인정(人情)이란 남녀가 이성(異性)을 요구하고 부족함을 메우려는 필요성을 의미한다.

전통사회(傳統社會)에서 혼인(婚姻)은 주로 낮과 밤이 교차하는 시간인 해가 저물 무렵에 거행되었기 때문에 '날이 저문다'라는 뜻을 지닌 혼(昏)자를 써서 혼례(昏禮)라고 하였다.[4] 즉 혼례(昏禮)는 해가 저무는 시

---

1 예기(禮記), 애공문편(哀公問篇).
2 예기(禮記), 교특생편(郊特牲篇).
3 김득중(金得中), 예절강좌, 유교신문(儒教新聞), 1989년 9월 15일자.
4 성균관(成均館, 1993), 유림교양전서(儒林教養全書), p. 137.

간에 올리는 의례(儀禮)[5]란 뜻으로, 남녀가 부부가 되는 것은 양(陽)과 음(陰)이 만나는 것이며, 양(陽)과 음(陰)이 교차하는 시간에 올리는 의례(儀禮)라는 뜻이다.

양(陽)과 음(陰)이 교차하는 시간은 하루에 두 번이다. 예서(禮書)에서 '양(陽)이 가고 음(陰)이 오는 의미를 취한다.'라고 하여(取陽往陰來之義) 새벽 시간을 취하지 않고 저녁 시간을 취한 것은 '혼인(婚姻)은 남녀가 몸을 합하는 데에 참뜻이 있으므로(婚姻則男女合體之義)' 혼인(婚姻)을 하고 곧바로 몸을 합하기 위한 합궁례(合宮禮)를 하기 위해서는 해 저무는 시각이 합당하다는 것이다.

혼인(婚姻)[6]의 사전적 의미를 살펴보면, 혼(婚)은 '남자가 장가간다'라는 뜻이다. 날 저무는[昏] 시간에 여인[女]을 만났음을 의미한다. 과거에는 혼인(婚姻)하기 위해서는 반드시 매씨(媒氏; 중매인. 중매인은 주로 여자임)를 통하였는데, 인(姻)은 여자 중매인[女]에 의하여[因] 남자를 만난다는 것이므로 '여자가 시집간다.'라는 의미[7]이다. 따라서 '결혼(結婚)'은 남자 위주의 표현이다. 여자가 시집가는 것을 결혼(結婚)이라고 하는 것은 합당치 못하다. 그렇기 때문에 법률적인 용어에서도 혼인(婚姻)이란 표현을 쓸 뿐 결혼(結婚)이란 표현은 쓰지 않는다.

혼인(婚姻)은 동등한 인격을 지닌 남자와 여자가 결합하는 것으로 평등정신[8]이 그 바탕에 깔려있다. 혼인(婚姻)하여 부부가 된 뒤에는 나이에 차

---

5 김득중(金得中), 예절강좌, 유교신문(儒敎新聞), 1989년 6월 15일자.

6 혼인(昏姻) : '백호통(白虎通)'에 의하면, '어두울 때 예(禮)를 행하기 때문에 혼(昏)이라 하였으며 인인(因人), 즉 사람으로 인한 까닭에 인(姻)이라고 하였다.'라고 하였다. 혹은 신랑이 어두울 때 신부의 집에 가고 그로 인해 신부가 온다는 데서 신랑은 혼(昏), 신부는 인(姻)이라고 하였다고도 한다. (儀禮; 男曰昏, 女曰姻者, 義取壻昏時往女, 則因之而來. 及其親迎, 則女氏稱昏, 男氏稱姻, 義取送昏時往男家, 因得見之.)

7 김득중(金得中), 예절강좌, 유교신문(儒敎新聞), 1989년 6월 15일자.

8 성균관(成均館, 1993), 유림교양전서(儒林敎養全書), p. 138.

이가 있더라도 평등한 것이며, 남편이 소중한 만큼 아내도 소중한 것이다.

혼례(婚禮)에서는 오륜(五倫)의 부부유별(夫婦有別)을 특히 강조하고 있다. 이에 따라 혼례(婚禮)에서는 형식적인 성격이 강한 예(禮)를 강조하고 있는데, 이는 분별을 두텁게 하기 위해서이다. 공자(孔子)께서 이르기를 '대체로 예(禮)는 백성들의 음란한 것을 막고, 백성들의 분별을 밝히며, 백성들로 하여금 혐의(嫌疑)가 없게 하여, 이로써 백성들의 기강(紀綱)으로 삼는 것이다. 그런 때문에 남녀가 중매(中媒) 없이는 사귀지 않고, 폐백(幣帛)이 없이는 서로 보지 않는다. 이것은 남녀의 분별이 없을까 두려워하기 때문이라고(子云, 夫禮坊民所淫, 章民之別, 使民無嫌, 以爲民紀者也. 故男女無媒不交, 無幣不相見, 恐男女之無別也.)'[9] 하였다.

혼례(婚禮)를 치르는 나이는 사회 환경에 따라 변하였다. 예기(禮記)에서는 '30세가 되면 아내를 맞아 비로소 남자의 일을 처리한다.(三十而有室, 始理男事.)'[10]라고 하였다. 우리나라의 통계청 자료에 의하면, 1960년 우리나라의 평균 초혼 연령이 남자 25.4세이고 여자 21.6세였는데, 1995년에는 남자가 29.3세이고 여자는 26.1세로 나타나[11] 점차 혼인(婚姻) 연령이 높아지고 있다. 2013년에는 남자의 초혼 연령은 32.2세이며, 여자는 29.6세였다.

동성동본(同姓同本)의 혼인(婚姻)에 대하여 유교(儒教)에서는 엄격히 금지하고 있다. 예기(禮記)에서는 '반드시 이성(異姓)을 취하는 것은 소원한 사람과 만나게 하여 그 분별을 두텁게 하자는 것이다. 반드시 폐백(幣帛)은 정성껏 하고, 말은 성실하지 않은 것이 없어야 한다.(取於異姓, 所以附遠厚別也, 幣必誠, 辭無不腆.)'[12]라고 하였고, 공자(孔子)도 '아내

---

9 예기(禮記), 방기편(坊記篇).
10 예기(禮記), 내측편(內則篇).
11 통계청(1996), 한국 사회의 지표, p. 112.
12 예기(禮記), 교특생편(郊特牲篇).

를 얻는 데 동성(同姓)을 취하지 않는 것은 분별을 두텁게 하기 위함이라고(子云, 取妻不取同姓, 以厚別也.)'[13] 하였다.

그러나 1997년 7월 16일 대한민국 헌법재판소에서는 유림(儒林)의 강력한 반대에도 불구하고 기존 민법의 규정에 대하여 헌법불합치 결정을 내려 효력을 중지시켰고, 2005년 3월 2일 국회에서 민법 개정안을 의결함으로써 동성동본금혼제(同姓同本禁婚制)가 개정되었다. 현재 우리나라에서는 8촌 이내의 혈족, 6촌 이내의 인척 사이의 혼인(婚姻)을 금지하고 있다.[14]

2. 혼례(婚禮)의 역사

혼인(婚姻)은 태초(太初)부터 이어진 의례(儀禮)이며, 또한 사회의 변화에 따라 변천하였을 것이란 점을 짐작할 수 있다.

고대에는 사회의 성격이 모계사회(母系社會)냐 아니면 부계사회(父系社會)냐에 따라 혼례(婚禮)도 달랐다. 인류 초기의 식물 채집이나 수렵생활을 하던 농경사회에서는 불안정한 남자들의 수렵 행위보다는 안정적으로 식량을 공급할 수 있는 여자의 노동력이 우위성을 발휘하여 모계사회(母系社會)였을 것으로 보며, 그 후 한 지역에 거주하는 농경사회의 기반이 확고해진 뒤에는 괭이나 쟁기 정도를 쓰던 농경에서 소나 말 등의 가축을 사용하는 단계로 발전함에 따라 체력이 강한 남자들이 여자의

---

13 예기(禮記), 방기편(坊記篇).
14 민법 제809조(근친혼의 금지 등) ① 8촌 이내의 혈족(친양자의 입양 전의 혈족을 포함한다) 사이에서는 혼인(婚姻)하지 못한다. ② 6촌 이내의 혈족의 배우자, 배우자의 6촌 이내의 혈족, 배우자의 4촌 이내의 혈족의 배우자인 인척이거나 이러한 인척이었던 자 사이에서는 혼인(婚姻)하지 못한다. ③ 6촌 이내의 양부모계(養父母系)의 혈족이었던 자와 4촌 이내의 양부모계의 인척이었던 자 사이에서는 혼인(婚姻)하지 못한다. [전문개정 2005.3.31.]

노동력보다 중시되어 부계사회(父系社會)로 변하였을 것으로 보고 있다.

삼국사기(三國史記) 열전(列傳)에는 가실(嘉實)이 설씨(薛氏)의 아버지로부터 혼인(婚姻) 허락을 받은 후 설씨(薛氏)에게 혼인(婚姻)할 날짜를 청하자, 설씨(薛氏)는 '혼인(婚姻)은 인간의 큰 윤리(倫理)라 창졸간에 이루어질 수는 없다.'라고 답한다. 이 기록에서 신라 시대에도 청혼(請婚)과 혼례(婚禮) 날짜를 선택하는 절차가 있었음을 알 수 있다. 이미 삼국시대에는 예기(禮記)가 도입되어 읽히고 있었기 때문에 고전적인 유교(儒敎)의 혼례(婚禮)가 도입되었을 가능성이 크다.[15]

우리나라가 중국의 혼례(婚禮)와 다른 점은 친영(親迎)이 없고 대신에 우귀(于歸)가 있다는 것이다. 이는 고구려의 혼인(婚姻) 제도에서 그 시초를 찾을 수 있다. 고구려의 혼례(婚禮) 중 '그 풍속에 혼인(婚姻)할 때는 말로 미리 정하고 여자의 집에서는 큰집[大屋] 뒤에 작은 집[小屋]을 짓는데, 이를 서옥(婿屋)이라고 한다. 저녁이 되면 사위기 여자의 집에 와서 문밖에서 자기의 이름을 밝히고 꿇어앉아 절을 하면서 여자와 함께 자게 해 달라고 요청한다. 이렇게 두세 번을 하면 여자의 부모가 서옥(婿屋)에 들어가 자게 한다. 아이를 낳아 장성하게 되면, 비로소 여자를 데리고 집으로 돌아간다.'라고 하였으니, 이를 서옥제(婿屋制), 또는 서류부가혼(婿留婦家婚)이라 하며, 우리나라의 혼례(婚禮)에 많은 영향을 끼쳤다. 그래서 주자학(朱子學)의 도입과 함께 고려 말에 도입된 가례(家禮)의 친영제도(親迎制度)가 우리나라에서는 정착하지 못한 것으로 보인다.

고려 성종(成宗) 대에서 국가의 주요 제도를 유교(儒敎)로 개편하면서 의례(儀禮)에서도 유교(儒敎)를 채택하였지만, 불교의 영향도 크게 받았다. 그뿐만 아니라 신라의 유풍이 있어 경종(景宗)이 4촌과 혼인(婚姻)하

---

15 멀티미디어로 보는 조선시대 가례(http://form.ugyo.net), 한국국학진흥원.

는 등 근친혼(近親婚)이 성행하였다. 또한, 고구려 이후로 서류부가혼(婿留婦家婚)이 일반적이어서 여자의 집에서 혼인(婚姻) 예식(禮式)을 치르는 것이 대부분이었다.

정도전은 조선경국전(朝鮮經國典) 혼인편(婚姻篇)에서 '친영(親迎)의 예(禮)가 무너져서, 남자가 여가(女家)에 들어갔을 적에 부인이 무지하여 자기 부모의 사랑만을 믿고 남편을 가벼이 하는 경우가 없지 않으며, 교만하고 질투하는 마음이 날로 커져서 마침내는 남편과 반목하는 지경에 이르게 된다. 가도(家道)가 무너지는 것이 이렇듯 시작이 근실하지 못한 데서 연유하는 것이다.(又親迎禮廢, 男歸女家, 婦人無知, 恃其父母之愛, 未有不輕其夫者. 驕妬之心, 隨日以長, 卒至反目, 家道陵替, 皆由始之不謹也.)'[16]라고 하여 친영(親迎)을 정착시켜보려고 하였으나 일반인들은 이를 지키지 않았다.

우리나라의 혼례(婚禮) 제도는 고려 말에 도입된 주자(朱子)의 가례(家禮)를 수용하면서 지금의 의례(儀禮)로 자리 잡기는 하였으나 일반 서민에게까지 퍼진 것은 조선 말기였을 것으로 본다.[17]

3. 혼례(婚禮)의 가치

전통혼례(傳統婚禮) 중에는 풍속이 아름다운 면들이 많이 보인다. 신랑 측과 신부 측 사이에 주고받는 편지와 예절은 사양(辭讓)이 지극하며, 절차 하나하나에도 남다른 의미와 가치가 있다.

김득중은 혼례(婚禮)의 가치 중에서 세 번 서약하는 삼서정신(三誓精

---

16 정도전 저, 한영우 역, 조선경국전, ㈜헤럴드, pp. 122~123.
17 권영한(1998), 사진으로 배우는 관혼상제(冠婚喪祭), 전원문화사, p. 52.

神)[18]을 특히 눈여겨보고 있다.

삼서정신(三誓精神)의 첫 번째는 서부모(誓父母)이다. 신랑 신부가 자신을 낳아주고 길러준 부모에게 서약하는 것으로 자기를 있게 해주신 조상과 부모의 은혜를 기리며 남편(혹은 아내)으로서 도리를 다할 것을 부모님께 서약하는 것이다.

둘째는, 서천지(誓天地)로서, 혼인(婚姻)은 천지의 음양이치(陰陽理致)나 대자연의 섭리에 순응하는 것이다. 따라서 음양(陰陽)의 근본이며 창조의 절대자인 하늘과 땅에 대하여 서약하는 것이다.

셋째는, 서배우(誓配偶)로서, 자신의 배우자에게 훌륭한 배우자가 되겠음을 서로서로 서약하는 것이다.

부자 관계가 끊을 수 없는 천륜(天倫)의 관계라면, 부부 관계는 그렇지 않은 인륜(人倫)의 관계이다. 따라서 변치 않겠다는 부부 사이의 굳은 약속을 통하여 결속을 다지게 되고, 또한 부부가 건강한 가정을 만들 때 사회도 건강해진다. 삼서정신(三誓精神)은 이러한 연유로 혼례(婚禮)의 가치를 더한다고 볼 수 있다.

혼례(婚禮)는 예로부터 '이성지합(二姓之合)은 백복지원(百福之源)이라.' 하였다. 여기서 이성(二姓)이란 두 성씨의 만남을 의미하는 것으로서, 혼인(婚姻)은 남녀 개인의 일이 아니라 가문(家門)의 일이라는 것이다. 그러므로 과거에는 혼례(婚禮)를 치르는 당사자인 신랑이나 신부의 의견보다는 집안 어른들의 뜻이 더 중시되었다. 한평생을 부모의 의견에 따라 사는 것이 미덕이었던 사회이기 때문이다.

그러나 현대의 개념은 혼인(婚姻)이 사랑을 전제로 하는 의식(儀式)이다. 한때 '자유 결혼'이란 말은 혼인(婚姻) 당사자의 의견에 따르는 새로

---

18 김득중(金得中), 예절강좌, 유교신문(儒敎新聞), 1989년 9월 15일자.

운 개념의 혼례(婚禮)였으나 지금에 와서는 그것이 너무 당연하기 때문에 이런 표현을 쓰는 사람조차 없어졌다. 즉 혼례(婚禮)는 당사자의 뜻에 따라 사랑과 행복 속에서 치러지는 의식(儀式)으로 굳게 자리 잡은 셈이다.

그러나 불행하게도 우리나라의 젊은 부부들이 서로 남남이 되는 이혼의 비율은 날로 증가하고 있다. 통계청[19]에 의하면, 우리나라의 이혼 건수는 1980년도에 2만 2천여 건이었는데, 1994년에는 6만 5천여 건이어서, 불과 14년 사이에 이혼이 3배가량 증가한 것으로 나타났다. 그 사유의 약 83%가 부부 불화로 나타났으니 혼인(婚姻)에 임하는 젊은이들의 마음가짐을 새로이 할 필요가 있다.

그 후 10년이 지난 2014년의 혼인(婚姻) 건수는 30만 5천 5백 건이며, 이혼 건수는 11만 5천 5백 건이다.[20] 세 쌍이 혼인(婚姻)하였다면 그중 한 쌍이 갈라선 셈이다. 혼인(婚姻)하는 것이 중요한 것이 아니라 부부가 어떻게 화합하여 잘 사는가 하는 것이 더 중요한 세상이 되었다.

자유혼이 성행하는 현대이지만 혼인(婚姻) 전에 일생을 함께할 반려자인지 다시 한번 깊이 생각해보며 경솔하게 결정하지 말아야 한다. 이런 면에서는 젊은 사람들의 생각보다는 오랜 삶을 살아온 어른들의 의견을 귀담아들을 필요가 있다. 혼인(婚姻)은 인륜지대사(人倫之大事)임을 명심해야 한다.

그리고 행복은 주어지는 것이 아니라 스스로가 만들어 가는 과정으로 이해해야 할 것이다. 즉 행복은 당사자의 마음가짐에 따라 행복의 인식 정도가 바뀌는 상대적인 개념으로 파악하여야 한다. 그러므로 행복하기 위해서는 스스로 그것을 추구하고자 노력하여야 하며, 그런 가운데 행복을 찾을 수 있다. 그렇게 함으로써 결속력이 있는 건강한 가정을 이룰 수 있다.

또한 혼례(婚禮)를 치르면 가정을 꾸리고 자녀를 낳아 기르게 되므로

---

19 통계청(1996), 한국 사회의 지표, p. 112.
20 통계청 http://kostat.go.kr

사회의 바탕을 이루는 중요한 기초가 된다. 부부 관계가 건강해야 가정이 건강하며, 가정이 건강해야 사회가 건강해진다. 나날이 증가하는 사회 문제도 결국 그 내면에는 가정의 문제이며, 보다 근원적으로는 부부 관계에서 문제가 시작된다.

또한 혼인(婚姻)은 지금까지 부모에 의하여 수동적이며 피동적으로 살아온 삶이 새로운 가정의 탄생과 더불어 적극적이며 능동적으로 살아가야 하는 삶으로 전환됨을 인식하여야 한다. 사회생활의 모든 분야에서 법적으로도 부모에게서 벗어나 개별적인 가정으로 인정하고 있음은 당연한 사실이며 관습적으로도 '어른'으로 인정한다.

이제 막 혼인(婚姻)한 배우자끼리는 아직 공동의 생활 경험을 쌓지 않은 상태이다. 그리고 사람은 누구나 과거 자신의 삶에 버릇되어 있어 과거의 방식대로 사는 것이 편하기 마련이다. 따라서 생활의 많은 부분에서 서로 의견이 달라 마찰을 빚을 수도 있다는 사실을 알아야 한다. 혼례(婚禮)는 꿈이 아니고 현실일 뿐이다. 따라서 지금까지 살아온 환경에서 벗어나 새로이 이룩하는 가정에서는 배우자에 대한 이해가 필수적이다. 혼례(婚禮)를 치른 부부는 서로 양보가 필요함을 마음에 새겨야 한다. 아울러 신랑은 처가(妻家)에, 신부는 시댁(媤宅)에 대하여 많은 관심이 필요하다.

오늘을 살아가는 우리는 서양의 혼인(婚姻) 제도를 본받았을 뿐 진정한 우리의 가치에 대해서는 눈여겨보지 않고 서구 문화를 추종하고 있음은 안타까운 일이다. 전통혼례(傳統婚禮)가 낡은 것이라고 한다면 전통(傳統) 가치관도 낡은 것이 되고, 이렇게 되면 근본을 잃게 된다.

현대의 혼인(婚姻)은 신랑이나 신부에 초점이 맞춰지지만, 전통적(傳統的)인 관점에서는 혼인(婚姻)이 가통(家統)을 잇는 의식(儀式)이었다. 즉 아버지와, 신랑인 나와, 그리고 장차 태어날 나의 아들로 이어지는 계보(系譜)가 혼인(婚姻)에서 시작된다고 생각하였다.

제2절 혼례(婚禮)

혼인(婚姻)의 의식(儀式)에는 중국의 주(周)나라에서 전해 온 주육례(周六禮)와 주자(朱子)에 의한 사례(四禮), 그리고 우리나라의 전통혼례(傳統婚禮)가 있는데 약간씩 차이가 있다. 아래의 [그림 3-1]은 각각을 비교하여 나타낸 것이다.

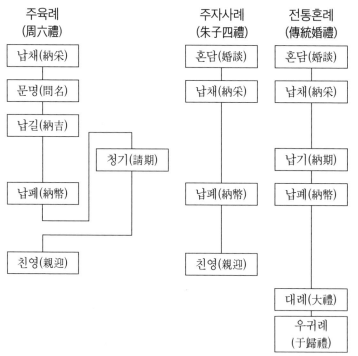

[그림 3-1] 혼례(婚禮) 절차의 비교

우리나라 전통혼례(傳統婚禮)의 전형(典型)은 주자가례(朱子家禮)로 볼 수 있으며, 주자가례(朱子家禮)는 예기(禮記)가 전형(典型)이다. 예기(禮記)는 주(周)나라의 예의(禮儀), 문물(文物), 제도(制度)를 기록하고 있다. 즉 주육례(周六禮)는 주자사례(朱子四禮)의 바탕을 이루었고, 우리나라의 전통혼례(傳統婚禮)는 주자사례(朱子四禮)가 바탕이었다.

그러나 우리나라에서는 주육례(周六禮)나 주자사례(朱子四禮)를 원형(原型) 그대로 실천하는 경우는 거의 드물었다. 즉 주육례(周六禮)나 주자사례(朱子四禮)의 혼인(婚姻) 절차에서는 친영례(親迎禮)가 주를 이루는데 비하여 우리나라의 혼인(婚姻)에서는 친영(親迎)이 빠지고 우귀(于歸)의 절차가 있는 것이 특징이다. 이러한 원인에는 중국의 혼인(婚姻) 풍습이 신부를 신랑의 집에 데려와[친영(親迎)] 혼인(婚姻)을 치르는 데 비하여, 우리나라는 신랑이 신부의 집에서 혼례(婚禮)를 치르고 신랑의 집으로 신부를 데리고 오는[우귀(于歸)] 풍습의 차이에서 비롯된 것이다.

주육례(周六禮)를 간략히 살펴보고 주자사례(朱子四禮)에 대하여 알아본다.

1. 주육례(周六禮)

주자가례(朱子家禮) 이전의 고례(古禮)에 행해지던 혼례(婚禮)의 여섯 가지 절차를 육례(六禮)라 하는데, 이는 원래 중국의 혼례(婚禮)이다. 이러한 육례(六禮)가 우리나라에서 지켜진 적은 없었으며[21] 우리 민족은 고대부터 내려온 혼속(婚俗)이 있기 때문에 유교적(儒敎的) 혼례(婚禮)와 혼용되어왔다.

주육례(周六禮)의 절차는 납채(納采), 문명(問名), 납길(納吉), 납폐(納幣), 청기(請期), 친영(親迎)의 순으로 이루어진다. 각각에 대하여 간략히 살펴보면 다음과 같다.

---

21 조선일보사(1994), 사진과 그림으로 보는 가정의례, p. 53.

○ 납채(納采) : 신랑 측 어른이 신부 측 어른에게 '당신의 딸을 나의 며
느리로 채택하겠음을 알리는 절차'이다.

○ 문명(問名) : 신랑 측에서 신부 측에 '신부가 될 규수의 외가(外家)가
누구인지 묻는 절차'이다.

○ 납길(納吉) : 신랑 측이 신랑과 신부의 여건을 견주어 '혼인(婚姻)하
면 좋을 것이란 결과를 얻었음을 신부 측에 알리는 절차'이다.

○ 납폐(納幣) : 신랑 측이 신부 측에 '혼인(婚姻) 약속의 증표로 약간의
폐백(幣帛)을 보내는 절차'이다.

○ 청기(請期) : 신랑 측이 신부 측에 '친영례(親迎禮)를 언제 하는 것이
좋을지 기일을 청하는 절차'이다.

○ 친영(親迎) : '신랑이 신부의 집에 가서 신부를 맞아 신랑의 집에서
혼례(婚禮)를 거행하는 절차'이다.

2. 주자사례(朱子四禮)

주자사례(朱子四禮)는 의혼(議婚), 납채(納采), 납폐(納幣), 친영(親迎)
이며, 내용은 다음과 같다.

○ 의혼(議婚) : 신랑 측과 신부 측이 '혼인(婚姻)할 것을 상의하는 절차'
이다.

○ 납채(納采) : 신랑 측이 신부 측에 '혼인(婚姻)하기로 하였음을 알리
는 절차'이다.

○ 납폐(納幣) : 신랑 측이 신부 측에 '약간의 예물을 드리는 절차'이다.

○ 친영(親迎) : '신랑이 신부에게 가서 신부를 맞아 신랑의 집에서 혼
례(婚禮)를 거행하는 절차'이다.

그러나 이러한 주자사례(朱子四禮)의 혼인(婚姻)은 우리나라와 여러 가지로 풍속이 달라 그대로 실행되지는 않았다.[22]

가. 의혼(議婚)

의혼(議婚)이란 혼인(婚姻)을 의논하는 것을 말한다. 예전에는 혼인 (婚姻)에서 중매쟁이가 있어 신랑과 신부의 집을 오가며 혼사(婚事)를 도 왔다. 예기(禮記)에서 이르기를 '남녀 사이에 중매쟁이가 있기 전에는 이 름을 서로 알리지 못한다. … 이것은 그 구별을 두터이 하기 위해서이 다.(男女非有行媒 不相之名 …以厚其別也.)'[23]라고 하였으니, 중매쟁이 의 역할이 혼사(婚事)의 주선은 물론이요, 남녀의 구별을 두텁게 하기 위 해서도 필요하였다. 그러나 자유혼이 많은 현대에서는 중매쟁이가 예전 처럼 반드시 필요치는 않다.

주자(朱子)께서 가례(家禮)에서 이르기를 '남자는 16세에서 30세, 여 자는 14세에서 20세에 (의혼을) 한다. 사마온공(司馬溫公)이 말했다. 지 금의 법령은 남자가 15세, 여자가 13세 이상이면 모두 장가들고 시집가 는 것을 허락한다.(男子年十六至三十, 女子年十四至二十. 司馬溫公曰, 古者男三十而娶, 女二十而嫁. 今令文男年十五, 女年十三以上. 竝聽昏 嫁.)'[24]라고 하였다.

그리고 며느리를 얻고 사위를 구함에 사마온공(司馬溫公)은 다음과 같 이 충고하고 있다. '혼인(昏姻)을 의논하는데 마땅히 먼저 그 사위와 며 느리의 성품과 행동과 집안의 법도(法度)가 어떠한지를 살펴야지 구차하 게 그 부귀를 흠모하지 말라. 사위가 진실로 어질면 지금 가난하고 천하

---

22 신희철(申羲澈) 編著(1990), 상례요람(常禮要覽), 보경문화사, p. 17.
23 예기(禮記), 곡례(曲禮) 상편(上篇).
24 주희(朱熹) 저, 임민혁 옮김(1999), 주자가례, 예문서원, p. 153.

다 해서 어찌 훗날에도 부귀하지 않으리라는 것을 알 수 있겠는가? 진실로 미련하면 지금 부유하고 넉넉하다고 해서 어찌 훗날에도 빈천하지 않으리라는 것을 알 수 있겠는가? 며느리는 집안의 성쇠(盛衰)와 관련이 있다. 구차하게 한때의 부귀를 흠모하여 장가들면 부인이 그 부귀를 믿고서 지아비를 가볍게 여기며 시부모를 멸시하지 않을 사람이 적다. 교만하고 질투하는 성품을 기르면 후일에는 근심되는 것이 어찌 끝이 있겠는가? 설령 며느리의 재산으로 부유해지고 며느리의 권세에 의지해 귀해져도 진실로 장부의 의지와 기개가 있는 사람이라면 부끄러움이 없을 수 있겠는가?(凡議昏姻, 當先察其壻與婦之性行, 及家法何如, 勿苟慕其富貴. 壻苟賢矣, 今雖貧賤, 安知異時不富貴乎. 苟爲不肖, 今雖富盛, 安知異時不貧賤乎. 婦者, 家之所由盛衰也. 苟慕其一時之富貴而娶之, 彼挾其富貴, 鮮有不輕其夫而傲其舅姑. 養成驕妬之性, 異日爲患, 庸有極乎. 借使因婦財以致富, 婦勢以取貴, 苟有丈夫之志氣者, 能無愧乎?)[25]

즉, 사마온공(司馬溫公)은 며느리나 사위를 구함에 부귀를 살피지 말고 성품, 행동, 집안의 법도를 살피는 것이 중요하다고 하였다. 이는 오늘날의 우리도 귀담아들어야 하는 교훈이라 생각된다. 오늘날의 혼인을 살펴보면 신랑, 혹은 신부가 얼마나 건전한 생각과 건강한 신체를 가졌는지를 살피기에 앞서 그 가정이 얼마나 부유한가에 관심을 두고 있으니 이는 인륜지대사(人倫之大事)를 그르치는 큰 문제이다.

혼인(婚姻)에 대하여 호안정(胡安定)이 말하기를, '딸을 줄가시킬 때는 (사위가) 반드시 나보다 나은 자를 취하니, 내 집보다 나으면 여자가 시집을 섬기되 반드시 공경을 다하고 몸가짐을 조심할 것이다. 아들이 장가들 때는 (며느리가) 반드시 내 집보다 못한 이를 가리니, 내 집만 못하면 며느리가 시부모를 섬김에 반드시 지어미의 도리를 지킬 것이다.'라

25 주희(朱熹) 저, 임민혁 옮김(1999), 주자가례, 예문서원, pp. 154~155.

고 하였다.[26] 즉 사회적으로든 경제적으로든 신랑이 신부보다 우위에 있는 것이 좋다는 의미이다.

혼인(婚姻)에는 시기상으로 제한이 있다. 가례(家禮)에서는 '자신(신랑)과 혼사(婚事)를 주관하는 사람은 기년(朞年) 이상의 상(喪)이 없어야 혼인(婚姻)할 수 있다. 대공(大功)에 아직 장례(葬禮)를 치르지 않았다면 역시 혼인(婚姻)을 주관할 수 없다.(身及主昏者, 無朞以上喪, 乃可成昏. 大功未葬, 亦不可主昏.)'[27]라고 하였다.

증자(曾子)가 공자(孔子)께 장가들려고 택일(擇日)을 하고, 여자가 죽으면 어찌해야 하는지 물었다. 이에 공자(孔子)는 '사위다. 자최(齊衰)의 복을 입고 가서 조위(弔慰)하고 장례(葬禮)가 끝나면 복(服)을 벗는다. 남자가 죽었을 때 여자는 참최(斬衰)의 복(服)을 입고 조문(弔問)해야 한다.'라고 하였다.[28] 즉 공자(孔子)는 택일(擇日)한 것도 혼인(婚姻)한 것으로 간주하여 그에 마땅한 복(服)을 입는다고 하였으며, 후세의 사람들도 이를 지키고자 하였다.

또한 경국대전(經國大典)에는 '사대부로서 상처(喪妻)한 자는 3년 안에 재취(再娶)할 수 없다. 다만, 부모의 명령이 있다거나 나이가 40인데 아들이 없으면 1년 뒤에도 허락한다.'[29]고 하여 상처(喪妻)한 사람의 재혼(再婚)에도 제약을 두었던 것을 알 수 있다.

나. 납채(納采)

주자가례(朱子家禮)의 납채(納采)를 간추리면 다음과 같다.[30]

---

26 이재(李縡), 국역 사례편람(四禮便覽), 우봉이씨 대종회, 명문당, pp. 43~44.
27 주희(朱熹) 저, 임민혁 옮김(1999), 주자가례, 예문서원, p. 153.
28 이재(李縡), 국역 사례편람(四禮便覽), 우봉이씨 대종회, 명문당, p. 41.
29 이재(李縡), 국역 사례편람(四禮便覽), 우봉이씨 대종회, 명문당, p. 40.
30 주희(朱熹) 저, 임민혁 옮김(1999), 주자가례, 예문서원, pp. 156~160.

납채(納采)란 신랑의 집에서 혼인(婚姻)을 청하면 신부의 집에서 채택하는 예(禮)이며, 그 절차는 다음과 같다.

■ 남자 집의 주인(主人)이 편지를 쓴다.(主人具書.)
■ 새벽에 일어나 받들어 사당(祠堂)에 아뢴다.(夙興, 奉以告祠堂.)
■ 자제(子弟)를 사자(使者)로 삼아 여자의 집에 가게 한다. 여자 집의 주인(主人)이 나와서 사자(使者)를 뵙는다.(乃使子弟爲使者. 如女氏. 女氏主人出見使者.)
■ 여자의 집에서 드디어 편지를 받들어 사당(祠堂)에 아뢴다.(遂奉書, 以告于祠堂.)
■ 나와서 남자 집의 사자(使者)에게 답장을 주고 드디어 그를 대접한다.(出以復書授使者. 遂禮之.)
■ 사자(使者)가 남자의 집에 복명(復命)하면 주인(主人)은 다시 사당(祠堂)에 아뢴다.(使者復命壻氏, 主人復以告于祠堂.)

주자(朱子)는 '납채(納采)는 채택하는 예(禮)를 받아들이는 것이니, 곧 지금 세속에서 말하는 언정(言定)이라는 것이다.(納其采擇之禮, 卽今世俗所謂言定也.)'[31]라고 하였으니, 신랑 측에서 혼인(婚姻)하기로 하였음을 알리면 신부 측에서 이를 받아들이는 절차이다.

또한 '반드시 먼저 중매쟁이가 왕래하면서 말을 통하게 하고, 여자의 집에서 허락하기를 기다린 후에 납채(納采)한다.(必先使媒氏往來通言, 俟女氏許之, 然後納采.)'[32]라고 하여 납채(納采)는 의혼(議婚) 이후에 혼인(婚姻)이 가시화되었을 때의 절차임을 알 수 있다.

주자가례(朱子家禮)에는 납채(納采)에서 주고받는 인사가 나타나 있다. 신랑집의 편지를 가지고 떠난 사자(使者)가 신부의 집에 도달하여 인사를 올린 후, '사자(使者)가 일어나 "그대가 아무개에게 은혜롭게 처 아

---

31 주희(朱熹) 저, 임민혁 옮김(1999), 주자가례, 예문서원, p. 156.
32 주희(朱熹) 저, 임민혁 옮김(1999), 주자가례, 예문서원, p. 154.

무개를 내려주셨으니, 아무개의 아무 친족 모관(某官)은 선인(先人)의 예법에 있어 아무개로 하여금 납채(納采)를 청합니다."라고 말하면서 시종에게 편지를 내어준다. 사자(使者)가 편지를 주인(主人)에게 주면 주인(主人)은 "아무개의 딸은 (또는 누이, 조카, 손녀는) 어리석고 또한 가르치지도 못하였습니다만 그대가 명하시니 아무개가 감히 사양하지 못하겠습니다."라고 대답하고 북향하여 재배(再拜)한다.'(使者起致辭曰, 吾子.[33] 有惠貺室某也, 某之某親某官有先人之禮, 使某請納采. 從者以書進. 使者以書授主人, 主人對曰, 某之子(若妹姪孫)蠢愚[34], 又弗能敎, 吾子[35] 命之, 某不敢辭. 北向再拜.)[36]라고 나타내고 있다.

다. 납폐(納幣)

주육례(周六禮)에는 납채(納采) 이후에 문명(問名)과 납길(納吉) 절차가 있었다. 그러나 그것이 번잡하여 주자(朱子)는 이 절차를 생략하였다. 그리하여 주자가례(朱子家禮)에는 '고례(古禮)에는 문명(問名)[37]과 납길(納吉)[38]이 있었는데, 지금은 다 쓰지 않고 다만 납채(納采)와 납폐(納幣)만 쓰니 간편함을 따른 것이다.(古禮有問名納吉, 今不能盡用, 止用納采納幣, 以從簡便.)'[39]라고 하였다.

---

33 신부 될 여자의 아버지를 가리킴.

34 준우(蠢愚) : 낳아서부터 바보스럽고 미련스럽다는 뜻.

35 신랑 될 남자의 아버지를 가리킴.

36 주희(朱熹) 저, 임민혁 옮김(1999), 주자가례, 예문서원, pp. 157~158.

37 문명(問名) : 혼인(婚姻) 육례(六禮)의 하나. 주인(主人)이 편지를 써서 사자(使者)를 보내어 신부 될 여자의 생모(生母)의 성씨를 묻는 예(禮)이다.

38 납길(納吉) : 혼인(婚姻) 육례(六禮)의 하나. 납채(納采) 후에 돌아가 묘중(廟中)에서 점을 쳐 길조(吉兆)를 얻으면 사자(使者)에게 다시 여자의 집에 가서 알게 하고 혼사(婚事)를 결정하는 예(禮)이다.

39 주희(朱熹) 저, 임민혁 옮김(1999), 주자가례, 예문서원, p. 160.

이를 서운하게 여긴 '양복(楊復)[40]이 말하기를, "혼례(昏禮)에는 납채
(納采), 문명(問名), 납길(納吉), 납징(納徵)[41], 청기(請期), 친영(親迎)의 육
례(六禮)가 있다. 가례(家禮)에는 문명(問名)과 납길(納吉)을 생략하고 단
지 납채(納采)와 납폐(納幣)만 써서 간편함을 쫓았다. 단만 친영(親迎) 이
전에 다시 청기(請期)하는 절차가 있어 생략할 수 없다.(楊氏復曰, 昏禮
有納采問名納吉納徵請期親迎六禮. 家禮略去問名納吉, 止用納采納幣,
以從簡便. 但親迎以前, 更有請期一節, 有不可得以略者.)'[42]라고 하였다.

납폐(納幣)에 쓰는 폐백(幣帛)에 대하여 '폐백(幣帛)은 색 비단을 사용
하고 빈부에 따라 마땅하게 하되 적어도 한 필을 넘지 않으며, 많아도 열
필을 넘지 않도록 한다. 지금 사람들은 비녀, 팔찌, 양, 술, 과실 등을 사
용하는데, 역시 괜찮다.(幣用色繒, 貧富隨宜, 少不過兩[43], 多不踰十. 今人
更用釵釧羊酒果實之屬, 亦可.)'[44]라고 하였다.

주자가례(朱子家禮)에는 납폐(納幣)에서 오가는 인사를 나타내고 있
다. '시종이 편지와 폐백(幣帛)을 내놓으면 사자(使者)는 편지를 주인(主
人)에게 준다. 주인(主人)은 "그대가 선조(先祖)의 상법(常法)을 따라 아
무개에게 정중한 예(禮)를 주시니 아무개는 감히 사양하지 못하겠습니
다. 감히 명을 받들지 않을 수 있겠습니까?"라고 대답하고 곧 편지를 받
는다. 집사(執事)는 폐백(幣帛)을 받는다.(從者以書幣進, 使者以書授主
人. 主人對曰, 吾子順先典, 貺某重禮, 某不敢辭. 敢不承命. 乃受書. 執事

---

40 주희(朱熹)의 문인.
41 징(徵)은 이룬다는 것이니, 납징(納徵)은 사자가 폐백(幣帛)을 받아들이게 하여 혼례
(婚禮)를 이룬다는 것이다.
42 주희(朱熹) 저, 임민혁 옮김(1999), 주자가례, 예문서원, p. 162.
43 양(兩) : 여기서는 단(端)이 생략됨. 즉 양단(兩端)임. 길이의 단위로써 단(端)은 1장
(丈) 8척(尺), 혹은 2장(丈)임.
44 주희(朱熹) 저, 임민혁 옮김(1999), 주자가례, 예문서원, p. 161.

者受幣. 主人再拜.)'[45]라고 하였다.

혼인(婚姻)에서 쓰는 예물에 대하여 사마온공(司馬溫公)이 다음과 같이 말하였다. "문중자(文中子)는 '시집가고 장가드는 데 재물을 논하는 것은 오랑캐의 도(道)라.'고 하였다. 대저 혼인(婚姻)이라는 것은 이성(二姓)의 사랑을 결합해 위로는 종묘(宗廟)를 섬기고 아래로는 후세(後世)를 이어가는 것이다. 지금 세속의 탐욕스럽고 비루한 자는 며느리를 얻을 때는 먼저 혼수(婚需)의 후박(厚薄)을 묻고, 딸을 시집보낼 때는 폐백(幣帛)의 다소(多少)를 묻는다."(司馬溫公日, 文中子[46] 日, 昏娶而論財, 夷虜之道也. 夫昏姻者, 所以合二姓之好, 上以事宗廟, 下以繼後世也. 今世俗之貪鄙者, 將娶婦, 先問資裝之厚薄, 將嫁女, 先問聘財之多少.)[47]

사마온공(司馬溫公)의 말은 현대를 살아가는 우리가 깊이 명심해야 할 것이다. 혼인(婚姻)은 사랑이 바탕이며 웃어른을 섬기고 새 세상을 열어 살 후손을 얻는 것이 목적이지 주고받는 재물이 많고 적음을 따지는 것은 천박한 일이다.

라. 친영(親迎)

친영(親迎)은 신랑이 신부의 집에 가서 신부를 맞아와 신랑의 집에서 의례(儀禮)를 거행하는 절차이다. 친영(親迎)에서 전안례(奠鴈禮)는 신부의 집에서 치르고, 교배례(交拜禮)는 신랑의 집에서 치른다. 그러나 우리나라의 전통혼례(傳統婚禮)에서는 이 둘을 신부의 집에서 치른다.

주자가례(朱子家禮)의 친영(親迎)을 간추리면 다음과 같다.[48]

---

45 주희(朱熹) 저, 임민혁 옮김(1999), 주자가례, 예문서원, p. 162.

46 문중자(文中子) : 수(隋)나라의 유학자인 왕통(王通; 584~617).

47 주희(朱熹) 저, 임민혁 옮김(1999), 주자가례, 예문서원, p. 165.

48 주희(朱熹) 저, 임민혁 옮김(1999), 주자가례, 예문서원, pp. 164~184.

- 하루 전 여자의 집에서는 사람을 시켜 사위의 방에 늘어놓는다.(前期一日, 女氏使人張陳其之室.)
- 이튿날 신랑집에서는 방 가운데에 자리를 마련한다.(厥明, 家設位于室中.)
- 여자 집에서는 밖에 장막을 설치한다. 초저녁에 신랑은 성복(盛服)한다.(女家設次于外. 初昏盛服.)
- 주인(主人)이 사당(祠堂)에 아뢴다.(主人告于祠堂.)
- 드디어 그 아들을 초례(醮禮)하고 맞이하여 오라고 명한다.(遂醮其子, 而命之迎.)
- 신랑은 나가서 말을 타고 간다.(壻出乘馬.)
- 여자 집에 이르면 막차(幕次)에서 기다린다. (至女家, 俟于次.)
- 여자 집 주인(主人)은 사당(祠堂)에 아뢴다.(女家主人告于祠堂.)
- 드디어 그 딸을 초례(醮禮)하고 명한다.(遂醮其女而命之.)
- 주인(主人)이 나와서 신랑을 맞이하고, 들어가서 전안례(奠雁禮)를 한다.(主人出迎壻, 入奠雁.)
- 유모가 신부를 받들어 나와서 수레에 오른다.(姆奉女出, 登車.)
- 신랑이 말을 타고 신부의 수레보다 앞서간다.(壻乘馬, 先婦車.)
- 그 집에 이르면 신부를 인도하여 들어간다.(至其家, 導婦以入.)
- 신랑과 신부가 교배례(交拜禮)를 한다.(壻婦交拜.)
- 자리에 가서 음식을 먹고 나면 신랑이 나간다.(就坐飮食畢, 壻出.)
- 다시 들어가 옷을 벗고 촛불을 켠다.(復入, 脫服燭出.)
- 주인(主人)은 빈객(賓客)을 대접한다.(主人禮賓.)

1) 친영(親迎)을 위한 자리를 마련함

주자가례(朱子家禮)에는 신랑집에서 친영(親迎)을 위한 자리 마련을 다음과 같이 나타내었다. 의자와 탁자를 양쪽 자리에 놓되 동서로 향하게 하고 채소, 과일, 쟁반, 잔, 숟가락, 젓가락은 빈객(賓客)의 예(禮)처럼 한다. 술병은 동쪽 자리의 뒤쪽에 놓고, 탁자에 합근주잔(合巹酒盞) 하나를 그 남쪽에 놓는다. 또 남북으로 대야 두 개와 물동이, 물 뜨는 그릇을 방 동쪽 모퉁이에 놓는다. 또 술병, 잔, 주전자를 방 밖 혹은 별실에 마련하여 시종들이 마시게 한다.(設倚卓子兩位東西相向, 蔬果盤盞匕筯, 如賓客之禮. 酒壺在東位之後, 又以卓子置合졸一於其南. 又南北設二盥盆勺於室東隅, 又設酒壺盞注於室外或別室, 以飮從者.)[49]

근(졸)은 근(謹)으로 읽는다. 조그만 박 하나를 쪼개서 두 개로 한 것이다.(졸音謹. 以小匏一 判而兩之.)[50]

2) 아들에게 초례(醮禮)하고 명(命)함

신랑의 아버지가 아들에게 초례(醮禮)하고 며느리를 맞이하여 오라고 명하는 절차이다. 주자가례(朱子家禮)에는 다음과 같이 나타내었다. 먼저 당상(堂上)의 탁자에 술주전자와 쟁반, 술잔을 진설한다. 주인(主人)은 성복(盛服)을 하고 당(堂)의 농쪽 벽에 서향하고 앉는다. 그 서북쪽에 남향하여 신랑의 자리를 마련한다. 신랑은 서쪽 계단으로 올라가 자리의 서쪽에 남향하여 선다. 찬자(贊者)는 잔을 가져다 술을 따라서 그것을 들고 신랑의 자리 앞으로 나아간다. 신랑은 재배(再拜)하고 자리로 올라가 남향한다. 술잔을 받아 무릎 꿇고 좨주(祭酒)[51]한다. 일어나서 자리 끝으로 가 무릎을 꿇고 술을 맛본다. 일어나 자리로 내려와 잔을 찬자(贊者)에 준다. 또 재배(再拜)하고 아버지의 자리 앞으로 나아가 동향하여 무릎을 꿇는다. 아버지는 "가서 너의 내상(內相)[52]을 맞이하여 우리 종묘의 일[宗事]을 잇고 힘써 공경으로 이끌어라. 그리하면 떳떳함이 있을 것이

---

49 주희(朱熹) 저, 임민혁 옮김(1999), 주자가례, 예문서원, p. 167.
50 주희(朱熹) 저, 임민혁 옮김(1999), 주자가례, 예문서원, p. 167.
51 좨주(祭酒). 술잔을 기울여 땅에 조금 붓는 것을 말한다.
52 상(相)은 '돕다(助)'의 뜻. 아내는 남편의 종사(宗祀)와 종묘(宗廟)의 일을 돕는 자이므로 '상(相)'이라고 한 것이다.

다."라고 명한다. 신랑은 "예. 감당하지 못할까 두렵습니다만 명을 잊지 않겠습니다."라고 말하고 엎드렸다가 일어난다.(先以卓子設酒注盤盞於堂上. 主人盛服, 坐於堂之東序西向. 設壻席於其西北南向. 壻升自西階, 立於席西南向. 贊者取盞斟酒, 執之詣壻席前. 壻再拜, 升席南向. 受盞跪, 祭酒. 興就席末, 跪啐酒. 興降席西, 授贊者盞. 又再拜進詣父坐前. 東向跪, 父命之曰, 往迎爾相, 承我宗事, 勉率以敬. 若則有常. 壻曰, 諾, 惟恐不堪, 不敢忘命. 俛伏興出.)[53] 이때 아들이 종자(宗子)가 아니면 아버지는 사실(私室)에서 초례(醮禮)를 하되 '종사(宗事)를 이끌라.'라고 하는 대신에 '가사(家事)를 이끌라.'라고 한다.[54]

3) 딸에게 초례(醮禮)하고 명(命)함

신랑과 마찬가지로 신부도 집에서 초례(醮禮)를 하고 명하는데, 그 절차를 주자가례(朱子家禮)에는 다음과 같이 나타내었다. 아버지는 일어나서 "공경하고 삼가 항상 시부모의 명을 어기지 말라."라고 명한다. 어머니가 서쪽 계단 위까지 전송하면서 관(冠)을 바로 하고 치마를 추슬러 주며 "힘쓰고 공경하여 네 규문(閨門)[55]의 예법(禮法)을 어기지 말라."고 명한다. 제모(諸母), 고모, 시누이, 언니가 중문(中門) 안까지 바래다주고 옷매무새를 정돈해주며 부모의 명으로 "너의 부모의 말을 신중히 따라서 항상 허물이 없게 하라."(父起命之曰, 敬之戒之, 夙夜無違爾舅姑之命. 母送至西階上, 爲之整冠斂帔, 命之曰, 勉之敬之, 夙夜無違爾閨門之禮. 諸母姑嫂姊送至于中門之內, 爲之整裙衫, 申以父母之命曰, 謹聽爾父母之言, 夙夜無愆.)[56]라고 거듭 말한다.

---

53 주희(朱熹) 저, 임민혁 옮김(1999), 주자가례, 예문서원, p. 172.
54 이재(李縡), 국역 사례편람(四禮便覽), 우봉이씨 대종회, 명문당, p. 55.
55 규문(閨門) : 여자들이 거처하는 곳.(正字通; 閨, 女稱閨秀, 所居亦曰閨).
56 주희(朱熹) 저, 임민혁 옮김(1999), 주자가례, 예문서원, pp. 174~175.

4) 신랑을 맞이하여 전안례(奠鴈禮)를 치름

주자가례(朱子家禮)에는 전안례(奠鴈禮)에 대하여 다음과 같이 나타 내었다. 주인(主人)은 문밖에서 신랑을 맞이하여 읍(揖)하고 사양하며 들 어간다. 신랑은 기러기를 들고 따라가 대청에 이른다. 주인(主人)은 동쪽 계단으로 올라가서 서향하여 선다. 신랑은 서쪽 계단으로 올라가 북향 하여 무릎 꿇고 땅에 기러기를 놓는다. 주인(主人)의 시종이 그것을 받는 다. 신랑이 엎드렸다가 일어나 재배(再拜)한다. 주인(主人)은 답배(答拜) 하지 않는다.[57] (主人迎壻于門外, 揖讓以入. 壻執雁以從, 至于廳事. 主人 升自阼階立西向, 壻升自西階北向跪, 置雁於地. 主人侍者受之. 壻俛伏 興, 再拜. 主人不答拜.)[58]

폐백(幣帛)은 살아있는 기러기를 쓰는데, 왼쪽 머리는 여러 색의 명주 실로 엇갈려 묶는다. 없으면 나무를 조각하여 만든다. 이는 음양(陰陽)을 따라 왕래하는 뜻을 취한 것이다. 정자(程子)는 '두 번 싹하지 않음을 취 한 것이다.(凡贄[59]用生雁, 左首, 以生色繒交絡之. 無則刻木爲之. 取其順 陰陽往來之義[60]. 程子曰, 取其不再偶也.)'[61]라고 하였다. 즉 폐백(幣帛)에 기러기를 쓰는 이유는 마음이 영원히 변치 않겠다는 다짐이다. 또한 기 러기의 머리에 여러 색의 명주실을 엇갈려 묶음으로써 혼인(婚姻)의 의 미인 음양(陰陽)을 상징한다.

---

57 사위가 전안례(奠雁禮)를 위하여 절한 것이므로 주인(主人)이 답배(答拜)하지 않은 것 이다.

58 주희(朱熹) 저, 임민혁 옮김(1999), 주자가례, 예문서원, p. 176.

59 지(贄)는 '질(質)'이라고 하니 자기의 정성을 말한다.

60 음양왕래지의(陰陽往來之義) : 기러기는 나뭇잎이 떨어지면 남쪽으로 날아가고, 호 수가 녹으면 북쪽으로 날아가니 음양(陰陽)을 따라 왕래하는 것이다. 이와 마찬가지 로 남편은 양(陽)이요, 부인은 음(陰)이니, 부인이 남편을 따르는 의리를 밝힌 것이다. (儀禮; 取其木落南翔, 氷泮翔北徂, 能順陰陽往來, 以明婦人從夫之義.)

61 주희(朱熹) 저, 임민혁 옮김(1999), 주자가례, 예문서원, p. 176.

5) 신랑이 신부를 데리고 감

신랑과 신부가 신부의 집에서 전안례(奠鴈禮)를 마친 후에는 신랑은 말을 타고 신부의 수레보다 앞서간다. 주자가례(朱子家禮)에는 사마온공(司馬溫公)의 말을 다음과 같이 인용하여 나타내었다. '남자가 여자를 거느리고 여자가 남자를 따라가니, 부부강유(夫婦剛柔)의 뜻은 여기에서 비롯되었다.(司馬溫公曰, 男率女, 女從男, 夫婦剛柔之義, 自此始也.)'[62]

6) 신랑의 집에서 교배례(交拜禮)를 치름

신랑과 신부가 신랑의 집에 다다르면 교배례(交拜禮)를 한다. 주자가례(朱子家禮)에서는 교배례(交拜禮)를 치르는 절차를 다음과 같이 나타내었다. 신부의 시종은 동쪽에 신랑의 자리를 펴고, 신랑의 시종은 서쪽에 자리를 편다. 신랑이 남쪽에서 손을 씻는데, 신부의 시종이 물을 부어주고 수건을 준다. 신부는 북쪽에서 손을 씻는데, 신랑의 시종이 물을 부어 준다. 신랑이 신부에게 읍(揖)하고 자리로 나아가 신부가 절하면 신랑은 답배(答拜)한다.(婦從者, 布壻席於東方. 壻從者, 布婦席於西方. 壻盥于南. 婦從者沃之進帨. 婦盥于北, 壻從者沃之進帨. 壻揖調就席. 婦拜壻答拜.)[63]

주자가례(朱子家禮)에는 '여자가 남자와 예(禮)를 하는 데는 협배(俠拜)를 한다. 남자는 재배(再拜)로 예(禮)로 삼고, 여자는 사배(四拜)로 예(禮)로 삼는다. 옛날에는 신랑과 신부의 교배례(交拜禮)가 없었다. 지금은 세속을 따른다.(女子與丈夫爲禮, 則俠拜. 男子以再拜爲禮, 女子以四拜爲禮. 古無壻婦交拜之儀, 今從俗.)'[64]라고 하였다.

---

62 주희(朱熹) 저, 임민혁 옮김(1999), 주자가례, 예문서원, p. 179.
63 주희(朱熹) 저, 임민혁 옮김(1999), 주자가례, 예문서원, p. 180.
64 주희(朱熹) 저, 임민혁 옮김(1999), 주자가례, 예문서원, p. 180.

신부가 먼저 두 번 절하면 신랑은 한 번 절하는데, 이를 두 번 하므로 신부는 사배(四拜)요, 신랑은 재배(再拜)이다.

7) 자리에 가서 음식을 먹고 나면 신랑은 나감

주자가례(朱子家禮)에는 다음과 같이 나타내었다. 신랑이 읍(揖)하면 신부는 자리로 나아간다. 신랑은 동쪽에, 신부는 서쪽에 있어야 한다. 시종이 술을 따르고 음식을 차린다. 신랑과 신부는 좨주(祭酒)하고 안주를 올린다. 또 술을 따르면 신랑이 신부에게 읍(揖)하고 들어서 마시는데, 좨주(祭酒) 하지 않고 안주도 없다. 또 잔을 가져다 신랑과 신부 앞에 나누어 놓고 술을 따른다. 신랑이 신부에게 읍(揖)하고 잔을 들어서 마시는데 좨주(祭酒) 하지 않고 안주도 없다. 신랑은 나가서 다른 방으로 간다. 유모와 신부는 방 가운데 머문다. 음식은 치워서 방 밖에 놓고 자리를 마련한다. 신랑의 시종은 신부가 남긴 것을 먹고[65], 신부의 시종은 신랑이 남긴 것을 먹는다. (壻揖婦就坐. 壻東婦西. 從者斟酒設饌. 壻婦祭酒擧殽. 又斟酒, 壻揖婦擧飮, 不祭無殽. 又取卺分置壻婦之前斟酒. 壻揖婦擧飮, 不祭無殽. 壻出就他室. 姆與婦留室中. 徹饌置室外設席. 壻從者餕婦之餘, 婦從者餕壻之餘.)[66]

8) 며느리가 시부모를 뵘

주자가례(朱子家禮)에는 다음과 같이 나타내었다. 며느리는 새벽에 일어나 성복(盛服)을 하고 뵙기를 기다린다. 시부모는 당상(堂上)에 앉는데 동쪽과 서쪽에 마주하고 각자의 앞에 탁자를 놓는다. 집안사람 중 시

---

65 신랑의 시종(侍從)이 신부가 남긴 것을 먹고, 신부의 시종(侍從)이 신랑이 남긴 것을 먹는 이유는 '음양(陰陽)이 교접(交接)하는 뜻'이다.

66 주희(朱熹) 저, 임민혁 옮김(1999), 주자가례, 예문서원, p. 181.

부모보다 어린 사람은 양쪽 벽에 서는데, 관례(冠禮)의 차례대로 한다. 며느리는 나아가 동쪽 계단 아래에 서서 북향하여 시아버지에게 절하고 올라가서 탁자 위에 폐백(幣帛)을 드린다. 시아버지가 폐백(幣帛)을 어루만지면 시자(侍子)가 가지고 들어간다. 며느리는 내려가서 또 절을 한다. 서쪽 계단으로 나아가 북향하여 시어머니에게 절을 하고 올라가서 폐백(幣帛)을 드린다. 시어머니는 폐백(幣帛)을 들어서 시자(侍子)에게 준다. 며느리는 내려와서 또 절을 한다.(婦夙興盛服俟見. 舅姑坐於堂上, 東西相向, 各置卓子於前. 家人男女少於舅姑者, 立於兩序, 如冠禮之叙. 婦進立於阼階下, 北面拜舅, 升奠贄幣[67]于卓子上. 舅撫之, 侍者以入. 婦降又拜畢. 詣西階下, 北面拜姑, 升奠贄幣. 姑舉以授侍者. 婦降又拜.)[68]

9) 며느리가 집안 여러 어른을 뵘

주자가례(朱子家禮)에는 다음과 같이 나타내었다. 함께 사는 사람 중에 시부모보다 어른인 사람이 있으면 시부모가 신부를 그 방에서 뵙게 하니, 시부모를 뵙는 예(禮)와 같다. 돌아와서 양쪽 벽에 있는 여러 어른에게 절하는데, 관례(冠禮)처럼 하며 폐백(幣帛)은 없다.(同居有尊於舅姑者, 則舅姑以婦見於其室, 如見舅姑之禮. 還拜諸尊長于兩序, 如冠禮無贄.)[69]

---

67 부인(婦人)의 폐백(幣帛)은 버섯(석이), 개암, 포, 말린고기, 대추, 밤이다.
68 주희(朱熹) 저, 임민혁 옮김(1999), 주자가례, 예문서원, p. 185.
69 주희(朱熹) 저, 임민혁 옮김(1999), 주자가례, 예문서원, p. 188.

제3절 전통혼례(傳統婚禮)

우리나라의 전통혼례(傳統婚禮)[70]는 여섯 단계로 나뉘어 진행된다. 전통혼례(傳統婚禮)의 절차를 나타내면 [그림 3-2]와 같다.

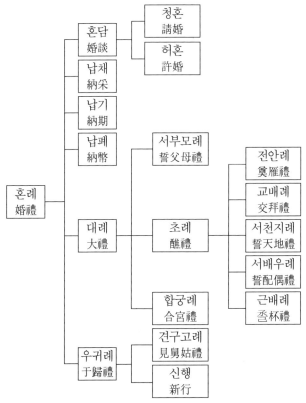

[그림 3-2] 전통혼례(傳統婚禮)의 절차

혼인(婚姻)할 남녀 사이에 먼저 신랑 측에서 신부 측에 혼인(婚姻)하기를 청하는 글을 보내고[청혼(請婚)], 신부 측은 혼인(婚姻)을 승낙하는 답

70 성균관(成均館, 1993), 유림교양전서(儒林敎養全書), pp. 139~140.

신을 보낸다[허혼(許婚)]. 이를 하나의 단계로 보아 혼담(婚談), 혹은 의혼(議婚)이라고 한다. 혼인(婚姻)을 확정하는 뜻으로 신랑 측에서는 신부 측에 사주(四柱)를 보내고[납채(納采)], 신부 측에서는 혼인(婚姻) 날짜를 정하여 신랑 측에 알린다[납기(納期)]. 이에 신랑 측에서는 신부에게 예물(禮物)을 보내며[납폐(納幣)], 정해놓은 날에 맞춰 신부의 집에서 혼인(婚姻) 의식(儀式)을 거행하게 된다[대례(大禮)]. 신부 집의 신방에서 하루를 지낸 부부는 신랑의 집으로 들어가 준비해 간 예물[폐백(幣帛)]을 드리며 시댁 어른께 인사를 올린다[우귀례(于歸禮)]. 그리고 재행(再行)과 동상례(東床禮)라는 사후 의례(儀禮)가 있다.

1. 혼담(婚談)

가. 청혼(請婚)

신랑 측에서 신부 측에 혼인(婚姻)하기를 청하는 글을 보내는데, 이를 청혼(請婚)이라 한다. 청혼서(請婚書)는 우편으로 보내거나 사람을 시켜 보낸다. 다음 [서식 3-1]은 청혼서(請婚書)의 서식이다.

혼인(婚姻)의 모든 장서(狀書)는 주혼자(主婚者)인 가장(家長)의 이름으로 한다.[71] 편지는 신랑 측에서 청혼(請婚)의 뜻을 신부 측에 직접 밝히는 것이 아니라 중매인(中媒人)에게 혼사(婚事)가 이루어지도록 권해달라는 간접적인 표현을 쓰는 것이 옳다.[72]

신부의 집에서는 청혼(請婚)에 대한 답서인 허혼서(許婚書)에서도 역시 '중매인의 권유를 거절하지 않는다.'는 내용의 편지를 쓴다. 이처럼 쓰는 이유는 과거에는 내외법(內外法)이 철저하여 혼례(婚禮)는 중매인을

---

71 성균관(成均館, 1985), 유림편람(儒林便覽), 유도회총본부(儒道會總本部), p. 94.
72 권영한(1998), 사진으로 배우는 관혼상제(冠婚喪祭), 전원문화사, p. 59.

거치는 것이 예(禮)였기 때문에 설령 잘 알고 있는 사이라 하더라도 함부로 하지 못하고 간접적인 표현을 쓰는 것이다.

[서식 3-1] 청혼서(請婚書)[73]

伏惟
孟春之際 제

복유
맹춘지제

尊體候
以時萬重 仰素區區之至

존체후
이시만중 앙소구구지지

第○子○○
年及可冠 尚無合處 近聞

제○자○○
연급가관 상무합처 근문

尊宅閨養
淑哲云 看審亦然 敢請使結

존댁규양
숙철운 간심역연 감청사결

秦晉之誼
若許納則 寒門慶幸 伏惟

진진지의
약허납즉 한문경행 복유

尊照
謹拜上狀

존조
근배상장

某年 某月 某日

○년 ○월 ○일

某后人 某姓某 再拜

○후인 ○姓某 재배

엎드려 여쭙건대 화창한 봄날에(계절에 맞도록 선택) 선생님 기력이 강녕하신지 궁금합니다. 저희 ○째 아들 ○○는 장가들 나이가 되었으나 아직 마땅한 곳이 없더니 요사이 듣자오니 댁의 따님께서 훌륭하다 하옵고 살펴보았더니 또한 그랬습니다. 감히 저와 더불어 사돈의 의를 맺기를 청하오니 만일 허락하신다면 저희 집이 경사이겠습니다. 엎드려 선생님께서 살피시기를 바라오며 삼가 글월을 올리나이다.

　○○년 ○월 ○일
　　○○(본관) ○○○(신랑 측 어른 성명) 재배

---

73 성균관(成均館, 1993), 유림교양전서(儒林教養全書), pp. 142~143.

예기(禮記)[74]에는 음력에 해당하는 월별(月別) 표현을 다음 [표 3-1]과 같이 나타내고 있다. 이를 서장(書狀)에 활용한다.

[표 3-1] 서장(書狀)의 월별(月別) 표현

1월	2월	3월	4월	5월	6월	7월	8월	9월	10월	11월	12월
맹춘 孟春	중춘 仲春	계춘 季春	맹하 孟夏	중하 仲夏	계하 季夏	맹추 孟秋	중추 仲秋	계추 季秋	맹동 孟冬	중동 仲冬	계동 季冬

혼례(婚禮)와 관례(冠禮)의 서장(書狀)에서 자주 쓰이는 표현은 다음과 같다.[75]

- 가관(加冠) : 관례를 치르어 갓을 씀. 즉 성인이 되었음.
- 가아(家兒) : 아들놈.
- 감불청종(敢不聽從) : 감히 듣지 않겠습니까?
- 감하(感荷) : 입은 은혜를 고맙게 여김.
- 규양(閨養) : 규수.
- 근권(勤勸) : 부지런히 권함.
- 근미심자시(謹未審玆時) : 삼가 아직 살피지 못한 이때.
- 근배(謹拜) : '삼가 절합니다.'는 뜻으로, 편지의 뒤에 씀.
- 기몽계허(旣蒙契許) : 이미 허락의 약속을 받다.
- 녹정(錄呈) : 기록하여 드림.
- 만중(萬重) : 편안하다.
- 배상(拜上) : '절하고 올립니다.'는 뜻으로, 편지 끝 이름 밑에 씀.
- 복(僕) : 자신을 낮추는 말, 저.
- 복승(伏承) : 엎드려 받드오니.

---

74 예기(禮記), 월령편(月令篇).
75 권영한(1998), 사진으로 배우는 관혼상제(冠婚喪祭), 전원문화사, pp. 60~77.

- 복유(伏惟) : 삼가 생각건대.
- 불비한루(不鄙寒陋) : '못 미치고 가난하고 천하다.'는 뜻으로, 자기 가문을 낮추는 겸손의 말.
- 사결(使結) : 맺게 하여, 즉 혼인을 성사하여.
- 상무지합처(尙無指合處) : 아직 마땅한 혼처가 없음.
- 상장(上狀) : 공경하는 뜻을 나타내어 올리는 편지.
- 앙소(仰素) : 우러러 돌이켜보건대.
- 앙위(仰慰) : 우러러 문안드림.
- 여불비례(餘不備禮) : '나머지는 예를 갖추지 못합니다.'라는 뜻으로, 편지의 뒤에 씀.
- 여시(如是) : 이와 같음.
- 여아(女兒) : 자기 딸을 낮추어서 하는 말.
- 연기장성(年旣長成) : 나이가 이미 자라서.
- 영애(令愛) : 따님.
- 이시(以時) : 이때에 이르러.
- 제(弟) : 자기를 낮추는 말.
- 존자허이(尊慈許以) : 높으신 분께서 이에 허락하시어.
- 존조(尊照) : 상대방에게 '보십시오.'라는 뜻으로, 쓰는 말.
- 존체(尊體) : 편지에서 상대를 높이는 말.
- 진진지의(秦晉之誼)[76] : 혼인을 하여 두 집 사이에 정의(情誼)가 두터워짐.
- 항려(伉儷) : 배필.
- 화한(華翰) : 편지를 높이는 말.

---

76 진진지의(秦晉之誼) : 혼인(婚姻)을 맺은 두 집 사이의 두터운 정의(情誼)를 이르는 말로, 중국 진(秦)나라와 진(晉)나라 왕실이 혼인(婚姻)을 맺고 지낸 데서 유래.

- 황실(昢室) : 아내로 주시니.
- 회시(回示) : 회답하여 줌.
- 후(候) : 안부를 물음.
- 후만중(候萬重) : '편안하신지 안부를 묻습니다.'라는 뜻.

나. 허혼(許婚)

신랑 측으로부터 청혼서(請婚書)를 받은 신부 측은 그 청을 받아들일 뜻이 있으면 혼인(婚姻)을 승낙한다는 내용의 답신을 보내는데, 이를 허혼서(許婚書)라 한다. 청혼서(請婚書)와 마찬가지로 허혼서(許婚書)에서도 지극히 자신을 낮추는 내용으로 서신을 쓴다.

다음 [서식 3-2]는 허혼서(許婚書)[77]의 서식이다.

[서식 3-2] 허혼서(許婚書)

```
伏承 (복승)  仲春之際 (중춘지제)

尊體候 (존체후)  動止萬重 (동지만중)  仰慰區區之至 (앙위구구지지)

第○女 (제○녀)  ○○○之親事 (○○○지친사)  不鄙寒陋 (불비한루)

如是勤勸 (여시근권)  敢不聽從 (감불청종)  若采納則 (약채납즉)

鄙門慶幸 (비문경행)  餘不備 (여불비)  伏惟 (복유)

尊照 (존조)  謹拜上狀 (근배상장)

某年 (○년)  某月 (○월)  某日 (○일)

○后人 (○후인)  某姓某 (○○○성모)  再拜 (재배)
```

---

77 성균관(成均館, 1993), 유림교양전서(儒林教養全書), pp. 143~144.

122 주자가례를 바탕으로 한 전통의례

엎드려 회답해 여쭙건대 따스한 봄철에 선생님께서 기력이 좋은 듯하여 반갑기 그지없습니다. 저의 ○째 딸 ○○의 혼인에 대해 저희의 누추함을 낮보지 않으시고 이토록 권하시니 감히 따르지 않을 수 없습니다. 만일 채택해 주신다면 보잘것없는 우리 집이 경사이겠습니다. 다 갖추지 못하옵고 엎드려 생각하옵건대 살피시기를 바라오며 삼가 글월을 올리나이다.

　○○년 ○월 ○일

　　○○(본관) ○○○(신부 측 어른 성명) 재배

2. 납채(納采)

신랑 측이 청혼(請婚)하였고, 또한 신부 측이 허혼(許婚) 하였으므로 정혼(定婚; 혼처를 정함)하는데, 이것이 납채(納采)이다. 즉 납채(納采)는 신랑 집에서 신랑의 사주(四柱)를 적어 신부 집에 보내는 것이다. 아울러 이때 사주(四柱)와 더불어 납채서(納采書)를 보낸다.

납채(納采)는 앞에서 정혼(定婚)의 의미라고 하였는데, 고례(古禮)에는 납채(納采) 이후 신랑에게 일이 있어 비록 초례(醮禮)를 치르지 않았더라도 신부는 다른 곳으로 혼인(婚姻)하지 않았고 수절(守節)하였다. 또한 납채(納采)는 정식 약혼의 절차이므로 조상에 고한다.[78]

가. 사주(四柱)

신랑의 생년, 생월, 생일, 생시를 네 기둥이란 뜻에서 사주(四柱), 혹은 사성(四星)이라고도 한다.[79] 고례(古禮)에는 이를 간지(干支)로 따져 두

---

[78] 김득중(金得中), 예절강좌, 유교신문(儒敎新聞), 1989년 11월 1일자.

[79] 성균관(成均館, 1993), 유림편람(儒林便覽), 유도회총본부(儒道會總本部), p. 96.

자씩 썼기 때문에 사주팔자(四柱八字)라고도 하였다.

사주(四柱)를 준비할 때에는 다음 사항에 주의[80]하여야 한다.

ㅇ사주(四柱)를 쓰는 종이는 백색 한지를 이용하여 가로 35센티미터, 세로 30센티미터의 크기를 다섯 칸으로 접어 그 위에 쓰고, 사주(四柱)의 봉투는 가로 7.5센티미터, 세로 30센티미터 정도가 적당하다.

ㅇ사주(四柱)를 봉투에 넣을 때는 풀칠하여 봉(封)하지 않는다.

ㅇ사주(四柱)를 넣은 사주(四柱) 봉투는 청색과 홍색의 겹보로 싸는데 홍색이 밖으로 나오도록 싸고(사주는 신랑의 것이므로 양(陽)을 의미하고, 양(陽)의 색깔은 홍색이므로) 중간 부분을 청홍색 실로 나비매듭 하여 묶는다.

사주(四柱) 봉투는 봉투 길이보다 아래위로 각각 1센티미터 정도 길게 자른 싸리나무 가지나 대나무를 잘라 그 중앙을 쪼개어 그 사이에 사주(四柱) 봉투를 끼우고 청실과 홍실의 둥근 타래실로 동심결로 묶는다. 사주 포장에 싸리나무를 쓰는 이유는 귀중한 사주(四柱)가 구겨질까 염려[81]함이다. 이것을 보자기에 싼 뒤 '근봉(謹封)'이라 쓴 띠를 두른다.

[서식 3-3]부터 [서식 3-5]는 사주(四柱)의 여러 서식이다. [서식 3-3]은 고례(古禮)에 의한 서식으로써 모두 간지(干支)로 나타내었기 때문에 현대인들이 이해하기가 어렵고, 신랑 측이 누구인지도 나타내지 않았다. 그러나 [서식 3-4]와 [서식 3-5]는 현대인들이 이해할 수 있도록 조금씩 변형한 서식이다.

우선 고례(古禮)에 의한 [서식 3-3]부터 살펴본다. 사주(四柱)는 오간지(五間紙)의 중앙에 생년월일시(生年月日時)만 쓰는 것이 통례[82]이다.

---

80 성균관(成均館, 1993), 유림교양전서(儒林敎養全書), p. 145.

81 김득중(金得中), 예절강좌, 유교신문(儒敎新聞), 1989년 11월 1일자.

82 성균관(成均館, 1993), 유림편람(儒林便覽), 유도회총본부(儒道會總本部), p. 96.

[서식 3-3] 사주(四柱) 서식 ①

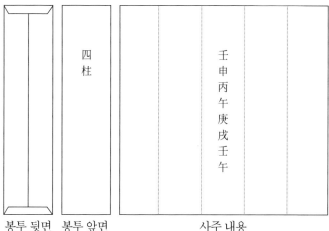

봉투 뒷면　봉투 앞면　　　　　사주 내용

위의 사주(四柱)는 모두 간지(干支)로 썼는데, 사주(四柱)를 간지(干支)
로 나타낸 때는 만세력(萬歲曆)[83]을 참고할 수도 있으며 다음과 같은 방
법으로 계산할 수도 있다.

단기 4325년(서기 1992년) 음력 5월 3일(양력 6월 3일) 오후 12시 27
분에 출생한 민섭(敏燮)을 예로 들어 알아본다.

ㅇ단기 4325년(서기 1992년)은 태세간지(太歲干支)로는 임신(壬申)년
이다.

ㅇ월건간지(月建干支)는 다음과 같이 계산[84]한다.

· 갑(甲), 기(己)인 해는 1월의 월건(月建)을 병인(丙寅)으로 따져 순
산(順算)하고,

· 을(乙), 경(庚)인 해는 1월의 월건(月建)을 무인(戊寅)으로 따져 순
산(順算)하고,

83 김우재(金于齋) 編著(1992), 修正增補 正本 만세력(萬歲曆), 明文堂.
84 김득중(金得中), 예절강좌, 유교신문(儒敎新聞), 1989년 10월 15일자.

- 병(丙), 신(辛)인 해는 1월의 월건(月建)을 경인(庚寅)으로 따져 순산(順算)하고,
- 정(丁), 임(壬)인 해는 1월의 월건(月建)을 임인(壬寅)으로 따져 순산(順算)하고,
- 무(戊), 계(癸)인 해는 1월의 월건(月建)을 갑인(甲寅)으로 따져 순산(順算)한다.

다만 윤달의 월건(月建)은 본 달의 월건(月建)으로 쓴다. 따라서 임신(壬申)년의 음력 5월은 월건(月建)이 병오(丙午)이다.

ㅇ생일 간지(干支)는 그날의 일진(日辰)을 쓰는데, 음력 5월 3일(양력 6월 3일)은 일진(日辰)이 경술(庚戌)이다.

ㅇ생시의 시각간지(時刻干支) 계산 방법은 다음과 같다.[85]

- 갑(甲), 기(己)인 날은 자정을 갑자(甲子)로 따져 순산(順算)하고,
- 을(乙), 경(庚)인 날은 자정을 병자(丙子)로 따져 순산(順算)하고,
- 병(丙), 신(辛)인 날은 자정을 무자(戊子)로 따져 순산(順算)하고,
- 정(丁), 임(壬)인 날은 자정을 경자(庚子)로 따져 순산(順算)하고,
- 무(戊), 계(癸)인 날은 자정을 임자(壬子)로 따져 순산(順算)한다.

ㅇ음력 5월 3일의 일진이 경술(庚戌)이므로 자정을 병자(丙子)로 따져 오후 12시 27분은 임오(壬午)이다.

그러므로 민섭(敏燮)의 사주(四柱)는 '임신병오경술임오(壬申丙午庚戌壬午)'이다. 그리고 단기 4328년(서기 1995년) 음력 윤8월 6일(양력 9월 30일) 오전 8시 38분에 출생한 현섭(賢燮)의 사주(四柱)는 '을해을유갑자무진(乙亥乙酉甲子戊辰)'이다.

순산(順算)하는데 필요한 60간지(干支)는 다음 [표 3-2]와 같다.

---

85 김득중(金得中), 예절강좌, 유교신문(儒敎新聞), 1989년 10월 15일자.

[표 3-2] 60간지(干支)

순	간지(干支)	순	간지(干支)	순	간지(干支)	순	간지(干支)
1	갑자(甲子)	16	기묘(己卯)	31	갑오(甲午)	46	기유(己酉)
2	을축(乙丑)	17	경진(庚辰)	32	을미(乙未)	47	경술(庚戌)
3	병인(丙寅)	18	신사(辛巳)	33	병신(丙申)	48	신해(辛亥)
4	정묘(丁卯)	19	임오(壬午)	34	정유(丁酉)	49	임자(壬子)
5	무진(戊辰)	20	계미(癸未)	35	무술(戊戌)	50	계축(癸丑)
6	기사(己巳)	21	갑신(甲申)	36	기해(己亥)	51	갑인(甲寅)
7	경오(庚午)	22	을유(乙酉)	37	경자(庚子)	52	을묘(乙卯)
8	신미(辛未)	23	병술(丙戌)	38	신축(辛丑)	53	병진(丙辰)
9	임신(壬申)	24	정해(丁亥)	39	임인(壬寅)	54	정사(丁巳)
10	계유(癸酉)	25	무자(戊子)	40	계묘(癸卯)	55	무오(戊午)
11	갑술(甲戌)	26	기축(己丑)	41	갑진(甲辰)	56	기미(己未)
12	을해(乙亥)	27	경인(庚寅)	42	을사(乙巳)	57	경신(庚申)
13	병자(丙子)	28	신묘(辛卯)	43	병오(丙午)	58	신유(辛酉)
14	정축(丁丑)	29	임진(壬辰)	44	정미(丁未)	59	임술(壬戌)
15	무인(戊寅)	30	계사(癸巳)	45	무신(戊申)	60	계해(癸亥)

    그러나 위와 같이 사주(四柱)를 간지(干支)로 표시하면 고례(古禮)에 따른다고는 할 수 있지만, 현대인에게는 익숙하지 않아 사주(四柱)를 받는 신부 측에서는 난감할 수 있다. 상대방을 편안하게 해주어야 하는 것이 예(禮)라 하였으니 예의(禮義)의 표현에도 상대성이 있다. 다만 고례(古禮)를 먼저 나타내는 이유는 원칙을 알아보기 위함이며, 뒤의 응용은 변화해 가는 세태에 적응해 가고자 함이다.

고례(古禮)에는 사주(四柱)와 봉투에 본관(本貫)과 성명(姓名)을 쓰지 않았으나 그렇게 하면 누구의 사주(四柱)인지 분간하기 어려워[86] 신랑의 본관(本貫)과 이름을 쓰는 때도 있다. 아래의 [서식 3-4]는 신랑의 본관 (本貫)과 이름을 쓴 경우이다.

[서식 3-4] 사주(四柱) 서식 ②

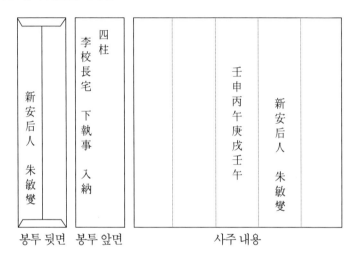

봉투 뒷면　봉투 앞면　　　　사주 내용

다음의 [서식 3-5]는 서기(西紀)를 이용하여 음력과 양력을 나란히 써 넣은 예이다.

사주(四柱) 쓰는 종이를 세로로 다섯 칸으로 나누고 중앙에는 신랑의 생년월일시(生年月日時)를 쓴다. [서식 3-5]에서는 이를 서기(西紀)로 나타내었는데, 생시(生時)는 '진시(辰時)'라 쓰고 있다. 이를 '오전팔시(午前八時)'로 바꿀 수도 있다.

오른쪽으로부터 두 번째 칸에는 신랑의 본관과 이름을 나타내었고, 네 번째 칸에는 생일을 양력으로 나타내었다.

---

86 김득중(金得中), 예절강좌, 유교신문(儒敎新聞), 1989년 10월 15일자.

[서식 3-5] 사주(四柱) 서식 ③

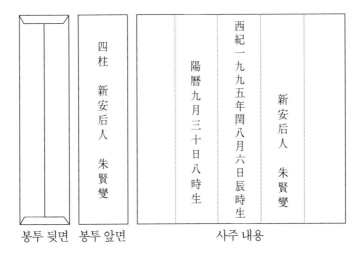

| 봉투 뒷면 | 봉투 앞면 | 사주 내용 |

봉투 앞면:
四柱
新安后人　朱賢燮

사주 내용:
新安后人　朱賢燮

西紀一九九五年閏八月六日辰時生

陽曆九月三十日八時生

나. 납채서(納采書)

[서식 3-6] 납채서(納采書) ①[87]

某郡姓某白
○君○○

某郡某官執事伏承
○君○관집사복승

尊茲　不鄙寒微　曲從媒議
존자　불비한미　곡종매의

許以令愛　貺室　僕之
허이영애　황실　복지

男某　有先人之禮謹
남某　유선인지례　근

專入納采　伏惟
전입납채　복유

尊慈俯賜
존자부사

鑑念不宣
감념불선

某年某月某日某郡姓某白
○년○월○일○군○○백

87 이재(李縡), 국역 사례편람(四禮便覽), 우봉이씨 대종회, 명문당, p. 45.

아무 군(郡) 아무 성(姓) 아무개는 아무 군 아무 벼슬 집사에게 사룁니다. 엎드려 높으신 사랑을 입어 한미한 집을 누추하다 여기지 않으시고, 중매의 논의를 곡진히 따르시어, 영애를 허락하여 저의 아들 아무개의 아내로 내리셨습니다. 이에 선대로부터 내려오는 예절이 있어, 삼가 사람을 보내 채택된 예를 올리오니, 엎드려 바라건대, 높으신 사랑으로 굽어 살펴주소서. 이만 더 사뢰지 못합니다.

년 월 일 아무 군(郡) 성(姓) 아무개

사주(四柱)를 보내는 것을 '납채(納采)한다'라고 말하며 사주(四柱)와 함께 납채서(納采書)를 함께 보내는 것이 바르다. 신부의 집안에서 납채서(納采書)를 먼저 보고 옳은 사주(四柱)인지 확인한 뒤에 받아야 하므로[88] 납채서(納采書)는 사주(四柱)와 별도로 포장한다. [서식 3-6]과 [서식 3-7]은 납채서(納采書)이고, [서식 3-8]은 피봉식이다.

[서식 3-7] 납채서(納采書) ②[89]

```
복  伏
승  承

존  尊
자  慈
불  不
비  鄙
한  寒
미  微
    曲
    從
곡  婚
종  議
혼
의

허  許
이  以
영  令
애  愛
서  序
차  次
○  ○
○  ○
양  孃

황  貺
실  室
복  伏
지  之
○  ○
자  子
○  ○
○  ○

자  玆
유  有
선  先
인  人
지  之
례  禮
납  納
채  采
지  之
의  儀

감  敢
청  請
전  奠
안  雁
일  日
시  時

존  尊
자  慈
부  俯
사  賜
감  鑑
념  念
불  不
선  宣

某  某
년  年
○  ○
월  月
○  ○
일  日

○  ○
후  后
인  人
○  ○
某  某
姓  姓
某  某
재  再
배  拜
```

88 김득중(金得中), 예절강좌, 유교신문(儒敎新聞), 1989년 11월 1일자.

89 성균관(成均館, 1993), 유림교양전서(儒林敎養全書), pp. 146~147.

엎드려 다시 아뢰나이다. 선생님께서 사랑을 베푸시어 저희의 한미함을 얕보지 않으시고 저희 청혼에 따르시어 ○째 따님 ○○양을 저희 ○째 아들 ○○의 아내로 허락해 주시니 영광이옵니다. 이에 옛 예절에 따라 납채의 의식을 행하오며 감히 혼인 날짜를 청하오니 선생님께서 어여삐 여기시어 굽어살피시길 바라오며 다 펴지 못하나이다.

   ○○년 ○월 ○일
   ○○(본관) ○○○(신랑 측 어른 성명) 재배

[서식 3-8] 납채서(納采書) 피봉 서식[90]

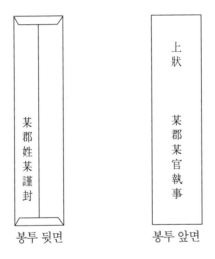

봉투 뒷면   봉투 앞면

[서식 3-9]는 조선일보사의 납채서(納采書)[91], [서식 3-10]은 신희철(申義澈)의 납채서(納采書)[92]이다.

---

90 이재(李縡), 국역 사례편람(四禮便覽), 우봉이씨 대종회, 명문당, p. 46.

91 조선일보사(1994), 사진과 그림으로 보는 가정의례, p. 26.

92 신희철(申義澈) 編著(1990), 상례요람(常禮要覽), 보경문화사, pp. 31~32.

[서식 3-9] 납채서(納采書) ③

伏惟新正
복유신정

尊體候以時萬重　仰素
존체후이시만중　앙소

區區之至　弟家兒親事
구구지지　제가아친사

旣蒙契許　寒門慶幸
기몽계허　한문경행

采單錄呈　涓吉回示
채단녹정　연길회시

如何　餘不備　伏惟
여하　여불비　복유

尊照　謹拜上狀
존조　근배상장

戊辰年　正月　三日
무진년　정월삼일

慶州后人 李甲乭 再拜
경주후인이갑돌재배

[서식 3-10] 납채서(納采書) ④

伏承華翰　感荷良深　仍謹審玆有
복승화한　감하양심　잉근심자유

尊體萬重　仰慰遡區區之至　家兒親事
존체만중　앙위소구구지지　가아친사

旣蒙契許　寒門之慶幸　星單
기몽계허　한문지경행　성단

依敎錄呈　涓吉回示　如何
의교록정　연길회시　여하

餘不備禮上　伏惟
여불비례상　복유

尊照　謹拜上狀
존조　근배상장

某年　○년
某月　○월
某日　○일

某后人　○후인
某姓某　○○○

再拜
재배

엎드려 화한(華翰)을 받자오니 감하(感荷)함이 깊습니다. 마침내 요사이 존체만중(尊體萬重)하심을 살폈사오니 우러러 위로(慰勞)하고 생각함이 구구(區區)히 지극합니다. 가아(家兒)의 혼사에 이미 허락을 입사오니 한문(寒門)의 경행(慶幸)입니다. 사성(四星)의 단자(單子)를 가르침에 따라 드리오니 연길(涓吉)을 회시(回示)하심이 어떠하겠습니까. 나머지는 예를 갖추지 못하고 올리옵니다. 생각하옵건대 높이 살피소서. 삼가 절하고 글을 올립니다.

다음 [서식 3-11]은 사주(四柱)가 신랑의 집을 나설 때 사당(祠堂)에 고하는 신랑의 납채(納采) 고사(告辭)[93]이다.

[서식 3-11] 납채(納采) 고사(告辭)

維歲次某年某月某朔某日日辰
유세차 ○ ○ ○ 월 ○ 삭 ○ 일

某孫某名
○ 손 ○ ○
敢昭告于
감소고우

顯先祖考府君 諸神位
현선조고부군 제신위

顯先祖妣 諸神位
현선조비 제신위

某名之某子
○ ○ 지 ○ 자

年旣成長 未有伉儷
언기성장 미유항려
已議婚娶
이의혼취

某貫某姓名之某女
○ 貫 ○ 姓名 지 ○ 녀
今日納采
금일 납채

不勝感愴 謹以
불승감창 근이
酒果用伸 虔告謹
주과용신 건고근

告
고

○년 ○월 ○일에 후손 ○○은 선조 할아버님 여러 신위와 선조 할머님 여러 신위 앞에 감히 고하나이다. ○○의 ○아들 ○○이 다 자랐으나 배필을 얻지 못하였더니 이미 ○○ ○○○의 ○딸에게 장가들어 아내 삼기로 의논이 되어 오늘 채택의 예를 행하려 하오매, 조상을 기리는 마음에 감개가 무량하나이다. 삼가 술과 과실을 차려 공경을 다해 고하나이다.

다. 납채(納采)의 의식(儀式)

고례(古禮)의 납채(納采)는 신부의 집에서 행하였으나, 납채(納采)는 약혼의 절차이므로 요즈음은 가끔 양가의 가족이 모두 모인 자리에서 납채서(納采書)를 주고받기도 한다. 양가의 어른이 직접 주고받을 때는 장소 준비를 신부 측에서 한다. 다음은 납채(納采)의 절차이다.

○신랑 측과 신부 측이 마주 앉아 신랑 측에서 신부 측에 납채서(納采書)를 먼저 주면 신부 측에서는 이를 받아 펼쳐서 읽는다.

○신랑 측에서 사주(四柱)를 건네주면 신부 측에서는 이를 펼쳐서 확인한 후 간수한다.

○만일 준비한 예물이 있으면 남녀가 서로 교환한다.

○다과를 먹으며, 혼인(婚姻) 준비에 대한 의견을 나눈다.

3. 납기(納期)

사주(四柱)를 받은 신부 집안에서는 혼인(婚姻) 날짜를 정하고 이를 다시 신랑 집안에 알리는데, 이를 납기(納期)라 한다. 주육례(周六禮)나 주자가례(朱子家禮)의 연길(涓吉)도 혼인(婚姻) 날짜를 정해서 보내는 것을 말하므로 납기(納期)와 같은 의미이며, 날을 잡는다는 뜻에서 택일(擇日)이라고도 한다.

납기(納期)할 때에는 납기(納期)의 내용과 함께 신부 측에서 정중한 편지를 써서 보내는 것이 예의(禮儀)에 합당하며 사주(四柱)를 보내고 받을 때와 마찬가지로 조상에게 고사(告辭)를 올린다.

예기(禮記)에서는 '밖의 일에는 강일(剛日, 일진에 甲丙戊庚壬이 드는 날)을 쓰고, 안의 일에는 유일(柔日; 일진에 乙丁己辛癸가 드는 날)을 쓴다.(外事用剛日, 內事用柔日.)'[94]고 하였다.

가. 납기(納期)

납기(納期)를 쓸 때 주의 사항은 다음과 같다.

○납기(納期)를 쓰는 종이는 백색 한지를 이용하여 가로 35센티미터, 세로 30센티미터의 크기를 다섯 칸으로 접어 그 위에 쓰고, 봉투는 가로 7.5센티미터, 세로 30센티미터 정도가 적당하다.

○납기(納期)는 혼인(婚姻) 일시와 상소를 써넣으며, 납페(納幣) 일시와 장소도 써넣는다.

○납기(納期) 역시 사주(四柱)와 같이 다섯 칸으로 접어 봉투에 넣으며 봉하지 않는다.

○납기(納期) 봉투는 청홍 겹보로 싸는데, 사주(四柱)와 반대로 청색이 밖으로 나오게 싸며, 중간 부분은 청홍색 실로 나비매듭 하여 묶는다.

고례(古禮)의 납기(納期)에는 전안(奠雁) 연월일시를 간지(干支)로 쓰고 다음 칸에 제(際)라고 쓴 아래에 숫자로 연월일시를 썼다. 납기(納期)를 간지(干支)로 쓰는 방법은 사주(四柱) 쓰는 방법으로 쓴다. 또한 고례(古禮)에는 신랑 신부의 이름을 쓰지 않았으나 현대에는 쓰는 것이 합리적이며 신랑과 신부의 본관(本貫)과 성명을 써야 누구의 납기(納期)인지 알 수 있다. 납기(納期)를 쓰는 방법은 다음과 같다.

---

94 예기(禮記), 표기편(表記篇).

ㅇ제1칸 : 쓰지 않고 비워둔다.

ㅇ제2칸 : 비워두는 것이 원칙이나 쓰는 것이 합리적이다. 신랑은 서
(婿; 사위)라 쓰고, 신부는 부(婦; 며느리)라 해서 상대편과의 관계
로 쓴다. 이는 자기 자식을 사양하는 마음으로써 혼인(婚姻)에서 사
양하는 마음이 나타난 것 중의 하나이다. 즉 맹자(孟子)께서 '사양하
는 마음이 예절의 시작이다. (辭讓之心, 禮之端.)'95라 하였음을 드러
낸 것이다. 혹은 서(婿)나 부(婦) 대신에 신랑이나 신부라고 쓰기도
한다.

ㅇ제3칸 : 전안(奠雁; 혼례(婚禮)를 치르기 위해 신랑이 신부의 어머니에
게 기러기를 드리는 것. 납기(納期)에서는 혼인(婚姻) 날짜를 뜻함)이라
쓰고 간지(干支)로 여덟 글자로 쓴다. 간지(干支)로 쓰는 방법은 사주
(四柱)를 쓰는 방법과 같다. 혹은 간지(干支) 대신 날짜를 쓰기도 한다.

ㅇ제4칸 : 우측에 '같다'라는 뜻의 제(際)를 쓰고 이어서 숫자로 쓴다.
음력이면 제(際)의 다음에 '음(陰)'을 끼워 넣는다. 즉 '제음(際陰)'이
라고 쓰고 날짜를 쓴다. 왼쪽에는 '만일 납폐(納幣)를 하겠으면 전날
신부의 집에서 하시오'라는 뜻의 '若有納幣則前日先行'이라 쓴다.

ㅇ제5칸 : 제1칸과 마찬가지로 쓰지 않고 비워둔다.

[서식 3-12]는 연길(涓吉)의 서식이다. 납기(納期)와 연길(涓吉)은 같은
의미이므로 위의 [서식 3-12]에서는 봉투에 연길(涓吉)이라 쓴 것이다.

[서식 3-13]은 납기(納期)의 서식96이며, 봉투에는 신랑과 신부를 구체
적으로 나타내었고 혼인(婚姻)할 시간과 장소, 납폐(納幣)에 대한 것도
밝히고 있다.

---

95 김득중(金得中), 예절강좌, 유교신문(儒教新聞), 1988년 9월 1일자. 재인용.
96 성균관(成均館, 1993), 유림교양전서(儒林教養全書), p. 148.

[서식 3-12] 연길(涓吉) 서식

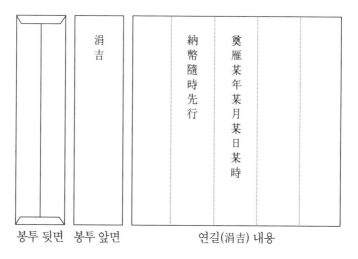

봉투 뒷면　봉투 앞면　　　　연길(涓吉) 내용

涓吉

納幣隨時先行

奠雁某年某月某日某時

[서식 3-13] 납기(納期) 서식

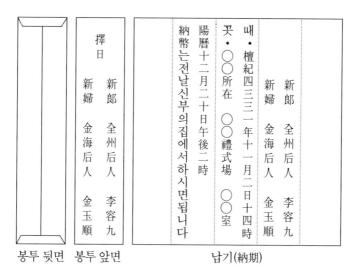

봉투 뒷면　봉투 앞면　　　　납기(納期)

擇日

新婦　　　新郎

金海后人　全州后人

金玉順　　李容九

納幣는전날신부의집에서하시면됩니다

陽曆十二月二十日午後二時

곳・○○所在 ○○禮式場 ○○室

때・檀紀四三三一年十一月二日十四時

新郎　全州后人　李容九

新婦　金海后人　金玉順

나. 납기서(納期書)

납기(納期)할 때 함께 보내는 편지를 납기서(納期書)라 하며 연길송서장

(涓吉送書狀)이라고도 한다. [서식 3-14]는 납기서(納期書)[97]의 서식이다.

[서식 3-14] 납기서(納期書)

```
尊茲  不棄寒陋  令胤
존자  불기한루  영윤  ○ ○ 군(君)
作配  擇僕  ○之女  ○○○君
작배  택복  ○지여
弱息惷愚  又不能教  旣辱采擇
약식준우  우불능교  기욕채택
敢不拜從  重蒙  請奠雁日時
감불배종  중몽  청전안일시
別幅錄呈  伏惟
별폭녹정  복유
尊茲特賜  鑑念不宣
존자특사  감념불선
○年  ○月  ○日
○년  ○월  ○일
○○后人  ○○○再拜
○○후인  ○○○재배
```

엎드려 다시 아뢰나이다. 선생님께서 사랑을 베푸시어 저희의 누추함을 버리지 않으시고 ○○군의 배필로 저 ○○의 딸 ○○을 가려 짝을 지으시니 용렬한 터에 또한 가르치지 못하였으나 이미 채택하심을 입었으니 감히 따르지 않을 수 없습니다. 거듭 혼인 날짜를 청하시니 따로 적어 올리나이다. 엎드려 선생님께서 어여삐 여기사 특별히 살피시길 바라오며 다 펴지 못하나이다.
　○○년 ○월 ○일
　　○○후인 ○○○재배

4. 납폐(納幣)

납기(納期)로써 혼인(婚姻) 날짜가 확정되면 남자 집에서는 여자에게

---

[97] 성균관(成均館, 1993), 유림교양전서(儒林敎養全書), p. 149.

예물(禮物)을 보내는데, 이를 납폐(納幣)라 한다. 예서(禮書)에 '선비는 예(禮)가 아니면 움직이지 않는다. 여자 선비인 규수를 움직이게 하려면 예물(禮物)을 올려야 한다.'[98]라고 하여 혼인(婚姻) 3일 이전에[99] 신랑 측에서 신부 측에 신부용 의류[혼수(婚需)]와 패물과 예장(禮狀; 이를 혼서지(婚書紙)라고도 한다.) 및 물목(物目)을 넣은 혼수함(婚需函)을 보낸다.

납폐 그릇인 '함(函)'에 넣는 예물은 신부의 옷감으로 하는데, 이를 채단(綵緞)이라고도 하며 채단(綵緞)은 청단(靑緞)과 홍단(紅緞)으로 한다. 채단(綵緞)은 그 양이 적어도 예(禮)가 아니지만, 또한 많아도 예(禮)가 아니다.[100] 비단을 예물로 썼기 때문에 채단(綵緞)이라 하는데 색깔은 주자가례(朱子家禮)에는 검은색[현(玄)]과 붉은색[훈(纁)]으로 하였으나, 우리나라에서는 검은색 대신에 파란색을 썼다. 붉은색은 양(陽)을 상징하고 파란색은 음(陰)을 상징하며, 한 필을 넣었다.

납폐(納幣)는 근친(近親)한 사람이 집사(執事)가 되어 혼서(婚書)를 받들고 다른 사람이 함부(函夫; 함진아비)가 되어 함(函)을 진다. 이들은 모두 성장(盛裝)한다. 함진아비는 아들딸을 많이 낳고 내외간의 금슬이 좋으며 예의 바른 사람으로 선정한다.

납폐(納幣)는 신중하고 경건하게 해야 한다. 전에는 신랑이나 자제가 가지고 가서 정중하게 드리면 주인(主人)은 예(禮)로써 받고 이들을 대접하였는데, 요즈음에는 신랑의 동료가 함진아비가 되어 신부 댁에 가서 밤이 깊도록 온 동네를 시끄럽게 하며 심지어 금품을 요구하는 경우도 있는데, 이는 큰 잘못이다.

---

98 성균관(成均館, 1993), 유림교양전서(儒林教養全書), pp. 149~150에서 재인용.

99 성균관(成均館, 1985), 유림편람(儒林便覽), 유도회총본부(儒道會總本部), p. 98.

100 성균관(成均館, 1993), 유림교양전서(儒林教養全書), p. 150.

가. 함(函)의 준비

함(函)을 준비하는 방법은 먼저 함(函)의 안쪽 아래와 벽면을 백색 한지를 깔아놓는다. 그리고 혼수(婚需)를 봉(封)하는데, 이는 지역이나 가문에 따라 다르다. 즉 혼수(婚需)를 봉(封)할 때는 함(函)에 백지를 깔고 백지를 7센티미터 정도의 폭으로 끊어 의류마다 중간을 봉(封)하고 그 위에 품명을 쓰는 경우와[101] 청단(靑緞)이면 홍색 종이로 싸고, 홍단(紅緞)이면 청색 종이로 싸서 각각 중간을 청홍색 실로 나비매듭 하는 경우[102]가 있다. 이렇게 하는 것은 음양(陰陽) 화합이 잘 이루어지리라는 생각에서 비롯된 것이다.[103]

홍색 옷감을 먼저 담고 청색 옷감을 그 위에 넣어 백지로 덮고 안에 담긴 옷감이 움직이지 않도록 하며,[104] 그 위에 물목기(物目記)를 놓고 함(函)을 청홍 겹보로 포장한다. 이때 겹보의 홍색이 밖으로 나오게 하고 매듭에는 '근봉(謹封)'이라 쓴 봉함지(封函紙)를 끼운다. 무명 한 필로 함(函)을 멜 끈을 만들어 묶는다.

나. 납폐서(納幣書)

납폐(納幣), 즉 함(函)을 보낼 때는 신랑 측 어른이 신부 측 어른에게 예물을 보낸다는 취지에서 서장(書狀)을 쓰는데, 이를 납폐서(納幣書), 또는 혼서(婚書), 혼서지(婚書紙)라 한다.[105]

혼서(婚書)는 신부에게는 무척 소중한 것으로서 일부종사(一夫從事)의 의미로 평생 간직하였다가 죽을 때 관(棺) 속에 넣어 가지고 갔다.[106]

---

101 성균관(成均館, 1993), 유림편람(儒林便覽), 유도회총본부(儒道會總本部), p. 98.

102 성균관(成均館, 1993), 유림교양전서(儒林教養全書), p. 150.

103 권영한(1998), 사진으로 배우는 관혼상제(冠婚喪祭), 전원문화사, p. 77.

104 성균관(成均館, 1993), 유림편람(儒林便覽), 유도회총본부(儒道會總本部), p. 98.

105 성균관(成均館, 1993), 유림교양전서(儒林教養全書), p. 151.

106 조선일보사(1994), 사진과 그림으로 보는 가정의례, p. 30.

납폐서(納幣書)를 쓰는 방법은 다음과 같다.

O 예장(禮狀)을 쓰는 종이는 한지를 길이 36센티미터, 폭 60센티미터 정도로 하여 아홉 칸으로 접어 양쪽 한 칸씩을 비우고 일곱 칸에 쓴다. 그러나 날짜와 보내는 사람의 이름을 쓰면 아홉 칸을 모두 차지하는 때도 있다.

O 납폐서(納幣書)의 봉투는 아래와 위를 틔우고 상, 중, 하 세 곳에 '근봉(謹封)'이라 쓴 봉함지를 끼운다.

O 납폐서(納幣書)는 청홍색의 겹보로 싸되 홍색이 밖으로 나오도록 하여 싸며, 때로는 상자에 넣고 겹보로 싸기도 한다.

[서식 3-15]와 [서식 3-16]은 납폐서(納幣書)의 서식이다.

[서식 3-15] 납폐서(納幣書) ①

```
某貫某姓名        尊座下
○○○○○

時維孟春
시유맹춘        존좌하

尊體百福        年既成長
존체백복        伏之第子
                ○○
                ○○

未有伉儷        復蒙
미유항려        복몽

尊慈許以        令愛晛室
존자허이        玆有 先人之禮
영애황실 자유    선인지례

謹行納幣之儀    不備 伏惟
근행납폐지의     불비 복유

尊照 謹拜上狀
존조 근배상장

年 月 日
년 월 일

○○ ○○ 后人  再拜
○○ ○○ 後人  再拜
○○ ○○ 후인  재배
```

○○(본관) ○○○(신부측 어른 이름) 존좌하

때는 맹춘이온데 존체 백복하십니까. 저의 ○째 아들 ○○은 이미 성장하였으나 배필이 없었는데 존자(尊慈)께서 영애로써 실인(室人)으로 주실 것을 허락해 주시오니 이에 선인(先人)의 예(禮)가 있기에 삼가 납폐(納幣)의 의식을 행하오매 다 갖추지 못하옵니다. 생각하옵건대 높이 살피소서. 삼가 절하면서 글월을 올리나이다.

  ○○년 ○월 ○일

    ○○후인 ○○○재배

다음 [서식 3-16]은 실명을 드러낸 납폐서(納幣書)의 예이다. 신부측 어른인 김경배(金慶培)에게 신랑측 어른인 이길순(李吉純)이 보내는 납폐서(納幣書)이다. 신랑은 이용구(李容九)이며 신부는 김옥순(金玉順)이다.

[서식 3-16] 납폐서(納幣書) ②

단기사삼이오년 사월 십오일
檀紀四三二五年 四月 十五日
尊照謹拜上狀
존조근배상장
先人之禮 行納幣之儀 불비 복유
선인지례 행납폐지의 불비 복유
尊慈許以 令愛序次玉順孃黅室 자유
존자허이 영애서차옥순양황실 자유
未有伉儷 復蒙
미유항려 복몽
尊體百福 伏之長子容九 年旣成長
존체백복 복지장자용구 연기성장
時維孟夏
시유맹하
金海金慶培 尊座下
김해김경배 존좌하
全州李吉純 再拜
전주이길순 재배

김해 김경배 존좌하

　전주 이길순 배상

때는 초여름이온데 선생님께서도 안녕하신지요? 저의 큰아들 용구는 나이가 들었으나 아직 배필이 없더니 둘째 따님 옥순양을 아내로 허락하심을 받자왔습니다. 이에 옛 예절에 따라 삼가 납폐의 의식을 행하옵니다. 다 갖추지 못하옵고 엎드려 선생님께서 굽어살피시기를 바라오며 삼가 절하면서 글월을 올리나이다.

단기 4325년 4월 15일

다음 [그림 3-17]은 납폐서(納幣書)의 피봉 서식이다. 봉투 앞면에는 받는 사람(신부측 어른)을, 뒷면에는 보내는 사람(신랑측 어른)을 쓴다. 아래의 예에서는 신랑측 어른인 전주이씨(全州李氏) 이길순(李吉純)이 신부측 어른인 김해김씨(金海金氏) 김경배(金慶培)에게 보내는 납폐서(納幣書)임을 알 수 있다. 그리고 납폐서(納幣書) 봉투의 상, 중, 하 세 곳에 근봉(謹封)이라 쓴 봉함지(封函紙)를 끼운다.

[서식 3-17] 납폐서(納幣書) 피봉 서식

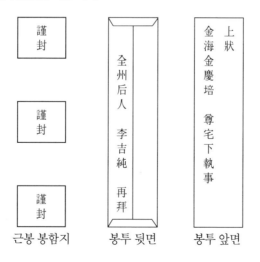

근봉 봉함지　　봉투 뒷면　　봉투 앞면

다. 물목기(物目記)

물목기(物目記)는 채단(綵緞)의 종류와 수량을 기록한 것으로 함(函)의 안에 들어간다. 즉 채단(綵緞)을 먼저 넣고 그 위에 물목기(物目記)를 올려놓은 뒤 함(函)을 봉한다. [서식 3-18]은 물목기(物目記)[107]의 서식이다.

[서식 3-18] 납폐(納幣) 물목(物目) 서식

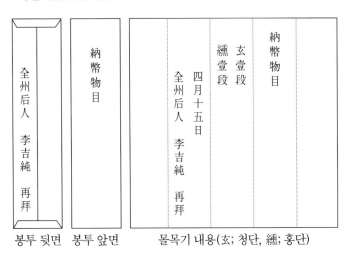

봉투 뒷면　봉투 앞면　　　몰목기 내용(玄; 청단, 纁; 홍단)

라. 납폐(納幣)의 의식(儀式)

납폐(納幣)를 할 때 함진아비 앞에 몇 사람이 횃불을 밝혀 드는 때도 있는데, 옛날에는 혼례(婚禮)를 해가 진 뒤에 치르던 데에서 비롯[108]되었다. 납폐(納幣)의 절차[109]는 다음과 같다.

　○신랑 측에서 예절을 아는 친척 중에서 집사(執事)가 되어 납폐서(納
　　幣書)를 받들고, 다른 한 사람이 함부(函夫; 함진아비)가 되어 함(函)
　　을 진다.

---

107 성균관(成均館, 1993), 유림교양전서(儒林敎養全書), p. 151.

108 청양문화원(1998), 전통혼례, p. 59.

109 성균관(成均館, 1993), 유림교양전서(儒林敎養全書), pp. 153~154.

○ 신랑 측의 어른에게서 납폐(納幣) 의식(儀式)에 대한 교훈을 받고, 절한 뒤 집을 나간다.

○ 신부 측에서는 [그림 3-3]과 같이 납폐(納幣) 받을 장소를 꾸미고 기다린다.

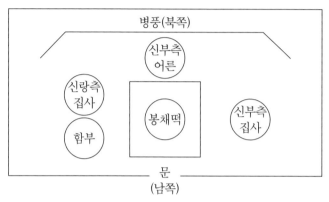

[그림 3-3] 납폐(納幣) 식장의 배치

○ 신부 측에서는 대문을 열어놓고 문의 동쪽에서 기다리다가 신랑 측에서 도착하면 안으로 인도해 정한 자리에 선다.

○ 신랑 측 집사(執事)가 보자기에 싼 납폐서(納幣書)를 신부 측 집사(執事)에게 두 손으로 건네면 신부 측 집사(執事)는 이를 받아 보자기를 푼 뒤 신부 측 어른에게 올린다.

○ 신부 측 어른이 납폐서(納幣書)를 읽은 뒤 신부 측 집사(執事)에게 주어 원래와 같이 싼다.

○ 신부 측 어른이 말한다. "오시느라 수고하셨습니다. 이제 납폐(納幣)를 받겠습니다."

○ 신부 측 집사(執事)가 서쪽으로 옮겨 함부(函夫)의 남쪽에 서고, 함부(函夫)는 돌아선다.

ㅇ양측 집사(執事)와 함부(函夫)는 상의 남쪽으로 옮겨 선다.

ㅇ신부 측 어른이 동쪽의 자리로 옮겨 서쪽을 향해 두 번 절한다.

ㅇ신부 측 집사(執事)는 신랑 측 집사(執事)와 함부(函夫)를 다른 방으
로 인도해 대접한다.

ㅇ신부 측 어른은 함(函)을 사당(祠堂)으로 옮겨 조상에게 아뢴다.

ㅇ신랑 측 집사(執事)와 함부(函夫)는 인사를 마치고 돌아간다.

5. 대례(大禮)

전통혼례(傳統婚禮)는 신랑이 집을 떠나기 전에 조상과 부모님께 맹세
하는 초자례(醮子禮)를 제외하고는 여자의 집에서 거행하였다.

혼인(婚姻)은 인륜지대사(人倫之大事)라 하여 사람에게 있어 가장 중
요하고 큰 의례(儀禮)란 뜻에서 혼인(婚姻)을 통틀어 대례(大禮)라고도
한다. 그러나 여기에서는 서부모례(誓父母禮), 전안례(奠雁禮), 교배례
(交拜禮), 서천지례(誓天地禮), 서배우례(誓配偶禮), 근배례(졸杯禮)를 합
하여 대례(大禮)라고 하였다.

대례(大禮) 중에서도 교배례(交拜禮)부터 합근례(合졸禮)까지는 혼례
(婚禮)의 핵심이므로, 이를 따로 초례(醮禮)라 일컬으며 혼례(婚禮) 치르
는 것을 '초례(醮禮) 치른다.'라고 하고, 혼례(婚禮) 치르는 곳을 '초례청
(醮禮廳)'이라 하는 이유가 여기에 있다.

초례상(醮禮床)의 청색은 신부 쪽, 홍색은 신랑 쪽이다. 소나무와 대
나무는 송죽(松竹) 같은 곧은 절개를 지킨다는 뜻이고, 밤과 대추는 장수
(長壽)와 다남(多男)을 의미[110]한다.

---

110 조선일보사(1994), 사진과 그림으로 보는 가정의례, p. 18.

가. 서부모례(誓父母禮)와 초자례(醮子禮)

서부모례(誓父母禮)는 혼인(婚姻) 당일 아침에 조상과 부모의 은덕을 기리며 부부로서 도리를 다할 것을 부모님께 서약하는 의식(儀式)[111]이다. 신랑의 경우는 이를 초자례(醮子禮)라 하고, 신부의 경우에는 초녀례(醮女禮)라 한다.

이때 신랑의 성장(盛裝)은 사모관대(紗帽冠帶) 관복묵화(官服墨靴)[112]를 착용하는데, 이는 원래 직품(職品)을 가진 자가 착용했던 것이지만, 직품(職品)을 갖지 않았다 하더라도 일생에 한번인 혼례(婚禮)이기 때문에 이것을 이용하는 것이 허용[113]되었다. [그림 3-4]는 초자례(醮子禮) 식장의 배치[114]이다.

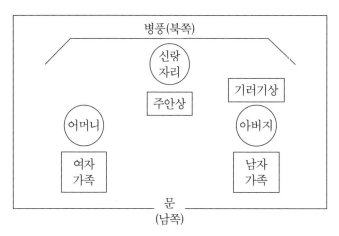

[그림 3-4] 초자례(醮子禮) 식장의 배치

---

111 김득중(金得中), 예절강좌, 유교신문(儒敎新聞), 1990년 3월 1일자.

112 묵화(墨靴)는 관리가 신던 신발.

113 조선일보사(1994), 사진과 그림으로 보는 가정의례, p. 68.

114 성균관(成均館, 1993), 유림교양전서(儒林敎養全書), p. 155.

다음은 초자례(醮子禮)의 절차[115]이다.

○신랑은 혼례복(婚禮服), 즉 사모관대(紗帽冠帶)에 묵화(墨靴)를 신고 문 앞에서 북쪽을 향해 선다.

○아버지와 어머니가 정한 자리에 앉은 뒤 다른 가족도 뒤이어 정한 자리에 앉는다.

○아들이 어머니의 뒤쪽으로 돌아 정한 자리의 서쪽 아래에서 남쪽을 향해 선다.

○집사(執事)가 잔에 술을 부어 잔반(盞盤)을 아들에게 준다.

○아들이 남쪽을 향해 두 번 절하고 자리 위로 올라가서 술잔을 받고 꿇어앉아 모사기(茅沙器)에 좨주(祭酒)한 뒤 서향하여 앉아 남은 술을 마시고 일어나 잔을 집사(執事)에게 준다.

○집사(執事)는 잔을 받아 원래의 자리에 놓고 물러난다.

○아들이 남쪽을 향해 두 번 절하고 남쪽을 향해 꿇어앉는다.

○아버지가 교훈을 내린다.

> 네가 너의 짝을 맞으러 감이 우리 가통을 잇기 위함이다. 아내를 공경을 다하여 부지런히 거느리라. 그러면 모든 일이 뜻한 바와 같으리라.

○아들이 엎드려 대답한다.

> 알겠나이다. 오직 감당하지 못할까 두렵습니다만 감히 명하심을 잊지 않겠나이다.

---

115 성균관(成均館, 1993), 유림교양전서(儒林教養全書), pp. 155~156.

O 어머니가 교훈을 내린다.

> 신중하고 사랑해서 밤낮으로 장부의 도리를 어기지 말라.

O 아들이 엎드려 대답한다.

> 알겠나이다. 어머니의 가르침을 두렵게 여겨 밤낮으로 부지런히 하겠나이다.

O 아버지가 기러기상 위의 기러기를 기럭아범에게 주고, 기럭아범은 기러기 머리가 왼쪽으로 향하도록 받든다.

O 청사초롱 두 개가 앞서고 좌우 집사(執事)의 인도를 받아 혼례(婚禮) 장소인 신부의 집을 향해 떠난다. 이때 기럭아범도 뒤따른다.

O 아버지가 일어나고, 어머니도 일어나서 신랑의 옷매무새를 어루만져 고쳐준다.

신랑이 신부의 집에 갈 때는 신랑의 할아버지나 백부가 신랑과 동행하는 때도 있는데, 이를 상객(上客)이라 하며 이 밖에 후행(後行) 몇 명을 데리고 가는 경우[116]도 있다.

나. 초녀례(醮女禮)

초녀례(醮女禮)의 식장 배치와 절차는 초자례(醮子禮)와 같으나 여자는 네 번씩 절한다. 그리고 신부의 복장은 혼례복(婚禮服)으로써 머리에 족두리(族頭里)를 쓰고 연지를 찍고 사포(紗布)로 앞을 가리고 저고리는 녹색 비단, 치마는 홍색 비단으로 만든 것을 입으며 그 위에 원삼(圓衫)을 입는다.

---

116 청양문화원(1998), 전통혼례, pp. 61~62.

혼인(婚姻)할 딸에게 아버지는 명하기를 '공경하고 경계하여 숙야(夙夜; 새벽에서 밤중까지, 즉 하루종일)로 시부모의 명을 어기지 말라.'고 이르며, 어머니는 '힘쓰고 공경하여 숙야(夙夜)로 너의 규문(閨門)의 예를 어기지 말라.'라고 이른다.[117] 이때 신부는 아버지와 어머니의 명에 수줍어하며 대답하지 않는다.

다. 전안례(奠雁禮)

전안례(奠鴈禮)는 신랑이 신부의 어머니에게 기러기를 드리는 의식(儀式)이다. 고례(古禮)에는 산 기러기를 드렸는데, 지금은 나무 기러기[목안(木雁)]를 드린다.[118] 신부의 집에서는 신랑이 드리는 수컷만으로는 짝이 맞지 않으므로 반드시 신부 측에서 암컷을 마저 준비하였다가 그 옆에 신랑이 가지고 온 수컷 옆에 놓도록 한다.

전안례(奠鴈禮)에서 기러기를 드리는 이유는 다산(多産)과 사랑, 그리고 정절(貞節), 순응(順應), 해로(偕老)의 의미이다. 즉 신랑은 신부의 어머니에게 기러기처럼 건전한 부부로 살겠다는 다짐으로 볼 수 있다.

또한 김득중은 전안례(奠鴈禮)에 대하여 기러기는 '새끼를 많이 치고[섭성지의(攝盛之意)] 한번 짝을 맺으면 평생 동안 다른 짝을 다시 찾지 않으며[부재우지의(不再偶之意)]'[119] 하늘 높이 날며 부창부수(夫唱婦隨)하기 때문에 신랑이 신부 측에 기러기를 드리는 것이라고 하였다.

기러기는 계절에 순응하여 따뜻한 바람을 쫓아 무리 지어 다니되 차례를 흩트리지 않고 잘 지키므로 우애와 질서의 상징이기도 하다. 그리고 기러기가 해로(偕老)하는 등 길조(吉鳥)로 여긴 데서 혼례(婚禮)에 기러기가 사용된 것이다.

---

117 신희철(申羲澈) 編著(1990), 상례요람(常禮要覽), 보경문화사, p. 19.

118 조선일보사(1994), 사진과 그림으로 보는 가정의례, p. 16.

119 김득중(金得中), 예절강좌, 유교신문(儒敎新聞), 1990년 4월 1일자.

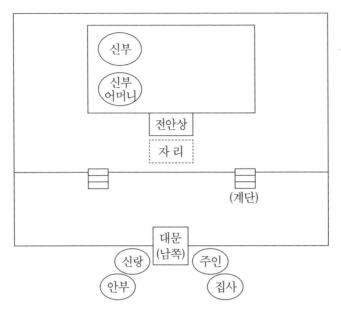

[그림 3-5] 전안례(奠雁禮) 식장의 배치

[그림 3-5]는 전안례(奠鴈禮) 식장의 배치[120]이다. 신부 측에서는 미리 전안상을 준비하여야 하며, 주인은 신랑을 맞이할 준비를 한다. 이는 다음에 나타낸 전안례(奠鴈禮) 홀기(笏記)와도 관련된다. 주인(主人)은 대문의 동쪽에 자리한다. 이는 전안상의 위치를 북쪽으로 보았기 때문이며, 대문의 오른쪽에 해당한다. 그리고 서쪽(왼쪽)에 있는 신랑을 맞이한다. 기럭아범은 신랑의 뒤에 자리한다.

다음은 전안례(奠雁禮) 홀기(笏記)[121]이다. 홀기(笏記)란 의례(儀禮)의 진행 순서에 따라 내용을 글로 적은 것인데, 집사(執事)가 이를 크게 읽고 참례자(參禮者)가 이를 따르도록 한다.

120 성균관(成均館, 1993), 유림교양전서(儒林敎養全書), p. 157.
121 김득중(金得中), 예절강좌, 유교신문(儒敎新聞), 1990년 4월 1일자.

○서출차(壻出次) 지문외(至門外) 동면립(東面立); 신랑은 대문 앞에 와서 동쪽을 향해 서시요.

○집안자(執雁者) 입기우소퇴(立其右少退); 기럭아범은 신랑의 오른쪽 뒤에서 서시요.

○주인출문(主人出門) 서향립(西向立); 주인(主人)은 대문 밖으로 나와 서쪽을 향해 서시요.

○주인읍(主人揖) 서답읍(壻答揖); 주인(主人)은 읍(揖)을 하고 신랑도 답읍(答揖)하시오.

○집안자(執雁者) 진수(進授); 기럭아범은 신랑에게 기러기를 주시오. (기러기의 머리가 신랑의 왼쪽으로 가게 준다.)

○서수안(壻受雁) 봉지좌수(奉之左首); 신랑은 기러기의 머리가 왼쪽을 향하게 받으시오.

○주인지선청사동계하(主人之先廳舍東階下) 서향립(西向立); 주인(主人)은 먼저 들어와 동쪽 계단 아래에 이르러 서향해 서시요

○서종지지청사서계하(壻從之至廳舍西階下) 동향립(東向立); 신랑은 따라 들어와 서쪽 계단 아래에 이르러 동향해 서시요.

○주인읍(主人揖) 서답읍(壻答揖); 주인(主人)은 읍(揖)하고 신랑은 답읍(答揖)하시오. (대문에서 계단에 이를 때마다, 또는 방향을 바꿀 때마다 마주 서서 서로 읍(揖)한다.)

○주인승자강계(主人昇自降階) 지전안상지동(至奠雁床之東) 서향립(西向立); 주인(主人)은 동쪽 계단으로 올라와서 전안상(奠雁床)의 동쪽에 이르러 서향해 서시요.

○서승자서계(壻昇自西階) 지전안석(至奠雁席) 북향립(北向立); 서쪽 계단으로 올라와서 전안상(奠雁床)의 남쪽 자리에 이르러 북쪽을 향해서 서시요.

○ 서궤(壻跪) 치안우상(置雁于床) 서수(西首); 신랑은 꿇어앉아 전안상(奠雁床) 위에 기러기의 머리가 서쪽을 향하게 하여 올려놓으시오.

○ 서면복흥재배(壻俛伏興再拜); 신랑은 일어나 두 번 절하시오.

○ 주인부답배(主人不答拜) 지부략전안반입(至婦掠奠雁搬入); 주인(主人)은 답배(答拜)하지 말고, 신부의 어머니는 전안상(奠雁床)을 들고 방으로 들어가세요. (신랑의 절은 전안(奠雁)의 예(禮)이므로 주인(主人)은 답배(答拜)하지 않으며, 주부(主婦)가 신랑의 절이 끝나기 전에 빼앗듯 들여가는 것은 신랑의 맹세를 받아들이는 상징적 행위이다.)

○ 부종자(婦從者) 봉여출(奉女出) 남향립(南向立); 여집사는 신부를 부축해 방에서 나와 남쪽을 향해 서세요.

○ 서읍(壻揖) 강자서계(降自西階); 신랑은 읍(揖)하고 서쪽 계단으로 내려가세요.

○ 부(婦) 굴신답읍(窟身答揖) 종지(從之); 신부는 허리를 굽혀 답읍(答揖)하고 뒤따르세요.

이렇게 하고 초례청(醮禮廳)으로 들어간다. 이때 신부는 연지곤지를 찍고 두 손을 공수(拱手)해 어깨높이로 올린 상태이다. 연지와 곤지는 붉은 고추를 둥글게 오려 붙여 혈색을 좋게 하였으며 눈은 밀로 붙여 뜨지 못하게 하였다.

라. 교배례(交拜禮)

교배례(交拜禮)는 전안례(奠鴈禮)를 끝낸 신랑과 신부가 처음으로 만나서 서로 맞절을 하는 절차이다.

교배례(交拜禮) 장소의 배설 및 상차림은 지역이나 가문에 따라 다르지만, 일반적으로 소나무 가지에는 홍실을 걸치고 대나무 가지에는 청실을 걸친다. 그리고 표주박 잔 두 개를 맞붙여 놓는다.

[그림 3-6]은 교배례(交拜禮) 식장의 배치[122]이다.

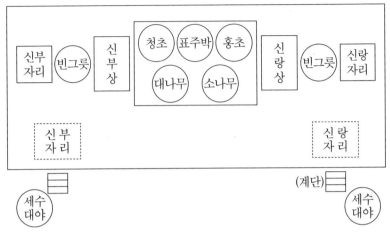

[그림 3-6] 교배례(交拜禮) 식장의 배치

김득중[123]은 교배례(交拜禮)에서 신랑 신부가 남쪽으로 자리를 바꾸어 절하는 것은, 제례(祭禮)가 아니고 신랑 신부가 처음 만나 인사드리는 것이므로 신랑 신부를 가로막는 것이 있어서는 안 되기 때문이라 하였고, 신랑이 한 번 절하고 신부는 두 번 절하는 것은 신부는 음(陰)이기 때문에 최소 음수(陰數)인 2회를 하며, 신랑은 최소 양수(陽數)인 1회를 하기 때문이라 하였다.

또한 교배례(交拜禮)를 하는 초례상(醮禮床)을 동로상(同牢床)이라고도 하며, 예서(禮書)에서는 의자와 탁자를 두 벌씩 준비하여 신랑은 동쪽, 신부는 서쪽에 자리하도록 한 이유는 동로상(同牢床)은 신랑과 신부가 먹는 상으로서 남녀는 내외(內外)하기 때문에 겸상을 하지 않는 것이

---

122 성균관(成均館, 1993), 유림교양전서(儒林敎養全書), p. 159.

123 김득중(金得中), 예절강좌, 유교신문(儒敎新聞), 1990년 5월 1일자.

원칙이라 하였다. 그러나 일반 서민층은 살림이 어려워 한 개의 상에 두 사람의 것을 함께 차리는 편법을 썼는데, 이는 잘못[124]된 것이다.

그리고 위의 신랑 상과 신부 상은 지방이나 가문에 따라 약간씩 차이가 있으나 성균관(成均館)에서 제시한 상차림은 [그림 3-7]과 같다.

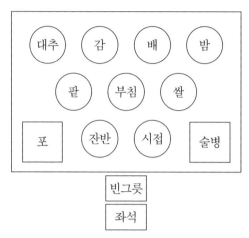

[그림 3-7] 교배례상(交拜禮床)의 차림

다음은 성균관(成均館)의 교배례(交拜禮) 절차[125]이다.

ㅇ신랑은 동쪽 계단 아래에 북쪽을 향해 서고, 신부는 서쪽 계단 아래에 북쪽을 향해 서세요.

ㅇ각 좌우 집사(執事)는 신랑과 신부의 좌우에 각각 서세요.

ㅇ신부의 우집사(右執事)는 청초[靑燭]에 불을 켜고 동쪽에 신랑의 자리를 편 다음 좌우에 서고, 신랑의 우집사(右執事)는 홍초[紅燭]에 불을 켜고 좌집사(左執事)는 서쪽에 신부의 자리를 편 다음 신부의 좌우에 서세요.

---

124 김득중(金得中), 예절강좌, 유교신문(儒敎新聞), 1989년 7월 1일자.

125 성균관(成均館, 1993), 유림교양전서(儒林敎養全書), p. 160.

○ 신랑은 동남쪽 세숫대야에 신부 측 집사(執事)의 도움을 받아 손을 씻고, 신부는 서남쪽 세숫대야에 신랑 측 집사(執事)의 도움을 받아 손을 씻으세요.

○ 신랑은 서쪽을 향해 신부에게 읍(揖)하고, 신부는 동쪽을 향해 답례(答禮)하세요.

○ 신랑은 동쪽 자리로 올라가고, 신부는 서쪽 자리로 올라가서 서로 마주 보고 서세요.

○ 신랑 신부의 집사(執事)는 각기 원래의 자리로 돌아가세요.

○ 신부는 먼저 두 번 절하고, 신랑은 한 번 절하세요.

○ 신부는 다시 두 번 절하고, 신랑은 다시 한 번 절하세요.

다음은 신희철(申義澈)의 초례(醮禮) 홀기(笏記)[126]이다. 신희철(申義澈)은 교배례(交拜禮)와 합근례(合巹禮)를 합쳐 초례(醮禮)라 하였는데, 여기에는 서천지례(誓天地禮)와 서배우례(誓配偶禮)가 빠져있다.

○ 신랑(新郎) 취초례청(就醮禮廳) 동향립(東向立); 신랑은 초례청(醮禮廳)에 나아가 동쪽을 바라보고 서세요.

○ 신부출(新婦出) 신랑정향(新郎正向); 신부는 나오세요. 신랑은 바로 보세요.

○ 신랑신부궤(新郎新婦跪) 염수세건(鹽水帨巾); 신랑과 신부는 꿇어 앉아 염수(鹽水)에 손을 씻고 닦으세요.

○ 신랑신부흥(新郎新婦興); 신랑 신부는 일어서세요.

○ 신랑읍(新郎揖) 신부취석(新婦就席); 신랑은 읍(揖)을 하고, 신부는 자리에 나아가세요.

○ 신부(新婦) 재배궤(再拜跪); 신부는 재배(再拜)하고 꿇어앉으세요.

---

126 신희철(申義澈) 編著(1990), 상례요람(常禮要覽), 보경문화사, pp. 45~46.

○신랑(新郎) 답일배(答一拜); 신랑은 답으로 일배(一拜) 하세요.

○신부흥(新婦興) 우재배궤(又再拜跪); 신부는 일어나 다시 재배(再拜)하고 꿇어앉으세요.

○신랑(新郎) 답일배(答一拜); 신랑은 답으로 일배(一拜) 하세요.

○신랑신부궤(新郎新婦跪); 신랑 신부는 꿇어앉으세요.

○시자(侍子) 진염세(進鹽洗); 시자(侍子)는 나아가 손을 씻으세요.

○시자(侍子) 합근분치서부지전(合졸分置婿婦之前); 시자(侍子)는 술잔을 나누어 신랑 신부 앞에 놓으세요.

○시자(侍子) 짐주(斟酒); 시자(侍子)는 술을 따르세요.

○행사배례(行砂盃禮); 술잔을 신랑에게 주면 신랑은 조금 마신 뒤 내주세요. 시자(侍子)는 이를 받아 신부 측에 놓으세요. 신부 측의 시자(侍子)는 술잔을 받아 신부에게 드리세요. 신부는 다시 술을 부어 반대로 신랑에게 주고, 신랑은 약간 마시고 신부에게 드리세요.

○행표배례(行瓢盃禮); (표주박으로 술을 권하는 것으로) 행사배례(行砂盃禮)처럼 한다.

○예필(禮畢) 철찬(撤饌); 예(禮)를 마쳤으니 상을 치우세요.

○신랑신부(新郎新婦) 각귀처소(各歸處所); 신랑과 신부는 각각의 처소로 돌아가세요.

마. 서천지례(誓天地禮)

서천지례(誓天地禮)는 양(陽)을 상징하는 하늘(天)과 음(陰)을 상징하는 땅(地)에 행복한 부부가 될 것을 서약하는 것으로 성균관(成均館)의 절차[127]는 아래와 같다.

---

[127] 성균관(成均館, 1993), 유림교양전서(儒林敎養全書), p. 161.

○신랑은 신부에게 읍(揖)하고 동쪽 자리에서 서쪽을 향해 앉고, 신부는 신랑에게 몸을 굽혀 답례(答禮)하고 서쪽 자리에서 동쪽을 향해 앉으세요.

○각 좌집사(左執事)는 잔반(盞盤)을 들어 신랑 신부에게 주고, 각 우집사(右執事)는 잔에 술을 따르세요.

○신랑과 신부는 잔을 눈높이로 받들어 올려 하늘에 서약하고, 잔을 내려 좨주(祭酒)하여 땅에 서약하세요.

○각 좌집사(左執事)는 잔반(盞盤)을 받아 원래의 자리에 놓고, 신랑과 신부는 안주를 집어 빈 접시에 담으세요.

바. 서배우례(誓配偶禮)

서배우례(誓配偶禮)는 각각의 배우자에게 훌륭한 남편과 아내가 될 것을 각기 서약하는 절차이다. 성균관(成均館)의 서배우례(誓配偶禮) 절차[128]는 다음과 같다.

○신랑의 우집사(右執事)는 근배상(졸杯床)의 소나무 가지의 홍실을 왼쪽 손목에 걸치고, 신부의 우집사(右執事)는 대나무 가지의 청실을 오른쪽 손목에 걸치세요.

○각 좌집사(左執事)는 잔반(盞盤)을 들어 신랑 신부에게 주고, 각 우집사(右執事)는 술을 따르세요.

○신랑과 신부는 잔반(盞盤)을 가슴 높이까지 받들어 배우자에게 서약하고, 술을 반쯤 마신 다음 각 우집사(右執事)에게 잔반(盞盤)을 주세요.

○신랑 신부는 잔반(盞盤)을 받아 가슴 높이로 받들어 배우자의 서약을 받아들이고, 남은 술을 마신 다음 잔반(盞盤)을 좌집사(左執事)에

---

128 성균관(成均館, 1993), 유림교양전서(儒林教養全書), p. 161.

게 주세요.

O 각 좌집사(左執事)는 잔반(盞盤)을 받아 상대편의 우집사(右執事)에게 주고, 각 우집사(右執事)는 원래의 자리로 돌아가 잔반(盞盤)을 원래의 자리에 놓으세요.

사. 근배례(巹杯禮)

근배(巹杯)란 표주박으로 만든 잔이란 뜻이다. 표주박으로 만든 잔은 한 통의 박이 나누어져 두 개가 된 것인데, 근배례(巹杯禮)는 다시 그것을 합하여서 하나가 된다는 의미를 지니는 의식(儀式)이다. 즉 남자와 여자가 따로 태어났다가 이제 다시 합하여 부부가 되었음을 알리는 선언적인 절차[129]로써 표주박으로 마시는 술은 부부의 화합을 의미한다. 반으로 쪼개진 표주박은 그 짝이 이 세상에 하나밖에 없으며 둘이 합쳐짐으로써 온전하게 하나를 이룬다는 데에서 유래[130]하였다.

성균관(成均館)의 근배례(巹杯禮) 절차[131]는 다음과 같다.

O 각 좌집사(左執事)는 잔대 위에서 잔을 내리고, 각 우집사(右執事)는 근배상(巹杯床) 위의 표주박 잔을 나누어 가져다가 잔대 위에 올려 놓으세요.

O 각 좌집사(左執事)는 잔반(盞盤)을 들어 신랑 신부에게 주고, 각 우집사(右執事)는 술을 따르세요.

O 신랑 신부는 표주박 잔을 들어 술을 마시고 잔반(盞盤)을 원래의 자리에 놓으세요.

O 각 우집사(右執事)는 표주박 잔을 가져다 근배상(巹杯床) 위에 합해

---

129 성균관(成均館, 1993), 유림교양전서(儒林敎養全書), p. 162.
130 조선일보사(1994), 사진과 그림으로 보는 가정의례, p. 44.
131 성균관(成均館, 1993), 유림교양전서(儒林敎養全書), p. 162.

놓고, 각각 청실과 홍실을 원래의 자리에 걸쳐 놓으세요.

○신랑과 신부는 일어나 신랑은 신부에게 읍(揖)하고, 신부는 허리를 굽혀 답례(答禮)하세요.

○신랑과 신부는 각자 다른 방으로 들어가세요.

다음에 소개하는 것은 충남 청양 지방의 근배례(졸杯禮) 홀기(笏記)[132]이다.

○시자진찬(侍者進饌) 행사배례(行砂杯禮); 신부 쪽에서 사발 잔에 술을 부어 신랑에게 보내면 신랑은 땅에 조금 부어 좨주(祭酒)한 다음 조금 마신다. 그리고 신랑 앞의 사발 잔을 들어 집사(執事)가 술을 따라 신부 쪽에 보내면 불좨(不祭)라 하여 땅에 붓지 않고 그냥 조금 마신다.

○행근배례(行졸杯禮) 시자각짐주(侍者各斟酒); 신랑 쪽에서 먼저 표주박 잔에 술을 부어 신부 쪽에 보내고 다음 신부 쪽에서 표주박에 술을 부어 신랑 쪽에 보내어 조금 마신다.

○거배상호(擧杯相互) 부상부하(夫上婦下); 신랑의 표주박 술은 높이 들어 초례상(醮禮床)을 넘기고, 신부의 표주박 술은 낮게 들어 초례상(醮禮床)을 넘겨 바꾸어 조금 마신다. 이때도 불좨(不祭)라 하여 땅에 붓지 않고 불효(不肴)라 하여 세 번 다 안주를 먹지 않는다. 이 세 번째 바꾸어 마시는 잔은 두 번째 신랑과 신부가 조금씩 마시고 남긴 잔을 이번에 바꾸어 마시는 것이다.

○예필(禮畢) 철상(撤床); 혼례식(婚禮式)을 마치고 상을 치운다.

○신랑신부(新郎新婦) 각귀처소(各歸處所); 신랑 신부는 각자 방으로 들어간다.

---

132 청양문화원(1998), 전통혼례, p. 83.

아. 합궁례(合宮禮)

신랑과 신부가 첫날밤을 치르는 의식(儀式)을 합궁례(合宮禮), 또는 방합례(房合禮)[133]라고도 한다.

합궁례(合宮禮)는 혼례(婚禮)의 원래 표기인 혼례(昏禮)의 의미가 '저녁에 치르는 의례(儀禮)'라는 뜻에 잘 나타난 바와 같이 혼례(婚禮)의 중요한 의식(儀式) 중 하나이다. 따라서 신랑은 합궁례(合宮禮)를 치르기 전에는 사위로서 자격이 없으므로 비록 신부의 집에서 혼례(婚禮)를 치른다고 하여도 신부 측의 어른을 뵙지 않는 것이 통례[134]이다.

합궁례(合宮禮)의 금침(衾枕) 배치[135]는 [그림 3-8]과 같다. 신랑의 금침(衾枕)이 동쪽에 위치한 것은, 신랑은 남자여서 양(陽)이며 동쪽을 의미하기 때문이고, 신부는 그 반대이기 때문이다. 또한 발 부분의 요를 겹쳐 놓음으로서 신랑과 신부는 자연스럽게 몸을 합칠 수 있도록 배려하고 있음을 볼 수 있다.

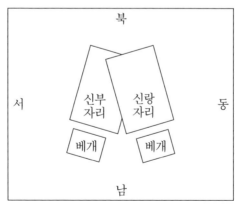

[그림 3-8] 합궁례(合宮禮)의 금침(衾枕) 배치

---

133 권영한(1998), 사진으로 배우는 관혼상제(冠婚喪祭), 전원문화사, p. 86.

134 청양문화원(1998), 전통혼례, p. 65.

135 이형석(1998), 좌우에 관한 전통 관습 -남좌여우·남동여서-, 우리문화 9월호, p. 23.

합궁례(合宮禮)의 절차[136]는 다음과 같다.

○신랑이 여자 집사(執事)와 함께 먼저 신방으로 들어가서 동쪽에서 서쪽을 향해 선다.

○신부가 여자 집사(執事)와 함께 뒤따라 들어와 서쪽에서 동쪽을 향해 선다.

○신랑의 여자 집사(執事)가 서쪽에 신부의 금침(衾枕)을 펴고 신부의 좌우로 간다.

○신부의 집사(執事)가 동쪽에 신랑의 금침(衾枕)을 펴고 신랑의 좌우로 간다.(신랑과 신부의 집사(執事)가 서로 바꾸어 시중을 드는 것은 남녀가 처음으로 몸을 합하는 것이기 때문에 비록 집사(執事)라도 자기 일을 하지 못하므로 상대방에게 권하는 방식으로 하는 것이다.)

○신랑이 신부에게 읍(揖)하고 신부는 허리를 굽혀 답례(答禮)한다.

○신부의 집사(執事)가 신랑의 예복과 겉옷을 먼저 받아서 한쪽 옆에 가지런히 놓는다.

○신랑의 집사(執事)가 신부의 예복과 겉옷을 받아 한쪽 옆에 가지런히 놓는다.

○신랑과 신부의 집사(執事)가 불을 끄고 밖으로 나온다.

○신랑이 신부를 인도해 신부가 금침(衾枕)에 들게 하고, 신랑은 스스로 자기의 금침(衾枕)에 들어간다.

이로써 대례(大禮)는 모두 마무리된다. 합궁례(合宮禮) 이후 마을 사람들이 신방을 엿보는 풍습이 있으나, 이는 옳지 못하다.

---

136 김득중(金得中), 예절강좌, 유교신문(儒敎新聞), 1990년 6월 15일자.

6. 우귀례(于歸禮)

우귀례(于歸禮)는 혼례(婚禮)를 치른 신부가 정식으로 시댁에 들어가는 절차를 말하며 신행(新行), 또는 우례(于禮)[137]라고도 한다. 신랑이 먼저 말을 타고 앞에 가고, 신부는 교자(轎子; 가마)를 타고 신랑의 뒤를 따라 신랑의 집으로 간다. 혼구(婚具) 일체는 신행(新行)의 뒤에 따른다.

이때 신부는 준비해 간 예물, 즉 폐백(幣帛)과 함께 시댁 어른께 인사를 올리는데, 이를 견구고례(見舅姑禮)라고 한다.

가. 신행(新行)

혼인(婚姻) 풍속 중에는 삼주(三周)[138]라는 풍습이 있는데, 이는 신랑이 신부를 데리고 신행(新行)할 때 신랑이 수레의 고삐를 신부에게 들려주고 신부가 탄 수레를 세 바퀴 도는 것이다. 고삐를 신부의 손에 들려주고 두는 것은 신랑 스스로가 아내를 사랑함으로써 매어 살겠다는 의미이며, 세 바퀴를 도는 것은 셋이란 숫자가 양수(陽數)인 1과 음수(陰數)인 2의 합으로서 음양(陰陽)의 상징인 남녀가 한 가정이 됨을 뜻하는 것이다.

신부가 시집의 대문에 들어설 때는 신부에게 콩이나 팥, 또는 목화씨를 뿌리고 문 앞에서 짚으로 불을 피워 신부가 들어갈 때 그것을 넘거나 지나가게 한다. 이는 신부가 깨끗한 몸으로 들어오기를 바라는 뜻[139]에서이다.

나. 견구고례(見舅姑禮)

신랑집에서 하루를 자고 그 이튿날 아침 일찍 일어나 시부모를 뵙고

---

137 조선일보사(1994), 사진과 그림으로 보는 가정의례, p. 53.
138 청양문화원(1998), 전통혼례, p. 27.
139 청양문화원(1998), 전통혼례, p. 66.

폐백(幣帛)을 드리는 것을 견구고례(見舅姑禮)[140]라 한다.

새 며느리가 시부모를 처음으로 뵙는 의식(儀式)인 견구고례(見舅姑禮) 때 올리는 예물을 폐백(幣帛)이라 한다. 시아버지에게 올리는 폐백(幣帛)은 대추와 밤을 준비한다. 대추는 해가 뜨는 동쪽을 의미해 아침 일찍부터 부지런함을 뜻하며, 밤은 서쪽으로 어두움과 두려움을 뜻하여 '아침 일찍부터 밤늦게까지 두려운 마음으로 공경해 모시겠습니다.'라는 뜻이다. 시어머니에게는 원래 육포를 올렸으나 꿩으로 바뀌었다가 요즈음에는 닭으로 대신한다. 육포는 고기를 같은 크기로 썰어서 정성을 다해 말린 음식으로 한결같은 정성을 다해 모시겠다는 의미[141]이다.

신부는 시부모(媤父母)에게는 사배(四拜)하고, 다른 사람은 평배(平拜; 한 번)한다. 시조부모(媤祖父母)가 살아계셔도 시부모(媤父母)를 먼저 뵙는 것이 옳으며 촌수(寸數)와 항렬(行列)의 순[142]으로 한다.

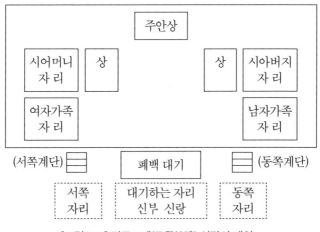

[그림 3-9] 견구고례(見舅姑禮) 식장의 배치

---

140 한자의 見은 '나타날 현'과 '볼 견'의 음이 있는데, 여기서는 '시아버지와 시어머니를 뵙는다.'라는 뜻이므로 見舅姑禮를 '견구고례'로 읽어야 옳다.

141 성균관(成均館, 1993), 유림교양전서(儒林敎養全書), pp. 163~164.

142 성균관(成均館, 1985), 유림편람(儒林便覽), 유도회총본부(儒道會總本部), p. 103.

[그림 3-9]는 견구고례(見舅姑禮)를 치를 식장 배치[143]이다.

요즈음에는 신랑도 함께 부모에게 인사를 드리지만, 고례(古禮)에는 신부만 절하고, 신랑은 부모 뒤쪽에 서 있었다.[144] 견구고례(見舅姑禮)의 절차[145]는 다음과 같다.

ㅇ남녀 가족은 정해진 자리에 서세요.

ㅇ신랑은 신부의 앞에서 읍(揖)하고 신부는 답례(答禮)하세요.

ㅇ신랑은 신부를 인도해 대기하는 자리로 와서 북쪽을 향해 서세요.

ㅇ시아버지와 시어머니는 정해진 자리에 앉으세요.

ㅇ신랑은 두 번, 신부는 네 번 북쪽을 향해 절하세요.

ㅇ신부는 동쪽 자리로 옮겨 북쪽을 향해 서세요.

ㅇ신부는 시아버님께 네 번 절하세요.

ㅇ신부는 서쪽 계단으로 올라와서 시아버님 앞에 동쪽을 향해 서고, 집사(執事)는 시아버님께 올릴 폐백(幣帛)을 빋들고 뒤따라 가서 신부의 오른쪽에 서세요.

ㅇ집사(執事)는 폐백(幣帛)을 신부에게 주고, 신부는 이를 받으세요.

ㅇ신부는 꿇어앉아 허리를 굽혀 예(禮)를 표하고, 서쪽 계단으로 내려와 동쪽 자리에 가서 북쪽을 향해 서세요.

ㅇ신부는 시아버님께 다시 네 번 절하세요.

ㅇ시아버지는 폐백(幣帛)을 어루만지세요.

ㅇ신부는 서쪽 자리로 옮겨 북쪽을 향해 서세요.

ㅇ신부는 시어머님께 네 번 절하세요.

ㅇ신부는 서쪽 계단으로 올라 시어머님 앞에 서쪽을 향해 서고, 집사

---

143 성균관(成均館, 1993), 유림교양전서(儒林教養全書), p. 164.

144 조선일보사(1994), 사진과 그림으로 보는 가정의례, p. 50.

145 성균관(成均館, 1993), 유림교양전서(儒林教養全書), pp. 164~166.

(執事)는 시어머님께 올릴 폐백(幣帛)을 들고 뒤따라 들어가서 신부의 왼쪽에 서세요.

ㅇ집사(執事)는 폐백(幣帛)을 신부에게 주고, 신부는 이를 받으세요.

ㅇ신부는 꿇어앉아 시어머님의 상 위에 폐백(幣帛)을 올리세요.

ㅇ신부는 일어나 허리를 굽혀 예(禮)를 표하고, 서쪽 계단으로 내려와 서쪽 자리에 가서 북쪽을 향해 자리에 서세요.

ㅇ신부는 시어머님께 다시 네 번 절하세요.

ㅇ신부는 대기하던 자리로 옮기세요.

ㅇ신랑은 두 번, 신부는 네 번 절하세요.

지방에 따라서는 폐백(幣帛)으로 닭을 삶아서 입에는 대추를 물리고, 밤으로 귀를 달고 종이로 벼슬을 만들며, 오색 종이를 오려 봉황의 옷을 입히며 대추를 실에 꿰놓기도 한다.[146]

지금까지 살펴본 것이 고례(古禮)의 견구고례(見舅姑禮)이다. 원래 위에서 살핀 바와 같이 시아버지와 시어머니는 따로 앉았으나 요즈음은 함께 앉으며, 신랑과 신부가 함께 절을 하기도 한다. 고례(古禮)의 견구고례(見舅姑禮)와 오늘날의 소위 '폐백(幣帛)'이라는 것을 비교하여 몇 가지 살펴보고자 한다.

견구고례(見舅姑禮)는 신랑과 신부가 대례(大禮)와 합궁례(合宮禮)를 치르고, 또한 신행(新行)까지 모두 마친 상태에서 드리는 예(禮)이다. 신랑이 합궁례(合宮禮) 이전에는 신부의 부모에게 인사를 드리지 않는 것처럼 신부도 마찬가지로 합궁례(合宮禮) 이후에 시부모에게 인사를 드린다. 그러나 오늘날의 견구고례(見舅姑禮)는 신혼여행 이전에 행해지고 있어 앞뒤가 맞지 않는다. 즉 신랑과 신부가 첫날밤을 치르지 않은 상태

---

146 대천문화원(1987), 傳統禮節, 明文堂, p. 77.

에서는 견구고례(見舅姑禮)를 올릴 수 없기 때문이다.

또 하나는 지금의 혼인(婚姻)에서 소위 폐백실(幣帛室)이라는 이름이다. 폐백(幣帛)은 며느리가 시부모에게 예(禮)를 갖추어 드리는 음식을 말하는데, 우리나라의 의례(儀禮)에는 음식을 일컬어 의례(儀禮)의 명칭이 된 것은 아무 것도 없다. 추석날 아침에 송편을 놓고 차례(茶禮)를 지낸다 해서 '송편례'라고 한다거나 차례(茶禮) 지내는 곳을 '송편실'이라고는 하지 않는다. 현재 우리나라에서 많이 실시하고 있는 것은 서양식 혼례(婚禮)이다. 모든 절차를 다 서양식으로 하고 마지막 하나 우리 것을 찾자는 것인데, 그 의미를 모르고 형식만 갖춘 꼴이 되었다.

7. 재행(再行)과 동상례(東床禮)

신행(新行) 3일 후, 또는 형편에 따라 며칠 후에 신부는 친정 나들이를 하는데, 이를 신부로서는 근친(覲親)[147]이라 하고, 신랑으로서는 재행(再行)이다. 즉 재행(再行)은 우귀례(于歸禮) 뒤에 신랑이 신부의 집에 가는 행사이다. 신랑에게는 초례(醮禮)가 신부 집에 가는 초행(初行)이었고, 이번에는 두 번째 가는 것이어서 재행(再行)이라고 한다. 신랑은 신부의 집에 가서 장인(丈人), 장모(丈母)에게 폐백(幣帛)을 드린 후 처족(妻族)들을 찾아 인사드린다.

이때 신랑의 재간과 슬기를 시험해보기 위하여 같은 마을의 젊은이들이 짓궂은 장난과 함께 신랑은 이들에게 음식을 대접하는데, 이를 동상례(東床禮)라고 한다. 동상례(東床禮)는 중국의 왕희지(王羲之)가 사위를 구하러 여러 서당을 찾아다니다가 동상(東床)에서 좋은 사위를 얻었다는

---

147 청양문화원(1998), 전통혼례, p. 67.

데서 유래한다고 하기도 하고, 조선시대에 권율(權慄) 장군이 동상(東床)에서 공부하던 이항복(李恒福)을 사위로 삼고 친구들에게 한턱 잘 냈다는 데서 유래[148]한다고도 한다.

신부가 근친(覲親)을 마치고 신랑과 함께 시댁으로 갈 때 신부 측에서는 정성껏 장만한 음식인 상수(床需; 이를 이바지라고도 한다.)와 상수송서장(床需送書狀)을 보내기도 한다.[149]

---

148 권영한(1998), 사진으로 배우는 관혼상제(冠婚喪祭), 전원문화사, p. 87.
149 청양문화원(1998), 전통혼례, p. 68.

제4절 현대의 혼인식(婚姻式)

혼인(婚姻)의 의미와 가치에 대해서는 전통혼례(傳統婚禮)에서 충분히 살펴보았으므로 여기에서는 다시 살펴볼 필요가 없을 것으로 본다.

관례(冠禮)가 사라진 데 이어 전통적(傳統的)인 혼례(婚禮)도 지금은 거의 실행하지 않기 때문에 요즈음 많이 실행하는 혼인(婚姻)의 방법인 예식장(禮式場)에서 치르는 의식(儀式)을 현대의 혼인식(婚姻式)이라 이름하여 살펴보기로 한다.

그런데 현대의 혼인식(婚姻式)을 살펴보기에 앞서 전통혼례(傳統婚禮)와 비교하여 몇 가지 문제점을 먼저 짚고 넘어간다. 법률적인 문제, 폐백(幣帛)의 문제, 신랑과 신부의 자리 배치의 문제, 혼수(婚需)의 문제 등이다.

먼저 법률적인 문제에 대하여 살펴보면, 혼인(婚姻)과 관련된 건전가정의례에 관한 법률의 목적은 '가정의례(家庭儀禮)의 의식(儀式) 절차를 합리화하고 건전한 가정의례(家庭儀禮)의 보급·정착을 위한 사업과 활동을 지원·조장하여 허례허식(虛禮虛飾)을 없애고 건전한 사회 기풍을 조성하는 것'[150]이다.

예(禮)는 내용적인 면과 형식적인 면이 공존하는 규범이다. 내용적인 면이란 인과관계(因果關係)에서 '원인'에 해당하며, 웃어른에 대한 공경이라든가 형식에 대한 타당성과 이유를 말한다. 그리고 형식적인 면이란 원인으로 나타나는 '결과'로써 그것은 행동이나 행위로 나타난다. 따라서 예(禮)에는 형식적인 면이 나타나게 마련이다. 그런데 '허례허식(虛禮虛飾)'이라 하였으니 예(禮)에 대하여 이해하지 못한 발로이다. 없느니만

---

150 건전가정의례의 정착 및 지원에 관한 법률(2012. 2. 1.) 제1조.

못한 건전가정의례준칙을 만들어 오히려 우리의 전통(傳統)이 가지고 있는 가치를 훼손시키고 있다. 즉 전통문화(傳統文化)에 대한 인식이 부족한 상태에서 만들어진 규범이라는 것이다. 경제적 가치가 문화라고 하는 정신적 가치보다 우위를 차지하고, 서구화를 부추기며 우리의 전통예절(傳統禮節)을 무너뜨리는 가장 대표적인 역할을 하고 있다.

두 번째는 폐백(幣帛)의 문제이다. 폐백(幣帛)은 신부의 집에서 대례(大禮)를 치르고 신랑의 집으로 신행(新行)한 후에 시부모를 뵙는 견구고례(見舅姑禮) 중 시부모에게 드리는 예물(禮物)일 뿐이다. 물건을 가지고 예(禮)의 이름으로는 쓸 수 없는 일이다. 현대의 혼인(婚姻)에서 대안을 제시하면, 신혼여행을 다녀온 후에 신랑의 집에서 신부가 시부모에게 폐백(幣帛)을 드리는 것이 좋을 것이다.

세 번째는 예식장(禮式場)에서 신랑과 신부의 자리 배치의 문제이다. 살아있는 사람의 자리 배치에서는 상좌(上座)를 기준으로 남자는 왼쪽[동쪽]이고, 여자는 오른쪽[서쪽]이다. 그러나 사자(死者)는 이서위상(以西爲上)으로 오른쪽이 윗자리이다. 이는 신주(神主)와 묘소의 경우에 해당한다.

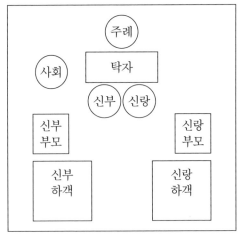

[그림 3-10] 혼례식장(婚禮式場)의 배치

현대의 예식장에서 상좌(上座)는 주례(主禮)[151]이므로 주례(主禮)를 북쪽으로 할 때 신랑의 자리는 당연히 양(陽)을 상징하는 동쪽이며 이 방위는 주례(主禮)가 볼 때는 왼쪽이다. 또한 이 자리를 하객(賀客)의 위치에서 보면 오른쪽이 된다. 사람들은 현대의 혼례(婚禮)는 전통혼례(傳統婚禮)와는 다르므로 음양(陰陽) 사상을 무시해도 상관없다고 생각할지 모르지만, 불교, 가톨릭, 기독교 등에서 모두 신랑은 주례(主禮)의 동쪽에 서고, 신부는 서쪽에 선다.[152] 따라서 [그림 3-10]을 참조하여 신랑과 신부의 자리를 배치하여야 마땅하다.

네 번째는 혼수(婚需)의 문제이다. 요즈음 젊은이들이 혼인(婚姻)을 기피하는 이유 중의 하나가 혼례(婚禮) 비용이다. 젊은이들은 젊은이답게 경제적으로 자신들의 힘을 모아 독립해야 하건만 유독 우리나라의 혼인(婚姻) 풍속은 신혼집과 살림살이를 완벽하게 마련하여 혼인(婚姻)하려고 한다. 자식을 둔 부모의 처지에서 생각할 때 귀엽고 사랑스러운 나머지 뒷바라지를 잘 해주고 싶겠지만 이것의 부작용은 사회 문제가 되고 있다. 그리고 때로는 혼수(婚需)가 집안의 위세로도 이용된다. 집안의 자랑은 돈으로 하는 것이 아니라 넉넉하고 따뜻한 가풍(家風)으로 하는 것이다.

1. 혼인(婚姻)의 준비

가. 약혼(約婚)

건전가정의례준칙에 의하면, 약혼(約婚)하는 경우에는 약혼 당사자와 부모 등 직계가족만 참석하여 양쪽 집의 상견례(相見禮)를 하고 혼인(婚

---

151 김득중(金得中), 예절강좌, 유교신문(儒教新聞), 1989년 3월 1일자.
152 김득중(金得中), 예절강좌, 유교신문(儒教新聞), 1989년 3월 15일자.

姻)에 관한 모든 사항을 협의하되, 약혼식(約婚式)은 따로 하지 아니하며, 약혼서(約婚書)를 교환하는 것으로 되어 있다.[153]

[서식 3-19]는 건전가정의례준칙의 약혼서(約婚書) 서식[154]이다.

[서식 3-19] 약혼서(約婚書)

약 혼 서

구 분	남	여
성 명		
생년월일		

위 두 사람은 다음과 같이 혼인할 것을 약속한다.

1. 혼인 예정일
2. 그 밖의 조건

               년   월   일

약혼자

  (남) ○ ○ ○ (서명 또는 인)

  (여) ○ ○ ○ (서명 또는 인)

입회인

  (남자측): 주소

      성명 ○ ○ ○ (서명 또는 인)

  (여자측): 주소

      성명 ○ ○ ○ (서명 또는 인)

※ 첨부: 1. 건강진단서 1부

        2. 「가족관계의 등록 등에 관한 법률」 제15조 제1항 각 호의 증명서 일부 또는 전부(당사자의 합의에 따라 필요한 경우에만 첨부한다)

※ 「민법」 제808조에 따른 동의를 받아야 하는 경우에는 입회인을 그 동의권자로 한다.

---

153 건전가정의례준칙[시행 2019. 7. 2.] 제7조.

154 건전가정의례준칙[별표 2] 〈개정 2015. 12. 30.〉

나. 청첩장(請牒狀)

청첩장(請牒狀)은 다른 사람에게 혼례(婚禮)를 알리고 이것을 받는 사람을 하객(賀客)으로 초청하는 글이다. 여기에는 혼주(婚主), 혼례(婚禮) 당사자, 일시, 장소 등을 쓰는데 교통편과 주례(主禮)를 함께 나타내면 하객(賀客)들이 예식장(禮式場)을 찾는데 도움이 된다.

다음 [서식 3-20]은 청첩장(請牒狀)[155]의 예이다.

[서식 3-20] 청첩장(請牒狀)

청 첩 장

오곡이 무르익는 결실의 계절을 맞이하여

○○○씨 장남 ○○군과

○○○씨 장녀 ○○양이

존경하옵는 친지 여러분을 모시고 혼례식을 치르게 되었사오니, 바쁘신 중이라도 오시어 자리를 빛내주시면 더없이 감사하겠습니다.

일시 : ○월 ○일 오후 ○시

장소 : ○○예식장

주례 : ○○○선생님

다. 주례(主禮)와 사회자(社會者)

주례(主禮)는 신랑이나 신부가 잘 알고 있는 분으로서 인생의 경험이 풍부한 사람이어야 한다. 때로는 사회적 지위만을 고려하여 주례(主禮)로 모시는 경우가 종종 있는데 사회적 지위가 높다 해서 모두 존경받을 자격이 있는 것은 아니다. 차라리 가정이 화목하고 많은 자손을 두었으며 예의(禮義)를 잘 아는 분이 더 좋을 것이다.

---

155 조선일보사(1994), 사진과 그림으로 보는 가정의례, p. 75.

신랑과 신부는 혼례(婚禮) 전에 주례(主禮)를 찾아뵙고 인사드리는 것이 옳다. 이때 주례(主禮)는 살아온 이야기나 가족, 앞날에 대한 설계 등을 조언을 해주면 좋을 것이다. 그리고 주례(主禮)는 혼례(婚禮)의 절차와 축사(祝辭)를 미리 준비해두는 것이 좋다. 신혼 부부는 혼례(婚禮) 후에도 주례(主禮)를 찾아뵙는 것이 도리이며 평생 고마우신 분으로 생각하여야 한다.

사회자는 보통 신랑의 친구 중에서 경험이 있으며 언변이 좋고 임기응변이 뛰어난 사람을 선임한다. 사회자로 선임되었으면 사전에 혼례(婚禮)의 절차를 알아두어야 하며 미리 필요한 자료를 얻어 기록해 두었다가 혼례식(婚禮式)에서 이용한다.

라. 피로연(披露宴)과 신혼여행(新婚旅行)

혼례(婚禮)의 피로연(披露宴)은 보통 음식점에서 한다. 예식장(禮式場)과 가깝고 음식이 맛있으며 깨끗한 곳으로 고른다. 그리고 하객(賀客)의 수를 고려하여 지나치게 넓거나 좁지 않은 곳으로 정한다.

신혼여행은 혼인(婚姻)을 기념하기 위한 여행이다. 신혼여행지는 조용하고 쾌적한 곳이면 좋을 뿐이지 국외로 떠난다거나 무리하게 비용을 들여 준비하는 것은 좋지 않다.

마. 기타

그 밖의 준비로는 피아노 반주자의 결정, 하객(賀客)을 안내할 사람, 축의금(祝儀金) 접수 및 경비 계산을 담당할 사람, 사진을 찍어줄 사람을 정하여야 하고 신부의 경우에는 화장도 미리 준비해야 한다.

2. 혼인식(婚姻式)

　혼인(婚姻)의 절차는 개식, 신랑 입장, 신부 입장, 신랑·신부 맞절, 혼인(婚姻) 서약 및 서명, 성혼 선언, 주례사, 양가 부모에 대한 인사, 신랑·신부의 초대 손님에 대한 인사, 신랑·신부 행진, 폐식의 식순[156]으로 진행된다. 다음은 혼인식(婚姻式)의 진행 예이다.

가. 개식(開式)

　개식사(開式辭)는 혼례(婚禮)의 시작을 알리는 절차로써 날씨와 혼례(婚禮)의 의의, 그리고 신랑과 신부, 주례(主禮)의 성함을 밝힌다.

ㅇ따뜻한 봄 날씨에 푸릇푸릇한 새싹들이 돋아나고 있으니 오늘의 혼인(婚姻)을 하늘도 땅도 축복하는 듯한 ○○년 ○월 ○일입니다.

ㅇ신랑 ○○○군과 신부 ○○○양의 혼인(婚姻)을 축하해 주시기 위해 찾아주신 하객(賀客) 여러분 안녕하십니까. 저는 사회를 맡은 ○○○입니다.

ㅇ일찍이 혼인(婚姻)은 인륜(人倫)의 대사(大事)라 하여 일생에서 가장 중요한 의례(儀禮)로 보았으며 만복(萬福)의 근원이라 하였으니 어찌 오늘이 경사스러운 날이 아니겠습니까?

ㅇ지금부터 (주례(主禮) ○○○ 선생님 앞에서) 신랑 ○○○군과 신부 ○○○양의 혼인식(婚姻式)을 양가의 부모님과 친지, 그리고 여러 어른들을 모시고 시작하도록 하겠습니다.

ㅇ혼주(婚主)께서는 화촉을 밝혀주시기 바랍니다.

---

156 건전가정의례준칙[시행 2019. 7. 2.], [별표 3]

나. 신랑 입장

사회자는 신랑의 입장을 지시하고 하객(賀客)들의 박수를 유도하며, 신랑은 힘차게 걸어 주례(主禮)의 앞으로 나아간다. 신랑은 입장하여 주례(主禮)에게 정중하게 인사를 하고 뒤돌아선다. 입장을 마치면 사회자는 간단하게 축사(祝辭)를 한다.

○ 먼저 신랑 입장이 있겠습니다. 신랑 입장!

○ 하객(賀客) 여러분께서는 늠름하게 입장하고 있는 신랑 ○○○군에게 힘찬 박수를 보내주시길 부탁드립니다.

○ 훌륭한 남편으로서, 장부(丈夫)의 도리를 다하고 아내를 극진히 사랑하며 훌륭한 가통(家統)을 이어나가겠노라고 다짐한 신랑 ○○○군이 입장하였습니다.

다. 신부 입장

다음 순서는 신부의 입장이다. 신부의 오른편에 보호자가 위치하여 팔을 걸고, 왼손으로는 꽃을 든다. 행진곡에 맞춰 신부가 보호자의 인도를 받으며 천천히 입장한다. 이때 신부는 드레스가 밟히지 않도록 주의하여야 한다. 신부가 전체 거리의 절반 정도 가까이 오면 신랑이 나아가 신부의 보호자에게 인사를 하고 신부와 팔짱을 끼운다. 이때 신랑은 오른쪽에 위치하며, 신부는 왼쪽에 위치하도록 한다. 이렇게 하여야 주례(主禮)의 관점에서 남좌여우(男左女右)가 되며, 그렇지 않으면 주례(主禮) 앞에서 자리를 바꾸는 번거로움이 있다. 신부의 보호자는 신부를 넘겨준 뒤 자리로 돌아 간다.

○ 이어서 신부 입장이 있겠습니다. 신부 입장.

○ 꽃보다도 예뻐서 눈이 부신 신부에게 하객(賀客) 여러분께서는 따뜻한 축하의 박수를 보내주시기 바랍니다.

○공경으로써 시부모님을 섬기고 현모양처(賢母良妻)가 되겠노라고 다짐한 신부 ○○○양이 입장하였습니다.

신랑과 신부는 주례(主禮)를 보고 선다. 신부가 입장을 마치면 신랑과 신부를 소개하기도 한다. 고향과 가족 관계, 그리고 출신 학교 등 하객 (賀客)들이 참고할만한 사항이면 좋을 것이다.

라. 신랑·신부 맞절

이어지는 순서는 신랑과 신부의 맞절이다. 그러나 이름만 맞절일 뿐 실제는 경례이다. 신랑과 신부는 엄숙하게 천천히 인사를 하되 한쪽이 지나치게 허리를 깊이 숙이지 않도록 한다.

○다음은 신랑 신부의 맞절이 있겠습니다.

○신랑과 신부는 마주 서시기 바랍니다.

○신랑과 신부는 사랑과 존경의 마음으로, 서로에게 정중하게 인사하세요.

다음 순서가 혼인(婚姻) 서약이므로 신랑과 신부는 다시 주례(主禮)를 향하여 선다.

마. 혼인서약(婚姻誓約) 및 서명

신랑과 신부는 혼인서약(婚姻誓約)을 낭독한다. 신랑과 신부는 분명하고 큰 소리로 [서식 3-21]과 같은 혼인서약(婚姻誓約)[157]을 읽고 서명한다.

○다음은 혼인서약(婚姻誓約)이 있겠습니다. 신랑부터 혼인서약(婚姻誓約)을 읽으시고, 이어서 신부도 읽어주세요.

○신랑과 신부는 혼인서약(婚姻誓約)에 서명하시기 바랍니다.

---

157 건전가정의례준칙[시행 2019. 7. 2.], [별표 3]

[서식 3-21] 혼인서약(婚姻誓約)

혼 인 서 약

저는 ○○○양(또는 ○○○군)을 아내(또는 남편)로 맞아 어떠한 경우라
도 항시 사랑하고 존중하며, 어른을 공경하고 진실한 남편(또는 아내)으로
서의 도리를 다하여 행복한 가정을 이룰 것을 맹세합니다.

　　　　　년　　　　월　　　　일

○○○ (서명 또는 인)

바. 예물 교환

예물 교환은 생략하는 때도 있다. 따라서 사회자는 사전에 예물 교환
을 할 것인지 생략할 것인지 확인하여야 한다. 예물은 반지 정도가 적당
하다.

○다음은 예물 교환이 있겠습니다.

○신부는 들고 있는 꽃다발을 주례(主禮) 선생님의 책상에 올려놓고
　장갑을 벗으세요.

○신랑은 신부에게 반지를 끼워주세요.

사. 성혼선언(成婚宣言)

성혼선언(成婚宣言) 낭독은 혼인(婚姻)이 이루어졌다는 것을 예식장
(禮式場)의 모든 사람께 알리는 절차이다. 주례(主禮)는 성혼선언(成婚宣
言)을 낭독한다. 성혼선언(成婚宣言)[158]은 [서식 3-22]와 같다.

○다음은 주례(主禮) 선생님의 성혼선언(成婚宣言) 낭독이 있겠습
　니다.

---

[158] 건전가정의례준칙[시행 2019. 7. 2.], [별표 3]

[서식 3-22] 성혼선언(成婚宣言)

> **성 혼 선 언**
>
> 이제 신랑 ○○○군과 신부 ○○○양은 그 일가친척과 친지를 모신 자리에서 부부가 되기를 굳게 맹세하였습니다. 이에 주례는 이 혼인이 원만하게 이루어진 것을 엄숙하게 선언합니다.
>
> 년　　　월　　　일
>
> 주례 ○○○ (서명 또는 인)

아. 주례사(主禮辭)

주례(主禮)는 결혼을 축복하면서 두 사람의 공동생활에 보탬이 될 내용을 간략하게 들려준다. 물론 사전에 주례(主禮)는 축사(祝辭)의 내용을 준비하여야 한다. 그리고 사회자는 주례사(主禮辭)를 정리하여 주례사(主禮辭)가 끝난 후에 간략하게 요약해주면 좋다.

○이어서 주례(主禮) 선생님의 주례사(主禮辭)가 있겠습니다.

○참고로 주례(主禮) 선생님은 교육에 헌신하신 지 30여 년이 되며 남다른 열정으로 후학을 가르치시는 분이십니다. 신랑 ○○○의 고등학교 은사님으로서, 현재 ○○고등학교에 재직하고 계십니다.

○먼 길을 마다하지 않으시고 이렇게 주례(主禮)로 오셔서 신랑 신부의 앞날을 위해 축사해주신 주례(主禮) 선생님께 감사의 박수를 부탁드리겠습니다.

자. 양가 부모에 대한 인사

신랑과 신부는 양가의 부모에게 인사를 드린다. 보통은 신부 측의 부모에게 먼저 인사를 드린다. 이때 양복을 입은 신랑이 전통배례(傳統拜禮)대로 엎드려 절을 하기도 하는데, 드레스를 입은 신부가 서양식 인사를 드린다면 서로 맞지 않는 인사 방법이다. 신랑도 차라리 경례하는 것이 좋을 것이다.

O다음으로 신랑 신부가 양가의 부모님께 인사를 드리도록 하겠습니다.

차. 신랑·신부의 초대 손님에 대한 인사

이 절차는 신랑과 신부가 혼인(婚姻)을 축하해주셔서 감사하다는 의미로 초대 손님에게 드리는 인사이다. 신랑 신부는 초대 손님에게 정중히 인사하고, 하객(賀客)들은 축하의 박수를 친다.

O이어서 신랑 신부가 초대 손님께 드리는 인사가 있겠습니다.

O바쁘신 중에도 찾아주시고 축하해주신 초대 손님께 감사의 마음으로 정중히 인사드리십시오. 경례.

카. 축사, 축가, 축전

이어지는 절차는 축사를 준비한 하객(賀客)의 말씀이나 축가를 부르는 절차이다. 사회는 사전에 준비되었는지 알아보고 준비되었으면 진행하되 그렇지 않으면 생략한다. 축전(祝電)도 마찬가지이다.

타. 신랑·신부 행진

혼례(婚禮)를 마치고 신랑과 신부가 퇴장하는 절차이며, 아울러 이세막 시작하는 이들의 첫걸음이라는데 의의가 있다. 이들이 행진할 때는 박수로 격려한다. 두 사람이 천천히 출구까지 걸어 나간다.

O마지막으로 신랑과 신부의 행진이 있겠습니다. 이들 부부의 첫걸음에 큰 힘이 될 수 있도록 하객(賀客) 여러분께서는 힘찬 격려와 사랑의 박수를 부탁드립니다.

파. 폐식

혼인식(婚姻式)이 끝났음을 선언하고 피로연에 대한 안내와 가족의 기념 촬영에 대해 안내를 한다.

○지금까지 신랑 ○○○군과 신부 ○○○양의 혼인(婚姻)을 모두 지켜 보아 주신 하객(賀客) 여러분께 감사드립니다. 이상으로 신랑 ○○○ 군과 신부 ○○○양의 혼례(婚禮)를 모두 마칩니다. 감사합니다.

3. 축의(祝儀)와 감사장(感謝狀)

가. 축의(祝儀)

하객(賀客)들이 혼인(婚姻)을 축하하며 내놓는 금품을 축의금(祝儀金) 이라 한다. 축의(祝儀) 봉투에 쓰는 축하의 표현에는 축화혼(祝華婚), 축 결혼(祝結婚), 축의(祝儀), 하의(賀儀), 화촉의(華燭儀) 등[159]이 있다.

그리고 단자(單子)의 내용을 써야 바른 예(禮)임에도 불구하고 요즈음 은 봉투에 돈만 넣어 드리는데, 이는 옳지 않다. 단자(單子)의 내용은 축 사와 금품의 내용 및 수량, 보내는 사람과 받는 사람을 쓴다. 축의(祝儀) 단자(單子) 서식은 [서식 3-23]과 같다.

[서식 3-23] 축의(祝儀) 단자(單子) 서식

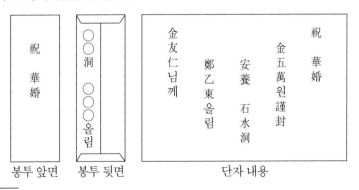

봉투 앞면　　　봉투 뒷면　　　　　단자 내용

---

159 조선일보사(1994), 사진과 그림으로 보는 가정의례, p. 82.

나. 감사장(感謝狀)

혼례(婚禮)에 하객(賀客)들이 찾아온 것은 그것이 예(禮)이기 때문이다. 그러므로 혼주(婚主)나 혼인(婚姻) 당사자는 하객(賀客)의 성의에 감사하여야 하며 그것이 빠져버리면 결례(缺禮)가 된다.

다음 [서식 3-24]는 감사(感謝)의 글을 쓴 예이다.

[서식 3-24] 감사(感謝)의 글

○○○께
오곡이 무르익는 계절에 가내 평안하심을 기원합니다. ○월 ○일은 저희가 백년가약을 한 날로, 바쁘신 중에도 먼 길을 찾아오셔서 사랑과 격려를 아끼지 않으시니 고마운 마음 헤아릴 수 없습니다. 어수선한 마음에 부족함이 많사오나 다시금 넓으신 사랑 바라오며 앞으로 기대에 어긋나지 않도록 서로 감싸며, 서로 사랑하며 행복하게 살겠습니다. 찾아뵙고 인사드림이 도리이오나 우선 서신으로 대신합니다. 보살피심에 감사드립니다.

○년 ○월 ○일

○○○(신랑)·○○○(신부) 배상

제 4 장

상례(喪禮)

주자가례(朱子家禮)의 관혼상제(冠婚喪祭) 중 가장 큰 비중을 차지하는 것이 상례(喪禮)이다. 이는 돌아가신 어버이를 보내드리는 슬픔과 예절(禮節)의 엄중함 때문이다.

상례(喪禮)는 다른 의례(儀禮)보다도 보수적인 특성이 더 강한 편이다. 그러나 지금의 상례(喪禮) 문화는 약식화(略式化), 상업화(商業化)가 빠르게 진행되고 있어 전통(傳統)의 면모를 점차 잃어가고 있다.

이 장에서는 상례(喪禮)와 관련하여 초종(初終), 습(襲), 염(斂), 입관(入棺), 발인(發靷), 하관(下官), 우제(虞祭), 소상(小祥)과 대상(大祥) 등 전통(傳統) 상례(喪禮)에 대하여 살펴보고, 개사초(改莎草)와 이장(移葬)에 대해서도 알아본다.

제1절 상례(喪禮) 개요

1. 상례(喪禮)

상(喪)은 '돌아가셨다.'라는 의미이고, 장(葬)은 '무덤을 지어 모신다.' 라는 의미이다. 즉 상(喪)을 당하여 행하는 의례(儀禮)를 상례(喪禮)라 하며 돌아가신 분을 장사 지내는 의례(儀禮)를 장례(葬禮)라 한다.

그간 모시고 살아온 분이 돌아가셨으므로 인정(人情)으로도 지극한 슬픔이며, 예(禮)로 볼 때도 정성과 공경을 다하여야 한다. 예기(禮記)에 이르기를 '초상(初喪) 때의 모습은 실의한 듯, 낯빛은 근심에 싸여 조심하는 듯, 보는 모양은 놀랍고 믿어지지 않는 것처럼(喪容纍纍, 色容顚顚, 視容瞿瞿梅梅.)'한다.[1]고 하였다. 이이(李珥) 선생도 '상사(喪事)란 그 슬픔과 공경을 다 할 뿐이다.(喪事, 不過盡其, 哀敬而已.)'[2]라고 하였디.

우리나라는 전통적(傳統的)으로 부모상은 삼년상(三年喪)으로, 만 2년 간 상주(喪主)를 하는 것이 원칙이었고, 아버지가 살아 계시고 어머니가 돌아가신 경우에는 만 1년간 집상(執喪)하였다.

전통사회(傳統社會)에서는 부모님이 돌아가시면 묘소에 움막을 짓고 3년 동안 묘소를 보살피며 살아가는 것이 자식으로서 지켜야 할 도리라고 생각하였다. 이는 자식이 태어나면 부모님께서 혼자서 걸을 수 있을 때까지 품속에서 보살피며 키워주신 데 대한 은혜에 보답하기 위한 것이었다. 따라서 상장례(喪葬禮)는 보은(報恩)과 효(孝)의 연장이었다.

임재해는 상례(喪禮)의 특징[3]에 대하여, 상례(喪禮)는 인간의 마지막

---

1 예기(禮記), 옥조편(玉條篇).

2 이율곡(李栗谷) 著, 김성원(金星元) 譯 (1986), 新完譯 격몽요결(擊蒙要訣)〈喪制章〉, 明文堂, p. 84.

3 임재해(1996), 전통 상례, 대원사, pp. 8~15.

의례(儀禮)로서 다른 의례(儀禮)에 비하여 당사자가 의례(儀禮)의 주체 노릇을 하지 못하며, 또한 절차, 규모, 시간이 많이 소요된다고 하였다.

2. 상례(喪禮)의 역사

상례(喪禮)의 역사는 고고학(考古學)과 관련된다. 즉 과거를 살았던 사람들의 생활 양상이 무덤으로부터 출토되고 있기 때문이다. 기록이 부족하여 찾아내지 못한 역사적 사실의 발견은 무덤으로부터 시작된다고 해도 과언이 아닐 만큼 고고학(考古學)과 상례(喪禮)는 서로 긴밀한 관련을 맺고 있다.

무덤은 당대 지배 계층의 권위의 상징이며, 출토된 유물로 문화 수준도 가늠할 수 있다. 또한 그들의 내세관(來世觀)을 엿볼 수 있는 자료[4]이다. 무덤에서 출토되는 물건을 부장품(副葬品; 껴묻거리)이라고 하는데, 부장(副葬) 풍습은 전 세계적으로 나타나는 장례(葬禮) 풍습으로 그 시대의 생활과 문화를 알아볼 수 있다.

부장품(副葬品)을 묻는 이유는 무엇이었을까? 그 이유는 두 가지로 추측해볼 수 있다. 첫째는, 부장품(副葬品)이 죽은 사람의 물건일 것이라는 추측이다. 즉 죽은 사람의 소유이므로 그 사람이 '가져간다.'라는 의미인데, 가져가는 곳에서도 소유자가 사용하리라는 관념의 행태로 볼 수 있다. 두 번째는 그 사람이 '저승으로 가는 도중이나 저승에 가서 사용하도록' 하는 산 사람의 배려로 볼 수 있다. 그렇다면 이들은 '어디로'가는 것일까? 위의 두 가지 이유에서 당시의 사람들은 내세(來世)가 존재한다고 믿었던 것으로 보인다. 이러한 전통적(傳統的) 관습은 오늘날까지 이어져 내려와 지금의 상례(喪禮) 및 제례(祭禮)의 절차와 형식에서도 내세

---

4 국립중앙박물관(1998), 박물관 전시유물 이야기, pp. 4~33.

(來世)와 관련된 의식(儀式)들이 많이 남아있다.

상례(喪禮)는 이별의 슬픔도 있지만, 효(孝)의 연장선으로 본다면, 조상에 대한 존경이 이어진다는 의미이기도 하다. 특히 우리나라의 노인들은 외국의 노인들에 비하여 죽음에 대한 공포를 덜 느끼고 있는 것으로 나타났는데,[5] 임돈희[6]는 이에 대하여 우리나라의 노인들은 죽음 이후에도 자손과 끊임없이 교류하는 장치가 마련되어 있기 때문에 노인들은 죽음을 '단절'로 보기보다는 하나의 '생의 과정'으로 인식하고 있다고 하였다.

여러 가지 상장례(喪葬禮)의 풍습은 지역에 따라 다르게 나타난다. 우리나라의 상례(喪禮)에는 엄격한 유교적(儒敎的) 의례(儀禮)로만 이루어진 것이 아니었다. 상두가나 달구, 때로는 해학적인 놀이의 성격을 지닌 의식(儀式)들도 있었다. 이에 대하여 임재해는 우리나라의 상례(喪禮)는 예서(禮書)에 근거한 유교(儒敎)의 상례(喪禮)와 무속(巫俗), 불교(佛敎) 등의 세계관이 혼합되어 있는데, 이를 '세계관적 충돌'[7]이라 하였다.

3. 상례(喪禮)의 마음 가짐

전통상례(傳統喪禮)에서 상주(喪主)는 죄인으로 자처하여 매사에 조심하고 상복(喪服) 또는 소복(素服)을 입었으며, 매일 조석(朝夕)에 식상(食床)을 마련하여 궤연(几筵)에 올리고 분향(焚香)하고 곡(哭)을 하였다.[8] 그러나 현대에 와서는 옛날의 예법(禮法)만을 고집할 수 없게 되었다. 삼년상(三年喪)을 치르다 보면 사회생활을 할 수 없기 때문이다. 상기(喪期)에서도 삼년복(三年服)을 입는 경우는 거의 없고, 백일(百日)에

---

5 서혜경, 한국노년학회 학술 발표회, 1987, 임돈희의 '조상 제례'에서 재인용.
6 임돈희(1996), 조상 제례, 대원사, pp. 14~15.
7 임재해(1996), 전통 상례, 대원사, pp. 113~116.
8 신희철(申義澈) 編著(1990), 상례요람(常禮要覽), 보경문화사, p. 130.

탈상(脫喪)하는 것이 대부분이며, 따라서 소상(小祥), 대상(大常)은 물론 담제(禫祭)나 길제(吉祭) 등의 의식(儀式)도 지금은 거의 없어진 상태이다.

예기(禮記)에 이르기를, '대체로 천지(天地) 사이에 살아있는 자로서 혈기(血氣)가 있는 붙이들은 반드시 아는 것이 있으니, 어느 것이나 그 족류(族類)를 사랑하지 않는 것이 없다. 이제 큰 새나 짐승은 그 무리와 짝이 없어지거나 죽게 되면 달을 넘기고 그 때를 넘었을 적에는 반드시 돌아와 돌며, 그 고향을 지날 때는 날개를 돌이키고 울부짖는다.(凡生天地之間者, 有血氣之屬必有知, 有知之屬莫不知愛其類, 今是大鳥獸則失喪其羣匹, 越月踰時焉則必反巡過其故鄕, 翔回焉, 鳴號焉.)'⁹라고 하였다. 새나 짐승조차 그 피붙이가 죽었을 적에는 슬퍼하고 괴로워하며, 죽은 때를 기억한다고 하였으니 사람인들 말해 무엇하겠는가.

그렇지만 슬픔을 견디고 예(禮)에 따라 돌아가신 분을 장례(葬禮)치르는 것도 중요한 일이다. 예기(禮記)에 의하면 '자공(子貢)이 부모의 상(喪)에 대하여 물으니, 공자(孔子)께서 이르시기를 "공경하는 것이 상(上)이고, 슬퍼하는 것이 그 다음이며, 자기 몸을 수척하게 만드는 것이 하(下)가 된다."(子貢問喪, 子曰, 敬爲上, 哀次之, 瘠爲下.)'¹⁰라고 하였다. 즉 공자(孔子)는 상(喪)을 당하여 지극하게 슬픈 중에도 정성스런 예법(禮法)을 지켜야 함을 강조하였다.

또한 올바른 예절(禮節)이란 그 표현 형식만을 정확히 지킨다고 해서 되는 것이 아니다. 오히려 그 예절(禮節)에 들어있는 근본정신을 잘 이해하고 이를 바탕으로 자연스럽게 표현¹¹하는 것이 올바른 예절(禮節)이

---

9 예기(禮記), 삼년간편(三年間篇).

10 예기(禮記), 잡기(雜記) 하편(下篇).

11 성균관(成均館, 1993), 유림교양전서(儒林敎養全書), p. 167.

다. 공자(孔子)는 부모를 섬기는 효(孝)와 예(禮)에 대하여 "콩을 씹고 물을 마시게 해도 그 즐거움을 다하게 하면 이것을 효도(孝道)라고 한다. 머리와 발의 모양을 거두어서 이내 장사(葬事)지내면 곽(槨)이 없더라도 그 재산에 맞게 하면 이것을 예(禮)라고 한다.(孔子曰, 啜菽飮水, 盡其歡, 斯之謂孝, 斂首足形, 還葬而無槨, 稱其財, 斯之謂禮.)"[12]라고 하였다.

---

12 예기(禮記), 단궁(檀弓) 하편(下篇).

제2절 상례(喪禮)

1. 초종(初終)

주자가례(朱子家禮)의 초종(初終)을 간추리면 다음과 같다.[13]

■ 질병이 있으면 정침(正寢)으로 옮겨 거처한다.(疾病, 遷居正寢.)

■ 이미 숨이 끊어졌으면 곧 곡(哭)을 한다.(旣絶乃哭.)

■ 돌아오시라고 복(復)을 한다.(復.)

■ 상주(喪主)를 세운다.(立喪主.)

■ 주부(主婦)를 세운다.(主婦.)

■ 호상(護喪)을 세운다.(護喪.)

■ 사서(司書)와 사화(司貨)를 세운다.(司書司貨.)

■ 이에 옷을 갈아입고, 음식을 먹지 않는다.(乃易服不食.)

■ 관(棺)을 만든다.(治棺.)

■ 친척과 동료, 친구에게 부고(訃告)한다.(訃告于親戚僚友.)

초상(初喪)은 운명(殞命)에서 졸곡(卒哭)까지를 일컫지만, 일반적으로 쓰일 때는 운명(殞命)에서 전(奠)까지[14]를 말한다. 그러나 사람에 따라서는 운명(殞命), 수시(收屍), 초혼(招魂), 습(襲), 소렴(小斂), 대렴(大斂)까지[15]를 초상(初喪)으로 보는 때도 있다. 또한 초상(初喪)을 초종(初終)이라고도 한다.

가. 운명(殞命)과 수시(收屍)

주자가례(朱子家禮)에서는 운명(殞命)하기 전에 해야 할 일들을 다음과

---

13 주희(朱熹) 저, 임민혁 옮김(1999), 주자가례, 예문서원, pp. 199~211.
14 권영한(1998), 사진으로 배우는 관혼상제(冠婚喪祭), 전원문화사, pp. 135~143.
15 신희철(申羲澈) 編著(1990), 상례요람(常禮要覽), 보경문화사, pp. 59~79.

같이 나타내고 있다. 병이 있으면 정침(正寢)[16]으로 옮긴다.(凡疾病, 遷居正寢.)[17] 정침(正寢)으로 옮겨 거처한다는 것은 오직 집안 주인(主人)만이 그러하다. 나머지는 각각 그 거처하는 실(室) 안으로 옮긴다.(惟家主爲然, 餘人則各遷于其所居之室中.)[18] 병이 심할 때는 안팎을 모두 쓸어버린다. 임금과 대부는 현(縣)을 거두고 사(士)는 금슬(琴瑟)을 멀리한다. 눕힌 곳은 북쪽 바라지 밑에서 머리를 동쪽으로 향하게 한다. 침상을 치우고 더러운 옷을 벗기고 새 옷을 입힌다. 체(體; 팔과 다리)마다 한 사람씩 있고 남녀가 옷을 갈아입고서 새 솜을 대서 숨이 끊어지기를 기다린다.(疾病, 外內皆埽, 君大夫徹縣, 士去琴瑟, 寢東首於北牖下. 廢床, 徹褻衣, 加新衣, 體一人, 男女改服, 屬纊以俟絶氣.)[19] 남자는 부인의 손에 죽지 않고, 부인은 남자의 손에 죽지 않는다.(男子不死於婦人之手, 婦人不死於男子之手.)[20]

또한 예기(禮記)에서는 어버이가 돌아가신 이후를 다음과 같이 나타내고 있다. 어버이가 처음 돌아가시면, 관(冠)을 버리고 비녀와 머리싸개만 남기고 발을 벗는다. 옷자락을 허리에 끼고, 교수(交手)하여 곡(哭)을 한다. 가엾고 슬픈 마음과 아프고 병든 의식으로 신(腎)이 상하고 간(肝)이 마르며 폐(肺)를 태운다. 저 서럽고 애통한 것이 마음에 있으니, 그러므로 모양은 변하여 밖에 나타나고, 애통하고 병들어 마음에 잠겨 있으니, 그러므로 입은 단맛을 모르고 몸은 편안하게 안락하지 못한다.(親始死, 雞斯徒跣, 扱上衽, 交手哭, 惻怛之心, 痛疾之意, 復腎, 乾肝, 焦肺. 夫悲哀在中, 故形變於外也, 痛疾在心, 故口不甘味, 身不安美也.)[21]

---

16 정침(正寢)은 주인(主人)의 방, 혹은 제사(祭祀)를 모시는 방을 가리킨다.

17 주희(朱熹) 저, 임민혁 옮김(1999), 주자가례, 예문서원, p. 199.

18 주희(朱熹) 저, 임민혁 옮김(1999), 주자가례, 예문서원, p. 199.

19 예기(禮記), 상대기편(喪大記篇).

20 예기(禮記), 상대기편(喪大記篇).

21 예기(禮記), 문상편(問喪篇).

성균관(成均館)의 유림교양전서(儒林敎養全書)에는 죽음을 맞이하는 절차[22]를 다음과 같이 나타내고 있다.

위독하면 머리가 남쪽으로 향하게 눕힌다. 그리고 환자가 보고 싶어 할 사람과 환자를 보아야 할 사람에게 알리며 조용히 환자의 곁을 지키며 유언(遺言)을 듣도록 한다. 환자의 더러워진 옷을 깨끗한 옷으로 갈아 입히며, 집의 안팎을 정리하고 환자가 세상을 떠났을 때 알려야 할 사람을 기록해 두며 가족이 해야 할 일을 정리해둔다. 가능하면 환자의 곁을 의사가 지키도록 하고, 그렇지 못할 때는 환자의 입이나 코 위에 솜 등을 얇게 펴놓아 숨지는 것을 알 수 있도록 한다. 환자가 숨지면 의사를 청해 사망을 확인하고, 사망진단서를 받는다. 사망이 확인되면 지키던 가족과 친척은 슬픔을 다한다.

시신(屍身)을 바르게 했으면 아들은 동쪽에 앉고, 부인은 서쪽에 앉는다.(旣正尸, 子坐于東方, 夫人坐于西.)[23] 숨을 거둔 후 한 시간 내에 반드시 죽은 이의 가족이 시신(屍身)을 잘 수습하여 모신다. 이때 남자 시신(屍身)은 남자 근친(近親)이 하고, 여자 시신(屍身)은 여자 근친(近親)이 한다.

시신(屍身)의 얼굴을 백지로 덮은 후 칠성판(七星板) 위에 눕히고 홑이불을 덮는다. 이 절차는 아주 정성껏 해야 한다. 만일 소홀히 하면 수족(手足)이 오그라들어 펴지지 않으므로 염습(殮襲)할 때 큰 걱정이 생기게 된다.[24] 그 방법[25]은 다음과 같다.

ㅇ시신(屍身)의 눈을 쓸어내려 잠자듯이 감긴 후 머리가 남쪽으로 가도록 방의 한쪽에 반듯이 눕힌다.

---

22 성균관(成均館, 1993), 유림교양전서(儒林敎養全書), p. 168.

23 예기(禮記), 상대기편(喪大記篇).

24 조선일보사(1994), 사진과 그림으로 보는 가정의례, p. 133.

25 성균관(成均館, 1993), 유림교양전서(儒林敎養全書), p. 169.

○시신(屍身)의 발바닥이 벽에 닿도록 하여 반듯한 모습으로 유지하고, 무릎을 곧게 펴서 붕대나 백지 등으로 묶는다.

○두 손은 배 위로 모아 오른손이 위로 가도록 포갠 후(이는 남자의 경우이며 흉사(凶事)이므로 공수(拱手)를 이렇게 한 것이다. 여자는 왼손이 위로 가도록 한다.) 역시 붕대나 백지 등으로 묶는다.

○시신(屍身)의 머리를 반듯하게 유지하고 입에는 나무젓가락 등에 솜을 말아 물려서 오므라들지 않도록 한 후, 솜으로 귀를 막고 거즈 등으로 코와 잎을 덮어 이물질이 들어가지 못하도록 한다.

○홑이불로 얼굴을 포함한 몸 전체를 덮는다.

○시신(屍身) 앞을 병풍이나 장막으로 잘 가리고, 그 앞에 향상(香床)을 차려 향(香)을 피우며 두 개의 촛대를 좌우에 세워 촛불을 켠다.

○방안의 지저분한 것들을 치우고 방을 정리한다.

나무젓가락으로 이(齒)를 고이는 것은 입이 닫히지 않게 하여 염(殮)할 때 낱알을 물리게 하려고 함이고[반함(飯含)], 발을 나란하게 하는 것은 뒤틀리지 않게 하려 함이다. 홑이불로 덮되 네 귀퉁이를 잘 여미면서 틈이 없게 하여 벌레가 들어가지 못하도록 한다.[26]

수시(收屍)와 초혼(招魂)은 동시에 진행된다.[27]

나. 초혼(招魂)

초혼(招魂)이란 속옷을 들고 지붕 위에 올라가 망인(亡人)의 이름을 부르는 의식(儀式)으로, 고복(皐復)이라고도 한다. 초혼(招魂)하는 이유는 망인(亡人)의 혼(魂)이 정처 없이 방황하는 중에 망인(亡人)을 세 번 부르

---

26 이재(李縡), 국역 사례편람(四禮便覽), 우봉이씨 대종회, 명문당, p. 69.

27 성균관(成均館, 1985), 유림편람(儒林便覽), 유도회총본부(儒道會總本部), p. 104.

면 그 떠다니는 영혼이 부르는 소리를 듣고 종종 다시 회생(回生)하기 때문[28]이며, 이렇게 해도 살아나지 않아야 비로소 죽은 것으로 인정[29]하고 곡(哭)을 하는 것이라고 했다.

초혼(招魂)은 망인(亡人)의 속적삼을 가지고 지붕이나 옥상에 올라가 왼손으로는 옷깃을 잡고, 오른손으로는 옷 허리를 잡아 북녘 하늘을 향하여 망인(亡人)의 성명을 세 번 외우고 복(復)을 세 번 한 뒤 그 옷을 망인(亡人)의 가슴에 덮은 후 곡(哭)을 한다.[30]

예기(禮記)에 이르기를 '초혼(招魂)은 사랑을 극진히 하는 도(道)로서 도사(禱祠)하는 마음이 있는 것이다. 유계(幽界)에서 돌아오기를 바라는 것은 귀신에게 구하는 도(道)이다.(復盡愛之道也 有禱祠之心焉, 望反諸幽, 求諸鬼神之道也.)'[31]라고 하였다. 또한 그 방법은 다음과 같다. 동영(東榮; 동쪽 모퉁이)으로 올라가 중옥(中屋)에서 용마루를 밟고 북면(北面)해서 세 번 부른다. 옷을 말아서 앞으로 던지면 사복(司服)이 이를 받는다. 서북(西北)의 영(榮)으로부터 내려온다.(升自東榮, 中屋履危, 北面三號, 卷衣投於前, 司服受之, 降自西北榮.)[32]

또한 주자가례(朱子家禮)에서는 유장(劉璋)을 인용하여 '무릇 복(復)을 할 때 남자는 이름(名)을 부르고, 여자는 자(字)를 부른다. 돌아오시라고 하는 소리를 반드시 세 번 하는 것은 예(禮)가 세 번에서 이루어지기 때문이다.(劉氏璋曰, 喪大記曰, 凡復男子稱名, 女人稱字. 復聲必三者, 禮成於三也.)'[33]라고 하였다.

---

28 주병문(朱柄文, 1980), 축문집(祝文集), 필사본, p. 2.

29 조선일보사(1994), 사진과 그림으로 보는 가정의례, p. 134.

30 주병문(朱柄文, 1980), 축문집(祝文集), 필사본, p. 2.

31 예기(禮記), 단궁(檀弓) 하편(下篇).

32 예기(禮記), 상대기편(喪大記篇).

33 주희(朱熹) 저, 임민혁 옮김(1999), 주자가례, 예문서원, p. 202.

그리고 망인(亡人)을 데리러 온다고 믿었던 저승의 사자(使者)를 대접함으로써 편하게 모셔가 달라는 뜻[34]에서 대문 앞에 사잣밥을 준비하는데, 저승사자는 흔히 셋이라 하여 상을 차릴 때도 밥과 술, 짚신, 돈 등을 셋씩 차린다. 밥과 반찬은 요기로, 짚신은 먼 길에 갈아 신으라고 준비한 것이고, 돈은 망인(亡人)의 영혼을 부탁하는 일종의 뇌물이다. 반찬은 간장이나 된장만 차리는데 사자들이 간장을 먹으면 물을 켜게 되어 자주 쉬거나, 망자(亡者)가 물을 마시고 이승으로 돌아올 것으로 기대하기 때문[35]이다.

초혼(招魂)이 끝나면 처와 자식은 모두 관(冠)과 웃옷을 벗고 머리를 푼다. 머리를 푸는 제도는 당(唐)나라 현종 때 개원(開元)의 예(禮)에서 시작되었으니, 이전에는 부모상을 만나면, 다만 관(冠)만 벗을 뿐이었다.[36]

남자는 위 섶을 끼우고 맨발을 한다. 나머지 복(服)이 있는 사람은 모두 화려한 장식을 없앤다. 양자(養子)로 간 사람은 본래 낳아준 부모를 위해, 그리고 시집간 여자는 모두 머리를 풀거나 맨발을 하시 않는다. 모든 자식은 3일 동안 먹지 않는다. 기년(朞年)과 구월(九月)의 상복(喪服)을 입는 사람들은 세 끼를 먹지 않는다. 오월(五月)과 삼월(三月)의 상복(喪服)을 입는 사람들은 두 끼를 먹지 않는다. 친척이나 이웃 사람들이 죽을 쑤어 먹이는데, 어른이 강권하면 조금 먹어도 괜찮다.(妻子婦妾, 皆去冠及上服被髮, 男子扱上衽徒跣, 餘有服者, 皆去華飾. 爲人後者, 爲本生父母, 及女子已嫁者, 皆不被髮徒跣. 諸子三日不食, 期九月之喪, 三不食. 五月三月之喪, 再不食. 親戚鄰里, 爲糜粥以食之. 尊長强之少食可也.)[37]

부모가 돌아가시면 그 자식은 부모를 돌아가시게 한 죄인이라고 생각

---

34 조선일보사(1994), 사진과 그림으로 보는 가정의례, p. 134.
35 임재해(1996), 전통 상례, 대원사, p. 24.
36 이재(李縡), 국역 사례편람(四禮便覽), 우봉이씨 대종회, 명문당, p. 71.
37 주희(朱熹) 저, 임민혁 옮김(1999), 주자가례, 예문서원, p. 206.

하였으므로[38] 초혼(招魂)이 끝나면 차림과 행위를 죄인처럼 하여야 하는데 머리를 풀어헤치고 맨발에 흰옷을 입는다. 이런 차림은 죄인이란 의미 이외에도 부모가 돌아가신 상황이 옷을 제대로 갖춰 입을 수 없을 정도로 정신을 잃게 했다는 의미를 지닌다. 그리고 남자는 관(冠)을 벗고 맨발을 하며 모든 아들은 3일을 먹지 않으며 방에는 불을 때지 않는다.[39]

남자 상주(喪主)는 두루마기를 입되 부친상을 당했을 때는 왼쪽 소매를 꿰지 않고[좌단(左袒)], 모친상을 당했을 때는 오른쪽 소매를 꿰지 않는데[우단(右袒)] 이를 육단(肉袒)이라 한다. 예기(禮記)에 이르기를, 지극히 공경함은 복종하는 것이다. 절하는 것도 복종하는 것이다. 머리를 조아리는 것은 복종하는 것 중에서도 심한 것이다. 육단(肉袒) 하는 것은 복종하는 것의 다함이다. (敬之至也, 服也, 拜服也, 稽首, 服之甚也, 肉袒, 服之盡也.)[40]라고 하였다.

다. 상주(喪主)와 주부(主婦)

초혼(招魂)을 마치면 상주(喪主)와 주부(主婦)를 세우고, 호상(護喪)과 사서(司書), 사화(司貨)를 세운다.

주자가례(朱子家禮)에서는 '남자 주인(主人)은 반드시 동성(同姓)을 시키고, 부인 주인(主人)은 반드시 이성(異姓)을 시킨다. (男主必使同姓, 婦主必使異姓.)'[41]라고 하였다. 상주(喪主)는 그 상(喪)의 바깥 주인(主人)이고, 주부(主婦)는 안 주인(主人)이다. 아내의 상(喪)일 경우에는 남편이 상주(喪主)이며 며느리가 주부(主婦)이다. 또한, 남편의 죽음에는 큰 아

---

38 임재해(1996), 전통 상례, 대원사, p. 25.
39 신희철(申義澈) 編著(1990), 상례요람(常禮要覽), 보경문화사, p. 64.
40 예기(禮記), 교특생편(郊特牲篇).
41 예기(禮記), 상복소기편(喪服小記篇).

들이 상주(喪主)이며, 부인은 주부(主婦)이다.

어머니가 돌아가시어 상사(喪事)가 생기면 그 상사(喪事)에는 아들이 장성하였어도 아버지가 생존해 계시면 아버지가 그 상사(喪事)의 상주(喪主)가 되고, 대개 축문(祝文)도 모두 남편이 아내에게 말하는 투로 써야 한다.(母喪 父在則 父爲喪主 凡祝辭 皆當用夫告妻之禮也.)[42] 처가(妻家) 측은 아무리 가까워도 상주(喪主)를 하지 못한다.[43]

망인(亡人)의 맏아들이 없으나 손자가 있으면, 망인(亡人)의 작은아들이 있다 하더라도 손자가 상주(喪主)가 되는데, 이를 승중(承重)이라 한다. 즉 승중(承重)은 부친이 돌아가신 후 조부모(祖父母)의 상(喪)을 부친(父親)을 대신하여 상주(喪主)가 되는 것[44]을 말한다.

라. 호상(護喪), 사서(司書), 사화(司貨)

초상(初喪)이 나면 상주(喪主)는 슬픔에 빠져 상례(喪禮)를 제대로 갖출 수가 없으므로 호상(護喪)을 정한다. 호상(護喪)은 자제 중에서 예(禮)를 알고 능히 처리할 수 있는 사람으로 한다. 상사(喪事)는 모두 그에게 물어본다.(護喪以子弟知禮能幹者爲之. 凡喪事皆稟之.)[45] 부고(訃告)는 호상(護喪)이 내는 것[46]이다.

조객(弔客)의 기록을 맡는 사람을 사서(司書)라 하고, 금전의 출납을 맡는 사람을 사화(司貨)라고 하며, 축문(祝文)을 쓰거나 읽는 사람을 축(祝)이라 한다.

---

42 이율곡(李栗谷) 著, 김성원(金星元) 譯(1986), 신완역 격몽요결(新完譯 擊蒙要訣)(喪制章), 明文堂, p. 77.

43 권영한(1998), 사진으로 배우는 관혼상제(冠婚喪祭), 전원문화사, p. 141.

44 신희철(申義澈) 編著(1990), 상례요람(常禮要覽), 보경문화사, p. 62.

45 주희(朱熹) 저, 임민혁 옮김(1999), 주자가례, 예문서원, p. 205.

46 신희철(申義澈) 編著(1990), 상례요람(常禮要覽), 보경문화사, p. 70.

마. 치관(治棺)

관(棺)을 짜는 것이 치관(治棺)이다. 예기(禮記)에서는 '호상(護喪)은 장
인(丈人)에게 명하여 나무를 골라 관(棺)을 만들도록 한다. 유삼(油杉)[47]이
상등(上等)이고, 잣나무가 다음이며, 토삼(土杉)[48]이 하등(下等)이다. 그
모양은 바르고 곧으며, 머리 부분은 크고 발 쪽은 작게 하여 겨우 몸을 넣
을 수 있도록 한다. 높고 크게 하거나, 허첨(虛簷)[49]과 고족(高足)[50]을 만들
지 않는다. 안팎 모두 회칠을 하고 안에는 역청(瀝靑)[51]을 녹여 부어서 두
께가 반 치 이상 되게 한다. 불에 익힌 조와 쌀가루를 그 바닥에 깔아 두께
가 네 치쯤 되게 하고 칠성판(七星板)[52]을 놓는다. (護喪命匠, 擇木爲棺. 油
杉爲上, 柏次之, 土杉爲下. 其制方直, 頭大足小, 僅取容身. 勿令高大, 及爲
虛簷高足. 內外皆用灰漆, 內仍用瀝靑溶瀉, 厚半寸以上. 以煉熟秫米灰鋪
其底, 厚四寸許. 加七星板.)'[53]라고 하였다. 이재(李縡) 선생은 잣나무(유
삼; 油杉)가 가장 좋고, 소나무가 그 다음[54]이라고 하였다.

바. 부고(訃告)

이렇게 한 후에는 발상(發喪)을 한다. 초상(初喪)난 것을 밖으로 알리
는 것을 발상(發喪)이라 한다.[55] 상가의 대문에 '기중(忌中)'이나 '상중(喪

---

47 유삼(油杉)은 동백기름 등에 절여둔 삼나무.
48 토삼(土杉)은 미리 벌채하여 기름에 절여둔 것이 아니라 바로 자른 삼나무.
49 허첨(虛簷)은 관의 사방 가장자리에 남는 판자가 있는 것으로, 처마처럼 만든 것.
50 고족(高足)은 땅에 닿는 판자에 네 다리를 설치한 것.
51 역청(瀝靑)은 동식물의 기름을 건류한 흑색 물질로 부패를 막고 빗물이 스며드는 것
   을 막는다.
52 칠성판(七星板)은 관의 바닥에 까는 널 조각. 북두칠성을 형상하여 일곱 구멍을 뚫거
   나 흑색 비단, 혹은 종이에 북두칠성을 형상하여 붙이기도 함.
53 주희(朱熹) 저, 임민혁 옮김(1999), 주자가례, 예문서원, p. 207.
54 이재(李縡), 국역 사례편람(四禮便覽), 우봉이씨 대종회, 명문당, p. 73.
55 권영한(1998), 사진으로 배우는 관혼상제(冠婚喪祭), 전원문화사, p. 140.

中)'이라 써서 붙이는 경우가 있는데, 원래 기(忌)자는 손아래 사람에게는 쓰는 말이 아니므로 '상중(喪中)'이라 쓰면 손위나 아래에 모두 합당하다.[56] 다음 [서식 4-1]부터 [서식 4-3]은 부고(訃告)의 서식이다.

[서식 4-1] 부고(訃告) ①[57]

某位座前	年號 月 日 護喪姓名上	專人訃告	不幸於某月某日棄世	某親某人以某月某日得疾
모위좌전	연호 월 일 호상성명상	전인부고	불행어모월모일기세	모친모인이모월모일득질

아무 친족 아무개가 아무 달 아무 날에 질병을 얻어 불행하게도 아무 달 아무 날에 별세하셨기에 사람을 보내어 알립니다.

　　　　　　　　　　　　　　　　　　년　월　일　호상　성명　올림

○○○ 좌전

　부고(訃告)는 친지들에게 망인(亡人)의 죽음을 알리는 글이다. 부고(訃告)는 호상(護喪)의 이름으로 작성하며, 호상(護喪)이 보내는 것이므로 문맥도 호상(護喪)의 입장에서 작성[58]한다. 그리고 현대에는 상주(喪主)와 주부(主婦) 이하 근친의 친지에게도 보내므로 성인이 되어 사회활

---

56 신희철(申羲澈) 編著(1990), 상례요람(常禮要覽), 보경문화사, p. 61.
57 이재(李縡), 국역 사례편람(四禮便覽), 우봉이씨 대종회, 명문당, p. 74.
58 권영한(1998), 사진으로 배우는 관혼상제(冠婚喪祭), 전원문화사, p. 145.

동을 하는 근친을 아울러 쓰고, 발인(發靷) 일시와 장소 및 장지(葬地)도 함께 쓴다.

[서식 4-2] 부고(訃告) ②[59]

○ ○
○ ○
○ ○
대 大
인 人
○ ○
○ ○
공 公
이 以
숙 宿
환 患

○ ○月
○ ○日
○ ○時
별세 別世
자이 茲以
고부 告訃

발인 發靷
○ ○月
○ ○日
○ ○時
자택 自宅

장지 葬地
○ ○郡
○ ○面
○ ○里
○ ○座
지 之
원 原

○ ○年
○ ○月
○ ○日

호 護
상 喪
○ ○
○ ○
상 上

○○○(상주 이름) 씨의 부친 ○○공께서 숙환으로 ○월 ○일 ○시에 자택에서 별세하셨기에 이에 알립니다.

발인 : ○월 ○일 ○시 자택

장지 : ○○군 ○○면 ○○리 ○○좌향

○년 ○월 ○일

호상 ○○○ 올림

앞의 ○○○에는 상주(喪主) 성명을 쓰고, 뒤의 ○○에는 망인(亡人)을 쓴다. 내인(大人)이란 표현은 망인(亡人)이 부친일 경우에 쓰며 모친은 대부인(大夫人)이라 하고 조부는 왕대인(王大人), 조모는 왕대부인(王大夫人)이라 쓴다.

다음 [서식 4-3]은 한글식 부고(訃告) 작성이다.

---

59 성균관(成均館, 1985), 유림편람(儒林便覽), 유도회총본부(儒道會總本部), pp. 106~107.

부　고

○○고등학교 ○○○의 아버님 김해 ○○○선생님께서 숙환으로 ○월 ○
일 오후 ○시 자택에서 세상을 떠나셨기에 슬픈 소식을 알립니다.

발인일시 : ○○○○년 ○월 ○일 오전 ○○시
발인장소 : 충남 ○○군 ○○면 ○○리 자택
장지 : 충남 ○○군 ○○면 ○○리 후록

주상	사자	○○
주부	미망인	○○○
자		○○
여		○○
사위		○○○

○○○○년 ○월 ○일
○○○좌하 호상 ○○○상

한글식 부고의 작성 방법은 사망 원인이 지병이면 '숙환(宿患)'이라 하
고, 노인의 경우에는 '노환(老患)'이라 쓴다. 망인(亡人)과 상주(喪主)와의
관계를 반드시 쓰는데 위의 예에서 사자(嗣子)는 장자(長子)라는 뜻이며,
큰손자가 상주(喪主)면 승중(承重)이라 쓰고, 아내의 상(喪)에 남편이 상
주(喪主)면 부(夫)라 쓴다.

조문객(弔問客)의 출입을 적는 책을 부상(父喪)이면 조객록(弔客錄)이
라 하고, 모상(母喪)에는 조위록(弔慰錄)이라 한다. 부의(賻儀)의 수납을
적는 책은 다 같이 부의록(賻儀錄)이라 한다.[61]

---

60 성균관(成均館, 1993), 유림교양전서(儒林教養全書), pp. 170~171.

61 대천문화원(1987), 傳統禮節, 明文堂, p. 95.

2. 목욕(沐浴), 습(襲), 전(奠), 반함(飯含)

주자가례(朱子家禮)의 목욕(沐浴), 습(襲), 전(奠), 반함(飯含)의 절차를 간추리면 다음과 같다.[62]

- 집사(執事)가 휘장과 상을 설치하고 시신(屍身)을 옮기고 구덩이를 판다.(執事者設幃及牀, 遷尸, 掘坎.)
- 습(襲)할 옷을 진설한다.(陳襲衣.)
- 목욕과 반함(飯含)할 도구를 진설한다.(沐浴飯含之具.)
- 이에 목욕시킨다.(乃沐浴.)
- 습(襲)을 한다.(襲)
- 시신(屍身)을 침상에 옮겨 당(堂)의 중간에 놓는다.(徙尸牀, 置堂中間.)
- 이에 전(奠)을 진설한다.(乃設奠.)
- 상주(喪主) 이하는 자리에서 곡(哭)한다.(主人以下, 爲位而哭.)
- 이에 반함(飯含)을 물린다.(乃飯含.)
- 시종(侍從)은 염습(殮襲)을 마치면 이불로 덮는다.(侍者卒襲, 覆以衾.)

주자가례(朱子家禮)에서는 목욕과 습(襲)을 위한 준비를 다음과 같이 나타내고 있다.

집사(執事)가 휘장으로 침실을 가린다. 시종(侍從)은 시상(尸牀)[63] 앞에 상(床)을 놓되 가로로 놓는다. 대자리를 펴고 보통 자리는 걷으며, 자리와 베개를 놓는다, 시신(屍身)을 그 위로 옮기는데 머리를 남쪽으로 한다. 이불로 넓는다. 가려진 깨끗한 땅에 구덩이를 판다.(執事者以 幃障 臥內. 侍者設牀於尸牀前, 縱置之. 施簀去薦, 設席枕. 遷尸其上南首. 覆以衾. 掘坎于屏處潔地.)[64]

---

62 주희(朱熹) 저, 임민혁 옮김(1999), 주자가례, 예문서원, pp. 212~227.
63 시신(屍身)이 상(牀) 위에 있을 때는 시(尸)라 하고, 관(棺) 속에 있을 때는 구(柩)라 한다.
64 주희(朱熹) 저, 임민혁 옮김(1999), 주자가례, 예문서원, p. 212.

탁자를 당(堂) 앞의 동쪽 벽 아래에 진설한다. 옷깃을 서쪽으로 하는데, 남쪽이 위이다. 복건(幅巾)[65]은 하나이다. 충이(充耳)[66]는 둘인데, 대추 씨 크기만 한 흰 솜을 써서 귀를 막는다. 멱목(幎目)[67]은 비단으로 사방 1자 2치로 얼굴을 덮는 것이다. 악수(握手)[68]는 길이 1자 2치 너비 5치의 비단으로 손을 싸는 것이다. 심의(深衣) 한 벌, 큰 띠 하나, 신 둘, 포(袍)와 오(襖)[69], 한삼(汗衫), 바지, 버선, 늑백(勒帛)[70], 과두(裹肚)[71] 따위는 쓰임의 다소(多少)에 따른다. (以卓子陳于堂前東壁下. 西領南上. 幅巾一, 充耳二, 用白纊, 如棗核大, 所以塞耳者也. 幎目帛方尺二寸, 所以覆面者也. 握手用帛, 長尺二寸廣五寸, 所以裹手者也. 深衣一, 大帶一, 履二, 袍襖汗衫袴襪勒帛裹肚之類, 隨所用之多少.)[72]

탁자를 당(堂) 앞 서쪽 벽 아래에 진설하는데, 남쪽이 위이다. 동전 3개를 작은 상자에 넣는다. 쌀 2되는 새 물로 씻어 깨끗하게 해서 주발에 담는다. 빗 하나, 머릿수건 하나, 몸 닦을 수건 둘은 상체(上體)와 아세(下體)에 각각 하나씩 놓는다. (以卓子陳于堂前西壁下, 南上. 錢三實於小箱. 米二升以新水淅令精, 實於盌. 櫛一, 沐巾一, 浴巾二, 上下體各用其一也.)[73]

---

65 복건(幅巾) : 머리를 뒤로 싸서 덮는 비단 두건.

66 충이(充耳) : 귀마개.

67 멱목(幎目) : 시신의 얼굴을 덮는 천으로 검은색.

68 악수(握手) : 손을 감싸는 것으로 검은 천을 쓰는데, 속은 분홍색임.

69 포오(袍襖) : 겉에 입는 옷으로 솜이 있으면서 긴 것을 포(袍), 역시 솜이 있으면서 은 것을 오(襖)라 함.

70 늑백(勒帛) : 시신의 발을 싸는 것.

71 과두(裹肚) : 두(肚)는 배(腹)의 뜻이며, 시신의 배와 허리를 감싸는 비단.

72 주희(朱熹) 저, 임민혁 옮김(1999), 주자가례, 예문서원, p. 213.

73 주희(朱熹) 저, 임민혁 옮김(1999), 주자가례, 예문서원, p. 217.

가. 목욕(沐浴)

목욕(沐浴)에 쓰이는 물은 향나무를 삶은 물이나 쑥을 삶은 물이다. 정갈하게 손과 발을[74] 닦으며 향탕수(香湯水)나 수건은 머리 부분, 윗몸, 아랫몸을 구별[75] 하여 쓰기도 한다.

습(襲)이나 염(殮)할 때 바닥에 까는 널빤지를 칠성판(七星板)이라 한다. 두께는 다섯 푼(약 1.5센티미터)이며 북두칠성 모양의 구멍을 뚫어 놓았기 때문[76]에 칠성판(七星板)이라고 한다.

다음은 목욕시키는 준비물의 배치[77]와 그 절차이다.

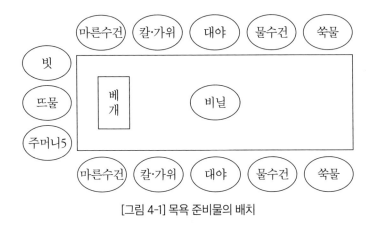

[그림 4-1] 목욕 준비물의 배치

ㅇ시신(屍身)의 머리, 허리, 다리 쪽을 양쪽에서 조심스럽게 들어 비닐 위로 옮긴다.

ㅇ머리 쪽의 홑이불을 벗기고, 입에 물린 보침물을 빼고, 준비해 눈 뜨물로 머리를 감긴 후 마른 수건으로 닦고 빗으로 머리를 곱게 빗긴

---

74 조선일보사(1994), 사진과 그림으로 보는 가정의례, p. 137.

75 대천문화원(1987), 傳統禮節, 明文堂, p. 98.

76 권영한(1998), 사진으로 배우는 관혼상제(冠婚喪祭), 전원문화사, p. 144.

77 성균관(成均館, 1993), 유림교양전서(儒林敎養全書), pp. 173~174.

다. 이때 빠지는 머리털은 주머니 하나에 담는다.

O 수시(收屍)할 때 묶었던 끈을 풀고, 쑥물로 세수를 시킨 뒤 마른 수
건으로 물기를 닦아낸다. 홑이불로 얼굴을 덮는다.

O 위에서 아래까지 홑이불을 들추고 옷을 벗긴다. 잘 벗겨지지 않을 때
는 칼이나 가위로 잘라낸다. 이때 칼이나 가위, 수건 등이 시신(屍身)의
위를 넘지 않도록 한다. 이러한 이유로 미리 양쪽에 준비하는 것이다.

O 시신(屍身)의 앞을 위에서부터 아래까지 물수건에 쑥물을 묻혀 깨
끗이 닦은 후 마른 수건으로 물기를 닦아낸다. 몸의 좌우와 뒤도 마
찬가지로 한다.

O 주머니 다섯 개와 칼, 가위만 남기고 모든 목욕 준비물과 벗겨낸 헌
옷들을 일정한 곳에 치운다. 이는 구덩이를 파고 묻기도 하고 때로
는 보관했다가 묘소에 가서 태우기도 한다.

나. 습(襲)

습(襲)이란 시신(屍身)을 씻겨드린 후 옷을 입히는 의식(儀式)이다. 이
에 비하여 염(殮)은 돌아가신 분을 이불에 싸서 묶고 입관(入棺)하기 위
한 절차인데, 고례(古禮)에는 습(襲)과 염(殮)을 분리하여 행하였고, 염
(殮)은 다시 소렴(小殮)과 대렴(大殮)으로 구분[78]하였으나 요즈음은 습
(襲)과 염(殮)을 함께 행하는 경우가 있어, 이를 '습염(襲殮)'이란 말로 함
께 부르기도 한다. '염습(殮襲)'이란 말은 글자의 순서에서 잘못되었으므
로 바른 표현이 아니다.

습(襲)이나 염(殮)은 상주(喪主)가 직접 하는 것이 아니라 상주(喪主)는
곡(哭)만 하고 근친(近親)이 한다.[79] 습(襲)은 망인(亡人)이 남자이면 남자

---

78 권영한(1998), 사진으로 배우는 관혼상제(冠婚喪祭), 전원문화사, p. 148.

79 성균관(成均館, 1985), 유림편람(儒林便覽), 유도회총본부(儒道會總本部), p. 106.

근친(近親)이 하고, 그리고 여자이면 여자 근친(近親)이 한다. 목욕시키거나 습(襲)하는 사람 이외에는 모두 방 밖에서 슬픔을 나타내며 대기한다.

이때 시신(屍身)이 입는 옷을 수의(壽衣)라 한다. 수의(壽衣)를 바느질할 때에는 가는 길에 막힘이 없으라는 의미에서 실의 매듭을 짓지 않으며, 또한 치수나 폭수에서 짝수로 하지 않고 홀수로 하며, 산 사람의 옷과는 반대로 오른쪽 섶이 밖으로 나오게 여미도록 만든다.[80]

준비할 수의(壽衣)[81]는 다음과 같다.

ㅇ복건(幅巾) : 머리를 싸서 덮는 검은 명주 수건.

ㅇ두건(頭巾) : 머리를 씌우는 수건.

ㅇ망건(網巾) : 머리카락을 싸는 건.

ㅇ명목(瞑目) : 눈을 가리는 것.

ㅇ충이(充耳) : 새 솜으로 귀를 막는 것.

ㅇ악수(幄手) : 손을 싸매는 것.

ㅇ속옷 : 속적삼과 속바지.

ㅇ겉옷 : 바지, 저고리, 버선, 대님, 요대(허리띠), 행전, 두루마기, 조대(條帶), 대대(大帶), 토수(吐手).

ㅇ신 : 검은 비단에 종이를 붙여서 만든 신.

ㅇ천금(天衾) : 시신(屍身)을 덮는 홑이불.

ㅇ지금(地衾) : 시신(屍身)의 밑에 까는 요.

ㅇ속포(束布), 장포(長布) : 시신(屍身)을 묶는 것으로, 한지나 삼베.

다음은 습(襲)에서 옷을 입히는 배치도 및 절차이다.[82]

ㅇ웃옷은 속저고리부터 도포나 활옷까지 전부 겹쳐서 소매를 한데 꿰

80 한명희(韓明熙), 유교의례(儒教儀禮)를 배우자, 유교신문(儒教新聞), 1995년 2월 15일자.
81 권영한(1998), 사진으로 배우는 관혼상제(冠婚喪祭), 전원문화사, pp. 151~152.
82 성균관(成均館, 1993), 유림교양전서(儒林教養全書), pp. 174~177.

놓고, 아래옷은 속바지부터 치마나 겉 바지까지 모두 겹쳐서 가랑이를 한데 꿰어놓는다. 이는 모든 옷을 단번에 입히기 위해서이다.

○수의(壽衣)를 다음 [그림 4-2]와 같이 벌려놓는다.

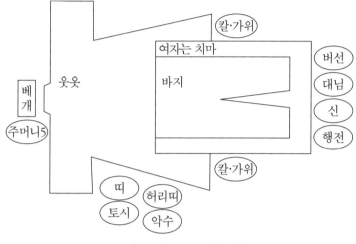

[그림 4-2] 습(襲)을 위한 배치

○시신(屍身)의 머리, 허리, 다리 쪽을 좌우에서 조심스럽게 들어 펼쳐진 옷 위로 반듯이 눕힌다.

○허리와 다리를 좌우에서 들고 홑이불을 들추고 아래옷 가랑이를 꿰어 입힌 뒤, 머리와 허리를 좌우에서 들고 홑이불을 떠들어 웃옷의 소매를 꿰어 입힌다.

○웃옷이나 아래옷의 섶을 여미는 방법은 산 사람과 반대로 왼쪽을 먼저 여미고, 오른쪽이 위가 되게 하여 나중에 여민다. 옷고름, 허리띠를 맨다.

○모든 끈은 다시는 풀 일이 없으므로 고[紐]를 내지 않는다.

○다섯 개의 주머니 중에서 하나에는 머리카락을 담고, 남은 네 개의 주머니에는 손톱과 발톱을 깎아 각각 나누어 담는다.

ㅇ버선을 신기고, 남자면 대님을 매고 행전을 친 후 신을 신긴다. 이어
남자면 토시를 끼우고 악수(握手)로 손을 싸서 묶는다.

ㅇ깨끗한 홑이불이나 소렴금(小殮衾)으로 시신(屍身)을 덮는다.

ㅇ시신(屍身)에 신을 신길 때는 끈으로 신코를 꿰어 발등에 메고, 남은
끈으로 두 발을 매서, 서로 흩어지지 않게 한다.[83]

다. 전(奠)

전(奠)을 올리는 것은 사사여사생(事死如事生; 돌아가신 분을 섬기기
를 살아 계신 분 섬기듯 한다.)의 뜻에서 생시와 같이 섬겨 주과포해(酒
果脯醢; 술과 과일과 포와 젓갈)를 시상(屍床; 즉 시신의 어깨 부근)에 드
리는데[84], 습염(襲殮)이 끝날 때까지 날마다 한 번씩 드린다. 전(奠)은 집
사자(執事者)가 드리며, 따라서 절하는 절차도 없다. 상주(喪主)는 슬픔
에 싸여 겨를이 없으므로 친히 전제(奠祭)를 드리지 못한다.[85]

라. 반함(飯含)

반함(飯含)이란 망인(亡人)이 저승까지 가는 동안에 먹을 식량을 입속
에 넣어 드리는 의식(儀式)이다.

주자가례(朱子家禮)에는 반함(飯含)에 대하여 다음과 같이 나타내고 있
다. 상주(喪主)는 곡(哭)으로 슬픔을 다하고, 왼쪽 소매를 앞에서부터 허리
오른쪽에 끼운다. 손을 씻고 상자를 들고서 들어간다. 시종 한 사람이 숟
가락을 꽂은 쌀 주발을 들고 따라가 시신(屍身)의 서쪽에 놓는다. 멱건(瞑
巾)을 들고 가서 베개를 치우고 얼굴을 덮는다. 상주(喪主)는 시신(屍身)의
동쪽으로 나아가 발을 기준으로 서쪽 상 위에 동향하여 앉는다. 멱건(瞑

83 이재(李縡), 국역 사례편람(四禮便覽), 우봉이씨 대종회, 명문당, p. 80.

84 대천문화원(1987), 傳統禮節, 明文堂, p. 95.

85 이재(李縡), 국역 사례편람(四禮便覽), 우봉이씨 대종회, 명문당, pp. 72~73.

巾)을 들고 숟가락으로 쌀을 조금 떠서 시신(屍身)의 입 오른쪽을 채우고 아울러 동전 하나를 넣는다. 또 왼쪽과 가운데도 역시 그처럼 한다. 상주(喪主)는 벗었던 왼쪽 소매를 입고 자리로 돌아간다.(主人哭盡哀, 左袒, 自前扱於腰之右. 盥手執箱以入. 侍者一人, 插匙於盌, 執以從, 置于尸西. 以瞑巾入, 徹枕覆面. 主人就尸東, 由足而西牀上坐東面. 舉巾以匙抄米, 實于尸口之右, 並實一錢. 又於左於中, 亦如之. 主人襲所袒衣, 復位.)[86]

반함(飯含)에 대하여 임재해는 다음과 같이 나타내고 있다. 상주(喪主)가 버드나무 수저를 이용하여 쌀을 넣어 드리며 첫술에 '백석이요.' 하고 둘째 술에 '천석이요.' 하면서 넣어드리고, 셋째 술에 '만석이요' 한다.[87] 또한 주병문(朱柄文)은 반함(飯含)을 할 때 '천석(千石), 만석(萬石), 구만석(九萬石)'[88]하며 경건히 넣어 드린다고 하였다. 지방에 따라서는 구슬을 넣어 드리는 일도 있다.

유림교양전서(儒林敎養全書)에 나타난 반함(飯含)의 복인(服人)의 위치와 절차[89]는 다음과 같다.

[그림 4-3] 반함(飯含)할 때 복인(服人)의 위치

86 주희(朱熹) 저, 임민혁 옮김(1999), 주자가례, 예문서원, p. 222.
87 임재해(1996), 전통 상례, 대원사, p. 33.
88 주병문(朱柄文, 1980), 축문집(祝文集), 필사본, p. 2.
89 성균관(成均館, 1993), 유림교양전서(儒林敎養全書), pp. 177~178.

○상주(喪主), 주부(主婦) 이하 모든 복인(服人)이 망인(亡人)을 모신 방으로 들어와 정해진 자리에 무릎을 꿇고 앉는다.

○주부(主婦)가 반함(飯含) 물을 쟁반에 들고 발 쪽으로 돌아서 상주(喪主)의 오른쪽에 꿇어앉는다.

○상주(喪主)가 아닌 아들이 망인(亡人)의 머리를 들고 주부(主婦)가 아닌 며느리가 베개를 뺀 뒤 머리를 바닥에 놓는다.

○상주(喪主)가 머리 쪽의 홑이불을 벗기고, 숟가락으로 쌀을 퍼넣는다. 이어서 왼쪽에 넣고 마지막으로 가운데에 넣는다.

○남은 반함(飯含) 준비물은 한쪽으로 치우고, 주부(主婦)가 발 쪽으로 돌아서 원래 자리로 돌아온다.

○상주(喪主), 주부(主婦) 이하 모든 복인(服人)이 극진하게 슬픔을 나타낸다.

○홑이불로 얼굴을 덮고 상주(喪主), 주부(主婦) 이하 근친들은 밖으로 나온다.

○솜으로 귀를 막은 다음 멱목(幎目)으로 얼굴을 덮어 끈으로 묶고, 복두(幅頭)를 씌워 끈으로 묶은 뒤 홑이불로 씌운다.

반함(飯含) 후에 왼쪽 어깨의 벗었던 옷을 입는다.[90] 예기(禮記)에서 이르기를 '꾸밈을 버리는 것은 아름다움을 버리는 것이니, 어깨를 드러내고 머리털을 묶는 것은 꾸밈을 버리는 것 중에서도 심한 것이다. 어깨를 드러낼 때도 있고, 옷을 입을 때도 있는 것은 슬픔의 절제이다.(去飾去美也 袒括髮 去飾之甚也 有所袒 有所襲 哀之節也)'[91]라고 하였다.

---

90 신희철(申羲澈) 編著(1990), 상례요람(常禮要覽), 보경문화사, p. 73.

91 예기(禮記), 단궁(檀弓) 하편(下篇).

3. 영좌(靈座), 혼백(魂魄), 명정(銘旌)

주자가례(朱子家禮)의 영좌(靈座), 혼백(魂魄), 명정(銘旌)에 대하여 간추리면 다음과 같다.[92]

> ■ 영좌(靈座)를 놓고 혼백(魂帛)을 설치한다.(置靈座, 設魂帛.)
> ■ 명정(銘旌)을 세운다.(立銘旌.)
> ■ 불사(佛事)를 일으키지 않는다.(不作佛事.)
> ■ 친구와 친분이 두터웠던 사람은 이에 이르러 들어가서 곡(哭)을 해도 된다.(執友親厚之人, 至是入哭可也.)

습(襲)을 마치면 영좌(靈座)를 마련하고 교의(交椅)에 혼백(魂帛)[93]을 설치한다. 혼백(魂帛)은 옛날에는 비단을 묶어[94] 만들었는데, 근래에는 백지를 접어 쓰기도 하며 사진으로 대신하기도 한다. 그리고 화톳불을 피우고 명정(銘旌)도 만들어 세워둔다.[95]

가. 영좌(靈座)

시신(屍身)의 남쪽에 횟대를 세우고 수건(휘장)으로 덮는다. 의자와 탁자를 그 앞에 놓고 흰 명주를 매듭지어 혼백(魂帛)을 만들어서 의자 위에 놓는다. 향로, 향합, 주전자, 술, 과일을 탁자 위에 진설한다. 시종은 아침저녁으로 빗질하고 세수하며 봉양할 도구를 진설하는데, 모두 평상시와 같이한다.(設橔於尸南, 覆以帕. 置倚卓其前, 結白絹爲魂帛, 置倚

---

92 주희(朱熹) 저, 임민혁 옮김(1999), 주자가례, 예문서원, pp. 227~236.
93 혼백(魂帛) : 흰 명주로 사람의 형상을 만들어 왼쪽에 죽은 사람의 생년월일시(生年月日時)를, 오른쪽에 졸년월일시(卒年月日時)를 써놓은 물건. 신주(神主)를 만들기 이전에 신주(神主)를 대신한다.
94 신희철(申義澈) 編著(1990), 상례요람(常禮要覽), 보경문화사, p. 73.
95 조선일보사(1994), 사진과 그림으로 보는 가정의례, p. 137.

上. 設香爐合盞注酒果於卓子上. 侍者朝夕設櫛頮奉養之具, 皆如平生.)[96]

영좌(靈座)란 죽은 사람을 위하여 전(奠)을 설치한 장소이다. 조객(弔客)이 죽은 이에게 슬픔을 나타내는 장소이며, 상차(喪次)는 상주(喪主)이하가 있는 장소이다. 대렴(大斂)이 끝나면 상주(喪主)는 상차(喪次)로 나가는데, 사랑채나 행랑채의 허름한 방이며 상주(喪主)가 탈상(脫喪)할 때까지 기거하는 방[97]이다. 대개 영좌(靈座)와 상차(喪次)는 붙여서 같은 장소에 설치한다. 상차(喪次)의 배치[98]는 다음 [그림 4-4]와 같이 한다.

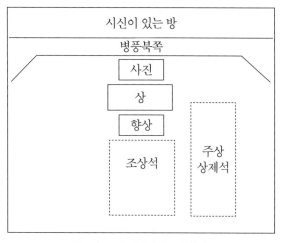

[그림 4-4] 상차(喪次)의 배치

[그림 4-4]에서 사진은 망인(亡人)의 사진이며, 상제들이 성복(成服)을 하기 전까지는 사진에 검은 리본을 걸지 않는다. 조상석(弔喪席)은 고운 자리를 깔아도 좋으나 상주(喪主) 이하가 앉는 자리는 거친 자리여야 한다. 영좌(靈座)와 상차(喪次)를 남녀(상주와 주부)가 한 곳에 설치하려면 주부

---

96 주희(朱熹) 저, 임민혁 옮김(1999), 주자가례, 예문서원, pp. 227~228.

97 권영한(1998), 사진으로 배우는 관혼상제(冠婚喪祭), 전원문화사, pp. 158~159.

98 성균관(成均館, 1993), 유림교양전서(儒林敎養全書), p. 172.

(主婦) 이하의 여자 상제들의 자리는 조상석(弔喪席)의 왼편[99]이어야 한다.

상차(喪次)에서 영좌(靈座)[100]를 따로 나타내면 아래의 [그림 4-5]와 같다. 다만 위의 [그림 4-4]에서는 사진으로 되어있으나 [그림 4-5]에서는 교의(交椅)에 혼백(魂帛)을 모신 경우이다.

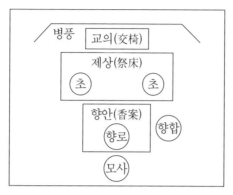

[그림 4-5] 영좌(靈座)의 배치

나. 혼백(魂帛)

위의 [그림 4-5]의 영좌(靈座) 배치에서 교의(交椅)가 있는데, 이는 혼백(魂帛)을 모시기 위한 다리가 긴 의자이다.

혼백(魂帛)은 너비 한 폭에 길이 1자 3치(약 40센티미터)인 흰색 비단, 마포 또는 백지를 접은 뒤 오색실로 동심결을 끼워 만든다. 이 혼백(魂帛)은 혼백함(魂魄函)이라는 상자에 넣어 교의(交椅) 위에 모신다. 혼백(魂帛)은 초우제(初虞祭)를 지낸 뒤에 깨끗한 땅을 가려 묻는다.

다. 명정(銘旌)과 공포(功布)

명정(銘旌)은 홍색 비단이나 명주의 전폭(全幅)에 백분(白粉)을 아교 즙에

---

99 성균관(成均館, 1993), 유림교양전서(儒林敎養全書), p. 172.

100 성균관(成均館, 1985), 유림편람(儒林便覽), 유도회총본부(儒道會總本部), p. 107.

타서 망인(亡人)의 관직과 성명을 해서(楷書)로 쓴 것이다. 명정(銘旌)의 규격은 삼품관(三品官) 이상은 9척, 오품관(五品官) 이상은 8척, 칠품관(七品官) 이상은 7척으로 하였다[101]고 하는데, 근래에는 5척 반으로 하기도[102]한다.

명정(銘旌)에는 '모관모공지구(某官某公之柩)'라고 쓰는데, 관직이 없으면 살아있을 때의 칭호를 따른다. 대나무로 깃대를 만드는데 그 길이와 같게 하고, 영좌(靈座)의 오른쪽에 기대어 놓는다.(書曰某官某公之柩, 無官卽隨其生時所稱. 以竹爲杠, 如其長, 倚於靈座之右.)[103]

부상(父喪)에는 '학생모관모성공지구(學生某貫某姓公之柩)'라 쓰고, 모상(母喪)에는 '유인모관성씨지구(孺人某貫姓氏之柩)'라 쓴다. 망인(亡人)이 관직이 있으면 그에 따른다. 명정(銘旌)은 운구(運柩)할 때에는 영구(靈柩)의 앞에 서서 그 행차를 표시하고 길잡이를 하며, 하관(下棺)할 때는 관(棺) 위에 덮어서 묻는다.

공포(功布)는 한 폭의 마포를 5척 반으로 하며 상여의 길잡이가 끝나면 하관(下棺)할 때에 관(棺) 위에 묻은 흙이나 먼지를 닦는다.

4. 소렴(小斂)

소렴(小斂)이란 시신(屍身)을 작은 이불로 싸고 맬 끈으로 묶는 것을 말한다. 소렴(小斂)은 돌아가신 다음 날에[104]하며, 날이 밝으면 집사자(執事者)는 소렴(小斂)에 쓸 옷과 이불을 준비한다.

주자가례(朱子家禮)에 이르기를 '고씨(高氏)가 말했다. "습의(襲衣)는 시신(屍身)에 옷을 입히는 것이고 염의(斂衣)는 싸는 것이다. 이것이 염(殮)

---

101 성균관(成均館, 1985), 유림편람(儒林便覽), 유도회총본부(儒道會總本部), p. 109.

102 주병문(朱柄文, 1980), 축문집(祝文集), 필사본, pp. 3~4.

103 주희(朱熹) 저, 임민혁 옮김(1999), 주자가례, 예문서원, p. 231.

104 신희철(申羲澈) 編著(1990), 상례요람(常禮要覽), 보경문화사, p. 71.

과 습(襲)의 차이이다."(高氏曰, 襲衣所以衣尸, 斂衣則包之而已. 此襲斂之辨也.)'[105]라고 하였다. 즉, 시신(屍身)을 이불에 싸는 일을 '염(斂)한다'고 하는데,[106] 소렴(小斂)이란 시신(屍身)을 작은 이불로 싸는 것을 말한다.

주자가례(朱子家禮)에서 소렴(小斂)의 절차에 대하여 간추리면 다음과 같다.[107]

돌아가신 다음 날 왼쪽 소매를 벗고(袒), 남자는 풀었던 머리를 묶고(括髮), 묶은 머리를 감싸며(免), 여자도 풀었던 머리를 묶고(髽) 전(奠)을 올린 뒤, 소렴(小斂)을 한다. 이어서 곡을 잇는다(代哭).

■돌아가신 다음 날 집사(執事)가 소렴(小斂)할 옷과 이불을 펴놓는다.(厥明, 謂死之明日. 執事者陳小斂衣衾.)

■전제(奠祭)를 차린다.(設奠.)

■주인(主人)이 풀었던 머리를 묶을 삼, 묶은 머리를 감쌀 베, 주부(主婦)는 복머리할 삼을 갖춘다.(具括髮麻, 免布, 髽麻.)

■소렴(小斂) 상을 차리고 효금(絞衾)과 옷을 편다.(設小斂牀, 布絞衾衣.)

■이에 습전(襲奠)을 옮긴다.(乃遷襲奠.)

■드디어 소렴(小斂)을 한다.(遂小斂.)

■주인(主人)과 주부(主婦)가 시신(屍身)에 기대어 곡(哭)을 하고 가슴을 두드린다.(主人主婦, 憑尸哭擗.)

■별실에서 왼쪽 소매를 벗고, 남자는 풀었던 머리를 묶으며, 묶은 머리를 감싸고, 여자도 풀었던 머리를 묶는다.(袒括髮免髽于別室.)

■돌아와 시상(屍床)을 당(堂)의 가운데로 옮긴다.(還遷尸牀於堂中.)

■이에 전제(奠祭)를 올린다.(乃奠.)

■주인(主人) 이하는 곡(哭)으로 슬픔을 다한다. 이에 이어서 곡(哭)을 하여 소리가 끊이지 않아야 한다.(主人以下哭盡哀. 乃代哭不絶聲.)

---

105 주희(朱熹) 저, 임민혁 옮김(1999), 주자가례, 예문서원, p. 218.
106 성균관(成均館, 1985), 유림편람(儒林便覽), 유도회총본부(儒道會總本部), p. 105.
107 주희(朱熹) 저, 임민혁 옮김(1999), 주자가례, 예문서원, pp. 236~247.

괄발(括髮)은 삼끈으로 상투를 묶거나 베로 두수(頭𢄼)[108]를 만드는 것을 말한다. 문(免)은 찢은 베 혹은 기운 비단을 말하는데, 너비는 1치이다. 목으로부터 앞을 향하여 이마 위에서 교차시키고 다시 상투를 두르니, 머리에 망건 쓰듯이 한다. 좌(髽)도 역시 삼끈을 써서 상투를 묶는다.(括髮, 謂麻繩撮髻, 又以布爲頭 也. 免, 謂裂布或縫絹, 廣寸. 自項向前交於額上, 卻遶髻, 如著掠頭也. 髽亦用麻繩撮髻.)[109]

남자로서 참최복(斬衰服)을 입는 사람은 단(袒)하고 괄발(括髮) 한다. 자최복(齊衰服) 이하와 5세조를 같이 하는 사람까지는 모두 별실하에서 한다. 부인은 별실에서 좌(髽)한다.(男子斬衰者, 袒括髮. 齊衰以下至同五世祖者, 皆袒免於別室. 婦人髽于別室.)[110]

소렴(小斂)에 쓰는 가로매의 수는 5, 7, 9, 11 등 홀수로[111]하며 신장(身長)에 따라 정한다. 소렴(小斂)의 배치와 절차는 다음과 같다.[112]

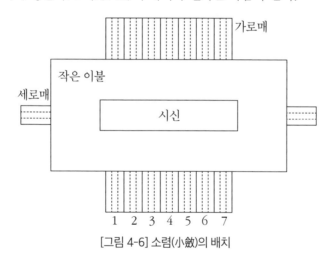

[그림 4-6] 소렴(小斂)의 배치

---

108 두수(頭𢄼)는 부인이 머리를 묶는데 사용하는 끈.
109 주희(朱熹) 저, 임민혁 옮김(1999), 주자가례, 예문서원, p. 240.
110 주희(朱熹) 저, 임민혁 옮김(1999), 주자가례, 예문서원, p. 243.
111 성균관(成均館, 1985), 유림편람(儒林便覽), 유도회총본부(儒道會總本部), p. 106.
112 성균관(成均館, 1993), 유림교양전서(儒林敎養全書), pp. 177~178.

○작은 이불의 너비는 충분히 시신(屍身)을 둘러서 쌀 수 있어야 하고, 길이는 시신(屍身)의 신장(身長)의 두 배는 되어야 한다.

○맬 끈은 끈의 너비가 어떠냐에 따라 먼저 가로매는 몇 가닥을 놓던 폭을 연이은 길이가 시신(屍身)의 키보다 약 50센티미터는 더 길어야 하고, 각 가닥의 길이는 시신(屍身)을 두르고서도 약 60센티미터의 여유는 있어야 하며, 세로매도 약 60센티미터 정도는 더 길어야 한다.

○먼저 가로매를 잇대어 깔고, 그 위에 세로로 세로매를 놓고, 다시 그 위에 작은 이불을 편다. 그 상태를 그림으로 나타내면 [그림 4-6]과 같다.

○가로매와 세로매의 양끝은 모두 세 가닥으로 쪼갠다. 그러면 삼베의 경우 가로매가 7폭이면 21가닥이 된다.

○시신(屍身)을 조심스럽게 들어 작은 이불 위로 옮기고 베개를 뺀다.

○구겨진 옷을 반듯하게 펴서 왼쪽을 먼저 여미고, 그 위로 오른쪽을 여민다.

○두 손을 배 위로 모아 흉사 시의 공수(拱手)로 한다.

○주머니 다섯 개를 각기 주머니에 담은 내용물과 일치되는 위치에 놓는다.

○턱밑, 어깨 위, 팔과 몸 사이, 두 다리 사이, 발등 위 등의 빈 곳을 헌 옷, 종이에 싼 짚, 솜 등으로 채워 묶을 때 몸이 상하지 않도록 한다.

○이불은 먼저 발 쪽을 여며 이불 끝이 배 위에 오게 하고, 다음에 머리 쪽을 여며 이불 끝이 배 위에서 발 쪽의 끝과 맞닿게 하고, 다음에 왼쪽을 여미고 끝으로 오른쪽을 여며 싼다.

○세로매를 배 위에서 모아 세로매 끝의 세 가닥 가운데 아래와 위의 왼쪽 가닥을 먼저 묶고, 다음에 오른쪽 가닥을 묶고 끝으로 가운데 가닥을 묶는다.

○가로매는 위에서 이불 아래로 묶어 내려가는데, 첫째 가닥은 묵지

않고 왼쪽을 먼저 여미고 오른쪽을 다음에 여며 머리를 보기 좋게 싸고, 이어서 둘째 가닥도 왼쪽을 먼저 여미고 오른쪽을 다음에 여민 뒤 셋째 가닥을 위 두 가닥을 여민 위의 중간에서 묶는다.

O 계속해서 21번째 가닥까지 묶으면 두 가닥은 여미기만 했기 때문에 전체 매듭의 숫자는 19개가 된다.

O 모든 매듭은 다시 풀 일이 없으므로 고(紐)를 내지 않으며, 매듭이 위에서 아래로 일직선이 되게 묶는다.

5. 대렴(大斂)

대렴(大斂)이란 큰 이불로 시신(屍身)을 싸고 맬 끈으로 묶어 입관(入棺)을 준비하는 의식(儀式)으로 소렴(小斂)을 한 다음날, 즉 돌아가신 지 사흘째 되는 날[113]에 한다.

주자가례(朱子家禮)에서 대렴(大斂)의 절차에 대하여 간추리면 다음과 같다.[114]

소렴(小斂)을 한 다음 날(돌아가신 지 사흘째) 대렴(大殮)을 한다.
- 집사(執事)는 대렴(大斂)할 옷과 이불을 진설한다.(執事者, 陳大斂衣衾.)
- 전제(奠祭)의 도구를 진설한다.(設奠具.)
- 관(棺)을 들고 들어가 당(堂) 중앙 조금 서쪽에 놓는다.(舉棺入, 置于堂中少西.)
- 이에 대렴(大斂)을 한다.(乃大斂.)
- 영상(靈床)을 널의 동쪽에 설치한다.(設靈牀於柩東.)
- 이에 전(奠)을 진설한다.(乃設奠.)
- 주인(主人) 이하는 각각 상차(喪次)로 돌아간다.(主人以下, 各歸喪次.)
- 바꾸어 곡(哭)하는 사람을 그치게 한다.(止代哭者.)

---

113 조선일보사(1994), 사진과 그림으로 보는 가정의례, p. 140.
114 주희(朱熹) 저, 임민혁 옮김(1999), 주자가례, 예문서원, pp. 248~256.

사흘이 지나 염(殮)을 하는 것은 이로써 살아나는 것을 기다리는 것이요, 사흘이 되어도 살아나지 않으면 역시 살아나지 못하는 것이다. (또한 그 사이에) 집안 사정에 맞게 장례(葬禮) 비용과 의복을 갖추는 일도 이루며, 친척 중 멀리 있는 이도 또한 오게 된다. 이런 까닭으로 성인(聖人)이 이를 위해 결단하여 3일로써 예(禮)의 제도로 삼은 것이다.(三日而后斂者, 以俟其生也. 三日而不生, 亦不生矣. 家室之計衣服之具, 亦可以成矣, 親戚之遠者亦可以至矣. 是故聖人爲之斷決, 以三日爲之禮制也.)[115] 그러나 요즘은 삼일장(三日葬)을 주로 하므로 소렴(小殮)에 이어 바로 대렴(大殮)을 한다.[116]

대렴(大殮)에는 염베가 세로로 묶는 것이 세 폭, 가로로 묶는 것이 다섯 폭이다. 베 홑이불과 이불이 둘이다.(大殮, 布絞, 縮者三, 橫者五, 布紟, 二衾.)[117] 큰 이불의 크기와 맬 끈의 길이 등은 소렴(小殮) 때와 같으며,[118] 대렴(大殮)의 배치는 [그림 4-7]과 같고, 그 절차는 다음과 같다.

○ 먼저 맬 끈 가로매 5폭을 깔고 그 위에 세로로 세로매 1폭을 깐 다음 그 위에 큰 이불을 편다.

○ 각 맬 끈의 양 끝을 세 가닥으로 쪼갠다. 그러면 가로매는 5폭에 15가닥이 된다.

○ 큰 이불을 아래, 위, 왼쪽, 오른쪽의 순으로 여미고, 세로매를 배 위에서 왼쪽 가닥, 오른쪽 가닥, 가운데 가닥의 순으로 묶는다.

○ 가로매는 머리 쪽 첫 폭의 첫 번째와 두 번째 가닥은 묶지 않고 왼쪽, 오른쪽의 순으로 여미기만 하며 세 번째 가닥부터 중간에 모아 묶는데, 소렴(小殮) 때와 같이한다.

---

115 예기(禮記), 문상편(問喪篇).

116 임재해(1996), 전통 상례, 대원사, p. 34.

117 예기(禮記), 상대기편(喪大記篇).

118 성균관(成均館, 1993), 유림교양전서(儒林敎養全書), pp. 181~182.

○전체의 가닥 수는 가로매 5폭 15가닥 중 두 가닥은 여미기만 했으므로 모두 13 매듭이 된다.

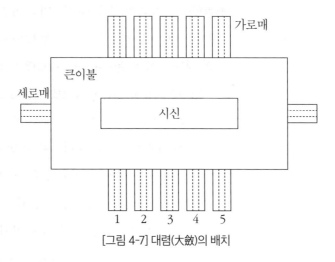

[그림 4-7] 대렴(大斂)의 배치

○시신(屍身)의 상중하에 삼베나 무명 온 폭을 길이 4미터 정도씩 잘라 들 끈을 세 가닥 만들어 놓는다. 그래야 입관(入棺)할 때나 묘소에서 하관(下棺)할 때 편하다.

6. 입관(入棺)

대렴(大斂)까지 마친 시신(屍身)을 관(棺)에 넣는 일을 입관(入棺)이라 한다. 관(棺) 속에는 수숫대 재를 펴서 고르게 하고, 다음에는 칠성판(七星板)을 깔고, 다음에는 담요를 편다.[119]

입관(入棺)의 절차는 다음과 같다.

○바닥에 관(棺) 받침을 상중하에 놓고, 그 위에 관(棺)을 올려놓은 뒤 뚜껑을 연다.

○관(棺)의 바닥이나 사방에 흰 종이를 깔고, 바닥에는 지요를 깔며, 머리 쪽에는 베개를 놓은 다음 들끈을 들어 시신(屍身)을 관(棺) 안으로 모신다.

○천금(天衾)을 덮고 들 끈을 천금(天衾) 위에 서려서 놓고 흰 종이로 덮은 다음 빈 곳을 헌 옷 등으로 보침(메꿈)한다.

○상주(喪主)와 주부(主婦) 이하 모든 복인(服人)이 들어와 슬픔을 나타낸 다음 관(棺) 뚜껑을 덮고, 나무못이나 격자 등으로 뚜껑을 고정한다.

○튼튼한 끈으로 관(棺)의 상중하를 묶은 다음 역시 들끈을 상중하에 만든다.

○방의 동쪽에 머리가 북쪽을 향하게 관(棺)을 안치하고, 관(棺) 앞에 병풍을 둘러친 다음 발꿈치에 명정(銘旌)을 세운다.

○영좌(靈座)를 다시 설치하는데. 이때에는 사진에 검은 리본을 맨다.

입관(入棺)에 길(吉)하다는 시간[120]은 다음 [표 4-1]과 같다.

[표 4-1] 입관(入棺) 길시(吉時)

일	시간	일	시간	일	시간
子日	甲, 庚시	丑日	乙, 辛시	寅日	乙, 癸시
卯日	丙, 壬시	辰日	丁, 甲시	巳日	乙, 庚시
午日	丁, 癸시	未日	乙, 辛시	申日	甲, 癸시
酉日	丁, 壬시	戌日	庚, 壬시	亥日	乙, 辛시

입관(入棺) 이후에는 영좌(靈座), 교의(交椅), 명정(銘旌)을 설치하고 정식으로 상복(喪服)을 갖추어 입는데, 이는 성복(成服) 절차로 이어진다.

---

120 김혁제(金赫濟, 1998), 을묘년대한민력(乙卯年大韓民曆), 明文堂, p. 42.

7. 성복(成服)

성복(成服)은 대렴(大斂) 다음날, 즉 돌아가신 지 4일째 새벽에, 상주(喪主) 이하 모든 복인(服人)이 곡(哭)을 하면서 복제(服制)에 따라 정해진 상복(喪服)을 입는 것[121]을 말한다.

주자가례(朱子家禮)의 성복(成服)에 대하여 간추리면 다음과 같다.[122]

> 대렴(大斂)을 한 다음날(돌아가신 지 나흘째) 성복(成服)을 한다.
> ■5복을 입는 사람들은 각각 그 복(服)을 입고 들어가 자리에 나아간다.(五服之人, 各服其服, 入就位.)
> ■그런 후 아침 곡(哭)을 하고 서로 조상(弔喪)하기를 의례(儀禮)대로 한다.(然後朝哭 相弔如儀.)
> ■복(服)의 제도는 첫째가 참최(斬衰) 3년이다.(其服之制, 一曰, 斬衰三年.)
> ■둘째는 자최(齊衰) 3년이다.(장기, 부장기, 5월, 3월)(二曰, 齊衰三年. 杖朞, 不杖朞, 五月, 三月.)
> ■셋째는 대공(大功) 9월이다.(三曰, 大功九月.)
> ■넷째는 소공(小功) 5월이다.(四曰, 小功五月.)
> ■다섯째는 시마(緦麻) 3월이다.(五曰, 緦麻三月.)
> ■어려서 죽은 사람을 위해 복(服)을 한 등급씩 내린다.(凡爲殤服, 以次降一等.)
> ■남의 후사(後嗣)가 된 남자나 시집간 여자는 그 사친(私親)을 위해 모두 한 등급을 내린다. 사친(私親)도 역시 그를 위해 그렇게 한다.(凡男爲人後, 女適人者, 爲其私親, 皆降一等. 私親之爲之也, 亦然.)
> ■성복(成服)하는 날 주인(主人)과 형제는 비로소 죽을 먹는다.(成服之日, 主人及兄弟, 始食粥.)
> ■무거운 상(喪)이 아직 끝나지 않았는데, 가벼운 상(喪)을 만나면 본래의 무거운 복(服)을 입고 곡한다.(凡重喪未除, 而遭輕喪, 則制其服而哭之.)

---

121 신희철(申義澈) 編著(1990), 상례요람(常禮要覽), 보경문화사, p. 79.
122 주희(朱熹) 저, 임민혁 옮김(1999), 주자가례, 예문서원, pp. 256~297.

옛날에는 성복(成服)하는 날에 비로소 상주(喪主)의 형제가 죽을 먹었다.[123] 전통예절(傳統禮節)에는 망인(亡人)과 복인(服人)의 관계에 따른 복제(服制)가 엄밀하였다. 즉 망인(亡人)과의 관계가 가까우면 복제(服制) 또한 무겁고, 멀면 가벼웠다. 예기(禮記)에 이르기를 '상기(喪紀)에 복(服)의 경중(輕重)을 가지고 차례를 정하는 것은 남의 친한 것을 빼앗지 않는 것이다.(喪紀以服之輕重爲序, 不奪人親也.)'[124]라고 하였다.

복제(服制)에는 참최삼년(斬衰三年), 자최삼년(齋衰三年; 이는 다시 장기(杖朞)와 불장기(不杖朞)로 나뉜다.), 대공구월(大功九月), 소공오월(小功五月), 시마삼월(緦麻三月)이 있는데, 이를 오복(五服)이라 한다. 참최(斬衰)는 3승(升)[125]의 베로 하고, 자최(齋衰)는 4승(升), 5승(升), 6승(升)의 베로 하며, 대공(大功)에는 7승(升), 8승(升), 9승(升)을, 소공(小功)에는 10승(升), 11승(升), 12승(升)으로, 시마(緦麻)는 15승(升)으로 그 반(半)을 버린다.(斬衰三升, 齊衰四升五升六升, 大功七升八升九升, 小功十升十一升十二升, 緦麻十五升去其半.)[126]

그러나 상기(喪期)가 짧은 요즈음에는 대렴(大斂)을 마치고 입관(入棺)한 즉시 모든 복인(服人)은 다른 방에서 정해진 상복(喪服)을 갖추어 입는 일도 있다.[127] 옛날에는 삼베로 지은 상복(喪服)을 입었으나 현대에는 백색 한복을 입기도 한다. 만일 백색 한복을 구하기 어려우면 흑색 양복으로 대신한다. 여자의 경우 풀어 내렸던 머리는 걷어 올리고 맨발이던 발에도 버선이나 양말을 신는다.

상(喪)을 당하여 상주(喪主)가 짚는 지팡이를 상장(喪杖)이라 한다. '저

---

123 신희철(申羲澈) 編著(1990), 상례요람(常禮要覽), 보경문화사, p. 85.

124 예기(禮記), 문왕세자편(文王世子篇).

125 1승(升)은 80올. 3승(升)은 한 폭에 들어가는 올의 수가 240올로 성긴 것임.

126 예기(禮記), 간전편(間傳篇).

127 성균관(成均館, 1993), 유림교양전서(儒林敎養全書), pp. 183~184.

장(苴杖)은 대나무로 하고, 삭장(削杖)은 오동나무로 한다.(苴杖, 竹也. 削杖. 桐也.)'[128]라고 하였는데, 부상(父喪)에는 대나무를, 모상(母喪)엔 오동나무를 사용한다. 저장(苴杖)은 둥글어서 하늘과 남자를 상징하며, 삭장(削杖)은 모가 나서 땅과 여자를 상징한다.

대나무는 마디가 있고 색깔이 짙으나 오동나무는 흰색이고 마디가 없어 부친상(父親喪)인지 모친상(母親喪)인지 구별이 쉽다. 아버지는 자식을 기르느라 속이 비어 버렸기 때문에 대나무를, 어머니는 자식들이 애를 태워 속이 찼기 때문에 오동나무 지팡이를 쓴다[129]고도 한다. 오동나무 대신에 버드나무를 쓰는 경우도 있다. 뿌리 부분이 아래로 가도록 짚는다. 상장(喪杖)은 대상(大祥) 후 부러뜨린다.

가. 참최(斬衰)

참최(斬衰)[130]는 3년[131]으로, 복제(服制) 중에서 가장 길고 무거운 복(服)이다. 상복(喪服)은 삼승(三升)의 베로 만든다. 공자(孔子)께서 이르기를 "자식이 태어난 지 3년이 된 뒤에라야 비로소 부모의 품을 떠난다. 대체로 3년의 상(喪)은 천하의 공통된 상법(喪法)이다.(孔子曰, 子生三年, 然後免於父母之懷, 夫三年之喪, 天下之達喪也.)"[132]라고 하였다. 참

---

128 예기(禮記), 상복소기편(喪服小記篇).

129 임재해(1996), 전통 상례, 대원사, p. 41.

130 최(衰) : 최(衰)는 '꺾는다'는 뜻으로, 효자에게 애절한 뜻이 있는 것이다. 이런 마음이 있는 자는 최(衰)라 이름하고 상복 또한 최(衰)라 이름하니, 그 애절함이 몸에 두루 미쳐 마음에 그치지 않음을 취한 것이다.(家例儀節; 衰者, 摧也. 以孝子有摧之志, 此當心者, 旣名而衰, 而喪服又遍而衰爲名, 取其哀摧在於遍體, 不止心也.)

131 3년은 윤(閏)을 형상하고, 기(朞)는 1년, 9월은 세 계절에서 사물이 성장하는 것, 5월은 오행, 3월은 한 계절을 형상한 것이다. 이는 사람에게 있어서는 태어나서 3개월 만에 머리를 자르고, 3년 만에 부모에 대한 소회를 면하기 때문이다.(家禮集解)

132 예기(禮記), 삼년간편(三年間篇).

(斬)은 꿰매지 않는다는 것이다. 윗옷과 치마는 모두 굵은 생포를 사용한다. 옆과 아랫단은 모두 꿰매지 않는다.(斬, 不緝也. 衣裳皆用極麤生布. 旁及下際, 皆不緝也.) 등에는 부판이 있는데 방형의 베 1자 8치를 써서 깃 아래에 달아 드리운다. 앞에는 가슴에 최(衰)가 있는데, 길이 6치, 너비 4치의 베를 써서 왼쪽 옷깃 앞에 단다.(背有負版. 用布方八寸, 綴於領下垂之. 前當心有衰, 用布長六寸廣四寸, 綴於左衿之前.)

참최(斬衰)의 저장(苴杖)은 대나무이다. 아버지를 위해 지팡이로 대나무를 쓰는 것은 아버지가 자식의 하늘이기 때문이다. 둥근 것은 하늘을 형상한 것이요, 안팎으로 마디가 있는 것은 자식이 아버지를 위해 또한 안팎으로 슬픔이 있음을 형상한 것이다. 또 사철을 통해 늘 변치 않는 것은 자식이 아버지를 위함이 또한 추위와 더위를 지나서도 바뀌지 않는 것과 통하므로 사용하는 것이다.(斬衰苴杖, 竹也. 爲父所以杖用竹者, 父是子之天, 竹圓亦象天. 內外有節, 象子爲父, 亦有內外之痛. 又貫四時而不變, 子之爲父. 亦經寒溫而不改, 故用之也.)[133] 높이는 가슴과 나란하게 하는데, 밑동이 아래에 있다.(高齊心, 本在下.)[134]

아버지의 상(喪)이 있어서 만일 아직 상복(喪服)을 벗기 전에 어머니가 또 돌아가시면 아버지의 상복(喪服)을 벗고서 그 제복(祭服)을 입고 제사(祭祀)를 끝낸 뒤에 어머니의 상복(喪服)으로 돌아간다.(有父之喪, 如未沒喪而母死, 其除父之也, 服其除服, 卒事, 反喪服.)[135]

주자가례(朱子家禮)에는 참최(斬衰)의 복을 정복(正服)과 가복(加服), 의복(義服)으로 구분하여 [표 4-2]와 같이 나타내고 있다.[136]

---

133 주희(朱熹) 저, 임민혁 옮김(1999), 주자가례, 예문서원, p. 271.
134 주희(朱熹) 저, 임민혁 옮김(1999), 주자가례, 예문서원, pp. 258~259.
135 예기(禮記), 잡기 하편(雜記 下篇).
136 주희(朱熹) 저, 임민혁 옮김(1999), 주자가례, 예문서원, pp. 259~210.

[표 4-2] 참최(斬衰)의 복제(服制)

정복 (正服)	• 아들이 아버지를 위한 복(服)
가복 (加服)[137]	• 적손(嫡孫) 가운데 아버지가 돌아가셔서 할아버지 또는 중조고를 승중(承重)[138]한 자를 위한 복(服) • 아버지가 적자(嫡子)를 위한 복
의복 (義服)[139]	• 며느리가 시아버지를 위한 복(服) • 남편이 승중(承重)했을 때 따르는 복(服)

나. 자최(齊衰)

아들이 어머니의 상(喪)에 입는 복(服)으로, 3년을 입는다. 그러나 아버지가 살아 계시고 어머니가 돌아가신 경우와 출가한 딸은 어머니를 위해서 3년을 입지 못한다. 의복(義服)은 며느리가 시어머니를 위해서 입는 복(服)이며 마찬가지로 3년이다. 아버지를 이을 사람은 출모(出母)를 위한 복(服)은 없다.(爲出母無服.)[140]

자(齊)는 꿰매는 것이다. 의(衣), 상(裳), 관(冠)의 제도는 모두 참최(斬衰)와 같다. 다만 차등의 굵은 생포를 사용하고 그 옆과 아랫단을 꿰맨다.(齊, 緝也. 其衣裳冠制, 竝如斬衰. 但用次等麤生布, 緝其旁及下際.)[141] 자최(齊衰)는 흔히 '자최(齋衰)'라고도 한다. '자(齊)'는 옷자락을 꿰매어 마름질한다는 뜻으로, 옷의 끝단을 꿰맨 상복(喪服)을 말한다.[142]

---

137 가복(加服)은 복상(服喪) 관계에 있는 사람들이 특별한 이유로 본래의 정복(正服)에 대하여 한 등급 더해 좀 더 무거운 복(服)을 입는 제도.

138 승중(承重)은 상(喪) 혹은 제(祭)에서 종묘(宗廟) 혹은 가묘(家廟)의 중책을 이어받는 것.

139 의복(義服)은 의리(義理) 관계에 있는 친척, 즉 혈연관계에 있지 않은 사람을 맞아들여 친척이 된 자와의 사이에서 형성된 복상(服喪) 제도.

140 예기(禮記), 상복소기편(喪服小記篇).

141 주희(朱熹) 저, 임민혁 옮김(1999), 주자가례, 예문서원, p. 273.

142 한국민속대백과사전(http://folkency.nfm.go.kr)

주자가례(朱子家禮)에는 '자최(齊衰)의 삭장(削杖)은 오동나무로, 어머니를 위한 것이다. 삼가례(三家禮)를 살펴보면 오동나무는 같음을 말하니, 마음속의 비통함이 아버지와 같음을 취한 것이다. 밖에 마디가 없는 것은 집안에 두 어른이 없고 밖으로 하늘에 굴종하는 것을 형상한 것이다. 깎아서 아래를 네모나게 한 것은 어머니를 땅으로 형상함을 취한 것이다.(齊衰 削杖, 桐也. 爲母. 按三家禮云, 棟者, 言同也. 取內心悲痛同於父也. 以外無 節, 象家無二尊, 外屈於父. 削之使下方者, 取母象於地也.)'[143]라고 하였다.

주자가례(朱子家禮)에는 자최(齊衰)의 복(服)을 정복(正服)과 가복(加服), 의복(義服)으로 구분하여 다음 [표 4-3]과 같이 나타내고 있다.[144]

[표 4-3] 자최(齊衰)의 복제(服制)

정복 (正服)	• 아들이 어머니를 위한 복(服)
가복 (加服)	• 적손(嫡孫)으로서 아버지가 돌아가셔서 할머니를 위한 복(服) • 증조모를 승중(承重)한 자를 위한 복(服) • 어머니가 적자(嫡子)를 위한 복(服)
의복 (義服)	• 며느리가 시어머니를 위한 복(服) • 남편이 승중(承重)하였을 때 따르는 복(服) • 계모(繼母)를 위한 복(服) • 자모(慈母)[145]를 위한 복(服) • 계모(繼母)가 장자(長子)를 위한 복(服) • 첩이 군(君)의 장자(長子)를 위한 복(服)

1) 장기(杖朞)

망인(亡人)과의 친소(親疏)에 따라 상장(喪杖)을 집을 수도 있고 그렇

---

143 주희(朱熹) 저, 임민혁 옮김(1999), 주자가례, 예문서원, p. 275.
144 주희(朱熹) 저, 임민혁 옮김(1999), 주자가례, 예문서원, p. 273.
145 자신을 길러 준 어머니.

지 않을 때도 있는데, 상장(喪杖)을 짚는 것을 장기(杖朞)라 하고, 그렇지 않을 것을 부장기(不杖朞)라 한다.

장기(杖朞)는 적손(嫡孫)이 그 아버지가 돌아가시고 조부(祖父)가 생존했을 때 조모(祖母)를 위해서 입는 복(服)이다. 상장(喪杖)을 짚고 1년간 복(服)을 입는다.

부장기(不杖朞)는 조부모, 백숙 부모, 형제, 장남 이외의 아들, 아내, 그리고 형제의 아들과 고모를 위해 입는 복(服)이다. 상장(喪杖)을 짚지 않고 1년간 복(服)을 입는다.

복식(服式) 제도는 지팡이를 짚으며 차등의 생포를 사용한다. 주자가례(朱子家禮)에는 장기(杖朞)의 복(服)을 정복(正服)과 강복(降服), 의복(義服)으로 구분하여 다음 [표 4-4]와 같이 나타내고 있다.[146]

[표 4-4] 장기(杖朞)의 복제(服制)

정복 (正服)	• 아버지가 돌아가시고 할아버지가 살아계실 때 적손(嫡孫)이 할머니를 위해 입는 복(服)
가복 (加服)	• 아버지가 돌아가신 후 재가(再嫁)한 가모(嫁母)와 아버지와 이혼한 출모(出母)를 위한 복(服)
의복 (義服)	• 아버지가 돌아가신 후 재가(再嫁)한 가모(嫁母)를 따라간 자를 위한 복(服) • 남편이 아내를 위한 복(服)

아들이 아버지의 후사(後嗣)가 되었으면 출모(出母)와 가모(嫁母)를 위한 복(服)은 없다. 계모(繼母)가 출가(出嫁)하였으면 복(服)이 없다.(子爲父後, 則爲出母嫁母無服. 繼母出則無服也.)[147]

---

146 주희(朱熹) 저, 임민혁 옮김(1999), 주자가례, 예문서원, p. 276.
147 주희(朱熹) 저, 임민혁 옮김(1999), 주자가례, 예문서원, p. 276.

2) 부장기(不杖朞)

복식(服式) 제도는 지팡이를 짚지 않으며 차등의 생포를 사용한다. 주자가례(朱子家禮)에는 부장기(不杖朞)의 복(服)을 정복(正服)과 가복((加服), 강복(降服), 의복(義服)으로 구분하여 다음 [표 4-5]와 같이 나타내고 있다.[148]

[표 4-5] 부장기(不杖朞)의 복제(服制)

정복 (正服)	• 조부모를 위한 복(服) • 서자(庶子)의 아들이 아버지와 어머니를 위한 복(服)(할아버지의 후사(後嗣)가 되었으면 입지 않음.) • 백숙부를 위한 복(服) • 형제를 위한 복(服) • 중자(衆子) 남녀를 위한 복(服) • 형제의 아들을 위한 복(服) • 고모와 자매 및 시집을 가지 않았거나 시집갔는데 남편과 자식이 없는 여자를 위한 복(服) • 첩이 그 아들을 위한 복(服)
가복 (加服)	• 적손(嫡孫) 또는 증원손(曾元孫)으로서 후사(後嗣)가 된 자를 위한 복(服) • 시집간 여자가 형제 가운데 아버지의 후사(後嗣)가 된 자를 위한 복(服)
강복 (降服)	• 가모(嫁母)와 출모(出母)가 아들을 위한 복(服) • 첩이 그 부모를 위한 복(服)
의복 (義服)	• 계모(繼母)와 가모(嫁母)가 전남편의 아들로서 자기를 따라온 자를 위한 복(服) • 백숙모를 위한 복(服) • 남편의 형제와 아들을 위한 복(服) • 계부(繼父)와 함께 사는데, 부자가 모두 대공(大功)의 친함이 없는 자를 위한 복(服) • 첩이 본부인인 여군(女君)을 위한 복(服) • 첩이 남편인 군(君)의 중자(衆子)를 위한 복(服) • 시부모가 맏며느리를 위한 복(服)

---

148 주희(朱熹) 저, 임민혁 옮김(1999), 주자가례, 예문서원, p. 277.

3) 오월(五月)

오월(五月) 정복(正服)은 증조부모를 위한 것이요, 시집간 여자는 내려 입지 않는다.

4) 삼월(三月)

삼월(三月) 정복(正服)은 고조부모를 위한 것이요, 시집간 여자는 내려 입지 않는다.

다. 대공구월(大功九月)

9개월 동안 입는 복(服)으로, 조금 굵은[149] 삶은 베를 사용한다. 부판 (負版)과 최(衰)와 백령(辟領)이 없다. 주자가례(朱子家禮)에는 대공(大功)의 복(服)을 정복(正服)과 의복(義服)으로 구분하여 다음 [표 4-6]과 같이 나타내고 있다.[150]

[표 4-6] 대공(大功)의 복제(服制)

정복 (正服)	• 백숙부의 자식을 위한 복(服) • 중손(衆孫) 남녀를 위한 복(服)
의복 (義服)	• 중자(衆子)의 부인을 위한 복(服) • 형제의 아들의 부인을 위한 복(服) • 남편의 조부모, 백숙 부모, 형제, 아들의 부인을 위한 복(服) • 남편이 남의 후사(後嗣)가 된 경우 그 처가 본래 낳아준 시부모를 위한 복(服)

---

149 참최(斬衰)는 3승(升), 자최(齋衰)는 4~6승(升), 대공(大功)은 7~9승(升), 소공(小功)은 10~12승(升), 시마(緦麻)는 15승(升)으로 그 반을 버린다.

150 주희(朱熹) 저, 임민혁 옮김(1999), 주자가례, 예문서원, pp. 280~281.

라. 소공오월(小功五月)

5개월 동안 입는 복(服)으로, 대공(大功)보다 올이 가는 베로 만든다. 주자가례(朱子家禮)에는 소공(小功)의 복(服)을 정복(正服)과 의복(義服)으로 구분하여 다음 [표 4-7]과 같이 나타내고 있다.[151]

[표 4-7] 소공(小功)의 복제(服制)

정복 (正服)	• 조(祖)의 형제자매인 종조부(從祖父)와 종조고(從祖姑)를 위한 복(服) • 형제의 손자를 위한 복(服) • 종부(從父) 형제의 아들을 위한 복(服) • 재종 형제 자매를 위한 복(服) • 외조부모를 위한 복(服) • 어머니의 형제자매를 위한 복(服) • 자매의 아들(조카)을 위한 복(服) • 동모이부(同母異父)의 형제자매를 위한 복(服)
의복 (義服)	• 종조모(從祖母)를 위한 복(服) • 남편의 형제의 손자를 위한 복(服) • 남편의 종형제의 아들을 위한 복(服) • 남편의 고모와 자매를 위한 복(服) • 여자가 형제나 조카의 처를 위한 복(服) • 형제의 처를 위한 복(服) • 서자(庶子)가 적모(嫡母)의 부모, 형제, 자매를 위한 복(服) 　(적모가 돌아가셨으면 입지 않음.) • 어머니가 출가(出嫁)한 경우 계모(繼母)의 부모, 형제, 자매를 위한 복(服) • 서모(庶母)로 자기를 길러준 이를 위한 복(服) • 적손(嫡孫), 중원손의 아내를 위한 복(服)(그 시어머니가 살아있으면 입지 않음.) • 형제의 처를 위한 복(服) • 남편의 형제를 위한 복(服)

---

151 주희(朱熹) 저, 임민혁 옮김(1999), 주자가례, 예문서원, pp. 280~281.

마. 시마삼월(緦麻三月)

3개월 동안 입는 복(服)으로, 가늘고 고운 삼베로 상복(喪服)을 짓는다. 주자가례(朱子家禮)에는 시마(緦麻)의 복을 정복(正服)과 의복(義服)으로 구분하여 다음 [표 4-8]과 같이 나타내고 있다.[152]

[표 4-8] 시마(緦麻)의 복제(服制)

정복 (正服)	• 증조의 형제자매인 족증조부(族曾祖父)와 족증조고(族曾祖姑)를 위한 복(服) • 형제의 증손을 위한 복(服) • 족증조부(族曾祖父)의 자식인 족조부(族祖父)와 족조고(族祖姑)를 위한 복(服) • 종부(從父)의 형제의 손자를 위한 복(服) • 족조부(族祖父)의 자식인 족부(族父)와 족고(族姑)를 위한 복(服) • 종조형제(7촌 조카)의 자식을 위한 복(服) • 족부(族父)의 자식인 족형제자매(族兄弟姊妹)를 위한 복(服)(3종형제 자매) • 종손과 현손을 위한 복(服) • 외손을 위한 복(服) • 종모형제자매(從母兄弟姊妹)를 위한 복(服) • 고모의 아들을 위한 복(服) • 삼촌의 아들을 위한 복(服)
강복 (降服)	• 서자 중 아버지의 후사가 된 자가 그 어머니를 위한 복(服)
의복 (義服)	• 족증조모(族曾祖母)를 위한 복(服) • 남편의 형제의 증손을 위한 복(服) • 족조모(族祖母)를 위한 복(服) • 남편의 종형제(從兄弟)의 손자를 위한 복(服) • 남편의 종조형제(從祖兄弟)의 자식을 위한 복(服) • 서손(庶孫)의 아내를 위한 복(服) • 아버지의 첩 중에서 아들이 있는 서모(庶母)를 위한 복(服) • 유모(乳母)를 위한 복(服)

---

152 주희(朱熹) 저, 임민혁 옮김(1999), 주자가례, 예문서원, pp. 286~287.

	• 사위를 위한 복(服) • 처의 부모를 위한 복(服) • 남편의 증조와 고조를 위한 복(服) • 남편의 종조조부모(從祖祖父母)를 위한 복(服) • 형제의 손자의 처를 위한 복(服) • 남편의 형제의 손자의 처를 위한 복(服) • 남편의 종조부모(從祖父母)를 위한 복(服) • 남편의 종부형제(從父兄弟)의 자의 처를 위한 복(服) • 남편의 종형제(從兄弟)의 자의 며느리를 위한 복(服) • 남편의 외조부모(外祖父母)를 위한 복(服) • 남편의 종모(從母)와 삼촌(舅)을 위한 복(服) • 외손자 며느리를 위한 복(服) • 여자가 자매의 며느리를 위한 복(服) • 생질 조카며느리(甥婦)를 위한 복(服)

바. 심상(心喪)

심상(心喪)은 3년이며, 몸은 상복(喪服)을 입지 아니하나 3년간을 슬퍼한다는 것이다. 스승이 돌아가셨을 때, 아버지가 생존해 계시고 어머니가 돌아가셨을 때, 개가(改嫁)한 생모(生母), 계모, 양모, 적손(嫡孫)으로서 조부가 생존해 계시고 조모가 돌아가셨을 때, 마음으로 베옷을 입고 애도하는 것이다.

주자가례(朱子家禮)에서는 아버지가 살아계시는데 어머니를 위해 기년복(朞年服)을 입는 것에 대하여 '자식이 어머니에 대해서는 비록 아버지를 위해 낮추어 기년복(朞年服)을 입으나 심상(心喪)은 3년으로 같다.(子於母 雖爲父屈而朞, 心喪猶三年.)'[153]라고 하였다. 이에 대하여 이재(李縡) 선생은 '비록 복(服)은 지났지만 마음이 그 사정(私情)을 펴는 것은 낳고 기른 은혜를 잊지 못하기 때문'[154]이라고 하였다.

---

153 주희(朱熹) 저, 임민혁 옮김(1999), 주자가례, 예문서원, p. 295.
154 이재(李縡), 국역 사례편람(四禮便覽), 우봉이씨 대종회, 명문당, p. 105.

사. 성복례(成服禮)

성복례(成服禮)는 상주(喪主), 주부(主婦) 이하 모든 복인(服人)이 슬픔에 젖어 아직 서로 조문(弔問)하지 못하였으므로 복인(服人)들끼리 서로에게 조문(弔問)하는 의례(儀禮)이다.

성복(成服)할 때에는 교의(交椅)와 명정(銘旌), 공포(功布)를 함께하여 강신(降神), 헌작(獻酌) 단배(單盃), 상식(上食), 곡재배(哭再拜)한다.[155]

고례(古禮)에는 아랫사람이 차례로 윗사람에게 조문(弔問)하였으나 현대에는 남녀 복인(服人) 간에 조문(弔問)하는 절차[156]로 진행한다. 그 절차는 다음과 같다.

○ 집례(執禮)가 영좌(靈座) 앞의 제상(祭床)에 술, 과실, 포, 젓갈 등 제수(祭羞)를 차린다.

○ 남자는 영좌(靈座) 앞의 동쪽에서 서쪽을 향해 서고, 여자는 서쪽에서 동쪽을 향해 선다. 영좌(靈座)에 제일 가까운 위치에 상주(喪主)와 주부(主婦)가 서고, 이하는 차례대로 선다.

○ 집례(執禮)가 분향(焚香)하고 술을 따른다.

○ 모두 꿇어앉아 극진히 슬픔을 표하고 일어난다.

○ 남자는 서쪽의 여자를 향해 두 번 절하고, 여자는 동쪽의 남자를 향해 네 번 절한다.

건전가정의례준칙에 의하면 '상복(喪服)은 따로 마련하지 아니하되, 한복(韓服)일 경우에는 흰색으로, 양복(洋服)일 경우에는 검은색으로 하고, 가슴에 상장(喪章)을 달거나 두건을 쓴다. 다만, 부득이한 경우에는 평상복으로 할 수 있다.'[157]라고 하고 있다. 상복(喪服)을 입는 기간은 장

---

155 주병문(朱柄文, 1980), 축문집(祝文集), 필사본, p. 4.
156 성균관(成均館, 1993), 유림교양전서(儒林敎養全書), p. 184.
157 건전가정의례준칙[시행 2019. 7. 2.] 제14조(상복 등) ①항.

샷날(부득이한 경우를 제외하고 사망한 날부터 3일까지[158]이며, 상장(喪章)을 다는 기간은 탈상(脫喪)까지이다. 상장(喪章)의 규격[159]은 가로 5센티미터, 세로 3센티미터이며 모양은 다음 [그림 4-8]과 같다.

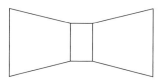

[그림 4-8] 상장(喪章)의 모양

성복(成服)하는 날에 비로소 주인(主人) 형제는 죽을 먹었고, 이날부터는 이유 없이 외출하지 않고, 만약 초상(初喪)이나 부득이한 일로 외출할 때에는 여윈 말에 베 안장을 하거나, 흰 교자(轎子)에 베의 발을 치고 다녔다. 그리고 기년(朞年)의 복(服)을 입는 사람들은 건이나 삿갓을 썼다.[160]

8. 조석곡전(朝夕哭奠)과 상식(上食)

주자가례(朱子家禮)의 조석곡전(朝夕哭奠)과 상식(上食)에 대하여 간추리면 다음과 같다.[161]

■ 아침에 전제(奠祭)를 드린다.(朝奠.)
■ 식사 때 음식을 올린다.(食時上食.)
■ 저녁에 전제(奠祭)를 드린다.(夕奠.)
■ 곡(哭)하는 것은 때가 없다.(哭無時.)
■ 초하루에는 조전(朝奠)에 음식을 드린다.(朔日則於朝奠設饌.)
■ 새로 난 음식이 있으면 천신(薦新)한다.(有新物, 則薦之.)

---

158 건전가정의례준칙[시행 2019. 7. 2.] 제12조(장삿날).
159 건전가정의례준칙[시행 2019. 7. 2.], [별표 4]
160 이재(李縡), 국역 사례편람(四禮便覽), 우봉이씨 대종회, 명문당, p. 107.
161 주희(朱熹) 저, 임민혁 옮김(1999), 주자가례, 예문서원, pp. 297~301.

가. 조석곡전(朝夕哭尊)

주자가례(朱子家禮)에서는 조석곡전(朝夕哭尊)에 대하여 다음과 같이 나타내고 있다. 날마다 새벽에 일어나 주인(主人) 이하는 모두 그 복(服)을 입고 들어가 자리에 나아간다. 망인(亡人)의 부형(父兄)인 존장(尊長)은 앉아서 곡(哭)하고, 항렬(行列)이 낮은 사람은 서서 곡(哭)을 한다. 시종이 손을 씻고서 빗질할 도구를 영상(靈床) 옆에 설치하고 혼백(魂帛)을 받들어 영좌(靈座)에 내놓은 후에 아침 전제(奠祭)를 드린다. 집사(執事)는 채소와 과일, 포, 육장(肉醬)을 진설한다. 축(祝)이 손을 씻고서 분향(焚香)하고 술을 따른다. 주인(主人) 이하는 재배(再拜)하고 곡(哭)으로 슬픔을 다한다.(每日晨起, 主人以下, 皆服其服, 入就位. 尊長坐哭, 卑幼立哭. 侍者設盥櫛之具于靈牀側, 奉魂帛出就靈座, 然後朝奠. 執事者設蔬果脯醢. 祝盥手焚香斟酒. 主人以下再拜, 哭盡哀.)[162]

나. 상식(上食)

식사 때 음식을 드리는 것을 상식(上食)이라 한다. 아침에 전제(奠祭)를 드리는 것과 같다.

음식과 시저(匙箸)와 술을 따르고, 식기 뚜껑을 열어 수저를 꽂으며, 젓가락을 바르게 하여 식사할 만한 시간이 지난 후에는 탕을 물리고 숭늉을 드렸다가 철상(撤床)한다.[163]

주자가례(朱子家禮)에는 초하루 아침에 전제(奠祭)를 드린다고 한 것에 비하여, 우리나라의 풍습에는 '보름에도 초하루와 마찬가지로 전제(奠祭)를 드리는 것에 대하여 이재(李縡) 선생은 갑자기 고치기 어려운 일이

---

162 주희(朱熹) 저, 임민혁 옮김(1999), 주자가례, 예문서원, p. 297.
163 이재(李縡), 국역 사례편람(四禮便覽), 우봉이씨 대종회, 명문당, p. 108.

므로 차감하여 행하라.'[164]고 하였다. 초하루와 보름에 전제(奠祭)를 드린다는 뜻으로, 이를 삭망(朔望)이라고 한다.

9. 치장(治葬)

치장(治葬)이란 장사 지낼 터[165]를 조성하고 필요한 기물(器物)을 만드는 것을 말한다. 주자가례(朱子家禮)의 치장(治葬)에 대하여 간추리면 다음과 같다.[166]

- ■돌아가신 지 석 달 만에 장사(葬事)를 치르되 기일(期日) 전에 장사(葬事) 지낼 만한 땅을 고른다.(三月而葬, 前期擇地之可葬者.)
- ■날을 택한다. 묘역(墓域)을 만들고 후토신(后土神)에게 제사(祭祀)지낸다.(擇日. 開塋域, 祠后土.)
- ■드디어 광(壙)을 판다.(遂穿壙.)
- ■회격(灰隔)을 만든다.(作灰隔.)
- ■지석(誌石)을 새긴다.(刻誌石.)
- ■함께 묻을 명기(明器)를 만든다.(造明器.)
- ■시신(屍身) 아래에 기물(器物)을 묻을 하장(下帳)을 만든다.(下帳.)
- ■갈대나 띠풀로 여육을 싸는 포(苞)를 만든다.(苞.)
- ■대나무 용기로 오곡을 담을 소(筲)를 만든다.(筲.)
- ■술이나 장을 담을 앵(甖)을 만든다.(甖.)
- ■큰 상여를 만든다.(大轝.)
- ■상여 앞뒤에서 들고 갈 삽(翣)을 만든다.(翣.)
- ■신주(神主)를 만든다.(作主.)

---

164 이재(李縡), 국역 사례편람(四禮便覽), 우봉이씨 대종회, 명문당, p. 45.
165 조선시대에는 관품에 따라 분묘의 크기를 한정하였다. 종친(宗親)과 1품은 사방 100보, 2품은 사방 90보, 3품은 사방 80보, 4품은 사방 70보, 5품은 사방 60보, 6품은 사방 50보로 하고, 문무백관(文武百官)은 종친보다 10보씩 감하며, 7품 이하 또는 생원, 진사, 유음자제는 6품과 같이 하고, 여자는 남편의 관직에 따랐다.
166 주희(朱熹) 저, 임민혁 옮김(1999), 주자가례, 예문서원, pp. 316~343.

가. 장일(葬日)

사례편람(四禮便覽)에 의하면, 장사(葬事)를 치르려면 운명(殞命)한 날로부터 제후(諸侯)는 5개월, 대부(大夫)는 3개월, 선비는 1개월이 지나야 한다고 하였으며, 이렇게 넘기는 달을 예월(禮月)이라 하며, 예월(禮月)을 넘기지 않고 바로 치르는 장사를 갈장(渴葬)이라 하였다.[167] 갈장(渴葬)이란 말은 장사(葬事)를 서둘렀다는 의미이다. 그러나 건전가정의례준칙[168]에 의하면, 장삿날은 부득이한 경우를 제외하고는 사망한 날부터 3일이 되는 날로 하고 있고, 대부분의 사람들이 이를 따르고 있으니 지금은 모두가 갈장(渴葬)인 셈이다.

나. 택지(擇地)

요즈음 사람들은 상례(喪禮)보다는 장지(葬地)의 선택에 많은 관심을 보인다. 이는 상례(喪禮)가 죽은 사람을 위한 의례(儀禮)인 데 반하여, 장지(葬地)의 좋고 나쁨은 어쩌면 자신에게 닥칠지도 모르는 행운(幸運)이나 불운(不運)을 지기(地氣)가 좌우할 수 있다는 생각 때문일 것이다.

서민들이야 어쩔 수 없이 정해진 묘지를 선택하지만, 만일 그들도 여건이 허락된다면 발복(發福)을 위하여 소위 '명당(明堂)'을 찾아 지관(地官)을 앞세우고 이 산 저 산을 돌아다닐 것이다. 그러나 아무리 장지(葬地)가 좋다 하더라도 산소는 가꾸지 않고 찾지 않으면 3년만 지나면 쑥대가 무성해져 묵은 묘가 되므로 정성이 부족한 자손이라면 모두 헛고생이다.

주자가례(朱子家禮)에서 사마온공(司馬溫公)의 말을 인용하기를 '자손 된 자가 어찌 차마 그 어버이로 하여금 썩어 땅에 버려지게 하면서 자

---

167 권영한(1998), 사진으로 배우는 관혼상제(冠婚喪祭), 전원문화사, p. 171에서 재인용.
168 건전가정의례준칙[시행 2019. 7. 2.] 제12조.

신의 이익을 구할 수 있겠는가? 예의(禮義)를 거스르고 의리(義理)를 해침이 이보다 지나친 것이 없다. 그러나 효자의 마음은 근심거리를 생각함이 심원하여, 얕게 묻으면 남이 도굴(盜掘)하지 않을까, 깊게 묻으면 습하고 젖어서 빨리 썩지나 않을까 두려워한다. 그러므로 반드시 흙이 두텁고 물이 깊은 땅을 구해서 장사지내는 것이니 그릇되지 않을 수 없다.(爲子孫者, 亦豈忍使其親臭腐暴露, 而自求其利耶. 悖禮傷義, 無過於此. 然孝子之心, 慮患深遠, 恐淺則爲人所抇[骨音], 深則濕潤速朽. 故必求土厚水深之地而葬之, 所以不可不擇也.)'[169]라고 하였다. 또한 정자(程子)의 말을 인용하기를 '그러면 어떤 곳을 땅이 좋다고 하는가. 흙빛은 윤기가 나고 초목이 무성한 것이, 곧 그 증험이다. 할아버지와 아버지와 아들과 손자는 기운이 같으니, 저쪽이 편안하면 이쪽도 편안하고, 저쪽이 위태로우면 이쪽도 위태로운 것 역시 그 이치이다.(然則曷謂地之美者. 土色之光潤, 草木之茂盛, 乃其驗也. 父祖子孫同氣, 彼安則此安, 彼危則此危, 亦其理也.)'[170]라고 하였다.

옛사람들은 택지(擇地)에 대하여 다음과 같은 사항[171]을 살폈다.

○길이 날 곳은 아닌가?

○성곽이 설 자리는 아닌가?

○도로나 연못이 될 자리는 아닌가?

○세력 있는 자에게 빼앗길 자리는 아닌가?

○농토로 변할 자리는 아닌가?

즉 옛사람들은 발복(發福)보다는 매우 실리적으로 장지(葬地)를 선택하였음을 알 수 있다. 이는 현대에도 응용할 수 있는데 길이나 성곽, 그

---

169 주희(朱熹) 저, 임민혁 옮김(1999), 주자가례, 예문서원, p. 316.
170 주희(朱熹) 저, 임민혁 옮김(1999), 주자가례, 예문서원, p. 318.
171 주희(朱熹) 저, 임민혁 옮김(1999), 주자가례, 예문서원, p. 318.

리고 농토로 변할 자리는 아닌가를 확인하라는 것은 토지이용계획이 예정된 지역인지 알아보라는 것이다. 방법은 시장·군수가 발행하는 지적도(地籍圖)나 임야도(林野圖), 토지이용계획확인서로 알 수 있다.

그리고 땅이 너무 비탈져 장마철이나 해빙기에 유실될 염려는 없는지 확인해야 한다. 다음의 자연적인 조건도 고려하면 좋을 것이다.

ㅇ물이 날 자리는 아닌가?

ㅇ볕이 잘 드는 곳인가?

ㅇ바람은 잘 통하는 곳인가?

ㅇ묘소에서 보았을 때 앞이 시원하게 틔었는가?

그리고 매우 중요한 택지(擇地)의 조건으로는 후손(後孫)이 사는 곳과 조상(祖上)의 묘소가 가까운 거리에 있어야 한다는 것이다. 현대인들에게는 시간을 따로 마련하여 조상(祖上)의 묘소를 찾아가기란 정신적으로도 쉬운 일이 아니다. 조상(祖上)의 묘소가 아무리 명당(明堂)이라고 하여도 자주 찾아가지 않으면 불과 수년 사이에 잡초만 무성해지기가 쉽다. 따라서 묘소는 승용차로 한 두 시간 이내에 도달할 수 있는 가까운 거리라면 좋을 것이다.

묘소는 명절에만 찾아가 성묘(省墓)하는 것이 아니다. 사당(祠堂)이 없는 현대인에게는 일이 있어도 조상에게 고하는 고사(告辭)의 의식(儀式)이 없으므로, 이를 묘소에서 대신하여야 한다. 입학이나 졸업, 취직과 승진, 입대나 제대, 혼인(婚姻)과 출산 등에는 조상의 묘소를 찾아가 성묘(省墓)함이 바람직하다. 그러기 위해서는 묘소가 가까이에 있어야 한다.

장지(葬地)가 마련되고 날짜가 정해진 뒤에는 축(祝)이 아침 전제(奠祭)에 다음 [서식 4-4]와 같이 알린다.[172]

---

172 이재(李縡), 국역 사례편람(四禮便覽), 우봉이씨 대종회, 명문당, p. 124.

[서식 4-4] 장지(葬地) 고사(告辭)

今已得地於某郡某里　某坐之原將以某月某日　襄奉敢告

금이득지어○군○리　○좌지원장이○월○일　양봉감고

> 이제 이미 장지를 아무군 아무 마을 아무 좌향의 언덕에 마련하여, 장차 아무 달 아무 날로 받들어 모시려 하기에 감히 아룁니다.

만일 선영(先塋)의 아래에 묘를 쓴다면 모군모리(某郡某里) 아래에 '선영하(先塋下)'라는 말을 첨가한다. 또한, 합장(合葬)이면 장지(葬地)를 얻었다는 '득지(得地)'를 빼고 '장이모월모일(將以某月某日)' 아래에 '합폄우모친모관부군지묘(合窆于某親某官府君之墓)', 또는 '폄우모친모봉모씨지묘(窆于某親某封某氏之墓)'라고 쓴다.

다. 사후토(祠后土)

묘역(墓域)을 조성한 후에는 후토신(后土神), 즉 산신(山神)에게 제사(祭祀)를 드린다. 다음 [서식 4-5]는 후토신(后土神)에게 제사(祭祀) 드리는 축문(祝文)이다.[173]

---

[173] 주희(朱熹) 저, 임민혁 옮김(1999), 주자가례, 예문서원, p. 321.

維某年歲月朔日子某官姓名
유모년세월삭일자모관성명

敢告於
감고어

后土氏之神今爲某官姓名
후토씨지신금위모관성명

營建宅兆神其保佑俾無後艱
영건택조신기보우비무후간

謹以淸酌脯醢祇薦於神尙
근이청작포해지천어신상

饗 향

이재(李縡) 선생은 토지신(土地神)에게 드리는 축문(祝文)[174]을 다음 [서식 4-6]과 같이 나타내었다.

[서식 4-6] 토지신축(土地神祝)

維 유

年號幾歲次月干支朔幾日干支某官姓名
연호○세차월간지삭○일간지모관성명

敢昭告于
감소고우

土地之神今爲某官姓名營建宅兆
토지지신금위모관성명영건택조

神其保佑俾無後艱謹以淸酌脯醢
신기보우비무후간근이청작포해

祇薦于
지천우

神尙
신상

饗 향

---

174 이재(李縡), 국역 사례편람(四禮便覽), 우봉이씨 대종회, 명문당, pp. 125~126.

라. 광중(壙中)

광중(壙中)은 땅을 아래로 곧바로 파서 짓는다. 부부를 합장(合葬)하는 경우에는 서쪽이 남자이고, 동쪽은 여자이다. 광중(壙中) 파기가 끝나면 석회와 가는 모래와 황토를 골고루 섞어 채워서 회막이를 하되 외곽의 모습으로 한다. 네 벽의 높이는 관보다 한 치쯤 높게 한다.[175]

마. 지석(誌石)

주자가례(朱子家禮)에 의하면, 지석(誌石)은 돌 조각 두 개를 쓴다고 하였다.[176] 하나는 덮개가 되는데, 유송모관모공지묘(有宋某官某公之墓; 송나라 ○○ ○○의 묘)라 새긴다. 또 다른 하나는 아래가 되는데, 휘(諱), 관향(貫鄕), 성명(姓名), 출생지, 부모, 생년월일, 관직(官職), 장지(葬地), 부인과 장인(丈人), 아들과 딸에 관해 쓴다.

장사 지내는 날 두 돌의 글자가 있는 것을 서로 마주보게 하고 철사로 묶어서 광중(壙中) 앞 가까운 지면(地面)의 3~4자[尺] 사이에 묻는다.

지석(誌石)을 새겨 묻는 이유는 나중에 묘소의 주변이 변하거나, 남들이 잘못 옮기려 할 때 지석(誌石)을 먼저 발견하고 묘의 주인을 알아보게 하기 위해서이다.

바. 명기(明器)

명기(明器)는 나무를 깎아 수레와 말, 하인과 시녀가 각각 봉양하던 물건을 가지고 있는 모습으로 만든다. 평시의 생활을 형상하되 작게 한다. 준령(准令)에 5품과 6품은 30가지, 7품과 8품은 20가지, 조관(朝官)에 오르지 못한 사람은 15가지라고 하였다.(刻木爲車馬僕從侍女, 各執奉養之物.

---

175 이재(李縡), 국역 사례편람(四禮便覽), 우봉이씨 대종회, 명문당, p. 128.
176 주희(朱熹) 저, 임민혁 옮김(1999), 주자가례, 예문서원, p. 330.

象平生而小. 準令五品六品三十事, 七品八品二十事, 非陞朝官十五事.)[177]

사. 삽(翣)

삽(翣)은 발인(發靷)할 때 상여(喪輿)의 앞뒤에서 들고 가는 치장 제구(祭具)이다. 죽은 사람의 영혼을 좋은 곳으로 인도해 달라는 염원을 담고 있다. 보삽(黼翣)[178], 불삽((黻翣)[179], 화삽(畫翣)[180]이 있다.

아. 신주(神主)

신주(神主) 제도는 이천(伊川) 선생이 만든 것이라고 하였다. 주자가례(朱子家禮)에서는 신주(神主)에 대하여 정자(程子), 즉 이천(伊川) 선생을 인용하여 다음과 같이 구체적으로 밝히고 있다. '신주(神主)를 만드는 데는 밤나무를 쓴다. 받침대는 사방 4치, 두께 1치 2푼이며, 바닥에 구멍을 뚫어서 신주(神主)의 몸을 끼운다. 몸은 높이가 1자 2치이고 너비가 3치, 두께가 1치 2푼이며 위 5푼을 깎아내 머리를 둥글게 한다. 1치 아래는 앞을 깎아 턱을 만들고 그것을 쪼개어 4푼은 전식(前式)으로 하고, 8푼은 후식(後式)으로 한다. 턱 아래의 함중은 길이가 6치, 너비가 1치, 깊이가 4푼이다. 그것들을 합쳐서 받침대 아래에 심는다. 나란하게 그 옆에 구멍을 뚫어서 가운데를 통하게 한다. 원은 지름이 4푼이며 3치 6푼 아래에 있다. 아래로 받침대의 면과의 거리가 7치 2푼이다. 분(粉)은 그 앞면에 바른다.(程子曰,

---

177 주희(朱熹) 저, 임민혁 옮김(1999), 주자가례, 예문서원, p. 331.

178 보삽(黼翣)은 반흑반백(半黑反白)의 빛으로, 자루가 없는 도끼 모양을 수놓은 것이다.

179 불삽((黻翣)은 반흑반청(半黑反靑)의 빛으로, 기(己)자 두 개를 서로 대칭으로 되게 한 아형(亞形)이다. 이는 죽은 사람의 넋이 귀인의 보호 아래 무사하게 명부(冥府)에 인도되기를 기원한다. 아삽(亞翣)이라고도 한다.

180 화삽(畫翣)은 구름 모양을 그리며, 구름은 하늘을 뜻한다. 사람이 죽으면 혼(魂)은 하늘로 올라가고 넋은 땅으로 떨어진다는 데서 유래한 것으로, 죽은 사람의 혼(魂)을 하늘로 인도해줄 것을 염원하는 의미이다. 운삽(雲翣)이라고도 하며 상여 앞에서 인도한다.

作主用栗. 趺方四寸, 厚寸二分, 鑿之洞底, 以受主身. 身高尺二寸, 博三寸, 厚寸二分, 剡上五分, 爲圓首. 寸之下勒前爲頷, 而判之, 四分居前, 八分居後. 頷下陷中, 長六寸, 廣一寸, 深四分. 合之植於趺下. 齊鑿其旁, 以通中. 圓徑四分, 居三寸六分之下. 下距趺面, 七寸二分. 以粉塗其前面.)'[181]

이재(李縡) 선생은 신주(神主) 서식을 다음과 같이 설명하였다.[182] 함중(陷中)에는 '고○관○공휘○자○신주(故某官某公諱某字某神主; 돌아가신 아무 벼슬 아무 공(公) 휘(諱) 아무 자(字) 아무 신주)'라 쓴다. 모관(某官)에는 관직이 없으면 보통 부르던 바를 따르는데, 학생(學生), 처사(處士), 수사(秀士), 혹은 별호(別號)를 쓴다. 분면(粉面)도 마찬가지이다. 분면(粉面)에는 '현고○관봉시부군신주(顯考某官封諡府君神主; 공경하옵는 돌아가신 아버지 아무 부군 신주)'라 쓰고, 왼쪽 아래에는 '효자○○봉사(孝子某奉祀)'라 쓴다.

신주(神主)를 감싸고 있는 것을 독(櫝)이라 한다. 독(櫝)은 검은 칠을 한다. 부부는 독(櫝)을 같이 한다. 다음 [그림 4-9]는 신주(神主)와 독식(櫝式)[183] 을 나타낸 것이다.

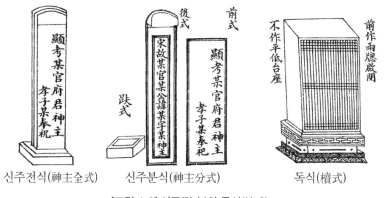

신주전식(神主全式)　　신주분식(神主分式)　　독식(櫝式)

[그림 4-9] 신주(神主)와 독식(櫝式)

181 주희(朱熹) 저, 임민혁 옮김(1999), 주자가례, 예문서원, p. 340.
182 이재(李縡), 국역 사례편람(四禮便覽), 우봉이씨 대종회, 명문당, p. 144.
183 주희(朱熹), 문공가례(文公家禮, 중화민국 5년, 1916), 上海江左書林, 券之一.

10. 조전(朝奠), 천우청사(遷于廳事), 조전(祖奠)

영구(靈柩)를 옮기는 것을 천구(遷柩), 조례(朝禮)에 술을 올리는 것을
조전(朝奠), 조상을 뵙는 것을 조조(朝祖), 술을 올리고 부의(賻儀)하는 것
을 전부(奠賻), 제기(祭器)를 진설하는 것을 진기(陳器)라고 한다.

주자가례(朱子家禮)의 조전(朝奠), 조조(朝祖), 천우청사(遷于廳事), 조
전(祖奠)에 대하여 간추리면 다음과 같다.[184]

> ■발인(發引) 하루 전에 아침 전제(奠祭)를 드리며 영구(靈柩)를 옮기는 것을
> 아뢴다.(發引前一日, 因朝奠, 以遷柩告.)
> ■영구(靈柩)를 모시고 조상을 뵙는다.(奉柩朝於祖.)
> ■드디어 청사로 옮긴다.(遂遷于廳事.)
> ■이에 바꾸어서 곡(哭)을 한다.(乃代哭.)
> ■친척과 손님이 술을 올리고 부의(賻儀)한다.(親賓致奠賻.)
> ■기물(器物)을 진설한다.(陳器.)
> ■낮 포시(晡時; 申時)에 조전을 차린다.(日晡時 設祖奠.)

가. 조전(朝奠)

주자가례(朱子家禮)에는 조전(朝奠)에 대하여 다음과 같이 밝히고 있
다. 발인(發引) 하루 전 아침에 전제(奠祭)를 드려 영구(靈柩)를 옮기는
것을 고(告)한다. 음식을 차리는 것은 아침의 전제(奠祭)와 같다. 축(祝)
이 술을 따르고 나면 북향하여 무릎을 꿇고 "지금 좋은 날에 관(棺)을 옮
깁니다. 감히 아룁니다."라고 한다. 부복(俯伏)하였다가 일어난다. 주인
(主人) 이하는 곡(哭)으로 슬픔을 다하고 재배(再拜)한다.(發引前一日. 因

---

184 주희(朱熹) 저, 임민혁 옮김(1999), 주자가례, 예문서원, pp. 344~353.

朝奠, 以遷柩告. 設饌, 如朝奠. 祝斟酒訖, 北面跪告曰, 今以吉辰遷柩敢
告. 俛伏興. 主人以下, 哭盡哀再拜.)[185]

나. 조조(朝祖)

영구(靈柩)를 모시고 조상(祖上)을 뵙는 것이다. 주자가례(朱子家禮)
에는 조조(朝祖)에 대하여 다음과 같이 밝히고 있다. 영구(靈柩)를 옮기
려 할 때 일하는 사람들이 들어오면 부인은 물러나 피한다. 주인(主人)과
여러 상주(喪主)가 지팡이를 들고 서서 살핀다. 축(祝)은 상자에 혼백(魂
帛)을 모시고 앞서서 사당(祠堂) 앞으로 간다. 집사(執事)는 제수(祭羞)와
교의(交椅)와 탁자를 받들어 다음에 가고 명정(銘旌)이 다음에 간다. 일
하는 사람들이 관(棺)을 들고 다음에 가고 주인(主人) 이하는 따라가며
곡(哭)을 한다. 남자는 오른쪽에, 여자는 왼쪽으로 간다. 복(服)이 무거운
사람은 앞에 있고 가벼운 사람은 뒤에 있으니, 복(服)으로 각각 차례로
삼는다. 시자(侍者)는 끝에 있어야 한다. 사당(祠堂) 앞에 이르면 집사(執
事)가 먼저 자리를 깔고 일하는 사람들은 그 위에 영구(靈柩)를 놓는데
머리를 북쪽으로 하고 나간다. 이 예(禮)는 대개 평소에 외출하려면 반
드시 어른에게 말씀드렸던 것을 본뜬 것이다.(奉柩朝于祖. 將遷柩, 役者
入, 婦人退避. 主人及衆主人, 輯杖立視, 祝以箱奉魂帛前行, 詣祠廟前. 執
事者奉奠及倚卓次之, 銘旌次之, 役者舉柩次之, 主人以下從哭. 男子由右,
婦人由左. 重服在前, 輕服在後, 服各爲叙. 侍者在末. 至祠堂前, 執事者先
布席, 役者致柩於其上, 北首而出. 此禮, 蓋象平生將出, 必辭尊者也.)[186]

---

185 주희(朱熹) 저, 임민혁 옮김(1999), 주자가례, 예문서원, pp. 344~353.
186 주희(朱熹) 저, 임민혁 옮김(1999), 주자가례, 예문서원, p. 347.

다. 천우청사(遷于廳事)

주자가례(朱子家禮)에는 천우청사(遷于廳事)에 대하여 다음과 같이 밝히고 있다. 집사(執事)가 청사(廳事)에 휘장을 친다. 일하는 사람들이 들어오면 부인은 물러나 피한다. 축(祝)이 혼백(魂帛)을 모시고 영구(靈柩)를 인도하여 오른쪽으로 돌아간다. 주인(主人) 이하의 남녀는 곡(哭)을 하면서 앞서와 같이 따라간다. 청사(廳事)에 이르면 집사(執事)가 자리를 깐다. 일하는 사람들은 자리 위에 영구(靈柩)를 놓되 머리를 남쪽으로 하고 나간다. 축(祝)은 영좌(靈座)와 전(奠)을 영구(靈柩) 앞에 남향으로 진설한다. 주인(主人) 이하는 나아가 곡(哭)을 하고 거적자리를 깐다.(執事者設帷於廳事. 役者入, 婦人退避. 祝奉魂帛導柩右旋. 主人以下男女, 哭從如前. 詣廳事, 執事者布席. 役者置柩于席上南首而出. 祝設靈座及奠于柩前南向. 主人以下, 就位坐哭. 藉以薦席.)[187]

청사(廳事)가 마련되지 않았으면 빈소(殯所)에서 영구(靈柩)를 대청(大廳)으로 옮기기도 한다.[188]

라. 조전(祖奠)

주자가례(朱子家禮)에는 조전(祖奠)에 대하여 다음과 같이 밝히고 있다. 낮 포시(晡時)[189]에 조전(祖奠)을 차린다. 음식은 조전(朝奠)과 같다. 축(祝)이 술을 따르고 나서 북향하여 무릎 꿇고 이뢰기를 "영원히 옮겨가는 예(禮)에 좋은 날은 머물러 있지 않으니, 이제 영구(靈柩)를 모시고 길 떠날 의식(儀式)을 준행합니다."라고 한다. 부복(俯伏)하였다가 일어난

---

187 주희(朱熹) 저, 임민혁 옮김(1999), 주자가례, 예문서원, p. 349.
188 권영한(1998), 사진으로 배우는 관혼상제(冠婚喪祭), 전원문화사, p. 180.
189 포시(晡時)는 신시(申時), 즉 오후 3시부터 5시 사이.

다. 나머지는 조석전(朝夕奠)의 의식(儀式)과 같다. (日晡時, 設祖奠. 饌
如朝奠. 祝斟酒訖, 北向跪告曰, 永遷之禮, 靈辰不留. 今奉柩車, 式遵祖
道. 俛伏興. 餘如朝夕奠儀.)[190]

조전축(朝奠祝), 천우청사축(遷于廳事祝), 조전축(祖奠祝)은 [서식 4-7]
과 같다.

[서식 4-7] 조전축(朝奠祝), 천우청사축(遷于廳事祝), 조전축(祖奠祝)

조전축 (朝奠祝)	천우청사축 (遷于廳事祝)	조전축 (祖奠祝)
금이길신 천구감고 今以吉辰 遷柩敢告	청 천구우 청사 請 遷柩于 廳事	금봉구거 식준조도 今奉柩車 式遵祖道 ／ 영천지례 영신불류 永遷之禮 靈辰不留

○조전축(朝奠祝) : 지금 좋은 날을 맞아 관(棺)을 옮기고자 하기에 감히 아
룁니다.
○천우청사축(遷于廳事祝) : 관(棺)을 청사(廳事)로 옮기기를 청하나이다.
○조전축(祖奠祝) : 영원히 옮겨가시는 예(禮)를 행함에 좋은 날은 머물러
있지 않으니, 이제 영구(靈柩)를 모시고 길 떠날 의식(儀式)을 준행하고자
합니다.

---

190 주희(朱熹) 저, 임민혁 옮김(1999), 주자가례, 예문서원, p. 352.

11. 견전(遣奠)과 발인(發靷)

주자가례(朱子家禮)의 견전(遣奠)과 발인(發引)[191]에 대하여 간추리면 다음과 같다.[192]

■이튿날 영구(靈柩)를 상여(喪輿)로 옮긴다.(厥明. 遷柩就轝.)

■이에 발인(發靷)하기 전 문 앞에서 지내는 견전(遣奠)을 차린다.(乃設遣奠.)

■축(祝)이 혼백(魂帛)을 받들고 수레에 올라서 분향(焚香)한다.(祝奉魂帛, 升車焚香.)

■영구(靈柩)가 떠난다.(柩行.)

■주인(主人) 이하의 남자와 여자는 곡(哭)을 하면서 걸어서 따라간다. 존장(尊長)이 그 다음이고, 복(服)이 없는 친척이 또 그 다음이며, 빈객(賓客)이 또 그 다음이다.(主人以下男女, 哭步從. 尊長次之, 無服之親又次之, 賓客又次之.)

■친척과 빈객(賓客)은 성 밖 길가에 장막(帳幕)을 치고 영구(靈柩)를 마주치면 전(奠)을 올린다.(親賓設幄於郭外道旁, 駐柩而奠.)

■도중에 슬픔이 지나치면 곡(哭)을 한다.(塗中遇哀, 則哭.)

가. 천구취여(遷柩就轝)

사례편람(四禮便覽)에는 천구취여(遷柩就轝)에 대하여 '영구(靈柩)를 상여(喪輿)로 옮긴다. 축(祝)이 북향하여 무릎 꿇고 "지금 영구(靈柩)를 상여(喪輿)로 옮깁니다. 감히 아룁니다."라고 한다. 드디어 영좌(靈座)를 옮겨 옆에 놓으면 부인은 물러나 피한다.(祝北向跪告曰, 今遷柩就轝, 敢告. 遂遷靈座置傍側, 婦人退避.)'[193]라고 하였다.

---

191 주자가례(朱子家禮)에서는 발인(發靷)을 발인(發引)으로 나타내었다. 인(引)은 끈다는 것이다. 관(棺)을 실은 수레를 끄는 것이다.

192 주희(朱熹) 저, 임민혁 옮김(1999), 주자가례, 예문서원, p. 353.

193 이재(李縡), 국역 사례편람(四禮便覽), 우봉이씨 대종회, 명문당, p. 135.

[서식 4-8]은 천구취여축(遷柩就輿祝)이며, 처와 아우 이하에서는 '감고(敢告)' 대신에 '자고(玆告)'로 고쳐 쓴다.

[서식 4-8] 천구취여축(遷柩就輿祝)과 견전축(遣奠祝)

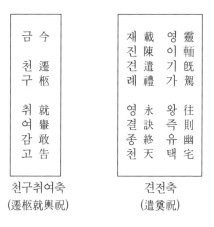

천구취여축
(遷柩就輿祝)

견전축
(遣奠祝)

○ 천구취여축(遷柩就輿祝) : 지금 영구(靈柩)를 상여(喪輿)로 옮깁니다. 감히 아룁니다.
○ 견전축(遣奠祝) : 혼령(魂靈)을 이미 상여(喪輿; 혹은 영구차)에 모셨으니, 이제 가시면 묘소이옵니다. 영원히 떠나시는 예(禮)를 올리오니, 이제 가시면 영원하나이다.

나. 견전(遣奠)

견전(遣奠)이란 영구(靈柩)를 상여(喪輿)에 실은 뒤 마지막으로 올리는 전(奠)을 말하는데, 이를 발인제(發靷祭) 또는 영결식(永訣式)이라고도 한다.[194]

견전(遣奠)의 절차는 다음과 같다. 상여(喪轝; 혹은 영구차) 앞에 교의

---

194 권영한(1998), 사진으로 배우는 관혼상제(冠婚喪祭), 전원문화사, pp. 181~182.

(交椅), 명정(銘旌), 공포(功布)를 설치하고 상을 차리면 상주(喪主) 이하
는 모두가 정한 자리에 선다. 상주(喪主)는 부단히 곡(哭)을 하되 축문(祝
文)을 읽을 때만 곡(哭)을 그친다.[195] 집례(執禮)가 술을 따르고 축문(祝
文)을 읽는다.

주자가례(朱子家禮)에 이르기를 '고씨(高氏)의 예(禮)에 축(祝)이 무릎
을 꿇고 "영이(靈輀)[196]에 올라 유택(幽宅)으로 가시니, 영구(靈柩)를 실
은 상여(喪輿)에 견전례(遣奠禮)를 베풀며 영원히 작별하려고 합니다."
라 아뢴다고 하였다. 재(載)는 상여(喪輿)에 영구(靈柩)를 싣는 것을 말한
다.(楊氏復曰, 高氏禮, 祝跪告曰, 靈輀旣駕, 往卽幽宅, 載陳遣禮, 永訣終
天. 載, 謂升柩於轝也.)'[197]라고 하였다.

견전축(遣奠祝)에서 처와 제 이하에서는 영결종천(永訣終天) 대신에
불승비념(不勝悲念)이라 쓴다.[198] 집안에 따라서는 견전례(遣奠禮)를 제
(祭)로 보고 강신(降神), 재배(再拜), 초헌(初獻), (지곡(止哭)), 독축(讀祝),
아헌(亞獻), 삼헌(三獻), 첨작(添酌), 사신(辭神)의 절차[199]로 하는 경우도
있다. 견전축(遣奠祝)은 [서식 4-8]과 같다.

다. 발인(發靷)

견전(遣奠)을 마치고 영구(靈柩)가 장지(葬地)로 떠나가는 것을 발인
(發靷), 또는 출상(出喪)이라고 한다. 방상씨(方相氏) 등이 앞에서 인도하
고 명기(名器), 명정(銘旌), 영차(靈車), 공포(功布)의 순으로 따라간다.
주인(主人) 이하의 남자와 여자는 곡(哭)을 하며 걸어서 따라간다. 존장

195 성균관(成均館, 1985), 유림편람(儒林便覽), 유도회총본부(儒道會總本部), p. 110.

196 영이(靈輀) : 영구를 실은 수레.

197 주희(朱熹) 저, 임민혁 옮김(1999), 주자가례, 예문서원, p. 355.

198 신희철(申羲澈) 編著(1990), 상례요람(常禮要覽), 보경문화사, p. 114.

199 주병문(朱柄文, 1980), 축문집(祝文集), 필사본, pp. 4~5.

(尊長)이 그 다음이고, 복(服)이 없는 친척이 또 그 다음이며, 빈객(賓客)이 또 그 다음이다.(方相等前導, 如陳器之叙. 主人以下男女, 哭步從. 尊長次之, 無服之親又次之, 賓客又次之.)[200]

사(士)의 상(喪)에 천자(天子)처럼 하는 것이 세 가지 있다고 하였다. 밤새도록 화톳불을 놓는 것과, 사람을 시켜 상여줄을 잡게 하는 것과, 길을 전용(專用)해서 가는 것이다.(士喪有與天子同者三, 其終夜燎, 及乘人, 專道而行.)[201]

출상(出喪)에서는 정해진 순서에 의하여 명정(銘旌), 상여(喪輿), 상주(喪主)가 늘어서는데, 이를 출상행렬(出喪行列)이라 한다. 그러나 출상행렬(出喪行列)은 명정(銘旌)-상여(喪輿)-상주(喪主)의 순서를 제외하고는 지역이나 가문에 따라 다르다. 대표적으로 방상(方相)과 운아삽(雲亞翣) 위치인데 고례(古禮)에는 이들이 있지만, 지금에는 거의 없어진 형태이다. 오늘날에는 출상(出喪)에서 상여(喪輿)를 쓰지 않고 운구차(運柩車)를 쓰기 때문에 옛날과 많이 다르다.

1) 사례편람(四禮便覽)의 출상행렬(出喪行列)

사례편람(四禮便覽)에 의하면, 출상행렬(出喪行列)은 방상(方相), 여복(女僕), 시자(侍者), 명정(銘旌), 영거(靈車), 만장(輓章), 공포(功布), 대여(大輿), 운삽(雲翣), 주상(主喪), 복인(服人), 존장(尊長), 복(服)을 입지 않은 친족(親族), 조객(弔客)의 순[202]으로 뒤를 따르고 있다. 그러나 현재에는 사회적 변화 때문에 여복(女僕), 시자(侍者), 만장(輓章)이 빠지며, 이를 그림으로 나타내면 [그림 4-10]과 같다.

---

200 주희(朱熹) 저, 임민혁 옮김(1999), 주자가례, 예문서원, p. 356.
201 예기(禮記), 잡기(雜記) 상편(上篇)
202 이재(李縡), 사례편람(四禮便覽), 卷之五圖式.

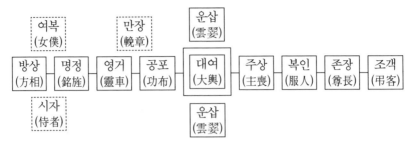

[그림 4-10] 사례편람(四禮便覽)의 출상행렬(出喪行列)

2) 유림편람(儒林便覽)의 출상행렬(出喪行列)

유림편람(儒林便覽)에 의하면, 출상행렬(出喪行列)은 방상(方相), 명정(銘旌), 영거(靈車), 공포(功布), 만사(輓詞), 상여(喪輿), 운아삽(雲亞翣), 주상(主喪), 복인(服人), 조객(弔客)의 순[203]이라 하였다. 이는 사례편람(四禮便覽)과 거의 같으나 만장(輓章)의 위치만 다를 뿐이며, 여복(女僕)과 시자(侍者)가 빠져있다.

유림편람(儒林便覽)의 출상행렬(出喪行列)은 [그림 4-11]과 같다.

[그림 4-11] 유림편람(儒林便覽)의 출상행렬(出喪行列)

O방상(方相)은 사례편람(四禮便覽)의 그림에 의하면, 검은 웃옷에 붉은 바지를 입으며 칼이나 창과 방패를 들고 있는 것으로 보아 잡신을 물리치기 위한 수단[204]으로 보인다.

O명정(銘旌)은 죽은 이의 이름을 쓴 것이다.

---

203 성균관(成均館, 1985), 유림편람(儒林便覽), 유도회총본부(儒道會總本部), p. 110.

204 이재(李縡), 사례편람(四禮便覽), 卷之五之圖式.

○영거(靈車)는 영혼을 태우는 2인교 가마이다. 여기에는 혼백(魂帛) 상자, 향로(香爐), 영정(影幀) 등을 실으며, 가마채가 허리 정도 높이여서 요여(腰輿)라고 하며, 영여(靈輿)라고도 한다. 임재해[205]는 영거(靈車)가 상여(喪輿)보다 앞서는 것은 영혼이 육신보다 우선하는 가치를 부여하기 때문이며, 영거(靈車)와 상여(喪輿)의 분리는 영육(靈肉)을 분리하고 저승과 이승을 분리하는 이원적 세계관이 나타나 있다고 하였다.

○만장(輓章)은 고인의 업적을 기리며 애도하는 글을 쓴 것이다.

○공포(功布)는 하관(下棺)할 때 관을 닦는 데 쓰는 삼베 헝겊이다.

○대여(大輿)는 상여(喪輿)를 말한다.

○운아삽(雲亞翣)은 상여(喪輿)의 좌우에 들고 가는 부채이다. 삽(翣)은 원래 깃털로 만든 부채 모양이었으며 '운(雲)'자와 '아(亞)'자를 써서 긴 막대 자루에 단다.[206]

현대의 출상(出喪)은 대부분 장례식장에서부터 장지(葬地)까지 운구차(運柩車)를 이용한다. 따라서 위와 같은 출상행렬(出喪行列)을 보기란 쉽지 않다. 다만 운구차(運柩車)를 이용한다 하여도 명정(銘旌)-운구차(運柩車)-주상(主喪)·복인(服人)-조객(弔客)의 행렬(行列)은 일반적으로 유지한다.

라. 노제(路祭)

노제(路祭)는 망인(亡人)의 연고지나 친지가 사는 곳을 지날 때 출상행렬(出喪行列)을 잠시 멈추어 고하는 의식(儀式)이다.

[서식 4-9]는 노제축(路祭祝)[207]이다.

---

205 임재해(1996), 전통 상례, 대원사, pp. 59~77.
206 권영한(1998), 사진으로 배우는 관혼상제(冠婚喪祭), 전원문화사, p. 181.
207 주병문(朱柄文, 1980), 축문집(祝文集), 필사본, p. 22.

[서식 4-9] 노제축(路祭祝)

維歲次某年某月某朔某日干支親友姓名

유세차○년○월○삭○일○친우○○○

敢昭告于

감소고우

顯兄學生府君　驚愕悲報　意外忽聞

현형학생부군　경악비보　의외홀문

嗚呼嘆哉　靈魂何逝　涕淚滿裳

오호탄재　영혼하서　체루만상

以此難堪　謹以　清酌脯醢

이차난감　근이　청작포해

用伸虔告　尚

용신건고　상

饗

향

마. 구지(柩至)

구지(柩至)는 출상행렬(出喪行列)이 묘소에 도착해서 치르는 의식(儀式)이다. 성균관(成均館)은 구지(柩至)의 절차[208]를 다음과 같이 밝히고 있다.

○묘소의 남쪽에 관(棺)의 상(上)이 북쪽을 향하게 하고, 관(棺)의 서쪽에 영좌(靈座)를 설치하고 명정(銘旌)으로 관(棺)을 덮는다.

○상주(喪主) 이하 남자 복인(服人)은 묘소의 동쪽에서 서쪽을 향해 서고, 주부(主婦) 이하 여자 복인들은 묘소의 서쪽에서 동쪽을 향해 서서 슬픔을 나타낸다.

○이어 영좌(靈座) 앞에서 손님을 맞는다.

---

208 성균관(成均館, 1993), 유림교양전서(儒林敎養全書), pp. 186~187.

12. 하관(下官)과 성분(成墳)

묘소에 도착하여 관(棺)을 내리는 것을 하관(下棺)이라 하며, 후토신
(后土神)에게 제사(祭祀)를 지내며 것을 사후토(祀后土), 봉분(封墳)을 만
드는 것을 성분(成墳)이라고 한다.

주자가례(朱子家禮)의 하관(下官)과 성분(成墳)에 대하여 간추리면 다
음과 같다. [209]

■영구(靈柩)가 도착하기 전에 집사(執事)는 먼저 영구(靈柩)를 임시로 안
  치할 영악(靈幄)을 설치한다. (未至, 執事者先設靈幄.)

■친척과 빈객(賓客)이 상차(喪次)를 설치한다. (親賓次.)

■부인이 장막을 설치한다. (婦人幄.)

■방상씨(方相氏)가 도착한다. 명기(明器) 등이 도착한다. (方相至. 明器等至.)

■영거(靈車)가 도착한다. (靈車至.)

■드디어 전(奠)을 차리고 물러난다. (遂設奠而退.)

■영구(靈柩)가 도착한다. (柩至.)

■주인(主人)과 남녀는 각각 자리로 가서 곡(哭)을 한다. (主人男女, 各就位
  哭.)

■빈객(賓客)은 절하여 작별하고 돌아간다. (賓客拜辭而歸.)

■이에 하관(下棺)한다. (乃窆.)

■주인(主人)이 예물을 드린다. (主人贈.)

■회격 안팎의 덮개를 덮는다. 재로 채운다. 이에 흙을 채우고 점점 다진
  다. (加灰隔內外蓋. 實以灰. 乃實土而漸築之.)

■묘소의 왼쪽에서 후토신(后土神)에게 제사(祭祀)를 드린다. (祠后土於墓左.)

■명기(明器) 등을 넣는다. 지석(誌石)을 내린다. 다시 흙으로 채우고 견고
  하게 다진다. (藏明器等. 下誌石. 復實以土, 而堅築之.)

■신주(神主)를 쓴다. (題主.)

---

[209] 주희(朱熹) 저, 임민혁 옮김(1999), 주자가례, 예문서원, pp. 358~375.

- 축(祝)이 신주(神主)를 받들고 수레에 오른다.(祝奉神主升車.)
- 집사(執事)가 영좌(靈座)를 거두고 드디어 떠난다.(執事者徹靈座, 遂行.)
- 봉분의 높이는 네 자[尺]이다. 그 앞에 작은 돌 비석을 세우는데 역시 높이는 네 자[尺]이다. 받침대는 높이를 한 자[尺] 정도로 한다.(墳高四尺. 立小石碑於其前, 亦高四尺. 趺高尺許.)

가. 성분전(成墳前) 산신제(山神祭)

묘소를 조성하는 일을 치장(治葬)이라 한다. 묘소를 조성하기 전에 산신제(山神祭)를 지내는데, 산신제(山神祭)는 제수(祭羞)를 마련하여 묘소의 보호를 의뢰하는 내용[210]의 축문(祝文)을 읽고 제사(祭祀) 지내는 의례(儀禮)이다. 산신제(山神祭)는 상주(喪主)의 친지 중에서 상주(喪主)를 대신하여 지낸다. 산신제(山神祭)는 토지신(土地神)에게 드리는 제사(祭祀)이므로 분향(焚香)이 없고 뇌주(酹酒)만 한다.[211]

성균관(成均館)은 산신제(山神祭)를 지내는 절차[212]를 다음과 같이 밝히고 있다.

O 술, 과실, 포, 젓 등의 제수(祭羞)를 차린다.

O 산신제(山神祭)를 지내는 장소는 묘소 예정지 내의 동북쪽이나 북쪽(묘소의 위쪽)에 제단을 차려 제수(祭羞)를 진설하고 남쪽에서 북쪽을 향해 지낸다.

O 토지의 신은 지하에 계시므로 분향(焚香)을 하지 않으며 뇌주(酹酒) 재배(再拜)만 하고 참신(參神), 헌주(獻酒), 정저(正箸), 축(祝)을 읽은 뒤 낙저(落箸)한 다음 사신(辭神)한다.

---

210 성균관(成均館, 1985), 유림편람(儒林便覽), 유도회총본부(儒道會總本部), p. 111.
211 신희철(申義澈) 編著(1990), 상례요람(常禮要覽), 보경문화사, p. 108.
212 성균관(成均館, 1993), 유림교양전서(儒林教養全書), p. 184.

다음 [서식 4-10]과 [서식 4-11]은 산신축(山神祝)이다.

[서식 4-10] 산신축(山神祝) ①[213]

維歲次某年某月某朔某日干支
유세차 ○년 ○월 ○삭 ○일 ○○
幼學姓名 ○○○
유학 ○○○
敢昭告于
감소고우
土地之神
土地之神 今爲學生府君 ○官 ○姓 ○名
금위학생부군
葬于茲地 神其佑之 俾無後艱
장우자지 신기우지 비무후간
謹以 淸酌脯醢 祗薦于神尙
근이 청작포해 지천우신상
饗
향

○○년 ○월 ○일에 유학 ○○○은 토지의 신께 삼가 아뢰나이다. 저의 아비 ○○(본관)○○○이 세상을 떠나 여기를 무덤으로 하겠기에, 신께서는 뒷날의 어려움이 없도록 도와주소서. 삼가 맑은 술과 포해를 신께 드리오니 흠향하소서.

위의 [서식 4-10]에서 산신(山神)과 제주(祭主)의 관계는 친족(親族)이 아니므로 '유학(幼學)'이라 하였다. 또한 조상(祖上)에게 드리는 고사(告祀)나 축문(祝文)에서는 친족(親族) 관계이므로 성(姓)을 쓰지 않지만, 산신축(山神祝)에서는 성(姓)과 이름을 모두 쓴다.

다음 [서식 4-11]은 관직(官職)을 모두 나타낸 예이다.

___

213 주병문(朱柄文, 1980), 축문집(祝文集), 필사본, p. 6.

[서식 4-11] 산신축(山神祝) ②[214]

維歲次壬申五月戊申朔二十二日己巳
유세차임신오월무신삭이십이일기사

幼學金吉東　敢昭告于
유학김길동　감소고우

土地之神　今爲　○○學教校長
토지지신　금위　○○학교교장

金慶培之父　○○郡守　金海金公
김경배지부　○○군수　김해김공

營建宅兆　神其保佑　俾無後艱
영건택조　신기보우　비무후간

謹以　清酌脯醢　祗薦于神　尚
근이　청작포해　지천우신　상

饗
향

○○년 ○월 ○일에 유학 김길동은 토지의 신에게 감히 아뢰나이다. 이제
○○학교 교장 김경배의 아버님 ○○군수 김해김공의 무덤을 지으려 하오니
신께서는 보살피사 어려움이 없게 하여주소서. 삼가 맑은 술과 음식을 차려
정성을 다해 받들어 올리니 어여삐 여기사 흠향하시옵소서.

영건택조(營建宅兆)는 새로이 단독 묘소를 조성하는 경우이고, 만일
이미 조성된 묘소에 합장하는 경우에는 '합폄우유인(부인)덕수이씨지묘
(合窆于孺人(夫人)德水李氏之墓)'라 써야 한다.

다음 [서식 4-12]는 아버지가 돌아가셔서 손자가 조부의 주상(主喪)인
승중(承重) 산신축(山神祝)[215]이다.

---

214 성균관(成均館, 1993), 유림교양전서(儒林教養全書), p. 184.
215 주병문(朱柄文, 1980), 축문집(祝文集), 필사본, p. 5.

[서식 4-12] 승중(承重) 산신축(山神祝)

維歲次某年某月某朔某日干支
幼學姓名 敢昭告于
유세차 ○년 ○월 ○삭 ○일 ○
유학 ○○
감소고우

土地之神 今爲祖考學生府君
금위조고학생부군
토지지신

○官姓名
○관
○
○ 某
官
姓
名

葬于玆地 神其佑之 俾無後艱
장우자지 신기우지 비무후간

謹以清酌脯醢 祗薦于神 尚
근이 청작포해 지천우신 상

饗
향

○○년 ○월 ○일에 유학 ○○○은 토지의 신께 삼가 아뢰나이다. 저의 할아비 ○○(본관) ○○○이 세상을 떠나 여기를 무덤으로 하겠기에, 신께서는 뒷날의 어려움이 없도록 도와주소서. 삼가 맑은 술과 포해를 신께 드리오니 부디 흠향하소서.

나. 하관(下棺)

하관(下棺)이란 시신(屍身)을 묘소의 광중(壙中)에 모시는 일이다. 관(棺)을 내리는 것을 '폄(窆)'이라고도 한다. 예기(禮記) 단궁(檀弓)에는 '북방에서 장사 지내고 머리를 북쪽으로 하는 것은 삼대(三代)의 통례이다. 북방은 어두운 땅이다.'라고 하였다. 염(殮)을 하는 빈(殯)에는 머리를 남쪽으로 하는데, 돌아가신 분을 차마 귀신으로 대하지 못하기 때문이다.

그러나 장사(葬事)를 지내면 돌아가신 것을 인정하는 것이므로 머리를 북쪽으로 한다.

성균관(成均館)은 하관(下棺)의 절차[216]를 다음과 같이 밝히고 있다.

O 우선 명정(銘旌)을 걷고 관(棺) 묶음을 푼 뒤, 관(棺)까지 매장할 때는 들 끈으로 관(棺)을 들고, 관(棺)을 벗길 때는 뚜껑을 열어 시신(屍身)만 들 끈으로 들어 광중(壙中) 내광 안에 반듯하게 모신다.

O 광중(壙中) 안의 빈 곳을 흙으로 채우고, 명정(銘旌)으로 덮은 다음 횡대(橫帶)를 덮는다.

O 상주(喪主)가 횡대를 들고 망인(亡人)의 가슴 부위에 검은색 폐백 [현(玄)]을, 다리 부위에 홍색 폐백[훈(纁)]을 얹는다.

O 상주(喪主)는 절하고 모두 극진한 슬픔을 나타낸다.

O 먼저 고운 흙으로 외광을 채우고, 망인(亡人)의 발치에 지석(誌石)을 놓은 뒤 봉분(封墳)을 지어 떼를 입힌다.

횡대(橫帶)로 명정(銘旌)을 덮을 때 집사(執事)가 상주(喪主)에게 현(玄: 검은 비단)과 훈(纁: 붉은 비단)을 주면 상주(喪主)가 이것을 받아 축관(祝官)에게 주고, 축관(祝官)이 이것을 받들어 횡대(橫帶)를 들고 현(玄)과 훈(纁)을 폐백(幣帛)으로 드린다.[217]

폐백(幣帛)으로 드리는 현(玄)과 훈(纁)의 위치는 차이가 있는데, 가슴 부위에 현(玄)을 드리고 다리 부위에 훈(纁)을 드리기도 하고[218], 동편에 모두 드리되 위에는 현(玄)을 드리고 아래에는 훈(纁)을 드리기도 하며[219], 현(玄)은 동쪽에 훈(纁)은 서쪽에 드리기도 한다.[220]

---

216 성균관(成均館, 1993), 유림교양전서(儒林教養全書), p. 187.

217 성균관(成均館, 1985), 유림편람(儒林便覽), 유도회총본부(儒道會總本部), p. 111.

218 성균관(成均館, 1993), 유림교양전서(儒林教養全書), p. 187.

219 신희철(申羲澈) 編著(1990), 상례요람(常禮要覽), 보경문화사, p. 115.

220 권영한(1998), 사진으로 배우는 관혼상제(冠婚喪祭), 전원문화사, p. 186.

폐백(幣帛)을 드린 후 상주(喪主)는 두루마기 자락이나 옷자락에 깨끗한 흙을 담아 관(棺)의 상하좌우에 '취토(取土)'를 세 번 외치며 흙을 던진다. 상주(喪主)가 물러나면 인부들이 봉분(封墳)을 만들기 시작한다.

하관(下棺) 길시(吉時)는 황도시(黃道時)와 귀인시(貴人時)를 겸하면 좋고 마땅치 않으면 황도시(黃道時)만 가려 써도 좋다.[221]

장일(葬日)의 일진(日辰)에 따른 황도시(黃道時)는 [표 4-9]와 같으며, 귀인시(貴人時)는 [표 4-10]과 같다.

[표 4-9] 황도시(皇道時)

장일(葬日) 일진(日辰)	황도시 (黃道時)	장일(葬日) 일진(日辰)	황도시 (黃道時)
子, 午일	午, 申시	卯, 酉일	午, 未시
丑, 未일	巳, 申시	辰, 戌일	辰, 巳, 申시
寅, 申일	辰, 巳, 未시	巳, 亥일	辰, 午, 未시

[표 4-10] 귀인시(貴人時)

장일(葬日) 일진(日辰)	귀인시 (貴人時)	장일(葬日) 일진(日辰)	귀인시 (貴人時)
甲, 戊, 庚일	未시	辛일	午시
乙, 己일	申시	壬, 癸일	巳시
丙, 丁일	酉시		

다. 성분후(成墳後) 산신제(山神祭)

성분(成墳) 이후에, 묘소를 조성했으므로 산신(山神)에게 아뢰는 절차이다. 모든 절차는 묘소 조성 전에 지냈던 산신제(山神祭)의 방법과 같

---

221 김혁제(金赫濟, 1998), 을묘년대한민력(乙卯年大韓民曆), 明文堂, pp. 42~43.

다. 다만 영건택조(營建宅兆; 무덤을 지으려 하오니)를 폄자유택(窆玆幽 宅; 무덤을 지었사오니)으로 고친다.

분묘의 높이는 4자[尺]이고, 그 앞에 조그만 돌 비석을 세우되 역시 높 이가 4자[尺]이다. 받침 높이는 한 자[尺] 정도로 한다.

이재(李縡) 선생은 주자가례(朱子家禮)에는 다른 석물(石物)이 없고 다만 작은 비석만 있는데, 사람들이 제상(祭床)만 설치하고 비석이 없는 것을 보고 경중을 잃었다고 하였다.[222]

라. 작주(作主)

집사(執事)는 영좌(靈座)의 동남쪽에 서향으로 탁자를 펴고 벼루와 붓 과 먹을 놓는다. 주인(主人)은 그 앞에 북향하고 선다. 축관(祝官)이 신주 (神主)를 내어 탁자 위에 놓은 뒤 글씨를 잘 쓰는 사람에게 신주(神主)를 쓰게 한다. 먼저 안쪽인 함중(陷中)을 쓰고 바깥쪽인 분면(粉面)을 쓴 다 음 영좌(靈座) 옆에 둔다. 혼백(魂帛)은 상자 속에 넣어 그 뒤에 둔다. 신 주(神主)는 무덤에 흙을 채운 이후에 쓰는 것이 아니라 시신(屍身)에 광 중(壙中)에 들면 신(神)의 혼백(魂魄)이 떠서 의지할 곳이 없으므로 신주 (神主)를 써서 의지할 곳이 있도록 한다.[223] 신주(神主)는 대상(大祥) 후 에 사당(祠堂)으로 옮긴다.

13. 반곡(反哭)

주자가례(朱子家禮)의 반곡(反哭)에 대하여 간추리면 다음과 같다.[224]

---

222 이재(李縡), 국역 사례편람(四禮便覽), 우봉이씨 대종회, 명문당, p. 146.

223 이재(李縡), 국역 사례편람(四禮便覽), 우봉이씨 대종회, 명문당, pp. 143~144.

224 주희(朱熹) 저, 임민혁 옮김(1999), 주자가례, 예문서원, pp. 376~379.

- ■주인(主人) 이하는 영거(靈車)를 모시고 길에서 천천히 걸으며 곡(哭)을 한다.(主人以下奉靈車, 在塗徐行哭.)
- ■집에 이르러 곡(哭)을 한다.(至家哭.)
- ■축(祝)이 신주(神主)를 받들고 들어가서 영좌(靈座)에 놓는다.(祝奉神主, 入置于靈座.)
- ■주인(主人) 이하는 청사에서 곡(哭)을 한다.(人以下, 哭于廳事.)
- ■드디어 영좌(靈座) 앞에 나아가 곡(哭)을 한다.(遂詣靈座前哭.)
- ■조문(弔問)하는 사람이 있으면 절하기를 처음 초상(初喪) 때와 같이한 다.(有弔者, 拜之如初.)
- ■기년(朞年)과 구월(九月)의 상(喪)을 당한 사람은 술을 마시고 고기를 먹 되 잔치는 하지 않는다. 소공(小功) 이하와 대공(大功)으로 따로 사는 사 람은 돌아가도 된다.(期九月之喪者, 飮酒食肉, 不與宴樂. 小功以下, 大功 異居者, 可以歸.)

혼(魂)을 모시고 집으로 돌아오며 곡(哭)을 하는 것을 반곡(反哭)이라 한다. 산 사람은 혼(魂; 얼)과 백(魄; 넋)이 하나로 되어있지만, 사람이 죽 으면 혼백(魂魄)이 떨어져 백(魄)은 땅에 묻히기 때문에 혼(魂)을 모시고 집으로 돌아온다.[225] 이처럼 혼(魂)을 모시고 집으로 돌아오는 것[226]을 반곡(返哭)이라 하며, 반혼(返魂), 또는 반우(返虞)라고도 한다. 이때 지 내는 고사(告祀)를 반혼(返魂) 고사(告祀)라고 하며, 평토제(平土祭)[227]라 고도 한다. 지역에 따라서는 반혼(返魂) 고사(告祀)와 초우제(初虞祭)를 겸하는 지역도 있다.[228]

225 대천문화원(1987), 傳統禮節, 明文堂, p. 83.
226 성균관(成均館, 1985), 유림편람(儒林便覽), 유도회총본부(儒道會總本部), p. 111.
227 권영한(1998), 사진으로 배우는 관혼상제(冠婚喪祭), 전원문화사, p. 187.
228 임재해(1996), 전통 상례, 대원사, p. 100.

옛날 사람들은 장일(葬日)에 신주(神主)를 만들었고[229], 상주(喪主)가 묘[230] 옆에 여막을 짓고 시묘살이를 살 때는 집으로 반혼(返魂)하지 않았다고 한다.[231]

광중(壙中)에 하관(下棺)을 하고 흙을 채워 평토(平土)가 되면 신주(神主)를 만들어 놓고, 그 앞에서 반혼(返魂) 고사(告祀)를 지낸다. 반혼(返魂) 고사(告祀)는 신주(神主)가 만들어진 경우와 그렇지 않은 경우가 있는데, [서식 4-13]과 [서식 4-14]는 신주(神主)를 만들었을 때의 반혼(返魂) 고사(告祀)이며, [서식 4-15]는 신주(神主)를 만들지 않았을 때의 반혼(返魂) 고사(告祀)이다.

[서식 4-13] 반혼(返魂) 고사(告祀) ①

維歲次○太歲某月某朔某日干支
유세차 ○○○월 ○삭 ○일 ○○

孤子名 敢昭告于
고자○ 감소고우

顯考學生府君 墳墓既成
현고학생부군 분묘기성

禮當立主 拘於事勢 未能如禮
예당입주 구어사세 미능여례에

依舊束帛 還安室堂 伏惟
의구속백 환안실당 복유

尊靈 是憑是依
존령 시빙시의

---

229 신희철(申義澈) 編著(1990), 상례요람(常禮要覽), 보경문화사, p. 111.

230 묘(墓)는 무덤이 조성된 구역을 말하며, 분(墳)은 흙을 쌓아 만든 봉분이다.

231 권영한(1998), 사진으로 배우는 관혼상제(冠婚喪祭), 전원문화사, p. 194.

[서식 4-14] 반혼(返魂) 고사(告祀) ②[232]

維歲次太歲某月某朔某日干支
유세차 ○ ○ ○ 월 ○ 삭 ○ 일 ○ ○

孤子名 敢昭告于
고자 ○ 감소고우

顯考學生府君 形歸窀穸
현고학생부군 형귀둔석

神返室堂 神位既成 伏惟
신반실당 신위기성 복유

尊靈 捨舊從新 是憑是依
존령 사구종신 시빙시의

[서식 4-15] 반혼(返魂) 고사(告祀) ③[233]

維歲次太歲某月某朔某日干支
유세차 ○ ○ ○ 월 ○ 삭 ○ 일 ○ ○

孤子名 敢昭告于
고자 ○ 감소고우

顯考學生府君 形歸窀穸
현고학생부군 형귀둔석

神返室堂 神位未成
신반실당 신위미성

魂帛仍存 伏惟
혼백잉존 복유

尊靈 是憑是依
존령 시빙시의

232 주병문(朱柄文, 1980), 축문집(祝文集), 필사본, pp. 6~7.

233 신희철(申義澈) 編著(1990), 상례요람(常禮要覽), 보경문화사, pp. 118~119.

> 고자 ○○은 현고 학생 부군께 감히 밝혀 아뢰나이다. 형체는 광중으로 돌아
> 가고 혼신(魂神)은 집으로 돌아갑니다. 신주(神主)를 이루지 못하였사오나
> 혼백(魂帛)이 있사오니 생각하옵건대 존령께서는 이곳에 의지하시옵소서.

부상(父喪)에는 고자(孤子)라 쓰고, 모상(母喪)에는 애자(哀子)라 쓰며,
부모가 모두 돌아가셨으면 고애자(孤哀子)라 쓴다. 졸곡(卒哭)부터 효자
(孝子)라 한다. 처(妻)와 제(弟) 이하에는 복유(伏惟)를 빼고, 존령(尊靈)
대신에 유령(惟靈)이라 쓴다.

반혼제(返魂祭)를 마치면 상주(喪主) 이하는 영거(靈車)를 모시고 곡
(哭)을 하면서 상여(喪輿)가 오던 길을 따라 집으로 돌아온다. 영거(靈車)
에 다시 혼백(魂帛)을 모시고 영거(靈車)가 앞장서고 상주(喪主)가 곡(哭)
을 하며 뒤따르고 반드시 왔던 길로 다시 돌아가는데, 이는 혼(魂)이 길
을 잃을 걱정보다는 잡귀의 범접을 우려해서[234]이며, 반혼(返魂) 시에는
뒤돌아보지 않는데, 이는 주검에 미련을 두면 온전한 반혼(返魂)이 어렵
다고 생각하기 때문이다.

반혼(返魂)하여 집에 도착하면 집사자(執事者)는 신주(神主)나 혼백
(魂帛)을 장지(葬地)로 출발하기 전에 안치했던 궤연(几筵)으로 모신 뒤
온 가족이 모여서 곡(哭)을 한다.

14. 우제(虞祭)

우제(虞祭)는 장사(葬事) 후 혼령(魂靈)을 맞이하여 집에 돌아와 빈소
에서 제사(祭祀)를 지냄으로써 혼령(魂靈)을 편안하게 해드리는 것이다.
주자가례(朱子家禮)의 우제(虞祭)에 대하여 간추리면 다음과 같다.[235]

---

234 임재해(1996), 전통 상례, 대원사, p. 93.
235 주희(朱熹) 저, 임민혁 옮김(1999), 주자가례, 예문서원, pp. 380~389.

- 주인(主人) 이하는 모두 목욕을 한다.(主人以下, 皆沐俗.)
- 집사(執事)는 기물(器物)을 진설하고 음식을 준비한다.(執事者, 陳器具饌.)
- 축(祝)이 신주(神主)를 영좌(靈座)에서 내온다. 주인(主人) 이하는 모두 들어가 곡(哭)을 한다.(祝出神主于座. 主人以下, 皆入哭.)
- 강신(降神), 축(祝)이 음식을 드리고, 초헌(初獻), 아헌(亞獻), 종헌(終獻), 유식(侑食), 주인(主人) 이하는 모두 나가고 축(祝)이 문을 닫은 후, 잠시 후 축(祝)이 문을 연다. 주인(主人) 이하는 들어가 곡(哭)을 하고 사신(辭神)한다.(降神, 祝進饌, 初獻, 亞獻, 終獻, 侑食, 主人以下皆出. 祝闔門, 祝啓門, 主人以下, 入哭辭神.)
- 축(祝)이 혼백(魂帛)을 묻는다.(祝埋魂帛.)
- 아침저녁의 전제(奠祭)를 파한다.(罷朝夕奠.)
- 유일(柔日)을 만나면 재우(再虞)한다.(遇柔日再虞.)
- 강일(剛日)을 만나면 삼우(三虞)한다.(遇剛日則三虞.)

가. 초우제(初虞祭)

우제(虞祭)는 신도(神道)를 위안하는 제사(祭祀)이다. 돌아가신 지 얼마 되지 않아서 혼신(魂神)이 아직 방황하여 불안한 상태로 있으므로 우제(虞祭)를 세 번 지내어 신(神)으로 하여금 신주(神主)나 혼백(魂帛)에 의지하도록 제사(祭祀)를 지낸다.[236]

그중 처음으로 지내는 제사(祭祀)를 초우제(初虞祭)라 한다. 장사 지내는 날에 초우제(初虞祭)[237]를 지낸다. 혹 묘소가 멀더라도 다만 이날을 벗어나지 않으면 된다. 만약 집을 떠나서 하루 이상 지내게 되면 머무는

---

236 신희철(申羲澈) 編著(1990), 상례요람(常禮要覽), 보경문화사, p. 126.
237 우제(虞祭) : 우(虞)는 '편안하다'는 뜻이다. 이미 부모의 장사(葬事)를 지내고 정령(精靈)을 맞이하여 돌아와 일중(日中)에 빈소에서 제사(祭祀) 지내 편안하게 하는 것이다. 우(虞)는 오례(五禮)에서 흉례(凶禮)에 속한다.(儀禮; 虞, 安也. 士旣葬父母, 迎精而反, 日中而祭之於殯宮, 以安之. 虞於五禮屬凶.)

곳에서 초우제(初虞祭)를 행한다.

주자가례(朱子家禮)에 이르기를 '아직 장사 지내지 않았을 때는 전(奠)을 올리되 제사(祭祀)는 하지 않는다. 다만 술을 따라 올리고 음식을 진설하고 재배(再拜)한다. 우제(虞祭)에 비로소 제례(祭禮)를 한다.(朱子曰, 未葬時, 奠而不祭, 但酌酒陳饌再拜. 虞始用祭禮.)'[238]라고 하였다. 습염(襲殮)부터 반혼(返魂)까지는 모두 고유(告由; 아뢰는)의 의절(儀節)이어서 제사(祭祀)가 아니지만, 초우(初虞)부터는 제사(祭祀)이다.

주자가례(朱子家禮)의 초우제(初虞祭)의 절차는 다음과 같다.[239]

1) 출신주(出神主)

주인(主人)과 형제는 실 밖에서 지팡이를 기대어 놓고 제사(祭祀)에 참석하는 사람들과 모두 들어가 영좌(靈座) 앞에서 곡(哭)을 한다. 그 위치는 모두 북향한다. 복(服)이 무거운 사람은 앞에 있고 가벼운 사람은 뒤에 있어야 한다. 존장(尊長)은 앉고 항렬(行列)이 낮거나 어린 사람은 선다. 장부는 동쪽에 처하되 서쪽이 위이며, 부인은 서쪽에 처하되 동쪽이 위이다. 줄마다 각각 나이에 따라 차례한다. 시종은 뒤에 머문다.(主人及兄弟, 倚杖於室外, 及與祭者, 皆入哭於靈座前. 其位皆北面, 以服爲列, 重者居前, 輕者居後, 尊長坐, 卑幼立. 丈夫處東, 西上, 婦人處西, 東上. 逐行各以長幼爲序. 侍者在後.) 그런 후에 축(祝)이 영좌(靈座)에서 신주(神主)를 내어온다.

2) 강신(降神)

축(祝)이 곡(哭)하는 사람을 그치게 하면 주인(主人)은 서쪽 계단으로 내려가 손을 씻고 수건에 닦은 후 영좌(靈座) 앞에 가서 분향(焚香)하고 재배

---

238 주희(朱熹) 저, 임민혁 옮김(1999), 주자가례, 예문서원, p. 380.

239 주희(朱熹) 저, 임민혁 옮김(1999), 주자가례, 예문서원, pp. 383~388.

(再拜)한다. 집사(執事)도 모두 손을 씻고 수건에 닦는다. 한 사람은 술병 마개를 열어 주전자에 채우고 서향하여 무릎을 꿇고 주전자를 주인(主人)에게 준다. 주인(主人)은 무릎을 꿇고 받는다. 한 사람은 탁자 위에 있는 잔 받침과 잔을 받들고 주인(主人)의 왼쪽에서 동향하여 무릎을 꿇는다. 주인(主人)은 술잔에 잔을 따르고 주전자를 집사(執事)에게 준다. 왼손으로 잔 받침을 들고 오른손으로 잔을 들어 띠풀 위에 붓고 나서 잔받침과 잔을 집 사(執事)에게 준다. 부복(俯伏)하였다가 일어나 조금 물러난다. 재배(再拜) 하고 자리로 돌아간다.(祝止哭者, 主人降自西階, 盥手帨手, 詣靈座前, 焚 香再拜. 執事者皆盥帨, 一人開酒實于注. 西面跪, 以注授主人, 主人跪受. 一人奉卓上盤盞, 東面跪於主人之左. 主人斟酒於盞, 以注授執事者. 左手取 盤, 右手執盞. 酌之茅上, 以盤盞授執事者. 俛伏興, 少退, 再拜復位.)

3) 진찬(進饌)

집사자(執事者)가 도와준다. 그 진설하는 순서는 조전(朝奠)과 같 다.(執事者佐之. 其設之叙, 如朝奠.)

4) 초헌(初獻)

주인(主人)은 주전자가 놓인 탁자 앞으로 가서 주전자를 들고 북향하 여 선다. 집사(執事) 한 사람이 영좌(靈座) 앞의 잔받침과 잔을 들고 주인 (主人)의 왼쪽에서 선다. 주인(主人)은 술을 따르고 주전자를 탁자 위에 돌려 놓고 집사(執事)와 함께 모두 영좌(靈座) 앞으로 가서 북향하고 선 다. 주인(主人)이 무릎을 꿇으면 집사(執事)도 무릎을 꿇고 잔받침과 잔 을 바친다. 주인(主人)은 잔을 받아 띠풀 묶음 위에 세 번 좨주(祭酒)하고 엎드렸다가 일어난다. 집사(執事)가 잔을 받아 받들고 영좌(靈座) 앞으로 가서 있던 곳에 올린다. 축(祝)이 축판(祝板)을 들고 주인(主人) 오른쪽에 가서[240] 서향하여 무릎을 꿇고 읽되 앞과 같다. 다만 '세월이 머물지 않아 초우(初虞) 때가 되었습니다. 새벽부터 밤늦게까지 슬프고 사모하는 마음에 편안하지 못하여 삼가 결생(潔牲), 유모(柔毛)[241], 자성(粢盛)[242], 예제(醴齊)[243]로 슬피 협사(祫事)를 드리니 흠향하시기 바랍니다.'라 한다. 축(祝)이 일어난다. 주인(主人)은 곡(哭)을 하며 재배(再拜)한다. 자리로 돌아와 곡(哭)을 그친다. 희생(犧牲)은 돼지를 사용하면 강렵(剛鬣)[244]이라 하고, 희생(犧牲)을 쓰지 않으면 청작서수(淸酌庶羞)[245]라고 한다. 협(祫)은 합(合)하는 것이니 선조(先祖)에게 합하려는 것이다. (主人進詣注子卓前, 執注北向立. 執事者一人, 取靈座前盤盞, 立於主人之左. 主人斟酒, 反注於卓子上, 與執事者, 俱詣靈座前, 北向立. 主人跪, 執事者亦跪, 進盤盞. 主人受盞, 三祭於茅束上. 俛伏興. 執事者受盞, 奉詣靈座前, 奠於故處. 祝執版, 出於主人之右, 西向跪讀之, 前同. 但云, 日月不居, 奄及初虞, 夙興夜處, 哀慕不寧, 謹以潔牲柔毛粢盛醴齊, 哀薦祫事, 尙饗. 祝興, 主人哭再拜, 復位, 哭止. 牲用豕, 則曰剛鬣, 不用牲, 則曰淸酌庶羞. 祫, 合也, 欲其合於先祖也.)

5) 아헌(亞獻)

아헌(亞獻)은 주부(主婦)가 한다. 의례(儀禮)는 초헌(初獻)과 같다. 다만

---

240 오른쪽은 음(陰)이다. 우제(虞祭)는 흉사(凶事)이기 때문이며, 졸곡(卒哭)부터 축(祝)은 주인(主人)의 왼쪽에 자리한다.

241 유모(柔毛)는 양(羊)이다. 양이 살지면 털이 가늘고 부드러워지기 때문이다.

242 자성(粢盛)은 제사(祭祀) 음식이다. 자(粢)는 서직(黍稷; 기장)으로 그릇에 담겨있는 것을 가리킨다.

243 예제(醴齊)는 하룻밤을 숙성시킨 술.

244 강렵(剛鬣)은 제사(祭祀)에 쓰는 돼지. 돼지가 살찌면 털과 수염이 강대해지기 때문이다.

245 청작서수(淸酌庶羞) : 청작(淸酌)은 제사(祭祀)에 쓰이는 맑은 술. 서수(庶羞)는 여러 가지 맛있는 음식.

축(祝)을 읽지 않고 사배(四拜)한다.(主婦爲之. 禮如初. 但不讀祝, 四拜.)

6) 종헌(終獻)

종헌(終憲)은 친척이나 빈객(賓客) 한 사람, 혹은 남자, 혹은 여자가 한다. 예(禮)는 아헌(亞憲)과 같다.(親賓一人, 或男或女爲之. 禮如亞獻.)

7) 유식(侑食)

집사자(執事者)가 주전자를 들고 나가서 잔에 술을 더 따른다.(執事者執注就, 添盞中酒.)

8) 합문(闔門)

주인(主人) 이하는 모두 나가고 축(祝)이 문을 닫는다. 주인(主人)은 문의 동쪽에 서서 서향한다. 항렬(行列)이 낮거나 어린 남자는 그 뒤에 있는데, 여러 줄이면 북쪽이 위이다. 주부(主婦)는 문의 서쪽에 서서 동향한다. 항렬(行列)이 낮거나 어린 부녀도 또한 그와 같다. 존장(尊長)은 (혼령이) 식사하는 동안 다른 곳에서 쉰다.(主人以下皆出, 祝闔門. 主人立於門東, 西向. 卑幼丈夫在其後, 重行北上. 主婦立於門西, 東向. 卑幼婦女, 亦如之. 尊長休於他所, 如食間.)

9) 계문(啓門)

축(祝)이 문에 이르러 북향하고 '어험'[246]하고 기침을 하며 문을 연다. 세 번 고한다. 이에 문을 열면 주인(主人) 이하는 들어가 자리로 간다. 집사(執事)는 차를 따른다. 축(祝)은 주인(主人)의 오른쪽에 서서 서향하고 '이성(利成)'[247]을 아뢴다. 신주(神主)를 거두어 갑에 넣고 있던 곳에 놓는다. 주

---

246 희흠(噫歆) : '어험'의 의성어.
247 이성(利成) : 이(利)는 '봉양하다'의 뜻. 흠향의 예를 다 마쳤음을 말한다.

인(主人) 이하는 곡(哭)을 하며 재배(再拜)한다. 슬픔을 다하면 그치고, 나가서 막차(幕次)로 간다. 집사(執事)가 철상(撤床)한다.(祝進當門北向, 噫歆, 告啓門三. 乃啓門, 主人以下入就位. 執事者點茶. 祝立于主人之右西向, 告利成. 斂主匣之, 置故處. 主人以下哭再拜. 盡哀止, 出就次. 執事者徹.)

초우제(初虞祭)의 축문(祝文)[248]은 [서식 4-16]과 같다.

[서식 4-16] 초우축(初虞祝)

```
維歲次某年某月干支朔某日干支
유세차 ○ ○년 ○월 ○ ○삭 ○일 ○ ○
孤子名○    敢昭告于
고자○      감소고우
顯考學生府君    日月不居
현고학생부군    일월불거
奄及初虞    夙興夜處
엄급초우    숙흥야처
哀慕不寧  謹以  清酌庶羞
애모불녕  근이  청작서수
哀薦祫事  尚
애천협사  상
饗
향
```

이제 ○○년 ○월 ○일 외로운 아들 ○○은 아버님 부군 앞에 감히 아뢰나이다. 해와 달이 머물지 않아 어느덧 초우를 당하여 밤낮으로 슬프고 흠모하는 마음으로 편치못하옵니다. 삼가 맑은 술과 음식을 차려 슬픈 마음으로 받들어 올리며 협사의 의례를 행하오니 어여삐 여기사 흠향하소서.

권영한[249]은 우제(虞祭)의 축문을 다음과 같이 해석하였다.

---

248 성균관(成均館, 1985), 유림편람(儒林便覽), 유도회총본부(儒道會總本部), pp. 115~116.
249 권영한(1998), 사진으로 배우는 관혼상제(冠婚喪祭), 전원문화사, pp. 200~220.

- 유세차(維歲次); 제문의 첫머리에 쓰이는 말. '이 해의 차례'라는 뜻.

- 고자(孤子); 어머니는 살아계시며 아버지가 돌아가신 상주. 아버지
  가 살아계시며 어머니가 돌아가신 상주는 애자(哀子)임. 고자(孤子)
  나 애자(哀子)는 졸곡(卒哭)까지만 쓰고, 그 후에는 종자(宗子)이면
  효자(孝子)로, 아니면 자(子)로 씀.

- 감소고우(敢昭告于); 감히 밝혀 고함.

- 학생(學生); 벼슬이 없으면 학생(學生), 또는 처사(處士)로 씀.

- 숙흥야처(夙興夜處); 아침 일찍 일어나 밤이 늦도록.

- 애모불령(哀慕不寧); 돌아가신 어버이를 사모하는 마음으로 편치 못
  함. 아들은 비념상속 심언여훼(悲念相屬 心焉如毀; 슬픈 생각이 서
  로 부딪쳐 마음이 불타는 듯하다.)라 하며, 동생은 비통외지 정하가
  처(悲通猥至 情何可處; 비통함이 갑자기 닥치니 정을 어디에다 붙이
  랴.)라 하며, 형은 비통무이 지정여하(悲痛無已 至情如何; 비통함이
  마지않으니 지극한 정 어떠하릿고.), 아내는 비도산고 부자승감(悲
  悼酸苦 不自勝堪; 슬픔과 심한 괴로움을 스스로 감내할 수 없구려.)

- 근이(謹以); 이에 삼가. 동생이나 아내 이하는 자이(玆以)라 함.

- 청작서수(淸酌庶羞); 맑은 술과 여러 가지 음식.

- 애천협사(哀薦祫事); 슬퍼하며 제사(祭祀)드림. 동생이나 아내 이하
  는 애천(哀薦)을 진차(陳此)라 함. 재우(再虞)일 때는 협사(祫事)를
  우사(虞事)로 고치고, 삼우(三虞)와 졸곡(卒哭)에는 성사(成事)로 고
  치며, 소상(小祥)에는 상사(常事), 대상(大祥)에는 상사(祥事), 담제
  (禫祭)에는 담사(禫事)로 고침.

10) 매혼백(埋魂帛)

축(祝)은 혼백(魂帛)을 들고 집사(執事)를 거느리고 가려진 깨끗한 땅

에 가서 묻는다. (祝取魂帛, 帥執事者, 埋於屛處潔地.)

나. 재우제(再虞祭)

초우제(初虞祭)를 지내고 처음으로 맞는 유일(柔日; 日辰이 天干에서 짝수인 乙丁己辛癸가 드는 날)[250]의 아침에 재우제(再虞祭)를 지낸다. 재우축(再虞祝)은 [서식 4-16]의 초우축(初虞祝)에서 애천협사(哀薦祫事)를 애천우사(哀薦虞事)로 고치고, 엄급초우(奄及初虞)를 엄급재우(奄及再虞)로 고친다.

다. 삼우제(三虞祭)

재우제(再虞祭)를 지낸 다음에 처음으로 맞는 강일(剛日; 日辰이 天干에서 홀수인 甲丙戊庚壬이 드는 날)[251], 즉 재우(再虞) 다음 날 아침에 지낸다. 삼우축(三虞祝)은 [서식 4-16]의 초우축(初虞祝)에서 애천협사(哀薦祫事)를 애천성사(哀薦成事)로 고치고, 엄급초우(奄及初虞)를 엄급삼우(奄及三虞)로 고친다.

15. 상식(上食)과 삭망(朔望)

가. 상식(上食)

상식(上食)은 궤연(几筵; 상주(喪主)가 상복을 입는 기간 동안 영좌(靈座)를 모신 장소)을 모시는 동안 조석(朝夕)으로 상을 차려 올리는 일이다. 생시와 같이 식상(食床)을 마련하여 궤연(几筵)에 올리고 분향(焚香)하고 곡(哭)을 한다.[252]

---

250 유일(柔日)은 서수(序數; 짝수)의 날로써 음(陰)이며, 그 정(靜)을 취한 것이다. 재우(再虞)가 음수(陰數)이기 때문이다. (儀禮; 柔日陰, 陰取其靜.)

251 강일(剛日)은 기수(奇數; 홀수)의 날로써 양(陽)이니, 움직임(動)을 취한 것이다.

252 성균관(成均館, 1985), 유림편람(儒林便覽), 유도회총본부(儒道會總本部), p. 112.

그리고 나들이 할 때도 살아계실 때와 마찬가지로 받든다.

나. 삭망(朔望)

삭망(朔望)은 매월 초하루와 보름에 상식(上食)보다 나은 상을 차려 올리는 일이다. 궤연(几筵)에 상을 올리고 분향(焚香)하고 곡(哭)을 한다.[253]

16. 졸곡(卒哭)과 부제(祔祭)

주자가례(朱子家禮)의 졸곡(卒哭)에 대하여 간추리면 다음과 같다.[254]

- ■삼우(三虞) 후에 강일(剛日)을 만나면 졸곡(卒哭)이다. 하루 전에 기물(器物)을 진설하고 음식을 준비한다.(三虞後, 遇剛日, 卒哭. 前期一日, 陳器具饌.)
- ■다음 날 새벽에 일어난다. 채소, 과일, 술, 음식을 진설한다.(厥明夙興, 設蔬果酒饌.)
- ■날이 밝으면 축(祝)이 신주(神主)를 꺼낸다.(質明祝出主.)
- ■주인(主人) 이하는 모두 들어가 곡(哭)하고 강신(降神)한다.(主人以下. 皆入哭降神.)
- ■주인(主人)과 주부(主婦)가 음식을 드린다.(主人主婦進饌.)
- ■초헌(初獻), 아헌(亞獻), 종헌(終獻), 유식(侑食), 합문(闔門), 계문(啓門), 사신(辭神).(初獻, 亞獻, 終獻, 侑食, 闔門, 啓門, 辭神.)
- ■이때부터 아침과 저녁 사이에는 슬픔이 이르러도 곡(哭)하지 않는다.(自是 朝夕之間, 哀至不哭.)
- ■주인(主人)과 형제는 성긴 음식을 먹고 물을 마시되 채소와 과일은 먹지 않는다. 자리를 깔고 나무를 베고 잔다.(主人兄弟疏食水飮, 不食菜果, 寢席, 枕木.)

---

253 성균관(成均館, 1985), 유림편람(儒林便覽), 유도회총본부(儒道會總本部), p. 112.
254 주희(朱熹) 저, 임민혁 옮김(1999), 주자가례, 예문서원, pp. 389~390.

가. 졸곡(卒哭)

졸곡(卒哭)이란 지금까지의 무시곡(無時哭; 그칠 사이 없이 곡을 올리는 것)을 그만두고 정시곡(定時哭; 아침저녁 상식 올릴 때만 곡을 올리는 것) 하는 것이다.[255] 이로부터는 비록 슬픈 마음이 들어도 무시로 곡(哭)하지 않고 조석곡(朝夕哭)만 한다. 졸곡(卒哭)이 지난 후부터는 밥을 먹고 물도 마신다. 잠잘 때는 목침(木枕)을 벤다.[256]

예기(禮記) 내칙편(內則篇)에 졸곡(卒哭)에 대하여 이르기를 '상제(喪祭)를 길제(吉祭)로 바꾸기 때문에 이 제사(祭祀)는 점차 길례(吉禮)로 쓴다. 삼우(三虞) 후 강일(剛日)을 만나면 졸곡(卒哭)이다.(檀弓曰, 卒哭日成事. 是日也. 以吉祭易喪祭. 故此祭漸用吉禮. 三虞後, 遇剛日.)'[257]라고 하였다.

제사(祭祀)를 드리는 순서는 우제(虞祭)와 같다. 다만 축(祝)이 축판(祝板)을 들고 주인(主人)의 왼쪽에 가서[258] 동향하여 무릎을 꿇고 읽는 것이 다르다. 축(祝)도 우제(虞祭)와 같으나, 졸곡축(卒哭祝)은 [서식 4-16] 초우축(初虞祝)에서 고자(孤子)를 효자(孝子)로 고치며, 애천협사(哀薦祫事)를 애천성사(哀薦成事)로 고치고, 엄급초우(奄及初虞)를 엄급졸곡(奄及卒哭)으로 고친다.

나. 부제(祔祭)

부제(祔祭)하는 것은 합사(合祀)하는 것을 말한다. 부제(祔祭)라는 것은 그 할아버지에게 다른 사당(祠堂)으로 옮겨가야 한다는 것을 아뢰고, 새로 돌아가신 분에게는 이 사당(祠堂)에 들어가야 함을 아뢰는 것이다. 아버지

---

255 대천문화원(1987), 傳統禮節, 明文堂, p. 86.

256 조선일보사(1994), 사진과 그림으로 보는 가정의례, p. 158.

257 주희(朱熹) 저, 임민혁 옮김(1999), 주자가례, 예문서원, pp. 389~393.

258 왼쪽은 양(陽)이요, 졸곡(卒哭)은 길례(吉禮)이기 때문에 왼쪽으로 가는 것이다. 우제(虞祭) 때와는 반대이다.

는 아버지의 조고(祖考)에게 합사(合祀)하고, 어머니는 조비(祖妣)에게 합사(合祀)한다. 아버지를 합사(合祀)하는 경우에는 조고(祖考)와 조비(祖妣) 두 신위(神位)를 진설하고, 어머니를 합사(合祀)하는 경우에는 조비(祖妣)만 진설하니, 낮은 이가 감히 높은 이를 끌어대지 못하는 것이다.[259]

즉, 부제(祔祭)는 조상의 신주(神主)를 모신 사당(祠堂)에 죽은 이가 남자이면 할아버지, 여자이면 시할머니의 신주(神主) 앞에 죽은 이의 신주(神主)를 붙여서 모시는 제사(祭祀)로서 졸곡제(卒哭祭)의 다음 날 아침에 지낸다. 그러므로 사당(祠堂)이 있는 경우에 부제(祔祭)를 지낸다.

17. 소상(小祥)과 대상(大祥)

주자가례(朱子家禮)의 소상(小祥)과 대상(大祥)에 대하여 간추리면 다음과 같다.[260]

초상(初喪) 후 1년 만에 소상(小祥)을 지낸다.(朞而小祥.)
■하루 전 주인(主人) 이하는 목욕하고 기물(器物)을 진설하며 음식을 준비한다.(前期一日, 主人以下沐浴, 陳器, 具饌.)
■막차(幕次)를 설치하고 연복(練服)을 진설한다.(設次, 陳練服.)
■다음날 새벽에 일어난다. 채소, 과일, 술, 음식을 진설한다.(厥明夙興. 設蔬果酒饌.)
■날이 밝으면 축(祝)이 신주(神主)를 내온다. 주인(主人) 이하는 들어가 곡(哭)한다.(質明, 祝出主. 主人以下入哭.)
■이에 나와 막차(幕次)로 나아가 옷을 바꾸어 입고, 다시 들어가 곡(哭)한다.(乃出就次易服. 復入哭.)

---

259 주희(朱熹) 저, 임민혁 옮김(1999), 주자가례, 예문서원, p. 396.
260 주희(朱熹) 저, 임민혁 옮김(1999), 주자가례, 예문서원, pp. 404~416.

- 강신(降神), 삼헌(三獻)(초헌(初獻), 아헌(亞獻), 종헌(終獻)), 유식(侑食), 합문(闔門), 계문(啓門), 사신(辭神).(降神, 三獻, 侑食, 闔門, 啓門, 辭神.)
- 아침과 저녁의 곡(哭)을 그친다.(止朝夕哭.)
- 비로소 채소와 과일을 먹는다.(始食菜果.)
- 2년 만에 대상(大祥)을 지낸다.(再朞而大祥.)
- 하루 전 목욕하고 기물(器物)을 진설하고 음식을 준비한다.(前期一日, 沐浴, 陳器, 具饌.)
- 장막(帳幕)을 설치하고 담복(禫服)을 진설한다.(設次, 陳禫服.)
- 사당(祠堂)에 옮기는 것을 아뢴다.(告遷于祠堂.)
- 다음 날 행사한다. 모두 소상(小祥)의 의식과 같다.(厥明行事. 皆如小祥之儀.)
- 마치면 축(祝)이 신주(神主)를 받들어 사당(祠堂)으로 들어간다.(畢, 祝奉神主, 入于祠堂.)
- 영좌(靈座)를 거둔다. 지팡이를 부러뜨려 구석진 곳에 버린다. 신주(神主)를 받들어 옮겨 묘소 옆에 묻는다. 비로소 술을 마시고 고기를 먹으며 침실로 돌아간다.(徹靈座. 斷杖, 棄之屛處. 奉遷主, 埋於墓側. 始飮酒, 食肉, 而復寢.)

가. 소상(小祥)

주자가례(朱子家禮)에 이르기를, '정씨(鄭氏)는 상(祥)은 길(吉)한 것이라고 하였다. 1년 만에 소상(小祥)을 지낸다. 초상(初喪)으로부터 이날까지 윤달은 계산하지 않고 무릇 13개월이다.(鄭氏云, 祥, 吉也. 自喪至此, 不計閏, 凡十三月.)'[261]라고 하였다. 즉, 소상(小祥)은 일주기(一週忌)의 제사(祭祀)이다. 그러나 남편이 상주(喪主)일 때는 10개월 만에 지낸다.

전통적으로 상장례(喪葬禮)를 치르는 경우, 순서와 시기를 정리하면 다음 [표 4-11]과 같다.

---

261 주희(朱熹) 저, 임민혁 옮김(1999), 주자가례, 예문서원, pp. 404~416.

[표 4-11] 상장례(喪葬禮)의 순서와 시기

의례(儀禮)	시 기
소렴(小斂)	운명(殞命) 후 2일째
대렴(大斂)	운명(殞命) 후 3일째
성복(成服)	운명(殞命) 후 4일째
반곡(反哭)	장일(葬日) 당일
초우(初虞)	장일(葬日) 당일
재우(再虞)	초우제(初虞祭) 후 유일(柔日)
삼우(三虞)	재우제(再虞祭) 나음 날
졸곡(卒哭)	삼우제(三虞祭) 후 강일(剛日)
부제(祔祭)	졸곡제(卒哭祭) 다음 날
소상(小祥)	초상(初喪) 1년 후
대상(大祥)	초상(初喪) 2년 후
담제(禫祭)	대상(大祥)을 지낸 후 중월(仲月)
길제(吉祭)	담제(禫祭)를 지낸 2개월 후

옛날에는 부모님이 돌아가시면 자식은 죄인이라고 생각하여, 의복과 음식과 거처를 죄인처럼 하였다. 따라서 상주(喪主)는 고행과 슬픔 때문에 건강을 유지하기가 어려웠다. 그러므로 상주(喪主)가 상기(喪期)를 지내게 됨은 다행한 일이라 하여 일 년이 지나면 소상(小祥)이라 하였고, 3년을 치른 것은 큰 상사(祥事)라 하여 대상(大祥)이라 하였다.[262]

예기(禮記)에서는 '기년(朞年)이 돌아와 소상(小祥)을 맞으면 연관(練冠)에 전연(緣緣)의 복(服)을 입는다. 요질(腰絰)은 벗지 않는다. 남자는 수질(首絰)을 벗는데, 부인은 대(帶)를 벗으니, 남자는 수질(首絰)을 무겁게 여기고, 부인은 대(帶)를 무겁게 여기기 때문이다.(朞而小祥, 練冠緣緣, 要絰不除, 男子除乎首, 婦人除乎帶, 男子重首, 婦人重帶.)'[263]라고 하였다.

---

262 신희철(申義澈) 編著(1990), 상례요람(常禮要覽), 보경문화사, p. 138.
263 예기(禮記), 간전편(間傳篇).

소상축(小祥祝)은 초우축(初虞祝)에서 애천협사(哀薦祫事)를 애천상사(哀薦常事)²⁶⁴로 고치고, 엄급초우(奄及初虞)를 엄급소상(奄及小祥)으로 고친다. 축문(祝文)은 [서식 4-17], [서식 4-18]과 같다.

[서식 4-17] 소상축(小祥祝) ①²⁶⁵

維歲次某年某月干支朔某日干支
유세차모년모월간지삭모일간지

孝子名　敢昭告于
효자명　감소고우

顯考學生府君　日月不居　奄及小祥
현고학생부군　일월불거　엄급소상

夙興夜處　小心畏忌　不惰其身
숙흥야처　소심외기　불타기신

哀慕不寧　清酌庶羞　哀薦常事
애모불녕　청작서수　애천상사

尚
상

饗
향

이제 ○○년 ○월 ○일 효자 ○○은 아버님 부군 앞에 감히 아뢰나이다. 해와 달이 머물지 않아 어느덧 소상을 당하오니 밤낮으로 조심스러운 마음으로 몸을 게을리하지 않아도 슬프고 흠모하는 마음으로 가득하옵니다. 삼가 맑은 술과 음식을 차려 슬픈 마음으로 받들어 올리며 소상의 의식을 행하오니 어여삐 여기사 흠향하소서

---

264 상사(常事) : 상(常)이라는 것은 1년 만에 제사(祭祀) 지내는 의례(儀禮)를 말한다. 곧 1년 만에 반드시 지내는 제사(祭祀)이기 때문에 상사(常事)라고 한 것이다.

265 성균관(成均館, 1993), 유림교양전서(儒林敎養全書), pp. 191~192.

[서식 4-18] 소상축(小祥祝) ②[266]

향 饗

청작서수　清酌庶羞　애천상사　哀薦常事　상　尚

숙흥야처　夙興夜處　애모불녕　哀慕不寧　근이　謹以

현고학생부군　顯考學生府君　일월불거　日月不居　엄급소상　奄及小祥

감소고우　敢昭告于　　敢昭告于

유세차　○○○월○○삭○일○효자○

維歲次某年某月干支朔某日干支孝子名

나. 대상(大祥)

대상(大祥)은 이주기(二週忌)에 지낸다. 남편이 상주(喪主)일 때는 1년
만에 지낸다. 대상(大祥)을 마치면 영좌(靈座)를 거두고, 상장(喪杖)을 잘
라서 버린다.[267]

예기(禮記)에는 '대상(大祥)을 지내면 밖에서 곡(哭)하는 자가 없고, 담
제(禫祭)를 지내면 안에서 곡(哭)하는 자가 없다. 음악을 연주하게 된 때
문이다. 담제(禫祭)를 지내면 부인을 어거(御去)하고 길제(吉祭)를 지내
면 침실로 돌아간다.(祥而外無哭者, 禫而內無哭者, 樂作矣故也. 禫而從
御, 吉祭而復寢.)'[268]라고 하였다.

---

266 성균관(成均館, 1985), 유림편람(儒林便覽), 유도회총본부(儒道會總本部), p. 117.

267 이재(李縡), 국역 사례편람(四禮便覽), 우봉이씨 대종회, 명문당, p. 175.

268 예기(禮記), 상대기편(喪大記篇).

축문(祝文)은 소상(小祥)과 같다. 다만 소상(小祥)에서 애천상사(哀薦常事)라 쓴 것을 대상(大祥)에는 애천상사(哀薦祥事)라 쓰고 엄급소상(奄及小祥)을 엄급대상(奄及大祥)으로 고친다. [서식 4-19]는 대상축(大祥祝)[269]이다.

[서식 4-19] 대상축(大祥祝)

향 饗				顯		유	維
				考		세	歲
	청	숙	夙	學	敢	차	次
	清	흥	興	生	昭	○	某
	酌	야	夜	府	告	○	年
	서	처	處	君	于	○	某
	庶					월	月
	羞					○	干
	수				감	삭	支
					소	○	朔
	애	애	哀	일	고	일	某
	哀	모	慕	日	우	○	日
	薦	불	不	月		효	干
	천	영	寧	월		자	支
	祥			日		○	孝
	상		근	불	일		子
	事		謹	거	月		名
	사		以		불		
			이	奄	거		
	상			及	엄		
	尙			大	급		
				祥	대		
				상			

18. 동강선영(同岡先塋)과 쌍분(雙墳)

가. 동강선영(同岡先塋)

동강선영(同岡先塋)이란 선조(先祖)의 묘소 부근에 후손(後孫)의 묘를 쓰는 것을 말한다. 동강선영축(同岡先塋祝)은 선영(先塋)에서 제일 높은

---

269 성균관(成均館, 1985), 유림편람(儒林便覽), 유도회총본부(儒道會總本部), p. 117.

선조(先祖) 한 분에게만 고사(告辭)[270]를 지낸다. 다음 [서식 4-20][271]과 [서식 4-21][272]은 동강선영(同岡先塋) 고사(告辭)이다.

[서식 4-20] 동강선영(同岡先塋) 고사(告辭) ①

維歲次太歲○○○月○朔○日干支○名
유세차 ○ ○ ○ 월 ○ 삭 ○ 일 ○ ○ ○

敢昭告于
감소고우

顯○○官府君之墓 今爲 ○孫○官
현○○부군지묘 금위 ○손○관

營建宅兆于○○所 謹以酒果用伸
영건택조우○○ 근이주괴용신

虔告謹告
건고근고

○○년 ○월 ○일 ○○은 ○○할아버님의 묘에 감히 고합니다. 이번에 ○대손인 ○○의 무덤을 ○○쪽에 세우게 되었기에 삼가 주과를 올려 경건히 고하나이다.

[서식 4-20]에서 아버지를 장사지내는 경우에는 초상(初喪)과 마찬가지로 고사자(告辭者)의 칭호를 '고자(孤子)'라 하고, 어머니인 경우에는 '애자(哀子)'라 하며, 부모가 모두 돌아가신 경우에는 '고애자(孤哀子)'라고 쓴다. 선조(先祖)의 좌측에 후손(後孫)의 묘를 쓰는 것이 보통이다.

270 신희철(申羲澈) 編著(1990), 상례요람(常禮要覽), 보경문화사, p. 108.
271 성균관(成均館, 1985), 유림편람(儒林便覽), 유도회총본부(儒道會總本部), p. 114.
272 권영한(1998), 사진으로 배우는 관혼상제(冠婚喪祭), 전원문화사, pp. 175~176.

維歲次太歲某月某朔某日干支
유세차 ○ ○ ○월 ○삭 ○일 ○ ○

某代孫某名 敢昭告于
○대손 ○명 감소고우

顯某代祖考 某官府君之墓
현○대조고 ○부군지묘

今爲 某世孫 某官
금위 ○세손 ○관

營建幽宅 先祖之下 伏惟
영건유택 선조지하 복유

尊靈不震不驚 謹以
존령 부진불경 근이

酒果用伸 虔告謹告
주과용신 건고근고

主果用伸 建告謹告
주과용신 건고근고

○○해 ○월 ○일, ○대손 ○○은 감히 고합니다. ○대조 할아버님 묘 근처에 이번에 할아버님의 ○대손인 ○○의 무덤을 세우게 되었사오니 존령께서는 놀라지 마시옵기를 비옵나이다. 삼가 주과를 올려 경건히 고하나이다.

나. 쌍분(雙墳)

부부를 합장(合葬)할 때에는 초취(初娶)와는 합장(合葬)하여도 재취(再娶)와는 합장(合葬)하지 않으며, 이때에는 옆에 별도로 봉분(封墳)을 만든다.[273] 쌍분(雙墳) 고사(告辭)는 쌍분(雙墳)할 때 고하는 것이다. 고사(告辭)에서 고애자(孤哀子)라고 쓴 이유는 부모 중 한 분이 먼저 돌아가시고 이번에 다른 한 분이 돌아가셔서, 즉 두 분 다 돌아가셨기 때문이다. 또한 [서식 4-22][274]의 고사(告辭)는 어머니가 먼저 돌아가신 경우이고, [서식 4-23][275]은 아버지가 먼저 돌아가신 경우이다.

---

273 권영한(1998), 사진으로 배우는 관혼상제(冠婚喪祭), 전원문화사, p. 175.

274 성균관(成均館), 1985), 유림편람(儒林便覽), 유도회총본부(儒道會總本部), pp. 114~115.

275 권영한(1998), 사진으로 배우는 관혼상제(冠婚喪祭), 전원문화사, pp. 177~178.

[서식 4-22] 쌍분(雙墳) 고사(告辭) ①

維歲次太歲某月某朔某日干支
유세차 ○ ○ ○월 ○삭 ○일 ○

孤哀子名 敢昭告于
고애자 ○ 감소고우

顯妣某封某氏之墓
헌비 ○ ○ ○군지묘

先考某官府君 不幸於某月某日
선고 ○ ○부군 불행어 ○월 ○일

捐世 禮當合祔而 年運
연세 예당합부이 연운

有拘將用 雙墳之制 昊天罔極
유구장용 쌍분지제 호천망극

謹以 酒果用神 虔告謹告
근이 주과용신 건고근고

[서식 4-23] 쌍분(雙墳) 고사(告辭) ②

維歲次太歲某月某朔某日干支
유세차 ○ ○ ○월 ○삭 ○일 ○

孤哀子名 敢昭告于
고애자 ○ 감소고우

先妣見背 日月不居 葬期已屆
선비견배 일월불거 장기이계

葬以 某月某日 祔于墓左
장이 ○월 ○일 부우묘좌

昊天罔極
호천망극

謹以 酒果用神 虔告謹告
근이 주과용신 건고근고

○○년 ○월 ○일에 고애자 ○○은 감히 아버지께 고합니다. 어머니께서 돌아가셔서 어느덧 장삿날이 되었기에, 장차 ○월 ○일 아버님 묘 왼편에 모시겠습니다. 하늘같이 넓고 큰 부모님의 은혜를 가슴에 새기며, 삼가 주과를 펴놓고 아룁니다.

위의 [서식 4-23]에서 쌍분(雙墳) 고사(告辭)에 쓰인 어휘를 풀어쓰면 다음과 같다.

- 선비(先妣) : 돌아가신 어머니라는 뜻이며, 만약 어머니 묘소에 아버지를 합장할 때는 선고(先考)로 고쳐 씀.
- 견배(見背) : 어버이를 여의었다는 뜻.
- 일월불거(日月不居) : 세월이 머물지 않는다는 뜻.
- 부우묘좌(祔于墓左) : 묘소 왼편에 모신다는 뜻. 만약 어머니 묘에 아버지를 합장(合葬)할 경우에는 부우묘우(祔于墓右)라고 씀.
- 호천망극(昊天罔極) : 어버이의 은혜가 하늘같이 크다는 뜻.

19. 담제(禫祭)와 길제(吉祭)

가. 담제(禫祭)

담제(禫祭)는 대상(大祥)을 지낸 후 계절의 중월(仲月; 음력 2, 5, 8, 11월)에 날을 잡아 지낸다. 초상(初喪)부터 이때까지 윤달을 계산에 넣지 않고 모두 27개월이다. 전통예절(傳統禮節)에서는 이날 소복(素服)을 벗고 평상복으로 돌아오게 된다. 제사(祭祀)를 올린 뒤에는 비로소 술을 마시고 고기를 먹는다.[276]

담제축(禫祭祝)은 대상축(大祥祝)에서 '엄급대상(奄及大祥)'을 '엄급담제(奄及禫祭)'로 고치고, '애천상사(哀薦祥事)'를 '애천담사(哀薦禫事)'로 고친다.

담제축(禫祭祝)[277]은 [서식 4-24]와 같다.

---

276 신희철(申羲澈) 編著(1990), 상례요람(常禮要覽), 보경문화사, p. 134.

277 성균관(成均館, 1985), 유림편람(儒林便覽), 유도회총본부(儒道會總本部), p. 117.

[서식 4-24] 담제축(禫祭祝)

維歲次○○年某月干支朔某日干支孝子名
유세차 ○ ○ ○월 ○ ○삭 ○ ○일 ○ 효자 ○

敢昭告于
감소고우

顯考學生府君
현고학생부군

日月不居奄及禫祭
일월불거엄급담제

夙興夜處哀慕不寧謹以
숙흥야처애모불녕근이

清酌庶羞哀薦禫事尚
청작서수애천담사상

饗
향

나. 길제(吉祭)

담제(禫祭)를 지낸 두 달 뒤에 일진(日辰)에 정(丁)과 해(亥)가 드는 날을 골라 지낸다. 고인(故人)이 장자손(長子孫)일 때 윗대 신주(神主)를 고쳐 쓰는 제사(祭祀)이다. 고인(故人)이 장자손(長子孫)이 아니거나 사당(祠堂)이 없는 집에서는 지내지 않는다.

길제(吉祭)는 선대 조상에게 고사(告辭)를 지내고 혼령께 비로소 제사(祭祀) 드리는 것이며, 아버지가 돌아가시고 상례(喪禮)가 끝나게 되면 오대조고비(五代祖考妣)는 제사(祭祀)를 마치고 묘사(墓祀)로 옮겨드리는 절차[278]이기도 하다.

---

278 신희철(申羲澈) 編著(1990), 상례요람(常禮要覽), 보경문화사, p. 135.

20. 조문(弔問)과 부의(賻儀), 답조장(答弔狀)

가. 조문(弔問)

주자가례(朱子家禮)의 조문(弔問) 절차를 살펴보면 다음과 같다.[279]

○빈객(賓客)이 이미 이름을 통지한다.

○상가(喪家)에서는 불을 켜 초에 불을 붙이고 자리를 펴서 모두 곡(哭)하며 기다린다.

○호상(護喪)이 빈객(賓客)을 맞이한다.

○호상(護喪)이 빈객(賓客)을 인도하여 들어가 영좌(靈座) 앞에 이르면 곡(哭)으로 슬픔을 다하고 분향(焚香) 재배(再拜)한다.

○무릎을 꿇고 차나 술을 따라 올리며 부복(俯伏)하였다가 일어난다.

○호상(護喪)이 곡(哭)하는 사람을 그치게 한다.

○축(祝)은 무릎을 꿇고 제문(祭文)과 부전장(賻奠狀)을 빈객(賓客)의 오른쪽에서 읽고, 마치면 일어난다.

○빈객(賓客)과 주인(主人)은 모두 곡(哭)으로 슬픔을 다한다.

○빈객(賓客)이 재배(再拜)한다.

○주인(主人)이 곡(哭)을 하며 나아가 서향하여 이마를 땅에 대고 재배(再拜)한다.

○빈객(賓客)도 곡(哭)을 하며 동향하여 답배(答拜)한다.

○빈객(賓客)이 "뜻하지 않은 흉변(凶變)으로 모친(某親) 모관(某官)께서 갑자기 돌아가셨으니 엎드려 생각건대, 슬픔과 사모함을 무엇으로 감당하겠습니까?"라고 말한다.

○주인(主人)이 "아무개의 죄가 너무 무거워 화가 모친(某親)에게 이어졌습니다. 엎드려 전뢰(奠酹)를 입고 아울러 오셔서 위로하여 주

---

279 주희(朱熹) 저, 임민혁 옮김(1999), 주자가례, 예문서원, pp. 304~305.

시니 슬픔을 이기지 못하겠습니다."라고 답한다.

○ 재배(再拜)하면 빈객(賓客)은 답배(答拜)한다.

○ 서로를 향해 곡(哭)으로 슬픔을 다한다.

○ 빈객(賓客)이 먼저 그치고 너그럽게 주인(主人)을 위로하여 "명의 길고 짧음은 수가 있으니 애통해하신들 어찌하겠습니까? 효성스러운 생각을 억제하시고 엎드려 예의(禮儀)의 제도를 따르십시오."라고 말한다.

○ 곧 읍(揖)하고 나간다.

○ 주인(主人)은 곡(哭)하면서 들어간다.

○ 호상(護喪)이 전송하여 청사(廳舍)에 이르면 차(茶)와 탕(湯)을 대접하고 물러간다.

○ 주인(主人) 이하는 곡(哭)을 그친다.

예로부터 경사(慶事)에는 가깝건 멀건 간에 초청이 없으면 참석하지 않는 것이 예(禮)이다. 그러나 초상(初喪)에는 망인(亡人)이나 상주(喪主)와 면식(面識)이 있으면 경황 중에 부고(訃告)가 없더라도 조문(弔問)하는 것이 예의(禮義)[280]이다.

성복(成服) 전이면 망인(亡人)에게 배례(拜禮)도 아니 하고 상주(喪主)에게 곡(哭)을 아니 하며 위문도 하지 않는 것이 옳다.[281] 만일 부득이 한 경우에는 성복(成服) 전이면 향상(香床) 앞에서 분향(焚香)하고 곡(哭)을 한 뒤 상주(喪主)에게 절을 한다.[282] 그러나 요즈음에는 3일장이 많으므로 이를 무시하는 때도 있다.

그리고 조문객(弔問客)은 상주(喪主)에게 먼저 절하는 것이 아니다.

280 신희철(申義澈) 編著(1990), 상례요람(常禮要覽), 보경문화사, p. 139.
281 신희철(申義澈) 編著(1990), 상례요람(常禮要覽), 보경문화사, p. 139.
282 임재해(1996), 전통 상례, 대원사, p. 43.

상주(喪主)가 조문(弔問)을 와 주어서 감사하다는 뜻으로 절하는 것에 조문객(弔問客)이 답례(答禮)하는 형식[283]으로 인사하여야 한다.

다음은 성균관(成均館)의 조문(弔問)의 절차[284]이다.

○ 손님이 먼저 상가에 도착하면 먼저 호상소(護喪所)로 가서 조객록(弔客錄)에 성명 등을 기록한 뒤 영좌(靈座) 앞으로 나아간다.

○ 상주(喪主) 주부(主婦) 이하의 복인(服人)들이 일어나서 흉사(凶事)의 공수(拱手; 남자는 오른손이 위로 가며, 여자는 왼손이 위로 가도록 함)를 하고 서서 슬픔을 나타낸다.

○ 손님은 향안(香案) 앞으로 가서 향(香)을 한 번이나 세 번 사르고, 흉사(凶事)의 공수(拱手)를 하고 서서 잠시 고인(故人)을 추모하며 슬픔을 나타낸다.

○ 영좌(靈座)가 입식(立式)으로 설치되어 있으면 허리를 90도로 굽혀 한 번 경례하고, 좌식(坐式)으로 설치되어 있으면 전통배례(傳統拜禮)로 두 번 절한 뒤 약간 뒤로 물러나 상주(喪主)가 있는 쪽을 향해 선다.

○ 상주(喪主)가 먼저 절을 하고 손님이 맞절 또는 답배(答拜)한다.

○ 좌식(坐式) 장소이면 꿇어앉고, 입식(立式) 장소이면 공손한 자세로 서서 손님이 먼저 인사말을 건넨다.

○ 호상소(護喪所)로 돌아가 준비된 부조(扶助) 금품을 내놓고, 호상소(護喪所)에서는 이를 받아 부의록(賻儀錄)에 기록한다.

○ 대접하는 다과가 있으면 간단히 들고 일어난다.

다음은 상주(喪主)가 먼저 절을 하고 조객(弔客)이 답례한 후 꿇어앉아 주고받는 문상(問喪) 내용이다. 반드시 알아야 할 필요는 없지만, 전통적(傳統的)인 인사 방법이므로 참고하면 좋을 것이다.

---

283 신희철(申義澈) 編著(1990), 상례요람(常禮要覽), 보경문화사, p. 139.

284 성균관(成均館, 1993), 유림교양전서(儒林敎養全書), pp. 173~174.

[표 4-12] 문상(問喪)

부모상(父母喪) 승중상(承重喪)	• 조객(弔客) : 상사(喪事) 무어라 말씀 여쭈오리까. • 상주(喪主) : 망극(罔極)하오이다.
처상(妻喪)	• 조객(弔客) : 상주(喪主)께 인사(人事) 여쭐 말씀이 없습니다. • 조객(弔客) : 얼마나 섭섭하십니까? • 상주(喪主) : 상봉하솔(上奉下率)에 앞이 캄캄합니다.
부상(夫喪)	• 조객(弔客) : 상사(喪事) 무삼 말씀 여쭈오리까. • 조객(弔客) : 천붕지통(天崩之痛)이 오죽하오리까. • 상주(喪主) : 꿈결인가 하나이다. • 상주(喪主) : 저의 박복으로 아까운 장부가 요수(夭壽)한 것이 유감(遺憾)입니다.
자상(子喪)	• 조객(弔客) : 참척(慘慽)을 보시니 오죽이나 비감(悲感)하오리까? • 상주(喪主) : 인사받기 부끄럽습니다. • 상주(喪主) : 가운(家運)이 불길(不吉)하여 이 지경을 당하니 비참할 뿐입니다.

나. 부의(賻儀)

어려운 일을 당하면 서로 돕는 것이 미덕이다. 상(喪)을 당하면 상주(喪主)에게는 지극한 슬픔이 있겠으나, 또한 장례(葬禮)를 모시는 데에는 비용이 적지 않다. 따라서 조문객(弔問客)은 조금씩 돕는데 이를 부의(賻儀)라 한다.

요즈음은 부의(賻儀)에 단자(單子)의 내용을 쓰지 않고 그저 부의금(賻儀金)만 넣어 보내는 경우가 많이 있는데 그 핑곗거리가 '바쁜 현대 생활에 단자(單子) 내용을 쓰는데 시간이 걸리고, 또한 호상소(護喪所)에서도 봉투에서 부의금(賻儀金)을 빼내는데 시간이 걸리기 때문이라.'는 것이다. 어쩌면 합리적인 주장인 것 같으나 이는 예(禮)를 바로보지 못한 탓이다. 예(禮)는 내용 못지않게 형식도 중요하게 여긴다.

초상(初喪)에 쓰는 문구는 부의(賻儀), 근조(謹弔), 조의(弔儀) 등이 있다. 다음 [서식 4-25]는 사례편람(四禮便覽)의 조문(弔問) 서식[285]이다.

---

285 이재(李縡), 국역 사례편람(四禮便覽), 우봉이씨 대종회, 명문당, p. 111.

[서식 4-24] 담제축(禫祭祝)

具位姓某
구위성모

某物若干
모물약간

右勤專送上
우근전송상

某人靈筵聊備奠儀伏惟
모인영연료비전의복유

歆納謹狀
흠납근장

年 月 日具位姓某狀
년 월 일구위성모장

아무 벼슬 아무개가 아무 물건 아무 분량. 오른쪽을 사람을 시켜 삼가 보내어 아무개 공의 영전에 올리며, 전제의 의식을 갖추오니, 엎드려 바라건대 기꺼이 받아주소서. 삼가 씁니다.

년 월 일 아무 벼슬 아무개 올림

[서식 4-26] 부의(賻儀) 단자(單子) 서식[286]

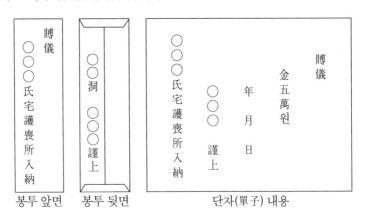

봉투 앞면   봉투 뒷면   단자(單子) 내용

---

286 조선일보사(1994), 사진과 그림으로 보는 가정의례, p. 146.

다. 답조장(答弔狀)

삼우제(三虞祭)를 지낸 다음에 조문(弔問) 왔던 사람들에게 감사의 글을 보내는데, 이를 답조장(答弔狀)이라 한다.

다음 [서식 4-27]는 사례편람(四禮便覽)의 답조장(答弔狀) 서식[287]이며, [서식 4-28]은 성균관(成均館)의 서식[288]이다.

[서식 4-27] 답조장(答弔狀) 서식

```
具位姓某     具위성某
某物若干     모물약간
尊茲奠儀下誠某親違世   존자전의하성모친위세
特賜奠儀下誠   특사전의하성
不任哀感之至謹具狀上謝謹狀   불임애감지지근구장상사근장
年 月 日 具位姓某狀   년 월 일 구위성모장
```

아무 벼슬 아무개가

아무 물건 아무 분량.

저의 아무 친족이 세상을 버리자 자애로운 어른께서 특별히 전제의 의식을 주셔서 낮은 저희는 슬피 느끼는 정성을 감당하기 어렵습니다. 삼가 감사의 글월을 갖춰 올립니다.

　　　　　　　　　　　　　　년 월 일 아무 벼슬 아무개 올림

---

287 이재(李縡), 국역 사례편람(四禮便覽), 우봉이씨 대종회, 명문당, p. 112.

288 성균관(成均館, 1993), 유림교양전서(儒林敎養全書), pp. 188~189.

[서식 4-28] 답조장(答弔狀) 서식

家門凶事　가문흉사

先考奄忽棄背　昊天罔極　不自勝堪
선고엄홀기배　호천망극　불자승감

仰承仁恩　特賜慰問　其爲哀感
앙승인은　특사위문　기위애감

但切下懷　孟夏猶署　恭惟
단절하회　맹하유서　공유

大兄　尊體萬福　謹奉狀陳謝
대형　존체만복　근봉장진사

不宣謹狀
불선근장

저희 집안의 흉화로 아버지께서 홀연히 이승을 버리시고 떠나시니 끝없는 슬픔을 감당할 길이 없습니다. 우러러 어지신 은혜로 위문의 말씀을 내리심을 받자와 슬픈 마음을 가눌 수 있었습니다. 초여름이지만 더운 날씨에 대형께서 존체 만복하시길 빌면서 삼가 글월로 사례하고자 하오나 이루 다 펴지를 못하나이다.

제3절 개사초(改莎草)와 이장(移葬), 입석(立石)

1. 개사초(改莎草)

묘소는 장례(葬禮)를 마친 후에도 사시사철 돌보아야 한다. 해빙기인 봄철이면 해토(解土)로 인하여 묘소가 허물어질 수 있으며, 여름철에는 짐승이나 수해(水害) 때문에 훼손될 수 있고, 가을철에는 여름내 자란 잡초로 또한 상할 수 있다. 이때 묘소를 가꾸고 돌보는 일을 수묘(修墓)라 한다.

수묘(修墓)는 자손 중에서 어느 누가 대표로 나서는 일이 아니라 자손이면 누구라도 효성과 책임감을 가지고 행하여야 하며, 이것은 상례(喪禮)나 제례(祭禮)와 더불어 효(孝)의 연장임을 인식하여야 한다.

묘소를 가꾸는 일에는 개사초(改莎草)가 대표적이지만, 여의치 못하면 새로운 곳으로 이장(移葬)하여야 한다. 개사초(改莎草)와 이장(移葬)에 대하여 살펴보면 다음과 같다.

사초(莎草)란 묘소에 잔디를 새로 입히는 것을 의미[289]하는데, 이는 좁은 의미이며, 넓게는 허물어진 묘소를 새로 짓는 것까지 포함한다. 상례(喪禮)를 치른 후 짐승이나 풍수(風水)로 인하여 묘소가 훼손되었을 때 행한다.

초상(初喪)에 봉분(封墳)을 짓는 것이 끝은 아니다. 사초(莎草)는 집안의 협의로 날을 잡아 시행하며, 일반적으로 기운이 왕성한 봄철이 좋다. 봄철이면 잔디도 잘 살아나고 묘소 주변에 심은 나무도 잘 자랄 수 있기 때문 이다.

사초(莎草)는 이장(移葬)과는 달리 광중(壙中)을 열지는 않지만, 이 일도 장례(葬禮)에 해당한다. 따라서 장례(葬禮)를 모시는 마음으로 극진히 치러야 한다.

---

[289] 민중서림 출판국(1987), 민중 에센스 國語辭典, 민중서림.

그리고 산소는 한 번에 크게 고치기보다는 평소에 관심과 보살핌이 필요하다. 설이나 한식(寒食), 추석(秋夕)이면 반드시 묘소를 찾아야 하며 천재지변에 의한 풍수(風水) 후에도 묘소를 찾아 성묘(省墓)하여야 한다. 묘소는 조상이 누워 계신 곳이므로 마치 살아계신 듯이 한다면 후손으로서 정성이 지극하다 할 수 있을 것이다.

　　사초(莎草)의 절차는 개사초(改莎草) 고사(告辭)를 지내고 산신제(山神祭)를 지낸 후 본격적으로 산역(山役)에 들어간다. 무덤을 짓는 일과 마찬가지로 무덤을 고치는 일도 극진히 하여 일을 마친 후에는 위안(慰安) 고사(告辭)를 지낸다.

가. 개사초(改莎草) 고사(告辭)

다음 [서식 4-29]는 개사초(改莎草) 고사(告辭)[290]이다.

[서식 4-29] 개사초(改莎草) 고사(告辭)

```
維歲次某年某月干支朔某日干支孝子名
유세차모년모월간지삭모일간지효자명

敢昭告于
감소고우

顯考學生府君
현고학생부군

顯妣孺人某貫姓氏之墓　伏以
현비유인모관성씨지묘　복이

封築不勤　歲久頹圮　將加修葺　伏惟
봉축불근　세구퇴비　장가수집　복유

尊靈　勿震勿驚　謹以　酒果用伸
존령　물진물경　근이　주과용신

虔告謹告
건고근고
```

---

290 신희철(申義澈) 編著(1990), 상례요람(常禮要覽), 보경문화사, p. 207.

이제 ○○년 ○월 ○○일에 효자○○는 아버님 ○○○○ 어른과 어머님 부인 ○○○씨 앞에 감히 밝혀 아뢰나이다. 생각하옵건대 묘소의 봉축을 삼가지 못하여 세월이 오래되매 무너졌으므로 수리하고자 하옵니다. 존령께옵서는 두려워하지 말고 놀라지 마옵소서. 삼가 주과로써 펴 경건히 고하나이다.

개사초(改莎草)의 절차는 개사초(改莎草) 고사(告辭)를 지내고 산신제(山神祭)를 지낸 뒤, 개사초(改莎草) 위안(慰安) 고사(告辭)를 지낸다. 가문에 따라서는 산신제(山神祭)를 개사초(改莎草) 고사(告辭) 이전에 지내는 일도 있다.

고사(告辭)의 절차는 일반적인 묘제(墓祭)의 절차에 따라 강신(降神), 초헌(初獻), 독축(讀祝), 아헌(亞獻), 삼헌(三獻), 첨작(添酌), 철상(撤床)으로 한다.

[서식 4-29]의 고사문(告辭文)은 부모 합장(合葬)의 예이다. 따라서 아버지만 해당할 때에는 '현비유인 모관성씨(顯妣孺人 某官姓氏)'를 삭제하여야 하며, 어머니만 해당할 때에는 '현고학생부군(顯考學生府君)'을 삭제하여야 한다. 할아버지의 묘소라면 '효자(孝子)'를 '효손(孝孫)'으로 바꾸고, '현고학생(顯考學生)'을 '현조고학생(顯祖考學生)'으로 바꾼다.

나. 산신제(山神祭)

개사초(改莎草) 고사(告辭) 후에는 산신제(山神祭)를 지낸다. 다음 [서식 4-30]은 산신제(山神祭)에 쓰는 사토지축(祠土地祝)[291]이다.

사토지축(祠土地祝)에서 '모친(某親) 모관부군(某官府君)'의 자리에 만일 합장(合葬)이면 그 부인을 나란히 써야 한다. '총택붕퇴(塚宅崩頹)'는

---

291 신희철(申義澈) 編著(1990), 상례요람(常禮要覽), 보경문화사, p. 208.

봉분(封墳)이 무너졌을 때이다. 즉 개사초(改莎草)의 사유를 나타낸 것이며, 다른 사유이면 그에 따라 다음을 참고하여 쓴다.

- 총택붕퇴(塚宅崩頹) : 봉분(封墳)이 무너졌을 때
- 총택미완(塚宅未完) : 땅이 얼어 봉분(封墳)을 쓰지 못하였을 때
- 적발총택(賊發塚宅) : 도적 맞았을 때
- 수설총택(水齧塚宅) : 수재(水災)를 맞았을 때
- 화요총택(火燎塚宅) : 불이 났을 때
- 환심선묘(還尋先墓) : 잃었던 묘소를 다시 찾았을 때

[서식 4-30] 사토지축(祠土地祝)

維歲次某年某月干支朔某日干支某官姓名
유세차모년모월간지삭모일간지모관성명

敢昭告于
감소고우

土地之神 今爲某親某官府君之墓
토지지신 금위모친모관부군지묘

塚宅崩頹 將加修治 神其保佑
총택붕퇴 장가수치 신기보우

俾無後艱 謹以酒果 祇薦于神 尙
비무후간 근이주과 지천우신 상

饗
향

이제 ○○년 ○월 ○○일에 ○○(본관) ○○○은 감히 밝혀 아뢰나이다. 토지의 신이시여, 이제 ○○ ○○ 부군의 묘소가 봉분이 무너지고 퇴락하여 장차 보수하고자 하오니 토지신께서 보우하시어 뒷날의 어려움이 없도록 하여주소서. 삼가 주과로써 공경히 드리오니 흠향하시옵소서.

다. 개사초(改莎草) 위안(慰安) 고사(告辭)

다음 [서식 4-31]은 산역(山役)을 마친 후에 지내는 개사초(改莎草) 위안(慰安) 고사(告辭)[292]이다.

[서식 4-31] 개사초(改莎草) 위안(慰安) 고사(告辭)

謹以	舊宅惟新	顯妣孺人某貫姓氏之墓	顯考學生府君	敢昭告于	維歲次某年某月干支朔某日干支孝子名
근이	구택유신	현비유인모관성씨지묘	현고학생부군	감소고우	유세차모년모월간지삭모일간지효자명
酒果用伸	伏惟尊靈	旣封旣莎			
주과용신	복유존령	기봉기사			
虔告謹告	永世是寧				
건고근고	영세시녕				

2. 이장(移葬)

이장(移葬)은 초상(初喪)의 의식(儀式)처럼 하되 삼년복(三年服)을 입어야 할 남녀는 모두 시마(緦麻)의 복(服)으로 하고, 손자들이나 손부도 같다. 복(服)을 입어야 할 친족들은 조상(弔喪)하는 옷에 삼베를 껴입는다.

주자가례(朱子家禮)에는 이장(移葬)에 대한 설명이 없다. 다만 사례편람(四禮便覽)을 참고하여 이장(移葬)의 절차를 정리하면 다음과 같다.[293]

---

292 신희철(申義澈) 編著(1990), 상례요람(常禮要覽), 보경문화사, pp. 208~209. 재인용.

293 이재(李縡), 국역 사례편람(四禮便覽), 우봉이씨 대종회, 명문당, pp. 195~206.

○장차 분묘(墳墓)를 다시 옮겨 장례(葬禮)하고자 한다면, 먼저 장례(葬禮)할만한 땅을 가린다. 관(棺)을 준비하고 영상(靈床)을 준비하며, 옷과 염(殮)을 위한 이불도 준비한다.

○날을 잡아 묘역(墓域)을 닦고, (새로운) 토지신(土地神)에게 제사(祭祀)하며, 광중(壙中)을 만들어 회벽을 쌓고, 지석(誌石)을 새기는 일은 모두 초장(初葬) 때의 의식(儀式)대로 한다.

○하루 전날 사당(祠堂)에 아뢴다.

○집사(執事)가 구묘(舊墓)에 흰 천막을 친다.

○남녀의 자리를 정한다.

○다음 날 새벽 내외 친족이 모두 모여서 자리를 잡는다. 주인(主人)은 시마복(緦麻服)을 입고, 나머지는 모두 소복(素服)을 하며, 자리에 나아가 곡(哭)으로 슬픔을 다한다.

○축관(祝官)이 (옛)토지신(土地神)에게 제사(祭祀)한다. 이어서 묘소에 아뢴다.

○분묘(墳墓)를 파서 연다.

○산역(山役)하는 이가 봉분(封墳)을 파서 헤친다.

○관(棺)을 들어 천막 안 자리에 모셔 놓는다.

○축관(祝官)이 공포(功布)로 관(棺)을 씻고 홑이불로 덮는다.

○영구(靈柩) 앞에서 전제(奠祭)를 올린다.

○산역(山役)하는 이는 새 관(棺)을 들어 천막 밖에 남향으로 놓고, 천막으로 간다. 집사(執事)는 새 관(棺) 서쪽에 영상(靈床)을 설치하고, 관(棺)을 열고 시신(屍身)을 들어 상(床)에 모신다. 염(殮)을 하되 대렴(大殮)의 의식(儀式)대로 한다.

○영구(靈柩)를 옮겨 상여(喪輿)에 모셔 올린다.

○발인(發靷)을 초장(初葬)의 의식(儀式)대로 한다. 상여(喪輿)가 오기 전에 집사(執事)는 먼저 영혼의 장막과 영혼의 자리를 펴고 남녀를 서열대로 위치하게 하고, 영구(靈柩)가 오면 주인(主人) 남녀가 각기 제자리로 가서

곡(哭)한다. 매장(埋葬)은 초장(初葬)의 절차대로 한다.

○묘소 왼편에서 (새로운) 토지신(土地神)에게 제사(祭祀)한다.

○장례(葬禮)가 끝나면 전제(奠祭)를 드리고 돌아온다.

○사당(祠堂)에 아뢰되, 곡(哭)을 한 후에 끝낸다. 제사(祭祀)로 고할 때는 신주(神主)를 침실로 모셔온다.

○석 달 뒤에 복(服)을 벗는다.

가. 구산신제(舊山神祭)

이장(移葬)의 절차는 초상(初喪)의 절차와 같다.

다음 [서식 4-32][294]와 [서식 4-33]은 지금까지 묘소가 있던 묘역(墓域)에서 지내는 구산신제축(舊山神祭祝)이다.

[서식 4-32] 구산신제축(舊山神祭祝)

維 유

年號幾年歲次幾月干支朔幾日干支
연호기년세차기월간지삭기일간지

某官姓名敢昭告于
모관성명감소고우

土地之神恐有佗患啓窆遷于佗所
토지신공유타환계폄천우타소

謹以清酌脯醢祗薦于
근이청작포해지천우

神其佑之尙
신기우지상

饗 享
신신기우지상

---

294 이재(李縡), 국역 사례편람(四禮便覽), 우봉이씨 대종회, 명문당, p. 198.

후토신(后土神)에게 제사(祭祀) 지내는 것을 사후토(祀后土)라 하며, 산신제(山神祭)라고도 한다. 그런데 여기서는 지금까지 묘소가 있던 묘역(墓域)에서 지내는 산신제(山神祭)이므로 구산신제(舊山神祭)라 하고, 새로 이장(移葬)할 묘역에서 지내는 산신제(山神祭)를 신산신제(新山神祭)라고 구분하기로 한다.

[서식 4-33] 구산신제축(舊山神祭祝)

향 饗

維歲次 乙酉二月癸巳朔 二十七日己未
유세차 을유이월계사삭 이십칠일기미

幼學姓名 敢昭告于
유학성명 감소고우

土地之神 今爲某官某公之墓 塚宅崩頹
토지지신 금위모관모공지묘 총택붕퇴

將遷他所 神其保佑 俾無後艱
장천타소 신기보우 비무후간

謹以 淸酌脯醢 祗薦于神 尙
근이 청작포해 지천우신 상

을유년 이월 이십칠일에 유학 ○○○은 토지의 신께 감히 밝혀 아뢰나이다. 이제 ○○○공의 묘소가 무너져 장차 다른 곳으로 옮기려 하나이다. 토지의 신이시여 이를 보우하사 뒷일의 어려움이 없도록 하여주소서. 이에 삼가 맑은 술과 포해로써 공경히 바치오니 흠향하소서.

나. 파묘(破墓)

파묘(破墓) 고사(告辭)는 [서식 4-34]²⁹⁵, [서식 4-35]²⁹⁶와 같다.

[서식 4-34] 파묘(破墓) 고사(告辭) ①

維 유

年號幾年歲次幾月干支朔幾日干支某親某官

年號幾年세차기월간지삭기일간시모친모관
연호기년세차기월간지삭기일간시모친모관

某敢昭告于
모감소고우

顯某親某官府君之墓曾以某親某官府君
현모친모관부군지묘증이모친모관부군

祔葬于此恐有佗患將啓窆遷于佗所
부장우차공유타환장계폄천우타소

謹以酒果用伸虔告謹告
근이주과용신건고근고

오늘

세차는 연호 몇 년 간지 몇 월 간지 초하루 며칠 아무 친족 아무개는 감히 밝혀 아무 친족 무슨 벼슬 부군의 묘소에 아룁니다. 일찍이 아무 친족 무슨 벼슬 부군을 여기에 장례를 모셨으나, 다른 환란이 있을까 염려되어 다른 곳으로 천장하려고 합니다. (만약 합장을 위하여 개장한다면 장차 몇 월 며칠에 아무 친족 모관 부군의 묘소로 합장하기 위하여로 바꿈) 삼가 주과로 정성을 펴 삼가 알립니다.

---

295 이재(李縡), 국역 사례편람(四禮便覽), 우봉이씨 대종회, 명문당, p. 198.
296 이재(李縡), 국역 사례편람(四禮便覽), 우봉이씨 대종회, 명문당, pp. 199~200.

[서식 4-35] 파묘(破墓) 고사(告辭) ②

維
年號幾年歲次幾月干支朔幾日干支某親某官
연호기년세차기월간지삭기일간지모친모관
某敢昭告于
모감소고우
顯某親某官府君葬于玆地歲月滋久
현모친모관부군장우자지세월자구
體魄不寧今將改葬伏惟
체백불령금장개장복유
尊靈不震不驚
존령부진불경

오늘

세차는 연호 몇 년 간지 몇 월 간지 초하루 며칠 아무 친족 아무개는 감히 밝혀 공경하는 아무 조상 모관 부군께 아룁니다. 이 땅에 장례를 모신지가 세월이 오래되어 혼백이 편안치 않으시니, 이제 장차 개장하려 하오니 엎드려 바라건대, 높으신 영혼이시어 진노하거나 놀라지 마옵소서.

다. 천구취여(遷柩就轝)와 견전(遣奠)

초상(初喪)과 같이 천구취여(遷柩就轝)와 견전(遣奠)을 한다. 천구취여(遷柩就轝)와 견전(遣奠)의 고사(告辭)는 다음 [서식 4-36][297]과 같다.

---

297 이재(李縡), 국역 사례편람(四禮便覽), 우봉이씨 대종회, 명문당, p. 201.

[서식 4-36] 천구취여(遷柩就轝)와 견전(遣奠) 고사(告辭)

今日遷
금일천
柩就轝敢告
구취여감고

천구취여고사
(遷柩就轝告辭)

靈輀載駕
영이재가
往卽幽宅
왕즉유택

견전고사
(遣奠告辭)

라. 신산신제(新舊山神祭)

이장(移葬)하려는 새로운 묘역(墓域)에서 산신제(山神祭)를 지낸다. 이장(移葬)하려는 묘역(墓域)에서 지내므로 신산신제(新山神祭)가 된다. 다음 [서식 4-37][298]은 신산신제축(新山神祭祝)이다.

[서식 4-37] 신산신제축(新山神祭祝)

유 維
年號幾年歲次幾月干支朔幾日干支
연호기년세차기월간지삭기일간지
某官姓名敢昭告于
모관성명감소고우
土地之神某親某官宅兆不利將
토지지신모친모관택조불리장
改葬于此神其保佑俾無後艱
개장우차신기보우비무후간
謹以淸酌脯醢祇薦于神尙
근이청작포해지천우신상
향 饗

---

298 이재(李縡), 국역 사례편람(四禮便覽), 우봉이씨 대종회, 명문당, p. 196.

오늘 세차는 연호 몇 년 간지 몇 월 간지 초하루 며칠 간지 모관 아무개는 감히 밝혀 토지의 신에게 아룁니다. 지금 아무 어른 아무 모친(주인이 스스로 아뢰면 府君 첨가)을 위하여 유택이 좋지 못하여 여기에 개장하려고 하오니 신령은 도우시어 후환이 없게 하소서. 삼가 맑은 술과 포해를 공손히 신에게 바치오니 흠향하소서.

다음 [서식 4-38]도 신산신제축(新山神祭祝)이다.

[서식 4-38] 신산신제축(新山神祭祝)

					維歲次 유세차
					乙酉二月癸巳朔 을유이월계사삭
향 饗			土地之神 토지지신	幼學姓名 유학성명	二十七日己未 이십칠일기미
	祇薦于神 지천우신	神其保佑 신기보우	今爲某官某公之墓 금위모관모공지묘	敢昭告于 감소고우	
	尚 상	俾無後艱 비무후간	建玆宅兆 건자택조		
		謹以 근이			
		清酌脯果 청작포과			

을유년 이월 이십칠일에 유학 ○○○은 토지의 신께 감히 밝혀 아뢰나이다. 이제 ○○○공의 묘소를 이곳으로 옮기려 하나이다. 토지의 신이시여 이를 보우하사 뒷일의 어려움이 없도록 하여주소서. 이에 삼가 맑은 술과 포와 과일로써 공경히 바치오니 흠향하소서.

마. 동강선영(同岡先塋) 고사(告辭)

동강선영(同岡先塋)은 선조(先祖)의 묘소 부근에 새로운 묘소를 쓰는 것을 말한다. 이장(移葬)하려고 하는 곳이 이에 해당할 때는 선영(先塋)에서 제일 높은 선조(先祖) 한 분에게 고사(告辭)를 지낸다. [서식 3-39]는 동강선영(同岡先塋) 고사(告辭)이다.

[서식 3-39] 동강선영(同岡先塋) 고사(告辭)

維歲次 乙酉二月癸巳朔
유세차 을유이월계사삭

二十七日己未 八世孫 名
이십칠일기미 팔세손 명

敢昭告于
감소고우

顯七代祖考 嘉善大夫同知中樞府使之墓
현칠대조고 가선대부동지중추부사지묘

今爲 七世孫學生府君 塋建宅兆左所
금위 칠세손학생부군 영건택조좌소

酒果用伸 虔告謹告
주과용신 건고근고

謹以
謹以
近이

주과용신 건고근고

을유년 이월 이십칠일에 팔세손 ○○○은 칠대조 할아버님 가선대부 동지 중추부사 묘소 앞에 감히 밝혀 아뢰나이다. 이제 칠세손인 학생부군의 묘소를 왼쪽에 안장하게 되었기에 이에 술과 과일을 펴 삼가 경건히 고하나이다.

이장(移葬)을 마치면 묘소 앞에 진설하고 개장(改葬)을 마쳤음을 조상(祖上)에게 고하는 우제(虞祭)를 지낸다. 이는 초상(初喪)의 우제(虞祭)와 마찬가지로 혼령(魂靈)을 편안하게 해드리기 위함이다. 다만 초상(初喪)에서는 초우제(初虞祭), 재우제(再虞祭), 삼우제(三虞祭)가 있다.

다음 [서식 4-40]은 개장우제축(改葬虞祭祝)이다.

[서식 4-40] 개장우제축(改葬虞祭祝)

```
향 饗
           祇 숙 夙 현 顯 현 顯 효 孝 유 維
        지 薦 야 夜 비 妣 고 考 자 子 세 歲
        천 虞 미 靡 모 某 모 某 명 名 차 次
        우 事 령 寧 봉 封 관 官         을 乙
        사    제 啼 모 某 모 某    敢   유 酉
           尚 호 號 씨 氏 공 公 감 昭   이 二
        상 尙 망 罔 지 之    소 告   월 月
              극 極 묘 墓 현 顯 고 于   계 癸
                    신 新 고 考       사 巳
                 謹 개 改    敢       삭 朔
              근 以 유 幽 감 昭
              이    택 宅 소 告       이 二
                       禮 고 于       십 十
              청 清 예 畢          칠 七
              작 酌 필 終          일 日
              서 庶 종 虞          일 己
              수 羞 우             기 未
```

을유년 이월 이십칠일에 효자 ○○은 현고학생부군 어른과 현비유인 ○○○씨 묘소 앞에 감히 밝혀 아뢰나이다. 이곳에 새로이 묘소를 고쳐 옮기는 일을 마쳤습니다. 이른 아침부터 밤늦도록 불편하더니 슬픈 마음 헤아릴 길이 없습니다. 이에 삼가 맑은 술을 바치오니 흠향하소서.

3. 입석(立石)

가. 입석(立石)

묘소 앞에 비석(碑石)을 세우는 것을 입석(立石)이라 한다.

비석(碑石)을 세우는 절차는 먼저 산신제(山神祭)를 지낸 뒤, 비석(碑石) 세우는 일을 한다. 그리고 비석(碑石)을 세운 후에는 위안(慰安) 고사(告辭)를 지낸다.

집안에 따라서는 비석(碑石) 이외에 상석(床石)을 세우거나 망주석(望柱石)을 세우기도 한다. 상석(床石)은 제물(祭物)을 놓기 위해 돌로 만든 상(床)이며, 망주석(望柱石)은 멀리서도 묘소의 위치를 알아볼 수 있도록 묘소 앞에 세우는 한 쌍의 돌기둥이다. 봉분(封墳)과 상석(床石) 사이에는 혼유석(魂遊石)이 있으며, 상석(床石) 앞에는 향로석(香爐石)을 둔다. [그림 4-10]은 묘역(墓域)의 석물(石物) 배치이다.

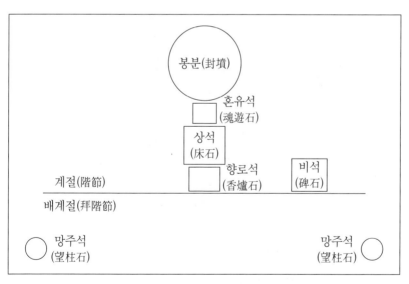

[그림 4-10] 묘역(墓域)의 석물(石物) 배치

[그림 4-10]에서 계절(階節)은 봉분(封墳) 주변의 편평한 땅으로 망인(亡人)과 관련된 석물(石物)들을 배치한다. 즉, 계절(階節)은 망인(亡人)을 위한 공간이다. 이에 비하여 배계절(拜階節)은 후손들이 절하기 위한 공간이다. 계절(階節)과 배계절(拜階節)은 낮은 턱으로 구분한다.

[그림 4-11]은 비석(碑石)의 내용이다. 보통 비석의 전면(前面)에는 묘의 주인이 누구인지, 그리고 좌향(坐向)과 입석(立石) 일자를 나타낸다. [그림 4-11]의 〈전면 1〉은 합봉(合封)한 경우이며, 〈전면 2〉는 단위(單位)만 모신 경우이다.

측면(側面)이나 후면(後面)에는 망인(亡人)의 생년월일(生年月日)과 졸년월일(卒年月日), 그리고 부인과 자손을 나타낸다.

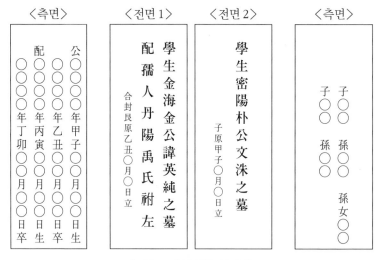

[그림 4-11] 비석(碑石) 내용

나. 입석(立石) 산신제(山神祭)

입석(立石)하기 전에 묘역(墓域)에서 산신제(山神祭)를 지낸다. 다음 [서식 4-41]은 입석(立石) 산신축(山神祝)이다.

[서식 4-41] 입석(立石) 산신축(山神祝)

향　饗

근이주과　지천우신　상

謹以酒果　祗薦于神　尙

자장석상　용위신도　신기보우　비무후간

茲將石床　用衛神道　神其保佑　俾無後艱

현오대조비유인함평모씨지묘　묘의미구

顯五代祖妣孺人咸平牟氏之墓　墓儀未久

顯五代祖妣孺人咸平牟氏之墓　墓儀未久

토지지신　금위오대조고학생부군

土地之神　今爲五代祖考學生府君

土地之神

감소고우

敢昭告于

유세차병술삼월정사삭초팔일갑자유학주승로

維歲次丙戌三月丁巳朔初八日甲子幼學朱承魯

병술년 삼월 초 팔일에 유학 주승로는 토지의 신께 감히 고하나이다. 오대조의 묘가 채 갖추어지지 못하였더니 이제 상석을 마련하여 호위케 하고자 하나이다. 신께서 보호하고 도우시어 뒤에 어려운 일이 없도록 보살펴 주시옵소서. 삼가 주과를 공경히 바치오니 흠향하소서.

다. 위안(慰安) 고사(告辭)

입석(立石)을 마친 후에는 묘소 앞에서 제수(祭需)를 진설(陳設)하고 입석(立石)해 드린 조상(祖上)에게 이를 아뢰는 위안(慰安) 고사(告辭)를 지낸다.

다음 [서식 4-42]는 입석(立石)을 마친 뒤에 지내는 위안(慰安) 고사(告辭)이다.

[서식 4-42] 입석(立石) 위안(慰安) 고사(告辭)

維歲次丙戌三月丁巳朔初八日甲子六世孫承魯
유세차병술삼월정사삭초팔일갑자육세손승로

敢昭告于
감소고우

顯五代祖考學生府君
현오대조고학생부군

顯五代祖妣孺人咸平牟氏之墓 伏以
현오대조비유인함평모씨지묘 복이

財力不逮 儀物久闕 今至謹具石床
재력불체 의물구궐 금지근구석상

用衛墓道 伏惟尊靈 是憑是安
용위묘도 복유존령 시빙시안

병술년 삼월 초 팔일에 육세손 승로는 오대조 할아버님과 오대조 할머니 함평모씨의 묘소에 감히 고하나이다. 그동안 재력이 갖추지 못하여 의물을 마련치 못하였던 바 오늘에서야 상석을 마련하고 호위케 하였습니다. 존령께서는 편안히 쉬시기를 비옵니다.

제 **5** 장

제례(祭禮)

주자가례(朱子家禮)에서는 통례(通禮)에 사당(祠堂)을 두어 특히 강조하고 있고, 제례(祭禮)를 사시제(四時祭), 초조(初祖), 선조(先祖), 네(禰), 기일(忌日), 묘제(墓祭)의 순으로 나타내고 있다. 이는 아마도 선인(先人)께서 그 중요성을 바탕으로 순서를 정하였을 것이다.

그러나 오늘날의 제례(祭禮)에서는 기제(忌祭), 차례(茶禮), 묘제(墓祭)와 한식(寒食), 시제(時祭)를 중시하고 있고, 사당제(祠堂祭)와 초조(初祖), 선조(先祖), 네(禰)는 거의 사려졌다.

이 장에서는 제례(祭禮)의 준비, 기제(忌祭), 차례(茶禮), 묘제(墓祭)와 한식(寒食), 시제(時祭)에 대하여 살펴본다.

제1절. 제례(祭禮) 개요

1. 제례(禮祭)

예기(禮記)에 이르기를 '만물은 하늘을 근본으로 하고, 사람은 조상을 근본으로 한다.(萬物本乎天, 人本乎祖.)'[1]라고 하였다. 이는 조상을 우러르고 공경하는 것이 사람의 도리로 마땅하다는 것이다.

고대 사회에서 제례(祭禮)는 신의 뜻을 받들어 복(福)을 비는 의례(儀禮)[2]였다. 그러나 제례(祭禮)에 대한 일반적인 개념은 점차 조상신(祖上神)에 대한 의례(儀禮)로 변하였다. 즉 제례(祭禮)는 조상에게 제사(祭祀)를 지내는 의식(儀式)으로써, 우리 생명의 근원에 대한 감사의 표현[3]이라 할 수 있다. 그런 까닭에 제례(祭禮)를 받드는 것은 효도(孝道)의 실천 방법이기도 하다. 우리의 부모님뿐만 아니라 그 부모님을 있게 해주신 조상에게 늘 고마움을 잊지 않고 극진한 정성과 공경으로 모시며 그분들의 뜻을 기리는 것도 효도(孝道)이기 때문이다.

예기(禮記)에 이르기를 '제사(祭祀)란 봉양하는 것을 쫓아서 효도(孝道)를 계속하는 것이다. 효도(孝道)란 기르는 것[畜]이다. 도(道)에 순종해서 인륜(人倫)에 거역하지 않는 것, 이것을 기른다[畜]고 한다. 그런 때문에 효자가 부모를 섬기는 데는 세 가지 길이 있다. 살아계시면 봉양하고, 돌아가시면 초상(初喪)을 치르고, 초상(初喪)이 끝나면 제사(祭祀)를 지낸다. 봉양할 때는 순종하는 것을 보고, 초상(初喪)을 치를 때는 그 슬퍼하는 것을 보고, 제사(祭祀) 지낼 때는 그 공경하고 때가 있는 것을 본

---

1 예기(禮記), 교특생편(郊特牲篇)

2 임돈희(1996), 조상 제례, 대원사, p. 8.

3 성균관(成均館, 1993), 유림교양전서(儒林敎養全書), p. 194.

다.(祭者, 所以追養繼孝也, 孝者, 畜也, 順於道, 不逆於倫, 是之謂畜. 是
故孝子之事親也, 有三道焉. 生則養, 沒則喪, 喪畢則祭, 養則觀其順也, 喪
則觀其哀也, 祭則觀其敬而時也.)[4]라고 하였다.

공자(孔子)는 제례(祭禮)를 매우 중시하였는데, 조상으로부터 받은 은
혜에 대한 보본(報本)이요, 천지(天地)의 은혜에 감사하는 정성일 뿐 아
무런 욕구(慾求)나 욕심(慾心)이 없는 것[5]을 유교(儒敎) 제례(祭禮)에서
강조하고 있다.

예기(禮記)에는 '제사(祭祀)는 공경함을 주로 하며, 상사(喪事)는 슬퍼
함을 주로 한다.(祭祀主敬, 喪事主哀.)[6]라고 하였고, 또한 '제사(祭祀)는
풍년이라 하더라도 사치하지 않고, 흉년이라 하더라도 검박(儉薄)하지 말
아야 한다.(祭 豊年不奢 凶年不儉.)[7]라고 하였다, 즉 제사(祭祀)를 드리는
데 있어 공경함이 지극하면 될 뿐이지, 그 해의 여건에 의하여 좌우되어
서는 안 된다는 것이다. 아울러 주자(朱子)께서도 '제사(祭祀)는 사랑하고
공경하는 정성을 다하는 것만이 중요할 뿐이다. 가난하다면 집의 있고 없
음에 맞게 한다. 병들었으면 근력을 헤아려서 행한다. 재력(財力)이 미칠
만한 자는 스스로 마땅히 의례(儀禮)대로 해야 한다.[8]라고 하였다.

현대에 와서 사회는 과거의 가족주의적 농경사회에서 더욱 다원화되
었으며 교통 및 통신의 발달로 거주 범위는 더욱 넓어졌다. 따라서 가족
의 개념이 변질되어가고 있으며 핵가족화가 더욱 빨라지고 있다. 그런
이유에서 점차 제례(祭禮)를 포함한 고유의 문화는 존속이 위태로워지고
있다. 그러나 제례(祭禮)는 윤리적으로나 사회적, 문화적으로 그 가치와

4 예기(禮記), 제통편(祭統篇).
5 조준하, 학회초록, 유교신문(儒敎新聞), 1995년 1월 1일자.
6 예기(禮記), 소의편(少儀篇).
7 예기(禮記), 왕제편(王制篇).
8 주희(朱熹) 저, 임민혁 옮김(1999), 주자가례, 예문서원, p. 460.

의의가 매우 크다. 제례(祭禮)의 가치를 간추려 보면 다음과 같다.

첫째, 제례(祭禮)를 통하여 우리는 조상의 고마움을 되새길 수 있다. 나를 낳아주시고 길러주신 부모님이나 조상에 대하여 그 고마움을 느낄 수 있음은 덧붙일 필요가 없을 것이다.

둘째, 형제간의 우애를 다질 수 있다. 과거의 사회에서는 형제가 한 마을에서 같은 일을 하면서 어울려 살았다. 따라서 형제간은 가장 가까운 사람이며 어려울 때는 언제나 달려올 수 있는 바람막이였다. 그러나 현대에는 농경사회가 무너지고 사회의 다원화로 말미암아 직장이 다르고 이에 따라 직장을 찾아 멀리 떨어져 살게 되었다. 어쩌다 명절이라야 만나게 되니 형제간이 소원해지기 쉽다. 이러한 사회 제도의 변화는 현대화 과정에서 불가피한 변혁이었지만 그것이 끼친 영향은 매우 크다. 제례(祭禮)를 통하여 형제끼리 자주 모이고 만난다면 같은 조상의, 한 뿌리에서 자란 가지임을 깨닫게 되고 형제간의 따뜻한 마음을 느낄 수 있을 것이다.

셋째, 제례(祭禮)를 통하여 전통의례(傳統儀禮)를 가르치고 배울 수 있는 교육적 가치가 있다. 전통(傳統)은 계승을 전제로 이루어진다. 할아버지, 아버지, 나, 아들, 그리고 손자로 전해지던 고유의 문화양식은 바쁜 현대 생활에서 잊고 살기 쉽다. 배우기가 어렵다고 포기할 수도 없는 일이다. 나는 아버지와 아들의 중간에서 아버지의 뜻을 받들어 아들에게 이를 가르쳐야 할 매개자(媒介者)이다. 제례(祭禮)를 통하여 조상의 유지(遺志)를 다시 생각해 볼 기회를 갖게 되며, 이는 전통(傳統)을 가르칠 기회를 가져다 줄 것이다.

일부에서는 우리의 전통적인 제사(祭祀) 의식(儀式)에서 조상의 위패(位牌)를 모시고 제사(祭祀)를 지내거나 돌아가신 조상에게 절하는 것을 우상 숭배라 하여 반대하는 견해도 있으나, 이는 자신의 종교관과 다르면 무조건 배척하는 편협한 태도이다. 제례(祭禮)는 자기를 있게 해주신 생명의 근원이라 할 수 있는 조상에게 감사의 마음을 전하고, 그가 지녔던 생전의 뜻을 기리며 추모하는 행사[9]인 것이다. 따라서 이는 인간이 지녀야 마땅한 보은의 자세이다.

2. 제례(祭禮)의 역사

원시시대를 살았던 사람들의 의식주는 어떠했을까? 몇 달이고 비가 내리지 않아 가뭄에 시달린다거나, 맹수의 공격을 받을 때, 혹은 알 수 없는 질병에 시달리다가 죽어 가는 가족을 지켜보는 그들의 심정은 어떠했을까?

아마도 그들은 인간의 한계를 뼈저리게 느끼며 살았을 것이다. 따라서 그들은 큰 나무나 돌, 하늘에 신령한 힘이 있다고 믿으며, 그 힘은 인간의 한계 상황을 물리쳐줄 수도 있을 것이라 믿었을 것이다. 이러한 초월적인 힘을 가진 존재는 두려움과 공경의 대상이며, 한계 상황에 처한 인간이 복(福)을 비는 의식(儀式)이 제례(祭禮)의 기원으로 본다. 이처럼 제례(祭禮)의 역사는 매우 오래된 것으로 우리가 문자를 사용하기 훨씬 이전으로 거슬러 올라간다. 즉 제사(祭祀)의 근원은 먼 옛날에 천재지변, 질병, 맹수의 공격을 막기 위한 수단에서 비롯[10]되었다고 볼 수 있다.

즉 고대의 예(禮)는 종교적인 경천사상(敬天思想)과 불가분의 관계가 있고, 제정일치(祭政一致) 시대에는 종교적 의식(儀式)으로서 제례(祭禮)가 성행했던 것은 당연하다 볼 수 있다.[11]

따라서 관혼상제(冠婚喪祭)의 의례(儀禮) 중에서 제례(祭禮)에는 아직

---

9 성균관(成均館, 1993), 유림교양전서(儒林敎養全書), p. 194.

10 조선일보사(1994), 사진과 그림으로 보는 가정의례, p. 179.

11 조준하, 학회초록, 유교신문(儒敎新聞), 1995년 1월 1일자.

도 그러한 의식(儀式)들이 많이 남아 있는데, 강신(絳神)이나, 분향(焚香), 좨주(祭酒; 술을 약간 지우는 것), 모사기(茅沙器)의 진설, 음복(飮福) 등에서 찾아볼 수 있다.

제례(祭禮)의 절차인 분향(焚香)과 뇌주(酹酒)는 냄새를 숭상하였던 주(周)나라의 의식(儀式)에서 비롯되었다. 예기(禮記)에 의하면, 향을 사르는 분향(焚香)에 대해서는 '쑥과 서직(黍稷)을 합하여 불에 태워 그 냄새가 위로 올라가 양(陽)의 신(神)을 찾으므로 전례(奠禮)를 마친 뒤 쑥과 생(牲)의 기름과 서직(黍稷)을 불사른다.'[12]라고 하였고, 땅에 술을 지우는 뇌주(酹酒)에 대해서는 '울금초(鬱金草)를 울창(鬱鬯)에 합쳐 땅에까지 냄새가 가게 하여 연천(淵泉)에 다다르게 하므로'[13] 음(陰)의 신(神)을 찾는 의식(儀式)이었다.

그러나 점차 유교(儒敎) 사상으로 제례(祭禮)는 조상에 대한 존경과 애모(愛慕)의 표시로 변하게 되어 가성마나 제사(祭祀)를 드리게 되었다. 변태섭은 계세사상(繼世思想)으로 고대인의 조상 숭배를 설명하였는데, '죽음은 무(無)를 의미하는 것이 아니라 사후에도 자신의 영혼은 계속 이어질 것이며, 자손을 통하여 육신도 계속 이어진다는 믿음이다. 이러한 생각은 시체 보존 사상이 강해졌고 묘소에 대한 생각이 복잡해져 매장(埋葬), 분묘(墳墓), 부장(副葬), 순장(殉葬) 등 여러 풍습이 나타나게 되었다.'[14]고 하였다. 고대인의 계세사상(繼世思想)은 가족 공동체를 통하여 고인(故人)은 자손으로부터 제사(祭祀)를 받고 자손은 고인(故人)으로부터 보호를 받는다는 신앙에 의하여 조상 숭배는 조상과 자손의 가족 관계 위에서 성립되었다. 이러한 제례(祭禮)의 바탕에는 돌아가신 조상도

---

12 한명희(韓明熙), 유교의례(儒敎儀禮)를 배우자, 유교신문(儒敎新聞), 1995년 4월 1일자.

13 예기(禮記), 교특생편(郊特牲篇).

14 최길성(1986), 한국의 조상 숭배, 도서출판 예전사, p. 30에서 재인용.

음식을 드셔야 살 수 있다는 믿음에 그 기반[15]을 두고 있다고 할 수 있다.

유교(儒敎)의 제례(祭禮)가 중국에서 처음 들어온 것은 고려 말이고, 그것이 일반화된 것은 17세기 이후로 추정된다.[16] 제례(祭禮)는 조상 숭배와 보은(報恩)의 효(孝) 관념이 깊어져서 조선조 5백 년 동안 치국이념으로 형성되었고, 가신신앙(家神信仰)의 하나로 승화되어[17] 가정과 사회에 확고하게 뿌리내렸다.

조선시대에는 사회적 신분에 따라 제사(祭祀)를 지내는 범위도 차이가 있었다. 즉 삼품관 이상은 고조부모까지 4대를 제사(祭祀) 지냈던 반면, 서민(庶民)은 부모에게만 제사(祭祀)를 지냈다. 그러나 1895년 갑오경장(甲午更張)으로 신분제도가 철폐된 후에는 이와 같은 차별도 없어져 신분에 관계없이 누구나 고조부모까지 제사(祭祀)를 지낼 수 있게 되었다.[18]

3. 제례(祭禮)의 현대적 이해

유교적 세계관에서는 조상께서 돌아가셨다 하여도 자손과의 관계는 단절되지 않는다. 조상은 점차 사라져 가는 존재이지 영원히 잊히는 존재가 아니며, 그것은 제례(祭禮)를 통하여 표현된다.[19] 한국인의 조상 숭배에는 종교성을 배제할 수 없다. 최길성은 조상 숭배와 관련하여 ① 영혼불멸성(靈魂不滅性), 계세성(繼世性), 불사성(不死性) 등의 종교·신앙적 측면과 ② 가족 제도나 정치 지배 구조의 이데올로기가 있다고 하였다.

---

15 임돈희(1996), 조상 제례, 대원사, p. 36.
16 최길성(1986), 한국의 조상 숭배, 도서출판 예전사, p. 91.
17 권영한(1998), 사진으로 배우는 관혼상제(冠婚喪祭), 전원문화사, p. 242.
18 성균관(成均館, 1993), 유림교양전서(儒林敎養全書), pp. 192~193.
19 임돈희(1996), 조상 제례, 대원사, p. 9.

타일러는 원시 사회에서 인간의 영육(body-soul)의 이중구조(dichotomy) 이론을 세워 인간은 죽어도 영혼은 불멸한다고 믿어 시체에 대한 제의 (祭儀)가 발생되고, 거기서 조상 숭배가 기원하였다고 하는데, 이는 조상 숭배의 종교·신앙적 측면의 연구라 볼 수 있다.[20] 김두헌은 조상 숭배를 신앙적으로 정의하였는데, 조상의 영혼은 음택(陰宅)에 안주하고 자손의 끊임없는 공양을 받는 것을 행복으로 삼으며, 또한 조상의 영혼은 그 자손을 가호(加護)한다고 믿는 것에 조상 숭배의 본의가 있다고 하였다.[21]

임돈희는 우리나라의 조상들은 크게 네 단계[22]로 나누어 후손들에게 대접을 받는다고 하였다. 첫째 단계는 돌아가시기 전까지의 대접이며, 두 번째 단계는 사망에서 탈상까지 '살아있는 노인'으로 대접받는 것이며, 세 번째 단계는 자손의 집에서 약 100년간에 걸쳐 1년에 네 번의 대접을 받는 기제사(忌祭祀), 그리고 마지막은 1년에 한 번씩 묘에서 만나는 시제(時祭)의 대접을 영원히 받는다고 하였다.

4. 산재(散齋)와 치재(致齋)

조상에게 제사(祭祀) 지낼 때는 마치 살아계실 때와 마찬가지로 정성스런 마음가짐이 필요하다. 공자(孔子)는 조상에게 제사(祭祀) 드릴 때는 '마치 조상이 오신 듯이 하라.(祭如在.)'[23]라고 하였다.

예기(禮記)에 이르기를 '제례(祭禮)에 그 공경함이 부족하고 예(禮)가 남음이 있는 것은 예(禮)가 부족하고 공경함이 남는 것 같지 못하다.(祭

---

20 최길성(1986), 한국의 조상 숭배, 도서출판 예전사, pp. 17~21.
21 최길성(1986), 한국의 조상 숭배, 도서출판 예전사, p. 29에서 재인용.
22 임돈희(1996), 조상 제례, 대원사, pp. 9~15.
23 논어(論語), 박일봉(朴一峰) 譯著 (1989), 育文社, 八佾(팔일)編.

禮, 與其敬不足而禮有餘也, 不若禮不足而敬有餘也.)'[24]라고 하였다. 즉 내적으로 공경하는 마음이 외적인 예(禮)보다 더 값진 것임을 말하고 있다. 따라서 제례(祭禮)에 임하는 태도는 지극히 공경하는 마음이어야 한다.

이렇게 몸과 마음을 정결하게 하고 부정한 것을 피하는 것을 재(齋)라고 한다. 예기(禮記)에서 이르기를 '제(齊)[25]란 정명(精明)의 지극함이다. 그런 뒤에라야 비로소 신명(神明)과 사귈 수 있다.(齊者, 精明之至也, 然後可以交於神明也.)'[26]라고 하였다. 재(齋)에는 산재(散齋)와 치재(致齋)가 있다. 예기(禮記)에서 이르기를 제사(祭祀)를 맞으면, '안에서 치재(致齊)하고[27] 밖에서 산재(散齊)한다.[28] 재(齊)하는 날에는 그 거처를 생각하고, 그 웃음과 말소리를 생각하고, 그 뜻하던 것을 생각하고, 그 즐거워하던 바를 생각하고, 그 즐기던 바를 생각한다.(致齊於內, 散齊於外, 齊之日, 思其居處, 思其笑語, 思其志意, 思其所樂, 思其所嗜.)'[29]라고 하였다.

이이(李珥) 선생이 격몽요결(擊蒙要訣) 제례장(祭禮章)에서 이르기를, '시제(時祭)를 지낼 때는 4일 산재(散齋)하고, 3일 동안 치재(致齋)하며, 기제(忌祭)에는 2일 동안 산재(散齋)하고, 1일 동안 치재(致齋)한다.'[30]고 하였으니 산재(散齋)란,

○초상(初喪)에 조문(弔問)하지 아니하고

---

24 예기(禮記), 단궁(檀弓) 상편(上篇).

25 제(齊)는 재(齋)와 같음.

26 예기(禮記), 제통편(祭統篇).

27 치재(致齊)란 마음을 몹시 순결하게 하여 재계하는 것. 마음 속에 생각하는 것만을 오로지 하므로 내(內)라고 하였음.

28 산재(散齊)는 마음을 헐어 재계(齋戒)하는 것. 밖에서 감득(感得)되는 것을 막는 것이므로 외(外)라고 하였음.

29 예기(禮記), 제의편(祭義篇).

30 이율곡(李栗谷) 著, 김성원(金星元) 譯(1986), 신완역 격몽요결(新完譯 擊蒙要訣) 제의장(祭禮章), 明文堂, pp. 96~97.

ㅇ질병에 위문하지 아니하며

ㅇ훈채(葷菜; 파, 마늘 같은 채소)를 먹지 아니하고

ㅇ술을 마셔도 취하도록 하지 아니하며

ㅇ흉(凶)하고 더러운 일에는 다 참여하지 않는다.

ㅇ만일 길에서 갑자기 흉(凶)하고 더러운 것을 만나면 눈을 가리고 피
하여 보지 않는 것이다.

라고 하였다. 또한 치재(致齋)에 대하여,

ㅇ음악을 듣지 아니하고

ㅇ밖으로 나들이하지 아니하며

ㅇ오로지 마음에 제사(祭祀) 받는 이만을 생각하고

ㅇ그가 웃고 말하던 바를 생각하며

ㅇ그가 즐거워하던 것을 생각하고

ㅇ그가 좋아하던 것을 생각한다.

라고 하였다. '대개 그렇게 한 연후에야 제사(祭祀)를 당하여 그때 그 조
상의 얼굴이 보이는 것 같고, 그 음성이 들리는 것 같아서 정성이 지극하
여야만 신령이 흠향(歆饗)하신다.'[31]라고 하였다.

---

31 이율곡(李栗谷) 著, 김성원(金星元) 譯(1986), 신완역 격몽요결(新完譯 擊蒙要訣) 제의장
(祭禮章), 明文堂, pp. 96~97.

제2절. 제례(祭禮)

1. 제례(祭禮)의 종류

제례(祭禮)는 시기에 따라 기제(忌祭)와 차례(茶禮)를 비롯하여, 청명(淸明; 양력 4월 4일~6일 무렵), 한식(寒食; 양력 4월 5일 무렵), 중추절(仲秋節; 음력 8월 15일), 중양절(重陽節; 음력 9월 9일)과 같은 명절에 지내는 천신례(薦新禮)가 있으며, 계절마다 중월(仲月)인 2월, 5월, 8월, 11월에 지내는 사시제(四時祭), 9월에 올리는 미제(彌祭) 등이 있다.

또한 제례(祭禮)를 모시는 장소에서 따라서 사당제(祠堂祭; 사당이 없는 현대에는 대청이나 방에서 제례를 지냄)와 묘제(墓祭)가 있다.

그러나 지금은 대부분의 가정에서는 기제(忌祭)와 차례(茶禮), 시제(時祭)만 지낼 뿐이며, 종교적인 이유와 산업 사회로 변화하면서 조상 숭배 의식(儀式)이 희박하여 이것마저 잘 행해지지 않고 있다.

기제(忌祭)는 조상이 돌아가신 날에 지내는 제사(祭祀)로서, 이때에는 돌아가신 조상과 그 부인을 보통 함께 제사(祭祀) 지낸다. 또한, 설날의 차례(茶禮), 한식(寒食), 추석(秋夕) 등은 명절에 지내는 제사(祭祀)로서 자기 집에서 기제(忌祭)를 받들고 있는 모든 조상을 대상으로 한다. 대체로 설날은 가정에서 차례(茶禮)를 지내며, 한식(寒食)과 추석(秋夕)에는 각 조상의 묘소를 찾아가 성묘(省墓)와 함께 지내고 있다. 가문에 따라서는 시제(時祭)를 지내는 일도 있다.

가. 사당제(祠堂祭)

옛날에는 종가(宗家)에 사당(祠堂)이 있어 제례(祭禮)는 물론이고 주인(主人)은 새벽에 일어나 사당(祠堂)을 찾아뵙고 예(禮)를 올렸으며, 출입시에도 고유(告由)하였다. 그러나 지금은 대부분 사당(祠堂)이 없어졌다. 따라서 사당(祠堂) 제례(祭禮)도 거의 지내지 않는다.

나. 기제(忌祭)

부모(父母), 조부모(祖父母), 증조부모(曾祖父母), 고조부모(高祖父母)까지 4대 제사(祭祀)를 각기 휘일(諱日; 돌아가신 날)의 첫새벽[자시(子時)]에 지내는 것을 기제(忌祭)라 한다.

다. 차례(茶禮)와 묘제(墓祭)

차례(茶禮)는 절사(節祀)라고도 하며, 차례(茶禮)에 모셔지는 조상은 불천위(不遷位)와 함께 4대 조상에 한한다. 원래 차례(茶禮)는 차(茶)를 올리는 절차가 포함된 제례(祭禮)인데, 우리나라에서는 차(茶)를 올리는 절차가 없고 이름만 차례(茶禮)라고 부른다.[32]

묘제(墓祭)는 묘소에서 지내는 제례(祭禮)를 말한다. 묘제(墓祭)는 고례(古禮)에 없던 것인데 주자(朱子)의 가례(家禮)에 의하여 시작되었다. 우리나라에서는 조선 중기까지 매년 사절일(四節日)인 한식(寒食), 단오(端午), 추석(秋夕), 중양(重陽)에 행하였다. 그 뒤 지방에 따라 한식(寒食)과 추석(秋夕)에 두 차례, 혹은 추석(秋夕)이나 중양(重陽)에 한 번 행하는 곳도 있다.[33]

원래 시제(時祭)는 사당(祠堂)에서 부모로부터 고조부모까지 제사(祭祀) 드리는 것이었다. 그러나 요즈음은 시제(時祭)라는 이름으로 해마다 한 번 묘소에서 지낸다. 이 제사(祭祀)를 시향(時享), 시사(時祀)라고도 일컫는다. 음력 3월이나 10월에 날을 받아서 대진(代盡; 제사(祭祀)를 지

---

32 권영한(1998), 사진으로 배우는 관혼상제(冠婚喪祭), 전원문화사, p. 294.
33 권영한(1998), 사진으로 배우는 관혼상제(冠婚喪祭), 전원문화사, p. 284.

내는 대수(代數)가 다 되어서 기제(忌祭)를 지내지 않는 조상)된 5대 이상
의 조상을 해마다 한 번 묘소에서 제사(祭祀)지낸다.[34]

라. 사시제(四時祭)

사시제(四時祭)는 사중시제(四仲時祭)라고도 하는데, 춘하추동의 중
월(仲月)인 음력 2, 5, 8, 11월에 사당(祠堂)에서 길일(상순의 丁日이나 亥
日)을 골라서 부모로부터 고조부모까지 제사(祭祀)를 받드는 것으로, 여
러 제사(祭祀) 중에서 의식(儀式)이 가장 완비되어 있다.[35] 그러나 요즈음
은 사당(祠堂)이 없어졌고, 사시제(四時祭)도 잘 지내지 않는다.

2. 제례(祭禮)의 준비

제사(祭祀) 하루 전에 목욕재계하고 집안을 정결하게 한 뒤 신위(神位)
가 없는 집에서는 지방(紙榜)을 준비하고, 제기(祭器)를 닦아놓고, 음식
을 정성껏 준비한다. 예기(禮記)에 이르기를 '제계(齊戒)하는 자는 음악
을 듣지 않고 남을 조상하지 않는다.(齊者不樂不弔.)'[36]라고 하였다.

가. 신주(神主)와 지방(紙榜)

옛날에는 신주(神主)를 모신 사당(祠堂)이 있었고, 제사(祭祀)에는 신
주(神主)를 모셨다. 사당(祠堂)은 주인(主人)이 거처하는 방의 동쪽에 짓
고 이곳에 신주(神主)를 모셨다. 신주(神主)는 남향(南向)하는데, 돌아가
신 분은 서쪽이 상좌(上座)이므로 서쪽으로부터 고조(高祖), 증조(曾祖),
조(祖), 부(父)의 순으로 봉안하였다.

---

34 권영한(1998), 사진으로 배우는 관혼상제(冠婚喪祭), 전원문화사, p. 284.

35 권영한(1998), 사진으로 배우는 관혼상제(冠婚喪祭), 전원문화사, p. 279.

36 예기(禮記), 곡례(曲禮) 상편(上篇).

1) 신주(神主)

조상의 위(位)를 모시는 나무패로써 밤나무로 만든다. 밤나무는 서쪽을 의미하며, 이는 곧 죽은 사람의 방위이기 때문이다.[37] 길이 8치, 너비는 2치 정도이며,[38] 나무 대신 종이로 만든 신주(神主)를 지방(紙榜)이라 한다.

우리의 전통의례(傳統儀禮)에서 신주(神主)는 나무패라는 물질적 가치를 초월한다. 즉 신주(神主)와 조상(祖上)은 대등하게 여겼다. 주자(朱子)는 '혹 홍수나 화재, 도적이 있으면 먼저 사당(祠堂)을 구하는데, 신주(神主)와 유서(遺書)를 옮기고 다음으로 제기(祭器)를 옮긴 후 집안 재물을 옮긴다.(或有水火盜賊, 則先救祠堂, 遷神主遺書, 次及祭器, 然後及家財.)'[39]라고 하였다. 조상을 모신 사당(祠堂)과 신주(神主)가 무엇보다도 중요하다는 것을 강조한 내용이다.

하나의 신주(神主)에는 한 분의 조상을 중앙에 내려쓰고 왼쪽 아래에는 봉사자(奉祀者)를 쓴다. 상례(喪禮)의 신주(神主) 만드는 방법을 참고한다. 신주(神主)의 모양과 서식은 아래 [서식 5-1]과 같다.

[서식 5-1] 신주(神主)

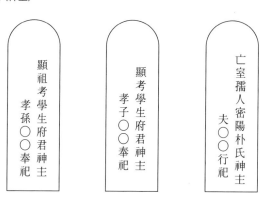

---

37 성균관(成均館, 1993), 유림교양전서(儒林敎養全書), p. 194.
38 상례(喪禮)의 신주(神主)를 살펴보면 주자(朱子)는 높이 1자 2치, 너비 3치라고 하였다.
39 주희(朱熹) 저, 임민혁 옮김(1999), 주자가례, 예문서원, p. 79.

신주(神主)나 지방(紙榜)은 위를 둥글게 하고 아래쪽은 평평하게 하는데, 그 이유는 천원지방(天圓地方; 하늘은 둥글고 땅은 네모난 우주)한 우주 속에서 혼백(魂魄)이 존재한다[40]고 믿었기 때문이다.

아버지일 때는 '현고(顯考)'를, 어머니일 때는 '현비(顯妣)'를 쓴다. 현고(顯考)는 부(父)와 같으며, 생전에는 부(父)라 하고 사후에는 현고(顯考)라 한다.[41] 또한 현비(顯妣)는 모(母)와 같으며, 사후에는 현비(顯妣)라 한다. 조상에게는 '현고(顯考)'와 '현비(顯妣)'의 가운데에 '조(祖)'나, '증조(曾祖)', '고조(高祖)' 등을 써서 구분한다. 처(妻)의 기제(忌祭)에는 자식이 있어도 부(夫)가 제주(祭主)가 된다. 자식의 기제(忌祭)에는 손자가 있어도 부(父)가 제주(祭主)가 된다.

고인(故人)에게 관직(官職)이 있으면 '학생(學生)' 대신에 관직(官職)을 쓴다. 또한 부인(夫人)의 호칭도 달라진다. 예로써 조선시대의 품계(品階)가 정삼품(正三品)이었던 통정대부(通政大夫)의 관작(官爵)이면 '학생(學生)' 대신에 '통정대부(通政大夫)'로 쓰며, 외명부(外命婦)는 숙부인(淑夫人)이므로 '유인(孺人)' 대신에 '숙부인(淑夫人)'으로 쓴다. 유인(孺人)은 정구품(正九品) 품계(品階)이다. 부인(夫人)의 경우에는 본관(本貫)과 성씨(姓氏)를 쓴다. 예로써 '경주김씨(慶州金氏)', '전주이씨(全州李氏)' 등이다.

'효자(孝子)'는 큰아들이 위패(位牌)를 받드는 경우이며, 작은아들은 '자(子)'라 한다. '봉사(奉祀)'는 어른의 경우에 사용하며 처(妻)의 경우에는 '행사(行祀)'라 쓴다.[42]

즉 관직(官職)이 있는 경우에는 '현고통정대부부군신주(顯考通政大夫府君神主)'나 '현비숙부인경주김씨신주(顯妣淑夫人慶州金氏神主)' 등이 그 예이다.

---

40 권영한(1998), 사진으로 배우는 관혼상제(冠婚喪祭), 전원문화사, p. 247.

41 성균관(成均館, 1985), 유림편람(儒林便覽), 유도회총본부(儒道會總本部), p. 123.

42 성균관(成均館, 1993), 유림교양전서(儒林教養全書), pp. 197~198.

2) 지방(紙榜)

근래에는 생활과 시대의 변천으로 사당(祠堂)이 없어지고 신주(神主)가 없어졌기 때문에 신주(神主)를 지방(紙榜)으로 대신한다. 즉 지방(紙榜)은 임시로 만드는 위패(位牌)이다. 그러므로 '신주(神主)'라 쓰지 않고 '신위(神位)'라 쓴다. 지방(紙榜)은 깨끗한 백지에 쓰며 길이 22센티미터, 폭 6센티미터 정도가 적당하다.[43]

신주(神主)는 조상의 위패(位牌)로서 제례(祭禮)의 시작과 함께 사당(祠堂)에서 내왔고, 제례(祭禮)가 끝나면 다시 사당(祠堂)에 봉안하였다. 그러나 지방(紙榜)은 임시 위패(位牌)이므로 제례(祭禮)를 마치면서 태운다.

다음 [서식 5-2]는 왼쪽으로부터 차례로 고위(考位; 어머니는 살아계시고 아버지만 돌아가심), 비위(妣位; 아버지는 살아계시고 어머니만 돌아가심), 고비합위(考妣合位; 아버지와 어머니가 모두 돌아가심), 숙부모합위(叔父母合位)의 지방이다.

[서식 5-2] 지방식(紙榜式) ①

顯考學生府君神位　顯妣孺人某貫姓氏神位　顯考學生府君神位　顯妣孺人某貫姓氏神位　顯考學生府君神位　顯叔母孺人某貫姓氏神位

아래의 [서식 5-3]은 조고비합위(祖考妣合位), 증조고비합위(曾祖考妣合位), 고조고비합위(高祖考妣合位)의 지방(紙榜)이다.

---

[43] 성균관(成均館, 1985), 유림편람(儒林便覽), 유도회총본부(儒道會總本部), p. 123.

顯祖妣孺人某貫姓氏神位
顯祖考學生府君神位

顯曾祖妣孺人某貫姓氏神位
顯曾祖考學生府君神位

顯高祖妣孺人某貫姓氏神位
顯高祖考學生府君神位

유림편람(儒林便覽)[44]에 의하면, 위에 나타낸 이외의 지방식(紙榜式)에 대하여 다음과 같이 나타내고 있다.

○ 형(兄)은 '현형학생부군신위(顯兄學生府君神位)'라 쓴다.

○ 제(弟; 동생)는 '망제○○신위(亡弟○○神位)'라 쓴다.

○ 처(妻; 아내)일 경우에는 '망실유인모관성씨신위(亡室孺人某貫姓氏神位)'라 쓴다. 또한, '망실(亡室)'을 '고실(故室)'이라 쓸 수도 있다.

○ 부(夫; 남편)는 '현벽학생부군신위(顯辟學生府君神位)'라 쓴다. 주병문(朱柄文)[45]은 '현부학생부군신위(顯夫學生府君神位)'라고 쓰고 있다.

○ 자식(子息)은 '망자수재○○지령(亡子秀才○○之靈)'이라 쓴다. 권영한[46]은 아들일 때는 '망자수재○○신위(亡子秀才○○神位)'라고 쓴다고 하였다.

○ 며느리는 '망부○○○씨신위(亡婦某貫姓氏神位)'라고 쓴다.

---

44 성균관(成均館, 1985), 유림편람(儒林便覽), 유도회총본부(儒道會總本部), p. 122~124. 유림편람 이외의 인용은 특별히 주석을 붙였음.

45 주병문(朱柄文, 1980), 축문집(祝文集), 필사본, pp. 18~19.

46 권영한(1998), 사진으로 배우는 관혼상제(冠婚喪祭), 전원문화사, p. 249.

3) 합제(合祭)

합제(合祭)란, 기제(忌祭)에서 기일(忌日)을 맞은 신위(神位)만을 모시는 것이 아니라 그 옆에 해당 신위(神位)의 배우자를 함께 모시는 것을 말하는데, 과거에 합제(合祭)에 대한 논란이 있었다.

위의 [서식 5-1]에 나타난 신주(神主)의 서식에서는 하나의 신주(神主)에 대하여 한 분의 조상을 쓰고 있다. 그런데 [서식 5-2]와 [서식 5-3]의 서식은 하나의 지방(紙榜)에 두 분을 쓰고 있다.

단위(單位)의 주장은 주자(朱子)의 주자가례(朱子家禮), 이재(李縡) 선생의 사례편람(四禮便覽), 이이(李珥) 선생의 격몽요결(擊蒙要訣)에 나타나 있다.

이이(李珥) 선생은 제의초(祭儀鈔)에서 이르기를 '가례(家禮)에는 고(考) 또는 비(妣) 일위(一位)만 지내게 되어있는데, 정자(程子)는 고비(考妣)를 함께 지냈다.'[47]라고 하고, 이이(李珥) 선생은 가례(家禮)를 더 존중하여 기제(忌祭)는 제사(祭祀) 지낼 한 분의 자리만 차린다고 하였다. 따라서 비록 두 분이 모두 돌아가셨어도 한 분만 모시고 있다.

합제(合祭)를 주장하는 대표적인 인물은 정자(程子), 이황(李滉) 선생이다. 이황(李滉) 선생은 '합제(合祭)하는 것은 고례(古禮)에 없으나 집에서 전해 내려오기 때문에 경솔하게 다루어 버릴 수 없다.'[48]라고 하였다. 또한 '기일(忌日)에 고위(考位)와 비위(妣位)를 함께 지내는 이런 예법(禮法)은 옛날에는 없었다고는 하지만 함께 지내는 것이 예법(禮法)에 어긋날 것이 없고, 인정(人情)에 합당한 일[49]이라.'고 하였다.

---

47 이율곡(李栗谷) 著, 한국정신문화연구원(韓國精神文化研究院) 編(1988), 국역 율곡전서(國譯 栗谷全書, 祭儀鈔), (株)普晉齋.

48 권영한(1998), 사진으로 배우는 관혼상제(冠婚喪祭), 전원문화사, p. 246. 재인용.

49 신희철(申羲澈) 編著(1990), 상례요람(常禮要覽), 보경문화사.

오늘날에는 고위(考位)의 기일(忌日)에는 고위(考位)만을, 비위(妣位)의 기일(忌日)에는 비위(妣位)만을 설위(設位)하지 않고, 고비위(考妣位)를 같이 합위(合位)하여 향사(享祀)를 올리는 합제(合祭)가 일반적이다.

나. 제수(祭需)

제의(祭儀)에 소용되는 여러 가지 음식이나 재료를 제수(祭需)라 한다. 제사(祭祀)는 고인(故人)을 추모하기 위한 의례(儀禮)이므로 물질보다 마음에서 우러나오는 정성이라야 한다. 그러므로 제수(祭需)는 가정의 형편대로 깨끗하고 정성을 다하면 족하다.

주자가례(朱子家禮)에 이르기를 '제사(祭祀) 음식은 집안의 빈부에 따라 하되 풍성한 것은 중요하지 않으니, 중요한 것은 정결하게 하고 정성을 지극히 하는 데 있을 따름이다. 죽은 이 섬기기를 산 사람 섬기듯 해야 할 것이니, 제사(祭祀)를 지낼 때는 마음으로 공경하기를 지극히 하여 (마음이) 항상 조상에게 있으면 조상이 양양히 있는 듯하여 어찌 나의 정성에 감동하지 않고 나의 제사(祭祀)를 흠향(歆饗)하지 않겠는가.'[50]라고 하였다.

모든 제수(祭羞)에는 향신료인 마늘, 고춧가루, 생강, 파 등의 조미료를 쓰지 않고 간장이나 소금만으로 조미한다.[51] 또한, 제수(祭羞)를 조리할 때는 몸과 마음을 정결히 하고 제의(祭儀)에 사용되는 기구를 깨끗하게 닦으며 음식에 머리카락이나 침이 튀지 않도록 주의한다.

이이(李珥) 선생은 '주부(主婦)는 부녀를 거느리고 제기(祭器)를 씻고 솥을 깨끗이 부시며 제수(祭羞)를 마련하되 깨끗이'[52]하라 하였고, 주자

---

50 주희(朱熹) 저, 임민혁 옮김(1999), 주자가례, 예문서원, p. 489.

51 한명희(韓明熙), 유교의례(儒敎儀禮)를 배우자, 유교신문(儒敎新聞), 1995년 3월 15일자.

52 이율곡(李栗谷) 著, 한국정신문화연구원(韓國精神文化研究院) 編(1988), 국역 율곡전서(國譯 栗谷全書, 祭儀鈔), (株)普晉齋.

가례(朱子家禮)에는 제사(祭祀)를 지내기 전에 사람이 먼저 먹거나 고양이나 개, 벌레, 쥐 등이 더럽히지 않도록 해야 한다.(未祭之前, 勿令人先食, 及爲猫犬蟲鼠所汚.)[53]라고 하였다.

보편적인 제수[54]에 대하여 살펴보면 다음과 같다.

○초첩(醋楪; 식초) : 아무것도 섞지 않은 순수 식초이다.

○반(飯; 메) : 신위(神位) 수대로 담고 덮개를 덮는다.

○갱(羹; 국) : 신위 수대로 대접에 담으며 덮개를 덮는다. 쇠고기와 무를 네모로 납작하게 썰어 함께 끓인다.

○면(麵; 국수) : 국수를 삶아 건더기만 그릇에 담고 덮개를 덮는다. 계란 노른자를 부쳐 모양을 내기도 한다. 떡을 쓰지 않을 경우에는 면(麵)도 쓰지 않는다.

○편(䬴; 떡) : 일반적으로 팥고물을 묻힌 시루떡을 쓴다.

○편청(䬴淸) : 원래는 떡을 찍어 먹기 위한 꿀이나 조청을 이용하였는데, 요즈음은 설탕으로 대용하기도 한다.

○탕(湯; 찌개) : 재료를 끓여서 건더기만 건져 놓는다. 탕(湯)은 홀수를 쓰는데, 보통 삼탕(三湯)을 쓰며 오탕(五湯)을 쓰기도 한다.

○전(煎; 부침개) : 기름에 튀기거나 부친 것으로서 육전(肉煎)은 쇠고기를 잘게 썰거나 다져서 두부와 섞어 동그랗게 만들고 계란 노른자를 묻혀 기름에 부치며, 어전(魚煎)은 생선을 살로만 납작하게 저며서 밀가루와 계란 노른자를 묻혀서 기름에 부친다.

○초장(醋醬; 초간장) : 간장에 식초를 타서 종지에 담는다.

○적(炙; 구이) : 제수(祭羞)의 중심이 되는 음식이다. 육적(肉炙; 쇠고기구이)은 쇠고기를 대꼬치에 꿰어 굽거나 손바닥만 한 너비로 잘라

---

53 주희(朱熹) 저, 임민혁 옮김(1999), 주자가례, 예문서원, p. 439.

54 한명희(韓明熙), 유교의례(儒敎儀禮)를 배우자, 유교신문(儒敎新聞), 1995년 3월 15일자.

칼집을 내고 소금이나 간장으로 양념해 익힌다. 어적(魚炙; 생선구이)은 생선의 입과 꼬리를 잘라내고 칼집을 내어 소금이나 간장으로 양념해 익히거나 생선의 비늘을 긁고 아가미와 내장을 떼어낸 후 소금을 뿌려 굽기도 한다. 계적(鷄炙; 닭고기구이)은 머리와 다리, 내장을 제거한 후 익힌다.

○ 적염(炙鹽; 소금) : 적(炙)을 찍어 먹기 위한 소금이다.

○ 포(脯) : 고기를 말린 육포(肉脯)나 생선의 껍질을 벗겨 말린 어포(魚脯) 등이다.

○ 해(醢; 생선젓) : 대개 소금에 절인 조기젓을 쓰며 차례(茶禮)에는 쓰지 않는다.

○ 혜(醯; 식혜) : 식혜 건더기를 건져 담고 대추 썬 것이나 잣을 박기도 한다.

○ 숙채(熟菜; 익힌 나물) : 고사리, 도라지, 무 등을 쓴다.

○ 침채(沈菜; 물김치) : 주로 나박김치를 쓰며 고춧가루로 조미하지 않는다.

○ 청장(清醬; 간장)

○ 과실(果實) : 나무에서 따는 생과(生果)와 다식 등을 총칭한다.

○ 제주(祭酒) : 되도록 맑은 술을 쓴다.

○ 숙수(熟水 : 숙냉) : 숭늉이다. 그러나 일반적인 숭늉이 아니라 냉수에 밥알을 조금 풀어서 쓴다.

다. 제기(祭器)

제사(祭祀) 지낼 때 사용하는 여러 가지 제기(祭器)와 제구(祭具)는 평소에 일정한 곳에 모아 두었다가 제사(祭祀) 전날 꺼내어 깨끗이 닦아 쓰도록 한다.

제기(祭器)[55]에는 다음과 같은 것들이 있다.

○제상(祭床) : 제수(祭羞)를 진설(陳設)하는 상.

○교의(交椅) : 신주(神主)나 혼백함(魂魄函)을 올려놓는 의자.

○향탁(香卓) : 제상(祭床) 앞에 놓으며, 향로(香爐)와 향합(香盒)을 올려놓는 작은 상.

○병풍(屛風) : 글씨를 쓴 병풍(屛風)으로 제상(祭床) 뒤에 친다.

○돗자리 : 두 장을 준비하여 하나는 제상(祭床) 밑에 깔고, 다른 하나는 제상(祭床) 앞에 깐다.

○향로(香爐) : 향(香)을 피우는 작은 화로.

○향합(香盒) : 향(香)을 담는 그릇.

○모사기(茅沙器)[56] : 모래와 띠의 묶음인 모사(茅沙)를 담는 그릇. 보시기 모양.

○촛대 : 두 개를 준비한다.

○주독(主櫝) : 신주(神主)를 모시는 나무 궤.

○신주(神主) : 위패(位牌).

○축판(祝板) : 축문(祝文)을 올려놓는 판.

○변(籩) : 실과(實果)와 건육(乾肉)을 담는 제기(祭器). 원래 대나무로 굽을 높게 엮어서 만들었다.

○두(豆) : 김치, 젓갈 등을 담는 제기(祭器). 굽이 높고 뚜껑이 있다.

○병대(餠臺) : 떡을 담는 제기(祭器). 위판은 사각형.

○적대(炙臺) : 적을 올리는 제기(祭器). 나무로 만들고 발이 달렸다.

---

55 조선일보사(1994), 사진과 그림으로 보는 가정의례, pp. 184~187.

56 신희철은 모사(茅沙)는 모(茅; 띠풀) 한 줌을 8촌(寸; 1촌은 약 3센티미터)쯤 잘라서 붉은 실로 가운데를 묶고 깨끗한 모래(모래가 없을 때는 팥이나 쌀도 가능함) 담은 대접 속에 세운다고 하였다. 신희철(申義澈) 編著(1990), 상례요람(常禮要覽), 보경문화사.

ㅇ조(俎) : 고기를 담는 제기(祭器). 나무로 만들고 발이 달렸다. 위판
　은 직사각형으로 되어있다.

ㅇ탕기(湯器) : 국을 담는 제기(祭器).

ㅇ시접(匙楪) : 수저를 올려놓는 제기(祭器).

ㅇ주주(酒注) : 술 주전자.

ㅇ주병(酒甁) : 술병.

ㅇ주배(酒杯) : 술잔. 반드시 잔받침이 있어야 한다.

ㅇ퇴줏(退酒)그릇 : 헌작(獻酌)한 술을 물릴 때 따라 붓는 그릇.

라. 진설(珍說)

예서(禮書)의 진설도(陳設圖)는 번잡하지 않았다. 그러나 근래에 와서
경제적으로 풍요로워지면서 여러모로 제상(祭床)에 올리는 제수(祭羞)의
종류가 많아지게 되었다. 가짓수가 많은 제상(祭床)보다는 고인(故人)께서
생전에 즐겨 드시던 음식이나 향토적인 음식을 정성을 다하여 준비하는
것이 더 바람직할 것이다. 외국의 과일이나 음식은 배척하여야 마땅하다.

제수(祭羞)의 진설(陳設)은 지방이나 가문에 따라 다른데, 예서(禮書)
에 보이는 진설법(陳設法)도 각기 조금씩 다르고, 각자의 의견에 맡긴 부
분이 많다.[57] 그리고 고례(古禮)의 어떤 예서(禮書)에도 과실별 위치는
나타나 있지 않다.

그러나 요즈음은 과실의 진설(陳設) 위치에 대하여 조율이시(棗栗梨
柿; 왼쪽부터 대추, 밤, 배, 감의 순으로 진설), 조율시이(棗栗柿梨; 왼쪽
부터 대추, 밤, 감, 배의 순으로 진설), 동조서율(東棗西栗; 동쪽에는 대
추, 서쪽에는 밤을 진설), 홍동백서(紅東白西; 붉은 과일은 동쪽에, 흰 과
일은 서쪽에 진설) 등 의견이 분분하다.

---

57 한명희(韓明熙), 유교의례(儒敎儀禮)를 배우자, 유교신문(儒敎新聞), 1995년 3월 15일자.

1) 이이(李珥) 선생의 진설도(陳設圖)

이이(李珥) 선생의 진설도(陳設圖)[58]는 아래의 [그림 5-1]과 같다.

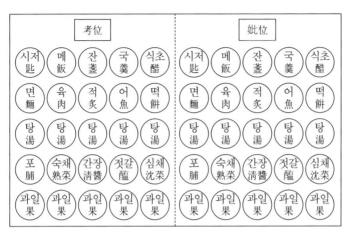

[그림 5-1] 이이(李珥) 선생 매위진설도(每位陳設圖)

이이(李珥) 선생의 매위진설도(每位陳設圖)는 합위(合位)를 예로 하였는데, 각각의 위(位)마다 따로 진설(陳設)을 하는 특징이 있다. 이는 원칙적으로 합위(合位)를 반대하였지만 만일 합위(合位)한다면 고위(考位)와 비위(妣位)를 구별할 필요가 있어 위와 같은 진설도(陳設圖)로 나타낸 것이다.

그리고 과일을 진설(陳設)하는 위치에는 과일의 이름을 쓰지 않고 과(果; 과일)로만 나타내었다. 갱(羹; 국)의 옆에 초(醋; 식초)를 놓았고, 식혜는 놓지 않은 것이 특징이다.

2) 사례편람(四禮便覽)의 진설도(陳設圖)

사례편람(四禮便覽)에 나타난 진설도(陳設圖)[59]는 다음 [그림 5-2]와 같다.

---

58 이율곡(李栗谷) 著, 한국정신문화연구원(韓國精神文化硏究院) 編(1988), 국역 율곡전서 (國譯 栗谷全書, 祭儀鈔), (株)普晉齋.

59 이재(李縡), 사례편람(四禮便覽), 卷之六之圖式, 虞卒哭陳器設饌之圖.

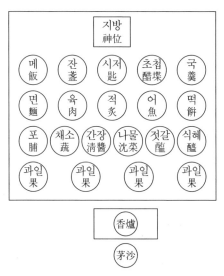

[그림 5-2] 사례편람(四禮便覽) 진설도(陳設圖)

위의 [그림 5-2]는 이재(李縡) 선생의 진설도(陳設圖)로서 이이(李珥)
선생의 진설도(陳設圖)와 마찬가지로 과일의 이름을 쓰지 않았으며, 탕
(湯)이 빠진 것이 특징이다. 초첩(醋堞)이 시저(匙箸)와 갱(羹) 사이에 들
어있는 것도 특징이다.

이이(李珥) 선생이나 사례편람(四禮便覽)의 진설도(陳設圖)에는 초[燭]
를 진설(陳設)하지 않았다. 과거에는 초[燭]가 생활필수품이었으므로 진
설도(陳設圖)에 나타낼 필요가 없었을 것이지만, 지금의 진설도(陳設圖)
에는 초[燭]를 따로 나타내고 있다.

3) 유림편람(儒林便覽)의 진설도(陳設圖)

유림편람(儒林便覽)에 의하면, 제수(祭羞)의 진설(陳設)은 일행(一行)
과 삼행(三行)은 제물(祭物)의 수를 홀수로, 이행(二行)과 사행(四行)은 짝수로 하여, 양(陽)과 음(陰)을 구별한다고 하고 합위진설도(合位陳設圖)[60]를 아래 [그림 5-3]과 같이 진설(陳設)하고 있다.

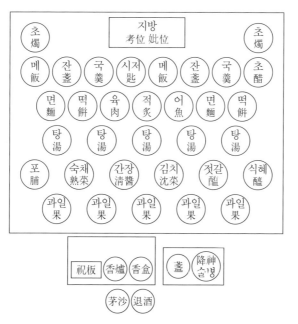

[그림 5-3] 유림편람(儒林便覽) 진설도(陳設圖)

유림편람(儒林便覽)의 이 진설도(陳設圖)는 합위(合位)의 경우로서, 이이(李珥) 선생은 비록 합위(合位)를 하더라도 고위(考位)와 비위(妣位)를 나누어 진설(陳設)하고 있는데, 유림편람(儒林便覽)에서는 메와 잔과 국만 따로 하였을 뿐 나머지는 단위(單位)처럼 하였다.

과거 전통예절(傳統禮節)에서는 부부유별(夫婦有別)이 상례(常禮)여서 비록 부부라 하더라도 밥상을 함께 하지 않았다. 그러나 현대에는 부부가 겸상하는 것이 일반적이므로, 진설도(陳設圖)에서도 사회의 상황을 반영한 것으로 보인다.

---

60 성균관(成均館, 1985), 유림편람(儒林便覽), 유도회총본부(儒道會總本部), p. 134.

또한, 유림편람(儒林便覽)⁶¹에서는 [그림 5-3]의 진설도(陳設圖)중에서 제1행부터 제5행에 대하여 설명하고 있는데, 그 내용은 다음과 같다.

○제일행(第一行) : 과실(果實)이나 조과(造菓)를 놓는 줄로써 홍동백서(紅東白西)라 하여 붉은 과일을 동쪽에, 흰 과일은 서쪽에 진설(陳設)하고, 가운데에는 조과(造菓)를 진설(陳設)하되 이것도 붉은 것은 동쪽에, 흰 것은 서쪽에 진설(陳設)한다.

○제이행(第二行) : 채(菜), 즉 나물류를 진설(陳設)하는 줄로써 좌포우혜(左脯右醯)⁶²라 하여 포(脯)는 왼편에 놓고, 혜(醯; 식혜)는 오른편에 진설(陳設)한다. 나물류는 제이행(第二行)의 가운데에는 숙채(熟菜), 청장(淸醬), 심채(沈菜)를 진설(陳設)한다.

○제삼행(第三行) : 탕(湯)을 놓는 줄로써 단탕(單湯), 삼탕(三湯), 오탕(五湯), 칠탕(七湯)이라 하여 홀수로 하며 어탕(魚湯)은 동쪽, 소탕(蔬湯)은 가운데, 육탕(肉湯)은 서쪽에 진설(陳設)한다.

○제사행(第四行) : 적(炙)과 전(煎)을 진설(陳設)하는 줄로써 적(炙)이란 불에 굽거나 찐 것, 전(煎)은 기름에 튀긴 것을 말한다. 어동육서(魚東肉西)와 동두서미(東頭西尾)를 적용한다.

○제오행(第五行) : 반(飯; 메, 밥)과 갱(羹; 국)을 놓는 줄로써 반(飯)은 왼쪽(서쪽)에, 갱(羹)은 오른쪽(동쪽)에 놓는다.

그리고 진설(陳設)에 대하여 다음의 기본 원칙을 나타내고 있다.

○좌포우해(左脯右醢) : 포(脯)는 왼쪽에 놓고, 젓갈(醢)은 오른쪽에 놓는다. 여기서 좌우(左右)의 방위는 참례자(參禮者)를 중심으로 한 것이다.

---

61 성균관(成均館, 1985), 유림편람(儒林便覽), 유도회총본부(儒道會總本部), pp. 133~136.

62 좌포우혜(左脯右醯) 대신에 좌포우해(左脯右醢: 왼쪽에는 포를, 오른쪽은 젓갈을 진설)를 쓰기도 한다.

○어동육서(魚東肉西) : 어물(魚物)은 동쪽에 놓고, 육물(肉物)은 서쪽에 놓는다. 여기서 동쪽이란 신위(神位)를 북(北)으로 하는 경우로서 제주(祭主)가 제상(祭床)을 보고 설 때 오른쪽이다.

○동두서미(東頭西尾) : 생선의 머리는 동쪽으로 향하게 하고 꼬리는 서쪽을 향하게 한다. 어동육서(魚東肉西)와 마찬가지로 동쪽은 제주(祭主)가 제상(祭床)을 보고 설 때 오른쪽이다.

○조율이시(棗栗梨柿) : 제주(祭主)를 중심으로 맨 앞줄의 진설(陳設)은 왼편으로부터 오른편으로 대추(棗), 밤(栗), 배(梨), 감(柿)의 순이다.

○홍동백서(紅東白西) : 과실(果實)이나 조과(棗果)의 붉은 것은 동쪽에, 흰 것은 서쪽에 진설(陳設)한다.

4) 주병문(朱柄文)의 진설도(陳設圖)

[그림 5-4]는 주병문(朱柄文)의 진설도(陳設圖)[63]이다. 이 진설도(陳設圖)는 비교적 고례(古禮)를 잘 따르고 있다.

주병문(朱柄文)의 진설도(陳設圖)와 유림편람(儒林便覽)에 나타난 진설도(陳設圖)의 차이는 식초[醋]가 빠졌다는 것이다. 식초[醋]는 과거 상용 음식이었지만 현재에는 이것이 조미용으로 바뀌었기 때문에 진설(陳設)에서 뺀 것으로 보인다.

그리고 모사(茅沙)의 위치는 잘못되었다. 향로(香爐)는 천신(天神)을 위한 것이며, 모사(茅沙)는 지신(地神)을 위한 것이다. 천신(天神)을 위한 향로(香爐)는 향안(香案)으로 받쳐 높이 있게 하고 모사(茅沙)는 향안(香案)의 아래로 내려야 마땅하다.

---

63 주병문(朱柄文, 1980), 축문집(祝文集), 필사본, p. 22.

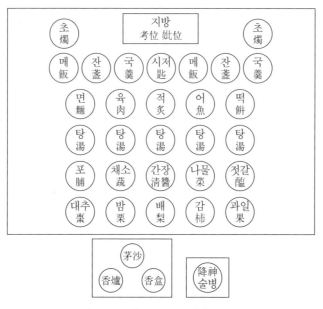

[그림 5-4] 주병문(朱柄文) 진설도(陳設圖)

5) 가가례(家家禮)

의례(儀禮)에서 집안마다 그 절차나 내용이 약간씩 차이가 있는데 이를 가가례(家家禮)라 한다. 그러나 신희철(申義澈)은 제례(祭禮)의 상이점이 있는 것을 가가례(家家禮)라 하면서 집집이 예(禮)가 다르다고 주장하는 사람이 있으니 이는 크게 잘못이라고 지적하고, '예문(禮文)에 명문(明文)이 있는데, 어찌 가가례(家家禮)라 하여 자기네 집안 마음대로 하겠는가?'[64]라고 하였다. 이는 필시 주자(朱子)의 가례(家禮)에 따라 의례(儀禮)를 지낼 때 잘못된 절차에 대하여 핑계를 대기 위해서 '가(家)'자 한 자를 더한 것으로 여겨진다고 보고, 또 글자가 '가례(家禮)'이기 때문에 '집마다 예(禮)'로 장난삼아 풀이한 것이 좋은 핑계로 여겨지지 않았나 생각된다고 하였다.

---

64 신희철(申義澈) 編著(1990), 상례요람(常禮要覽), 보경문화사.

예절(禮節)도 가문에 따라 약간씩 다를 수 있고, 그것을 가가례(家家禮)라 한다고 여기지지만 예서(禮書)에 정설(定說)이 있으면 이를 따라야 하며, 다만 '각자의 형편에 따르라[수의(隨宜)].'라고 재량이 인정된 부분에 한해 서[65] 가가례(家家禮)가 허용된다고 볼 수 있다.

가가례(家家禮)가 생긴 이유를 살펴보면, 옛날에는 교통이나 통신이 현재와는 달라 정보의 전달이 인편에 의존해야 하였고, 중앙 통제 방식의 문화 통제가 어려웠기 때문이다. 더욱이 예서(禮書)의 보급이 많지 않았고, 의례(儀禮)를 가르치고 배우는 교육은 부자(父子) 사이의 언어나 실례(實例)로 전달하는 것에 의존해야 했기 때문에 잘못 전달될 가능성도 있었다.

우리의 전통(傳統) 가치관은 최상위가 효(孝)였다. 그러므로 할아버지가 아버지에게 전달한 의례(儀禮)를 아버지의 실수로 잘못 전달받았다면, 그 아들이 비록 그것을 알고 있어도 의례(儀禮)를 선불리 고칠 수는 없었을 것이다. 아버지의 잘못된 의례(儀禮)를 고치는 것은 아버지를 부정하는 것이며, 이는 불효(不孝)였기 때문이다.

가가례(家家禮)는 내용보다는 절차에서 두드러진다. 즉 형식적인 면에서 가가례(家家禮)가 발생한 것이다. 따라서 내용을 크게 그르치지 않는다면, 가장 중요한 가치인 효(孝)를 어기면서까지 예(禮)의 형식을 고치려고 하지 않았기 때문에 가가례(家家禮)가 발생한 것으로 본다.

3. 기제(忌祭)

주자가례(朱子家禮)의 기제(忌祭)에 대하여 간추리면 다음과 같다.[66]

---

65 김득중(金得中), 예절강좌, 유교신문(儒教新聞), 1988년 9월 1일자.
66 주희(朱熹) 저, 임민혁 옮김(1999), 주자가례, 예문서원, pp. 480~484.

- ■하루 전 재계(齊戒)한다.(前一日, 齊戒.)
- ■신위(神位)를 설치한다.(設位.)
- ■기물(器物)을 설치한다.(陳器.)
- ■음식을 갖춘다.(具饌.)
- ■다음날 새벽에 일어난다. 채소, 과일, 술, 음식을 진설(陳設)한다.(厥明夙興. 設蔬果酒饌.)
- ■날이 샐 무렵 주인(主人) 이하는 옷을 갈아입는다.(質明, 主人以下變服.)
- ■사당(祠堂)에 나아가 신주(神主)를 받들고 나와 정침(正寢)에 내놓는다.(詣祠堂, 奉神主出, 就正寢.)
- ■참신(參神), 강신(降神), 진찬(進饌), 초헌(初獻), 아헌(亞獻), 종헌(終獻), 유식(侑食), 합문(闔門), 계문(啓門), 사신(辭神).(參神, 降神, 進饌, 初獻, 亞獻, 終獻, 侑食, 闔門, 啓門, 辭神.)
- ■신주(神主)를 들인다.(納主.)
- ■상을 물린다.(徹.)

기제(忌祭)는 기일(忌日; 돌아가신 날) 첫새벽에 올리는 의례(儀禮)이다. 기일(忌日)을 휘일(諱日)이라고도 한다. 또한 기제(忌祭)를 기일제(忌日祭)라고도 한다.

주자(朱子)는 '다만 하나의 신위(神位)만 설치한다.(但止設一位.)'[67]라고 하였다. 즉 주자(朱子)는 기제(忌祭)에서, 고위(考位)의 기일(忌日)에는 고위(考位)만을 제사(祭祀) 지낼 뿐 합제(合祭)하지 않는다고 하였다.

---

67 주희(朱熹) 저, 임민혁 옮김(1999), 주자가례, 예문서원, p. 480. 사례편람(四禮便覽)에는 '한 분의 신위(神位)만 설치하는 것이 올바른 예(禮)이다. 대개 기일(忌日)은 초상(初喪)의 이어짐이다. 그 어버이가 돌아가신 날을 만나 이날을 꺼려서는 안 될 어버이를 생각하며 그 신위(神位)에 제사(祭祀) 지내야 하니, 다른 신위(神位)는 모시지 못하는 것이다. 제사(祭祀)를 받아야 할 한 분의 신위(神位)만 제사(祭祀) 지내고 배위(配位)의 제사(祭祀)는 지내지 않는다. 그것은 배위(配位)의 제사(祭祀)를 박하게 여겨서가 아니라 슬픔이 제사(祭祀) 지내야 할 분에게 있기 때문이다.'라고 하였다.

기제(忌祭)를 모시는 대상은 보통 4대조인 고조부모(高祖父母)까지이다. 가문에 따라서는 기제(忌祭)에 불천위(不遷位)를 포함한다. 불천위(不遷位)는 국가에 큰 공을 세웠거나 학덕이 높아서 그 신위(神位)를 영구히 사당(祠堂)에 모시라고 허락한 조상의 제사(祭祀)[68]를 일컫는다. 불천위(不遷位)는 매우 드문 것이어서 불천위(不遷位)를 가진 집안은 그 조상을 매우 자랑스럽게 생각하였다. 불천위(不遷位)는 두 가지로써, 유림(儒林)에서 받는 것과 국가에서 받는 것이 있었다.

주자가례(朱子家禮)에서는 정자(程子)를 인용하여 '복(服)이 없는 상(喪)은 제사(祭祀) 지내지 않는다. 하상(下殤)[69]의 제사(祭祀)는 부모가 죽을 때까지 지내고, 중상(中殤)[70]의 제사(祭祀)는 형제가 죽을 때까지 지내며, 장상(長殤)[71]의 제사(祭祀)는 형제의 자식이 죽을 때까지 지낸다. 성인(成人)으로서 후사(後嗣)가 없는 자는 형제의 손자가 죽을 때까지 제사(祭祀)를 지낸다.(無服之殤不祭. 下殤之祭, 終父母之身, 中殤之祭, 終兄弟之身, 長殤之祭, 終兄弟之子之身. 成人而無後者, 其祭終兄弟之孫之身.)'[72]라고 하였다.

기제(忌祭)의 축문식(祝文式)과 절차를 살펴보면 다음과 같다.

가. 축문식(祝文式)

축문(祝文)은 축판(祝板) 위에 올리는데, 축판(祝板)은 길이가 1자이고, 높이는 5치인 판을 사용한다.

주자(朱子)는 기제축(忌祭祝)에 대해서 '세월이 흘러[세서천역(歲序遷

---

68 임돈희(1996), 조상 제례, 대원사, pp. 66~67.
69 하상(下殤)은 8세에서 11세의 미성년자가 죽었을 때를 일컫는다.
70 중상(中殤)은 12세에서 15세의 미성년자가 죽었을 때를 일컫는다.
71 장상(長殤)은 16세에서 19세의 미성년자가 죽었을 때를 일컫는다.
72 주희(朱熹) 저, 임민혁 옮김(1999), 주자가례, 예문서원, p. 58.

易)] 돌아가신 날이 다시 임하였습니다[휘일부림(諱日復臨)]. 멀리 추모하고 계절에 감응하여도[추원감시(追遠感時)] 깊이 사모하는 마음을 이기지 못하겠습니다[불승영모(不勝永慕)]라고 하되 고비(考妣; 아버지나 어머니)이면 불승영모(不勝永慕)를 호천망극(昊天罔極)으로 고친다.(歲序遷易, 諱日復臨. 追遠感時, 不勝永慕. 考妣改不勝永慕爲昊天罔極.)'[73]라고 하였다.

제주(祭主) 칭호(稱號)와 관련하여 주자가례(朱子家禮)에 의하면, '황고조고(皇高祖考)와 황고조비(皇高祖妣)[74]에게는 스스로 효원손(孝元孫)[75]이라 칭하고, 황증조고(皇曾祖考)와 황증조비(皇曾祖妣)[76]에게는 스스로 효증손(孝曾孫)이라 칭하며, 황조고(皇祖考)와 황조비(皇祖妣)[77]에게는 스스로 효손(孝孫)이라 칭하고, 황고(皇考)와 황비(皇妣)[78]에게는 스스로 효자(孝子)라 칭한다. 관(官), 봉(封), 시(諡)가 있으면 그것을 모두 칭하고, 없으면 살아있을 때의 행제칭호(行第稱號)[79]로 부군(府君) 위에 더한다. 비(妣)는 '모씨부인(某氏夫人)'이라 한다. 모든 자신의 칭호는 종자(宗子)가 아니면 '효(孝)'라 말하지 않는다.(皇高祖妣, 自稱孝元孫, 於皇曾祖考, 皇曾祖妣, 自稱孝曾孫, 於皇祖考, 皇祖妣, 自稱孝孫. 於皇考皇妣, 自稱孝子. 有官封諡, 則皆稱之. 無則以生時行第稱號, 加於府君之上. 妣曰, 某氏夫人. 凡自稱非宗子, 不言孝.)'[80]라고 하였다.

---

73 주희(朱熹) 저, 임민혁 옮김(1999), 주자가례, 예문서원, p. 483.
74 황고조고(皇高祖考)는 고조할아버지, 황고조비(皇高祖妣)는 고조할머니.
75 효원손(孝元孫)과 효현손(孝玄孫)은 같다.
76 황증조고(皇曾祖考)는 증조할아버지, 황증조비(皇曾祖妣)는 증조할머니.
77 황조고(皇祖考)는 할아버지, 황조비(皇祖妣)는 할머니.
78 황고(皇考)는 아버지, 황비(皇妣)는 어머니.
79 행제(行第) '아무개 공(公)' 같은 것을 말하며, 칭호(稱號)는 '처사(處士)'나 '수재(秀才)' 같은 것을 말한다.
80 주희(朱熹) 저, 임민혁 옮김(1999), 주자가례, 예문서원, p. 77.

[서식 5-4]는 사례편람(四禮便覽)에 나타난 기제축(忌祭祝)[81]이다.

[서식 5-4] 기제축(忌祭祝)

維
유

年號幾年歲次干支幾月干支朔幾日干支某親某官
연호기년세차간지기월간지삭기일간지모친모관

某敢昭告于
모감소고우

顯某親某官府君歲序遷易
현모친모관부군세서천역

諱日復臨追遠感時不勝永慕謹以淸酌庶羞
휘일부림추원감시불승영모근이청작서수

恭伸奠獻尚
공신전헌상

饗
향

오늘

연호 몇 년 세차 간지 몇 월 초하루 간지 며칠 간지 효자 아무개는 감히 밝혀 공경하옵는 아버지 아무 벼슬 부군께 아룁니다. 해의 차례가 옮기고 바뀌어 돌아가신 날이 다시 다다랐습니다. 멀리 추모하고 계절에 감응하여도 깊이 추모하는 마음을 이길 수 없습니다. 삼가 맑은 술과 여러 음식으로 공손히 드리는 예를 펴오니 흠향하소서.

---

81 이재(李縡), 국역 사례편람(四禮便覽), 우봉이씨 대종회, 명문당, pp. 239~240.

1) 고비합위(考妣合位) 고위축(考位祝)

다음 기제(忌祭)의 축문(祝文)은 일반적인 축문식(祝文式)이며 다를 때는 특별히 나타내었다.

[서식 5-5] 고비합위(考妣合位) 고위축(考位祝) ①

```
향 饗
       謹以                顯考                顯妣孺人某貫姓氏        顯考學生府君    維歲次某年某月干支朔日干支孝子名
   근이                 현고                 현비유인모관성씨            현고학생부군      유세차모년모월간지삭일간지효자명
       清酌庶羞            諱日復臨             歲序遷易                                    敢昭告于
   청작서수              휘일부림             세서천역                                      감소고우
       恭伸奠獻            追遠感時
   공신전헌              추원감시
       尚 82              昊天罔極
   상                    호천망극
```

유림교양전서(儒林敎養全書)[83]와 유림편람(儒林便覽)[84]에서는 축문(祝文)이 제례(祭禮)에 따라 다르다 하여, 여러 가지 축문(祝文)과 고사(告辭)에서 각각 다르게 써야 할 문구(文句)를 따로 모아 나타내고 있는데, 그 내용은 다음과 같다.

• 연월일신(年月日辰)

기제(忌祭)는 돌아가신 날 새벽에 지내므로 휘일(諱日; 돌아가신 날)에

---

82 상(尙)은 '바라다(庶幾)'의 뜻이니 '억지로 권하는 것(勸强)'이다.

83 성균관(成均館, 1993), 유림교양전서(儒林敎養全書), pp. 206~208.

84 성균관(成均館, 1985), 유림편람(儒林便覽), 유도회총본부(儒道會總本部), pp. 132~133.

해당하는 날을 쓴다. 축문(祝文)의 첫 줄에는 본래 연호(年號)를 쓰게 되어있다. 즉 '유고종원년갑자(維高宗元年甲子)' 등과 같이 하여야 하는데, 지금은 연호(年號)가 없어 세차(歲次)라고 쓴다. 옛날부터 연호(年號)는 존칭하여 줄을 바꾸어 한 자 올려 썼다.

연호(年號) 다음의 태세(太歲) 모월(某月) 일진(日辰)은 축문(祝文)이나 고사(告辭)에서 통용되며, 달력이나 만세력(曆萬歲)을 참고한다. 예를 들어, 서기 1997년 9월 27일이라면 음력(陰曆)으로는 정축년(丁丑年) 8월 26일이며, 8월 초하루의 일진(日辰)이 정미(丁未), 8월 26일의 일진(日辰)이 임신(壬申)이므로 '유세차정축팔월정미삭이십육일임신(維歲次丁丑八月丁未朔二十六日壬申)'이라 쓴다.

• 제주칭호(祭主稱號)

제주(祭主)는 자손(子孫) 중 종자(宗子), 또는 종손(宗孫)이 주제자(主祭者)가 되는데, 제주칭호(祭主稱號)에는 주제자(主祭者)를 쓴다.

주자가례(朱子家禮)에서 이르기를 '종자(宗子)가 멀리 다른 나라에 있으면 제사(祭祀) 지낼 수 없으니, 다음 차례의 아들 중에서 집에 있는 사람이 대신하는데, 축문에는 '효자(孝子) 아무개가 개자(介子)인 아무개에게 상사(常事)를 드리라고 하였습니다.'라고 한다. 그러나 이럴 때는 사당(祠堂)이 있는 경우 감히 사당(祠堂)에 들어가지 못하고 특별히 사당(祠堂)이 바라보이는 곳에 제단(祭壇)을 만들어 제사(祭祀)를 지낸다. 대개 조상을 높이고 종자(宗子)를 공경하는 엄숙함이 이와 같았다.(惟宗子越在他國, 則不得祭, 而庶子居者代之, 祝曰, 孝子某, 使介子某執其常事. 然猶不敢入廟, 特望墓爲壇以祭. 蓋其尊祖敬宗之嚴如此.)[85]라고 하였다.

초상(初喪)을 당하여 졸곡(卒哭) 전의 부상(父喪)에는 고자(孤子), 모상

---

85 주희(朱熹) 저, 임민혁 옮김(1999), 주자가례, 예문서원, p. 437.

(母喪)에는 애자(哀子), 부모(父母) 모두 세상을 떠났으면 고애자(孤哀子)라 쓴다. 그리고 부친(父親)이 일찍 세상을 떠나 승중(承重; 손자가 제주가 되는 경우를 말함)하게 되면 조부모상(祖父母喪)에는 고손(孤孫), 조모상(祖母喪)에는 애손(哀孫), 조부모(祖父母)가 모두 세상을 떠나게 되면 고애손(孤哀孫)이라 쓴다.

졸곡(卒哭)부터는 효자(孝子), 효손(孝孫)으로 고쳐 쓰는데, 증조부모(曾祖父母) 제사(祭祀)에는 효증손(孝曾孫), 고조부모(高祖父母)의 제사(祭祀)에는 효현손(孝玄孫)이라 쓴다.

남편의 제사(祭祀)에는 처(妻), 처(妻)의 제사(祭祀)에는 부(夫)라 쓴다. 제(弟) 이하에 제사(祭祀) 지낼 때는 이름을 쓰지 않는다.

산신(山神) 또는 토지(土地)의 신에게 지내는 외사(外祀)에는 제주(祭主)의 성명(姓名)을 갖추어 쓴다. 산신(山神)의 제사(祭祀)에 직접 제주(祭主)가 지낼 때는 제주(祭主)의 성명(姓名)을 쓴다.

• 감소고우(敢昭告于)

'敢昭告于'는 '감조곡우'로 읽는 것이 정확하다. '감히 밝혀 고합니다.'라는 뜻이다. '昭'는 '밝힐 조', 혹은 '밝을 소'인데, 여기서는 '밝힐 조'에 해당한다. '告'는 '위에 고할 곡' 또는 '아래에 이를 고'인데, 여기서는 조상에게 고하기 때문이다.[86] '감소고우'로도 읽는다. 그러나 처(妻)나 제(弟)의 제사(祭祀)에는 '감(敢)'자를 삭제하고 '소고우(昭告于)'라 하며, 그 이하에서는 '고우(告于)'라 쓴다.

• 제위(祭位)

제사(祭祀)를 받으실 신위(神位)와 제주(祭主)와의 칭호를 쓰는데 아버지는 현고(顯考)라 하고, 어머니는 현비(顯妣), 남편이면 현벽(顯辟)이라 쓴다. 주병문(朱柄文)은 '현벽(顯辟)' 대신에 '현부(顯夫)'라 쓰고 있다.

---

86 신희철(申義澈) 編著(1990), 상례요람(常禮要覽), 보경문화사, pp. 199~200.

형(兄)의 경우에는 '현형(顯兄)'이라 쓴다. 존속(尊屬)에는 '현(顯)'자를 쓰지만, 비속(卑屬)에는 '망(亡)'자를 쓴다. 처(妻)는 '망실(亡室)' 또는 '고실(故室)'이라 쓰며, 제(弟)는 '망제(亡弟)'라 쓴다.

축문(祝文)을 쓸 때는 반드시 '현(顯)'자와 '향(饗)'자는 존칭(尊稱)으로 줄을 바꾸어 한 자 올려 써야 한다.

• 모관모공(某官某公)

남자의 경우 관직(官職)을 쓰고 관직(官職)이 없으면 '학생(學生)'이다. 모공(某公)은 외성(外姓)일 때는 '성공(姓公)'이라 쓰고, 조상일 때는 '부군(府君)'이라 쓴다. 연소자에게 제사(祭祀) 지낼 때는 이를 쓰지 않는다.

• 모봉성씨(某封姓氏)

여자일 경우에 쓴다. 남편인 모관모공(某官某公)에 맞추어 쓰되, 관직(官職)이 없으면 '유인(孺人)'이라 쓰고 '모관성씨(某貫姓氏)'를 쓴다. 남편에게 관직이 있으면 외명부(外命婦)의 직품(職品)에 따른다.

• 세서천역(歲序遷易)

'세월이 바뀌다.'라는 뜻이다. 손위나 손아래 구분 없이 공통으로 쓴다.

• 휘일부림(諱日復臨)

휘일부림(諱日復臨) 앞의 현고(顯考)나 현비(顯妣)는 기일(忌日)을 맞은 분을 쓴다. 그러나 단위(單位)일 때는 쓰지 않는다.

휘일부림(諱日復臨)은 '돌아가신 날이 다시 돌아오다.'라는 뜻이다. 형일 때는 서일부림(逝日復臨; 서거하신 날이 다시 돌아오다.)라 쓴다. 처(妻)나 제(弟)의 경우에는 '망일부지(亡日復至; 세상을 버린 날이 다시 돌아오다.)'라 쓴다.

• 추원감시(追遠感時)

추원감시(追遠感時)는 '먼 옛날을 추모(追慕)하여 당시를 생각하다.'라는 뜻이다. 처(妻)의 기제(忌祭)에는 비도산고(悲悼酸告)라 쓰며, 제주(祭主)보다 아랫사람일 때는 쓰지 않는다.

• 호천망극(昊天罔極)

'하늘과 같이 높고 넓어 끝 간 데를 모르겠다.'라는 뜻이다. 부모에게 는 호천망극(昊天罔極)이라 쓴다. 축문 중에서 제주(祭主)의 심정을 가장 깊이 표현한 구절이다. 따라서 제사(祭祀) 대상에 따라 표현이 다양하다.

유림교양전서(儒林敎養全書), 유림편람(儒林便覽), 주병문(朱柄文), 권 영한(權寧漢), 신희철(申羲澈)의 제사(祭祀) 대상에 따른 표현을 비교하 면 아래의 [표 5-1]과 같다.

[표 5-1] 호천망극(昊天罔極)의 비교

제사대상	유림교양전서 儒林敎養全書	유림편람 儒林便覽	주병문 朱柄文	권영한 權寧漢	신희철 申羲澈
고조부모 高祖父母	불승감모 不勝感慕		불승영모 不勝永慕	불승영모 不勝永慕	불승영모 不勝永慕
증조부모 曾祖父母	불승감모 不勝感慕		불승영모 不勝永慕	불승영모 不勝永慕	불승영모 不勝永慕
조부모 祖父母	불승감모 不勝感慕		불승감모 不勝感慕	불승영모 不勝永慕	불승영모 不勝永慕
백부 伯父				호천망극 昊天罔極	
부모 父母	호천망극 昊天罔極	호천망극 昊天罔極	호천망극 昊天罔極	호천망극 昊天罔極	호천망극 昊天罔極
남편 夫	불승감모 不勝感慕	불승감창 不勝感愴		불승감창 不勝感愴	
아내 妻		부자승감 不自勝堪	부자승감 不自勝堪	불자승감 不自勝堪	불승비고 不勝悲苦
형 兄		정하비통 情何悲痛		정하비통 情何悲痛	
아우 弟	부자승감 不自勝堪	정하가처 情何可處	부자승감 不自勝堪	정하가처 情何可處	불승감창 不勝感愴
숙부 叔父					불승감창 不勝感愴
아들 子		심훼비념 心燬悲念		심훼비념 心燬悲念	

- 불승비고(不勝悲苦) : 슬픔과 고통을 이기지 못하다.
- 심훼비념(心燬悲念) : 마음이 불타는듯하고 비통하다.
- 정하비통(情何悲痛) : 정리로 비통하다.
- 불승감모(不勝感慕) : 깊이 흠모하는 마음을 이길 수 없다.
- 불승감창(不勝感愴) : 슬픈 마음을 이기지 못하다.
- 부자승감(不自勝堪) : 스스로 많은 느낌을 이기지 못하다.
- 정하가처(情何可處) : 정을 어찌할 바를 모르다.
- 불승영모(不勝永慕) : 영원히 사모하는 마음을 이길 수 없다.
- 불승비념(不勝悲念) : 슬픈 마음을 이길 수 없다.

- 근이(謹以)

근이(謹以)는 '삼가'란 뜻이며, 처(妻)와 제(弟) 이하에는 '자이(玆以; 이에)'라고 쓴다.

- 청작서수(淸酌庶羞)

'맑은 술과 여러 가지 음식'이란 뜻이다. 일반적으로 모든 축문에 공통으로 쓴다. 예기(禮記)에 이르기를 '물을 청척(淸滌)이라 하고, 술을 청작(淸酌)이라 한다.(水曰淸滌, 酒曰淸酌.)'[87]라고 하였다.

- 공신전헌(恭伸奠獻)

'공경을 다하여 받들어 올린다.'라는 뜻이다. 처(妻)나 제(弟)의 경우에는 신차전의(伸此奠儀; 마음을 다해 상을 차린다.)로 쓴다. 주병문(朱柄文)은 남편일 때는 공신상사(恭伸常事)로 하였으며, 제(弟)일 경우 용신건고(用伸虔告)라 쓰고 있다. 유림편람(儒林便覽)에는 자(子)와 제(弟)의 경우 진차전의(陳此奠儀)라 하고 있다.

- 향(饗)

향(饗)은 '흠향(歆饗)하소서.'의 의미이다. 높이 받드는 문자이니 줄을

---

[87] 예기(禮記), 곡례(曲禮) 하편(下篇).

바꾸어 높이 쓴다. '현(顯)'자도 마찬가지다.

지금까지의 내용을 바탕으로 응용하여 보면, 아버지가 서기관(書記官)으로서 예산군수(禮山郡守)를 지냈고, 아들이 홍성향교(洪城鄉校) 전교(典校)라면 고비합위(考妣合位) 고위축(考位祝)[88]은 아래와 같이 축문(祝文)을 쓸 수 있다.

[서식 5-6] 고비합위(考妣合位) 고위축(考位祝) ②

향 饗		현顯고考	현顯비妣	현顯고考	효孝자子	유세차정축삼월을묘삭십칠일갑오	維歲次丁丑三月乙卯朔十七日甲午
	근謹이以	휘諱일日부復림臨	부夫인人	서書기記관官	홍洪성城향鄉교校전典교校		
	청清작酌서庶수羞	추追원遠감感시時	전全주州이李씨氏	예禮산山군郡수守	갑甲동童		
	공恭신伸전奠헌獻	호昊천天망罔극極	세歲서序천遷역易	부府군君	감敢소昭고告우于		
	상尚						

이제 정축년 삼월 십칠일에 큰아들 홍성향교 전교 갑동은 아버님 서기관 예산군수 어른과 어머님 부인 전주이씨 앞에 감히 밝혀 아뢰나이다. 세월이 바뀌어 아버님께서 돌아가신 날이 다시 돌아오니 세월이 흐를수록 더욱 생각되어 하늘과 같이 끝 간 데를 모르겠나이다. 삼가 맑은 술과 갖은 음식을 공경을 다하여 받들어 올리니 흠향하소서.

---

88 성균관(成均館, 1993), 유림교양전서(儒林教養全書), pp. 208~209.

2) 고위단위축(考位單位祝)

　기제(忌祭)에서 아버지만 돌아가신 경우, 또는 두 분이 모두 돌아가셨어도 아버지만 제사(祭祀)를 모실 경우에는 고위단위축(考位單位祝)을 이용한다.

　이것을 고비합위축(考妣合位祝)과 비교하여 보면 단위축(單位祝)이기 때문에 '현비(顯妣) 이하'가 빠졌고, 휘일부림(諱日復臨) 앞에도 '현고(顯考)'를 쓰지 않았다.

　고위단위축(考位單位祝)은 [서식 5-7]과 같다.

[서식 5-7] 고위단위축(考位單位祝)

饗	謹以 清酌庶羞 恭伸奠獻 尚	諱日復臨 追遠感時 昊天罔極	顯考學生府君 歲序遷易	孝子名 敢昭告于	維歲次某年某月干支朔某日干支					
향	근이 청작서수 공신전헌 상	휘일부림 추원감시 호천망극	현고학생부군 세서천역	효자명 감소고우	유세차모년모월간지삭모일간지					

> 이제 ○○년 ○월 ○○일에 효자 ○○는 아버님 ○○○○ 어른 앞에 감히 밝혀 아뢰나이다. 세월이 바뀌어 아버님께서 돌아가신 날이 다시 돌아오니 세월이 흐를수록 더욱 생각되어 하늘과 같이 끝 간 데를 모르겠나이다. 삼가 맑은 술과 갖은 음식을 공경을 다하여 받들어 올리니 흠향하소서.

3) 비위단위축(妣位單位祝)

기제(忌祭)에서 어머니만 돌아가신 경우, 또는 두 분이 모두 돌아가셨어도 어머니만 제사(祭祀)를 모실 때에는 비위단위축(妣位單位祝)을 이용한다.

고비합위축(考妣合位祝)과 비교하여 보면 '현고(顯考) 이하'가 빠졌고, 휘일부림(諱日復臨) 앞에도 '현비(顯妣)'를 쓰지 않았다. 나머지는 고위단위축(考位單位祝)과 같다.

비위단위축(妣位單位祝)은 [서식 5-8]과 같다.

[서식 5-8] 비위단위축(妣位單位祝)

향 饗	근이 謹以 清酌庶羞 恭伸奠獻 尙	휘일부림 諱日復臨 追遠感時 昊天罔極	현비유인모관성씨 顯妣孺人某貫姓氏 歲序遷易	효자명 孝子名 敢昭告于	유세차모년모월간지삭모일간지 維歲次某年某月干支朔某日干支

이제 ○○년 ○월 ○○일에 효자 ○○는 어머님 부인 ○○○씨 앞에 감히 밝혀 아뢰나이다. 세월이 바뀌어 어머님께서 돌아가신 날이 다시 돌아오니 세월이 흐를수록 더욱 생각되어 하늘과 같이 끝 간 데를 모르겠나이다. 삼가 맑은 술과 갖은 음식을 공경을 다하여 받들어 올리니 흠향하소서.

4) 고비합위(考妣合位) 비위축(妣位祝)

기제(忌祭)에서 부모가 모두 돌아가시고, 어머니의 기일(忌日)을 맞아 고비합위(考妣合位)로 하되 비위축(妣位祝)으로 제사(祭祀)를 모실 때에는 고비합위(考妣合位) 비위축(妣位祝)을 쓴다. 이때에는 휘일부림(諱日復臨) 앞에 '현비(顯妣)'라 나타낸다.

고비합위(考妣合位) 비위축(妣位祝)은 [서식 5-9]와 같다.

[서식 5-9] 고비합위(考妣合位) 비위축(妣位祝)

維歲次某年某月干支朔某日干支孝子名	敢昭告于	顯考學生府君	顯妣孺人某貫姓氏 歲序遷易	顯妣 諱日復臨 追遠感時 昊天罔極	謹以 清酌庶羞 恭伸奠獻 尚	饗
유세차모년모월간지삭모일간지효자명	감소고우	현고학생부군	현비유인모관성씨 세서천역	현비 휘일부림 추원감시 호천망극	근이 청작서수 공신전헌 상	향

이제 ○○년 ○월 ○○일에 효자 ○○는 아버님 ○○○○ 어른과 어머님 부인 ○○○씨 앞에 감히 밝혀 아뢰나이다. 세월이 바뀌어 어머님께서 돌아가신 날이 다시 돌아오니 세월이 흐를수록 더욱 생각되어 하늘과 같이 끝 간 데를 모르겠나이다. 삼가 맑은 술과 갖은 음식을 공경을 다하여 받들어 올리니 흠향하소서.

5) 조고비합위(祖考妣合位) 조고위축(祖考位祝)

기제(忌祭)에서 조부모가 모두 돌아가시고, 조부의 기일(忌日)을 맞아 조고비합위(祖考妣合位)로 하되 조고위축(祖考位祝)으로 제사(祭祀)를 모실 때에는 조고비합위(祖考妣合位) 조고위축(祖考位祝)을 쓴다.

조고비합위(祖考妣合位) 조고위축(祖考位祝)은 [서식 5-10]과 같다.

[서식 5-10] 조고비합위(祖考妣合位) 조고위축(祖考位祝)

```
향 饗

          顯       顯      顯      顯
          祖       祖      祖      祖
          考       考      妣      考
   근 謹    諱      휘      비      고      감 敢   유 維
   이 以    日      일      유      학      소 昭   세 歲
          復      부      인      생      고 告   차 次
   청 清    臨      림      모      부      우 于   모 某
   작 酌           추      관      군           년 年
   서 庶    追      원      성              현        모 某
   수 羞    遠      감      씨      현 顯   조 祖   월 月
          感      시              조 祖   고 考   간 干
   공 恭    時      불      세 歲   고 考   학 學   지 支
   신 伸    不      승      서 序   학 學   생 生   삭 朔
   전 奠    勝      감      천 遷   생 生   부 府   모 某
   헌 獻    堪      모      역 易   부 府   군 君   일 日
                                 군               간 干
   상 尙    不                                    지 支
          勝                                    효 孝
          堪                                    손 孫
          慕                                    명
```

이제 〇〇년 〇월 〇〇일에 효손 〇〇는 할아버님 〇〇〇〇 어른과 할머님 부인 〇〇〇씨 앞에 감히 밝혀 아뢰나이다. 세월이 바뀌어 할아버님께서 돌아가신 날이 다시 돌아오니 세월이 흐를수록 더욱 생각되어 깊이 흠모하는 마음을 이길 수 없습니다. 삼가 맑은 술과 갖은 음식을 공경을 다하여 받들어 올리니 흠향하소서.

6) 조고비합위(祖考妣合位) 조비위축(祖妣位祝)

기제(忌祭)에서 조부모가 모두 돌아가시고 조모의 기일(忌日)을 맞아 조고비합위(祖考妣合位)로 하되 조비위축(祖妣位祝)으로 제사(祭祀)를 모실 때에는 조고비합위(祖考妣合位) 조비위축(祖妣位祝)을 쓴다.

고비합위(祖考妣合位) 조비위축(祖妣位祝)은 [서식 5-11]과 같다.

[서식 5-11] 조고비합위(祖考妣合位) 조비위축(祖妣位祝)

維歲次某年某月干支朔某日干支孝孫名
유세차모년모월간지삭모일간지효손명
敢昭告于
감소고우
顯祖考學生府君
현조고학생부군
顯祖妣孺人某貫姓氏 歲序遷易
현조비유인모관성씨 세서천역
顯祖妣 諱日復臨 追遠感時 不勝堪慕
현조비 휘일부림 추원감시 불승감모
謹以 清酌庶羞 恭伸奠獻 尚
근이 청작서수 공신전헌 상
饗 향

이제 ○○년 ○월 ○○일에 효손 ○○는 할아버님 ○○○○ 어른과 할머님 부인 ○○○씨 앞에 감히 밝혀 아뢰나이다. 세월이 바뀌어 할머님께서 돌아가신 날이 다시 돌아오니 세월이 흐를수록 더욱 생각되어 깊이 흠모하는 마음을 이길 수 없습니다. 삼가 맑은 술과 갖은 음식을 공경을 다하여 받들어 올리니 흠향하소서.

7) 증조고비합위(曾祖考妣合位) 증조고위축(曾祖考位祝)

기제(忌祭)에서 증조부모가 모두 돌아가시고 증조부의 기일(忌日)을 맞아 증조고비합위(曾祖考妣合位)로 하되 증조고위축(曾祖考位祝)으로 제사(祭祀)를 모실 때에는 증조고비합위(曾祖考妣合位) 증조고위축(曾祖考位祝)을 쓴다. 증조고비합위(曾祖考妣合位) 증조고위축(曾祖考位祝)은 [서식 5-12]와 같다.

[서식 5-12] 증조고비합위(曾祖考妣合位) 증조고위축(曾祖考位祝)

維歲次某年某月干支朔某日干支孝曾孫名
유세차모년모월간지삭모일간지효증손명

敢昭告于
감소고우

顯曾祖考學生府君
현증조고학생부군

顯曾祖妣孺人某貫姓氏 歲序遷易
현증조비유인모관성씨 세서천역

顯曾祖考諱日復臨 追遠感時 不勝永慕
현증조고휘일부림 추원감시 불승영모

謹以 清酌庶羞 恭伸奠獻 尚
근이 청작서수 공신전헌 상

饗
향

이제 ○○년 ○월 ○○일에 효증손 ○○는 증조할아버님 ○○○○ 어른과 증조할머님 부인 ○○○씨 앞에 감히 밝혀 아뢰나이다. 세월이 바뀌어 증조할아버님께서 돌아가신 날이 다시 돌아오니 세월이 흐를수록 더욱 생각되어 영원히 흠모하는 마음을 이길 수 없습니다. 삼가 맑은 술과 갖은 음식을 공경을 다하여 받들어 올리니 흠향하소서.

8) 처위축(妻位祝)

처(妻)의 기일(忌日)을 맞아 남편이 처(妻)를 위한 제사(祭祀)를 지낼 때에는 처위축(妻位祝)을 쓴다.

신희철(申義澈)은 상례요람(常禮要覽)에서 다음 [서식 5-13]과 같이 처위축(妻位祝)을 나타내었다.[89] 이때 제주(祭主)는 남편이어서 처(妻)와는 혈연 관계가 아니므로 제주(祭主)의 성명(姓名)을 써야 한다.

[서식 5-13] 처위축(妻位祝)

饗 향	清酌庶羞 신차전의 伸此奠儀 尚 상 청작서수	亡日復至 망일부지 불승비고 不勝悲苦 玆以 자이	亡室孺人某貫姓氏 망실유인모관성씨 歲序遷易 세서천역	昭告于 소고우	維歲次某年某月干支朔某日干支夫名 유세차모년모월간지삭모일간지부명

이제 ○○년 ○월 ○○일에 남편 ○○○는 부인 ○○○○ 앞에 밝혀 아룁니다. 세월이 바뀌어 망일이 다시 돌아오니 슬픔과 괴로움을 이길 수 없습니다. 이에 맑은 술과 갖은 음식을 펴 이 의례를 드리니 흠향하소서

---

89 신희철(申義澈) 編著(1990), 상례요람(常禮要覽), 보경문화사, pp. 186~187.

나. 기제(忌祭)의 의식(儀式)

기제(忌祭)의 절차는 가문에 따라 약간씩 다른데 제의초(祭儀鈔)[90]와 유림편람(儒林便覽)[91], 유림교양전서(儒林敎養全書)[92]를 바탕으로 그것을 비교하면 아래의 [그림 5-5]와 같다.

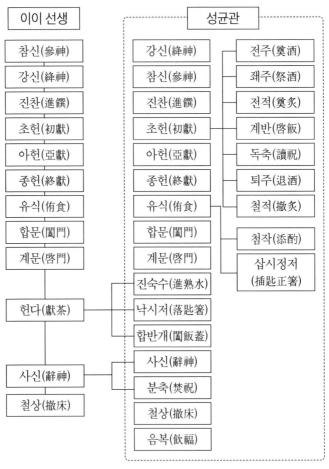

[그림 5-5] 기제(忌祭)의 절차 비교

90 이율곡(李栗谷) 著, 한국정신문화연구원(韓國精神文化研究院) 編(1988), 국역 율곡전서 (國譯 栗谷全書, 祭儀鈔), (株)普晉齋.

91 성균관(成均館, 1985), 유림편람(儒林便覽), 유도회총본부(儒道會總本部), pp. 120~121.

92 성균관(成均館, 1993), 유림교양전서(儒林敎養全書), pp. 212~222.

기제(忌祭)의 절차를 비교한 [그림 5-5]에서 율곡(栗谷) 선생의 제의(祭儀) 절차는 사당(祠堂)이 있을 때 신주(神主)를 모시는 까닭에 참신(參神)이 앞선다. 그러나 성균관(成均館)의 절차는 신주(神主)를 모시지 않고 지방(紙榜)을 사용하는 경우이며, 이때는 참신(參神)보다 강신(降神)이 앞선다.

유림교양전서(儒林教養全書)[93]에서는 기일(忌日) 제사(祭祀)의 절차를 다음과 같이 나타내고 있다.

1) 강신(降神)

강신(降神)은 분향(焚香)과 뇌주(酹酒)로 분류된다.

• 강신(降神) 분향(焚香)

강신(降神) 분향(焚香)은 향긋한 향(香)을 태워 하늘에 계실지도 모르는 조상의 신령(神靈)이 향기를 타고 오시라는 상징적인 절차이다.

ㅇ주인(主人)이 향안(香案) 앞에 북쪽을 향하여 읍(揖)하고 꿇어앉는다.

ㅇ왼손으로 향로(香爐)의 뚜껑을 열어 향로(香爐)의 남쪽에 놓고, 오른손으로 향합(香盒)의 뚜껑을 열어 향합(香盒)의 남쪽에 놓는다.

ㅇ오른손으로 향(香)을 집어 향로(香爐)에 넣어 태우기를 세 번 하고, 왼손으로 향로(香爐)의 뚜껑을 덮고 오른손으로 향합(香盒)의 뚜껑을 덮는다.

ㅇ주인(主人)은 일어나 한 발 뒤로 물러나 읍(揖)하고 두 번 절한다.

• 강신(降神) 뇌주(酹酒)

뇌주(酹酒)[94]는 향기로운 술을 땅에 부어 적셔서 지하에 계실지도 모르는 조상의 혼백(魂魄)을 모시는 절차이다.

ㅇ동집사(東執事)는 주가(酒架) 앞으로 가서 술병의 뚜껑을 열고 주전

---

93 성균관(成均館, 1993), 유림교양전서(儒林教養全書), pp. 212~222.
94 뇌주(酹酒)는 술이나 차를 땅에 부어 강신(降神)하는 것을 뜻한다.

자에 술을 부은 뒤 주전자를 두 손으로 받쳐 들고 주인(主人)의 오른
쪽 앞에서 서쪽을 향해 든다.

○서집사(西執事)는 소탁 앞으로 가서 강신(降神) 잔반(盞盤)을 두 손
으로 받쳐 들고 주인(主人)의 왼쪽 앞에서 동쪽을 향해 선다.

○주인(主人)은 읍(揖)을 하고, 주인(主人)과 두 집사(執事)가 꿇어앉
는다.

○서집사(西執事)는 강신(降神) 잔반(盞盤)을 주인(主人)에게 주고, 주
인(主人)은 이를 받아 두 손으로 받쳐 든다.

○동집사(東執事)는 주인(主人)이 든 강신(降神) 잔반(盞盤)에 술을 따
른다.

○주인(主人)은 왼손으로 잔대를 잡고, 오른손으로 잔을 집어 모사(茅
沙)의 서쪽에서 동쪽으로 세 번에 나누어 술을 모두 지운다.

○주인(主人)은 잔을 잔대 위에 올려 서집사(西執事)에게 주고, 서집사
(西執事)는 두 손으로 받는다.

○주인(主人)과 두 집사(執事)가 함께 일어난다.

○동서집사(東西執事)는 강신(降神) 잔반(盞盤)과 주전자를 원래의 자
리에 놓고 제자리로 물러난다.

○주인(主人)은 한 발 뒤로 물러나서 읍(揖)하고, 두 번 절하고 제자리
로 물러난다.

2) 참신(參神)

주인(主人)과 주부(主婦) 이하 모든 참례자(參禮者)가 조상을 뵙는 절
차이다. 즉, 참례자(參禮者)가 신주(神主)나 지방(紙榜)을 뵙는 절차이다.
신주(神主)를 모시는 경우에는 참신(參神)이 앞서고, 지방(紙榜)을 모시
는 경우에는 강신(降神)이 앞선다.

ㅇ주인(主人) 이하 남자는 두 번 절하고, 주부(主婦) 이하 여자는 네 번 절한다.

3) 진찬(進饌)

식어서는 안되는 제수(祭需)를 제상(祭床)에 올리는 절차이다.

ㅇ주인(主人)은 향안(香案) 앞 동쪽에 나가 서고, 주부(主婦)는 주인(主人)의 왼쪽에 선다.

ㅇ주인(主人)은 읍(揖)하고, 주부(主婦)도 몸을 굽혀 예(禮)를 한다.

ㅇ주인(主人)과 주부(主婦)가 제상(祭床)의 서쪽으로 가서 주인(主人)이 육전(肉煎)과 초장(醋醬)을 올리고, 주부(主婦)는 고위(考位)의 면(麵)과 비위(妣位)의 면(麵)을 올린다.

ㅇ주인(主人)과 주부(主婦)가 제상(祭床)의 동쪽으로 가서 주인(主人)이 어전(魚煎)을 올리고, 주부(主婦)가 고위(考位)의 떡과 설탕, 비위(妣位)의 떡과 설탕을 올린다.

ㅇ주부(主婦)는 제상(祭床)의 서쪽으로 옮긴다.

ㅇ주인(主人)이 고위(考位)의 갱(羹)과 비위(妣位)의 갱(羹)을 올리고, 주부(主婦)가 고위(考位)의 반(飯)과 비위(妣位)의 반(飯)을 올린다.

ㅇ집사(執事)가 탕(湯)을 모두 올린다.

ㅇ주인(主人), 주부(主婦), 집사(執事)는 모두 제자리로 돌아간다.

4) 초헌(初獻)

주인(主人)이 첫 번째 잔을 올리는 절차이다. 전주(奠酒), 좨주(祭酒), 전적(奠炙), 계반개(啓飯蓋), 독축(讀祝), 퇴주(退酒), 철적(撤炙)이 모두 초헌(初獻)에 포함된다.

• 전주(奠酒)

O주인(主人)이 향안(香案) 앞에 가서 신위(神位)를 향해 읍(揖)하고, 제상(祭床)의 서쪽으로 가서 고위(考位) 잔반(盞盤)을 집어 두 손으로 받들고 향안(香案) 앞 서쪽에서 동쪽을 향해 선다.

O동집사(東執事)가 주가(酒架) 앞으로 가서 주전자를 들고 향안(香案) 앞 동쪽에서 선다.

O동집사(東執事)는 주인(主人)이 받들고 선 고위(考位) 잔반(盞盤)에 술을 가득 따른다.

O주인(主人)은 제상(祭床)의 서쪽으로 가서 원래 자리에 고위(考位) 잔반(盞盤)을 올린다.

O주인(主人)은 제상(祭床)의 동쪽으로 옮겨 비위(妣位) 잔반(盞盤)을 받들고 서쪽에서 동쪽을 향해 선다.

O동집사(東執事)는 술을 가득 따르고, 주인(主人)은 제상(祭床)의 동쪽으로 가서 원래의 자리에 비위(妣位) 잔반(盞盤)을 올린다.

O주인(主人)은 향안(香案) 앞으로 와서 북쪽을 향해 선다,

• 좨주(祭酒)

O서집사(西執事)는 고위(考位) 잔반(盞盤)을 집어서 받들고 향안(香案) 앞 주인(主人)의 왼쪽에서 동쪽을 향해서 서고, 동집사(東執事)는 비위(妣位) 잔반(盞盤)을 집어서 받들고 향안 앞 주인(主人)의 오른쪽에서 서쪽을 향해서 선다.

O주인(主人)과 두 집사(執事)가 꿇어앉는다.

O서집사(西執事)는 고위(考位) 잔반(盞盤)을 주인(主人)에게 주고, 주인(主人)은 이를 받아 왼손으로 잔대를 잡고, 오른손으로 잔을 집어 모사(茅沙)에 조금씩 세 번 지우고 잔대에 흘린 술을 퇴주기(退酒器)에 쏟은 다음 서집사(西執事)에게 준다.

○동집사(東執事)도 마찬가지 방법으로 비위(妣位) 잔반(盞盤)을 주인(主人)에게 주고, 주인(主人)은 이를 받아 모사(茅沙)에 지우고 동집사(東執事)에게 준다.

○이때 잔반(盞盤)을 향로(香爐) 위에서 돌리는 일을 하지 않는다.

○동서집사(東西執事)는 일어나서 잔반(盞盤)을 원래의 자리에 올리고 물러난다.

• 전적(奠炙)

○주인(主人)이 일어난다.

○동서집사(東西執事)가 협력하여 육적(肉炙)을 정해진 자리에 올리고, 이어서 적(炙) 소금을 올린 다음 물러난다.

• 계반개(啓飯蓋)

○서집사(西執事)는 고위반(考位飯), 고위갱(考位羹), 고위면(考位麵)의 덮개를 열어 그릇의 남쪽에 놓고, 동집사(東執事)는 비위반(妣位飯), 비위갱(妣位羹), 비위면(妣位麵)의 덮개를 벗겨 각 그릇의 남쪽에 놓는다.

○이어서 집사(執事)는 모든 탕(湯)의 덮개를 벗겨 빈자리에 놓는다.

• 독축(讀祝)

○축관(祝官)이 주인(主人)의 왼쪽으로 나아가 향안(香案) 위의 축판(祝板)을 들고 북쪽을 향해서 선다.

○주인(主人) 이하 모두 꿇어앉는다.

○축관(祝官)이 축문(祝文)을 다 읽고 축판(祝板)을 소탁(小卓) 위의 강신(降神) 잔반(盞盤) 서쪽에 놓는다.

○주인(主人) 이하 모든 참례자(參禮者)는 엎드려 추모의 묵념(黙念)을 한다.

○모두가 일어나 축관(祝官)은 제자리에 가고 주인(主人)은 읍(揖)하고 두 번 절한다.

• 퇴주(退酒)[95]

○주인(主人)은 주가(酒架) 위의 퇴주기(退酒器)를 두 손으로 받들고 향안(香案) 앞에 북쪽을 향해 선다.

○동집사(東執事)는 비위(妣位) 잔반(盞盤), 서집사(西執事)는 고위(考位) 잔반(盞盤)을 집어 퇴주기(退酒器)에 비우고 원래의 자리에 잔반(盞盤)을 올려 놓는다.

○주인(主人)은 퇴주기(退酒器)를 주가(酒架) 위의 원래 자리에 놓는다.

• 철적(撤炙)

○동서집사(西執事)는 협력하여 육적(肉炙)을 퇴(退)한다.

○주인(主人)과 두 집사(執事)는 제자리로 물러난다.

5) 아헌(亞獻)과 종헌(終獻)

○아헌(亞獻)은 주부(主婦)가 두 번째 술을 올리는 절차이며, 순서는 초헌(初獻) 때와 동일하다.

○종헌(終獻)은 참례자(參禮者) 가운데 다른 어른이나 특별한 사유가 있는 사람이 세 번째 술을 올리는 것이다. 모든 절차는 아헌(亞獻)과 같은데, 다만 전적(奠炙)에 계적(鷄炙)을 올리고 퇴주(退酒)와 철적(撤炙)은 하지 않는다.

○제의(祭儀)에서 술을 세 번 올리는 까닭은 주인(主人)과 주부(主婦), 그리고 손님이 한 번씩 올리기 때문이다.

6) 유식(侑食)

조상에게 많이 흠향(歆饗)하시길 권하는 절차이다. 첨작(添酌)과 삽시

---

95 앞에서 이미 좨주(祭酒)하였으므로 퇴주(退酒)는 필요치 않다.

정저(揷匙正箸)로 이어진다.

○주인(主人)은 향안(香案) 앞에 나아가 북쪽을 향해 읍(揖)하고, 주부
(主婦)는 주인(主人)의 왼쪽에 서서 북쪽을 향해 몸을 굽혀 예(禮)를
표한다.

• 첨작(添酌)

○주인(主人)은 주전자를 들고 고위잔반(考位盞盤), 비위잔반(妣位盞
盤)의 순으로 술을 따르고 부족한 잔에 가득 술을 채우며 주전자는
원래의 자리에 놓은 뒤 향안(香案) 앞에 북쪽을 향해 선다.

• 삽시정저(揷匙正箸)

○주부(主婦)는 제상(祭床)의 서쪽으로 가서 시접(匙楪)의 숟가락을
고위(考位)의 메에 숟가락 앞이 동쪽을 향하게 꽂고, 젓가락을 가지
런히 골라 시접(匙楪) 위의 북쪽에 손잡이가 서쪽이 되게 걸친다.

○비위(妣位)의 시저(匙箸)도 그렇게 하고, 주인(主人)의 왼쪽 옆에 북
쪽을 향하여 선다.

○주인(主人)은 재배(再拜), 주부(主婦)는 사배(四拜)하고 제자리로 물
러난다.

7) 합문(闔門) 및 계문(啓門)

○조상이 마음 놓고 드실 수 있도록 모두가 밖으로 나간다. 이때 축관
(祝官)이 맨 나중에 나가며 문을 닫는다. [합문(闔門)]

○주인(主人) 이하 남자는 차례대로 문의 동쪽에서 서쪽을 향해 서
고, 주부(主婦) 이하의 여자는 차례대로 문의 서쪽에서 동쪽을 향해
선다.

○이 상태로 약 7~8분 서 있는다. 상례요람(常禮要覽)에는 밥을 아홉
수저 드시는 동안이라 하였다.

○ 시간이 지난 뒤 축관(祝官)이 문 앞에서 세 번 기척을 낸 후 문을 열고 들어간다. [계문(啓門)]

○ 주인(主人) 이하 모두가 들어가서 제자리에 선다.

8) 진숙수(進熟水)와 낙시저(落匙箸)

○ 진숙수(進熟水)는 물을 올리는 절차로써 주인(主人)과 주부(主婦)는 향안(香案) 앞에 나가서 북쪽을 향해 읍(揖)을 하고 선다.

○ 주인(主人)은 집사(執事)의 도움을 받아 고위갱(考位羹)과 비위갱(妣位羹)의 덮개를 덮어 퇴(退)하고, 주부(主婦)는 고위숙수(考位熟水)와 비위숙수(妣位熟水)를 올린다.

○ 주부(主婦)는 제상(祭床)의 서쪽으로 가서 고위(考位) 메에서 시저(匙箸)를 거두어 시접(匙楪)에 담고 고위(考位) 젓가락을 내려 시접(匙楪)에 담는다.

○ 이어서 비위(妣位)의 시저(匙箸)도 마찬가지로 한다.

○ 이때 시저(匙箸)로 시접(匙楪) 바닥을 구르거나 밥을 떠서 숙수(熟水)에 말거나 젓가락을 제수(祭羞) 위에 올려놓는 일은 하지 않는다.

9) 이후(以後)의 절차

○ 합반개(闔飯蓋) : 집사(執事)는 모든 뚜껑을 덮는다.

○ 사신(辭神) : 주인(主人) 이하 남자는 재배(再拜), 주부(主婦) 이하 여자는 사배(四拜)한다. 상례요람(常禮要覽)과 유림편람(儒林便覽)에서는 사신(辭神)을 마친 후에 고리성(告利成)의 절차를 추가하고 있는데, 축관(祝官)이 제주(祭主)에게 읍(揖)하면서 '이성(利成)'하고 큰소리로 고(告)하면 제주(祭主)가 답읍(答揖)한다.

○ 납주(納主) : 신주(神主)나 사진 등을 원래의 자리로 모신다.

ㅇ 분축(焚祝) : 축관(祝官)은 지방(紙榜)과 축문(祝文)을 태워 재를 향로(香爐)에 담는다.

ㅇ 철찬(撤饌) : 제상(祭床) 위의 제수(祭羞)를 내린다.

ㅇ 음복(飮福) : 참례(參禮)한 자손들이 제수(祭羞)를 나누어 먹으며 조상의 음덕(陰德)을 기린다.

ㅇ 철기구(撤器具) : 모든 제의기구(祭儀器具)를 원래의 자리로 치운다.

4. 차례(茶禮)

가. 설 차례(茶禮)

설날 차례(茶禮)는 설날 아침에 드리는 제례(祭禮)이다. 원래 묘제(墓祭)였던 추석(秋夕)의 제례(祭禮)도 요즈음에는 차례(茶禮)로 지내는 경우가 많다.

김득중은 우리나라의 풍습에 '음력 섣달그믐이 되면 해를 지키려는 수세(守歲)의 풍속으로 징과 북을 두드리고 포를 쏘거나 폭죽을 터뜨려 액귀를 물러나게 하거나[대나(大儺)], 집안의 곳곳에 불을 밝혀 어둠을 거부하며 한밤을 뜬눈으로 새워[제석(除夕)] 나이 먹기를 겁낸다.'[96]라고 하였다. 이는 섣달그믐의 풍습이고, 새해를 맞이한 정월 초하루가 설날이다. 설날 아침[정조(正朝)]이면 차례(茶禮)를 지낸다.

차례(茶禮)와 기제(忌祭)는 차이가 있다. 제례(祭禮)를 모시는 날짜에서 기제(忌祭)는 휘일(諱日; 조상이 돌아가신 날)에 지내는데 비하여, 차례(茶禮)는 명절인 설, 한식(寒食), 단오(端午), 추석(秋夕)에 지낸다.

---

96 김득중(金得中), 예절강좌, 유교신문(儒敎新聞), 1990년 1월 15일자.

그리고 제례(祭禮)를 모시는 분에서도 차이가 있는데, 기제(忌祭)에서는 그날 돌아가신 조상과 그 배우자만을 모시지만, 차례(茶禮)에서는 집에서 제사(祭祀)를 받드는 모든 조상을 함께 모신다. 절차에서도 기제(忌祭)는 합문(闔門)과 계문(啓門)이 있는 데 반하여, 차례(茶禮)는 이 절차가 없다.

또한 제사(祭祀)에 드리는 음식에서도 차이를 나타내는데, 기제(忌祭)가 메(飯)와 국(羹)을 드리고 술을 세 번 드리는 데 비하여 [삼헌(三獻)], 차례(茶禮)에서는 설에는 떡국을, 한식에는 쑥떡을 드리기도 하고, 추석에는 송편을 드린다. 그리고 차례(茶禮)에는 술은 한 번만 올린다. [단헌(單獻)]

제사(祭祀)를 모시는 시간에서도 차이가 있다. 기제(忌祭)는 어두울 때[첫 새벽, 즉 자시(子時)]이며, 차례(茶禮)는 밝을 때 지낸다. 장소에서도 기제(忌祭)는 실내에서 지내지만, 차례(茶禮)는 묘소에서 지내는 경우도 있다.

원래 차례(茶禮)에도 축문(祝文)을 읽었으나 근래에는 읽지 않는 가정이 많다. 그래서 차례(茶禮)는 단헌무축(單獻無祝)으로 지낸다.[97]

이상으로 차례(茶禮)와 기제(忌祭)의 차이에 대하여 살펴보았다. 물론 가정에 따라서는 이와 다르게 차례(茶禮)를 지내는 경우도 있을 것이다. 설을 맞으면 부모형제가 함께 모여 새해를 맞이하고 덕담을 나누는 자리이므로지나치게 차례(茶禮)의 형식에 얽매이기보다는 가정의 화목을 다지는 것도 중요하다. 차례(茶禮)를 지낸 후에는 세배(歲拜)를 하며, 가족이 조상(祖上)의 산소를 찾아가 성묘(省墓)를 한다.

다음 [서식 5-17]은 정조(正朝; 설날)의 차례축(茶禮祝)이다.

---

97 김득중(金得中), 예절강좌, 유교신문(儒敎新聞), 1990년 1월 15일자.

[서식 5-14] 정조(正朝) 차례축(茶禮祝)

維歲次某年某月干支朔某日干支孝孫名
유세차모년모월간지삭모일간지효손명
敢昭告于
감소고우
顯祖考學生府君
현조고학생부군
顯祖妣孺人某貫姓氏之墓　氣序流易
현조비유인모관성씨지묘　기서유역
清陽載回　瞻掃封塋　不勝永慕
청양재회　첨소봉영　불승영모
謹以　清酌庶羞　祇薦歲祀　尚
근이　청작서수　지천세사　상
饗　향

이제 ○○년 ○월 ○○일에 효손 ○○는 할아버님 ○○○○ 어른과 할머님 부인 ○○○씨 묘소 앞에 감히 밝혀 아뢰나이다. 절기가 흐르고 세월이 바뀌어 새해가 돌아왔습니다. 우러러 묘소를 쓸고 보니 영원히 흠모하는 마음을 이길 수 없습니다. 삼가 맑은 술과 갖은 음식을 바치오니 흠향하소서

제의초(祭儀鈔)[98]에 의하면 절기를 표현할 때, 설에는 기서유역 청양재회(氣序流易 淸陽載回; 절서가 바뀌고 새해가 돌아오니)라고 하는데, 청양재회(淸陽載回)를 한식(寒食)에는 우로기유(雨露旣濡; 비와 이슬이 이미 젖었으니)이라 하며, 단오(端午)에는 초목기장(草木旣長; 초목이 이미 자랐으니)라고 하고, 추석(秋夕)에는 백로기강(白露旣降; 하얀 이슬이 이미 내렸으니)이라 고쳐 쓴다고 하였다.

---

98 이율곡(李栗谷) 著, 한국정신문화연구원(韓國精神文化硏究院) 編(1988), 국역 율곡전서(國譯 栗谷全書, 祭儀鈔), (株)普晉齋.

만일 설날의 차례(茶禮)를 [서식 5-14]와 같이 묘제(墓祭)로 지내고자 한다면 산신제(山神祭)를 먼저 지낸다. 다음 [서식 5-15]는 정조산신축(正朝山神祝)이다.

[서식 5-15] 정조(正朝) 산신축(山神祝)

維歲次某年某月干支朔某日干支
유세차모년모월간지삭모일간지
幼學姓名
유학성명
敢昭告于
감소고우
土地之神 今爲五代祖考學生府君
토지지신 금위오대조고학생부군
五代祖妣孺人某貫姓氏之墓
오대조비유인모관성씨지묘
經年閱歲 神基佑之 俾無後艱
경년열세 신기우지 비무후간
勤以 清酌脯醢 祇薦于神 尙
근이 청작포해 지천우신 상
饗
향

이제 ○○년 ○월 ○○일에 유학 ○○○는 토지신께 감히 밝혀 아뢰나이다. 오늘 오대조 할아버님 ○○○○ 어른과 오대조 할머님 부인 ○○○씨의 묘소에 이르러보니 해가 바뀌고 세월이 흘렀습니다. 토지신께서 도우시어 뒷날의 어려움이 없도록 하여주소서. 삼가 맑은 술과 포해로써 공경히 토지신께 바치오니 흠향하소서.

나. 추석(秋夕) 차례(茶禮)

동국세시기(東國歲時記)의 팔월조(八月條)에 '왕은 이미 정한 6부(部)를 둘로 나누어 왕녀(王女) 두 사람으로 하여금 각기 부내(部內)의 아낙을 거느려 편을 가르고, 7월 16일부터 매일 일찍이 넓은 마당에 모여 삼베 길쌈을 하고 밤늦게 헤어졌다. 8월 15일에 이르러 많고 적은 공을 겨루어 진 편이 술과 음식을 차려 이긴 편을 대접했다. 이때 노래와 춤과 온갖 놀이를 했는데, 가위라 이른다.'[99]라고 하였는데, 이로부터 추석(秋夕)이 유래되었다.

추석(秋夕)은 여름 장마가 지나갔으니 조상의 묘소가 무너지지는 않았는지, 그리고 나무와 잡초가 자라서 묘소를 덮고 있지는 않은지 성묘(省墓)하여야 한다.

추석(秋夕) 차례(茶禮)는 설 차례(茶禮)처럼 지낸다.

5. 묘제(墓祭)와 한식(寒食)

가. 묘제(墓祭)

이이(李珥) 선생은 제의초(祭儀鈔)의 묘제의(墓祭儀)에서 묘제(墓祭)는 설, 한식(寒食), 단오(端午), 추석(秋夕)의 네 명절에 행한다[100]고 하였다.

그러나 요즈음은 설날, 한식(寒食), 단오(端午), 추석(秋夕) 등 네 계절의 대표적인 명절에 성묘(省墓)[101]를 하고 있으니, 본래 묘제(墓祭)라 부르던 것이 지금은 차례(茶禮)로 바뀐 셈이다.

주자가례(朱子家禮)의 묘제(墓祭)에 대하여 간추리면 다음과 같다.[102]

---

99 김득중(金得中), 예절강좌, 유교신문(儒敎新聞), 1988년 9월 15일자. 재인용.

100 이율곡(李栗谷) 著, 한국정신문화연구원(韓國精神文化硏究院) 編(1988), 국역 율곡전서(國譯 栗谷全書, 祭儀鈔), (株)普晉齋.

101 김득중(金得中), 예절강좌, 유교신문(儒敎新聞), 1989년 9월 1일자.

102 주희(朱熹) 저, 임민혁 옮김(1999), 주자가례, 예문서원, pp. 484~491.

- 3월 상순에 날을 택한다. 하루 전 재계(齋戒)한다.(三月上旬擇日. 前一日, 齋戒.)
- 음식을 갖춘다.(具饌.)
- 다음날 청소한다.(厥明灑掃.)
- 자리를 펴고 음식을 진설(陳設)한다.(布席陳饌.)
- 참신(參神), 강신(降神), 초헌(初獻), 아헌(亞獻), 종헌(終獻).(參神, 降神, 初獻, 亞獻, 終獻.)
- 사신(辭神)하고 이어서 철상(撤床)한다.(辭神, 乃徹.)
- 드디어 후토신(后土神)에게 제사(祭祀) 지낸다. 자리를 펴고 음식을 진설(陳設)한다.(遂祭后土. 布席陳饌.)
- 강신(降神), 참신(參神), 삼헌(三獻; 初獻, 亞獻, 終獻).(降神, 參神, 三獻.)
- 사신(辭神)한다. 이어서 철상(撤床)하고 물러난다.(辭神. 乃徹而退.)

묘제(墓祭)는 삼월 상순에 날을 택한다. 하루 전에 재계(齋戒)하고 음식을 갖춘다. 다음날 주인(主人)은 묘소에 가서 재배(再拜)한 후 무덤 안팎을 다니면서 둘러보고 슬피 살피며 세 번 돈다. 풀과 가시가 있으면 자르고 김매 없앤다. 청소를 마치면 재배(再拜)한다.

무덤 왼쪽의 땅을 정리하고 후토신(后土神)에게 제사(祭祀) 지낸다.

주자가례(朱子家禮)에서는 묘제(墓祭)에 대하여 다음과 같이 나타내고 있다. 자리를 펴고 집에서 제사(祭祀) 지내는 것과 같이 음식을 진설(陳設)한다. 참신(參神), 강신(降神), 초헌(初獻)은 집에서 지내는 의례(儀禮)와 같다. 다만 축(祝)을 '모친모관부군의 묘소가 세월이 흘러 비와 이슬이 이미 젖었습니다. 우리리 무덤을 쓸고 보니 시모참을 이기지 못합니다.(如家祭之儀, 但祝辭云, 某親某官府君之墓, 氣序流易, 雨露旣濡, 瞻掃封塋, 不勝感慕.)'[103]라고 한다.

다음 [서식 5-16]은 묘제(墓祭) 축문(祝文)[104]이다.

---

103 주희(朱熹) 저, 임민혁 옮김(1999), 주자가례, 예문서원, p. 486.
104 이재(李縡), 국역 사례편람(四禮便覽), 우봉이씨 대종회, 명문당, p. 243.

[서식 5-16] 묘제축(墓祭祝)

維

年號幾年歲次干支幾月干支朔幾日干支某親某官

연호기년세차간지기월간지삭기일간지모친모관

某敢昭告于

모감소고우

顯某親某官府君之墓氣序流易雨露旣濡瞻掃

현모친모관부군지묘기서유역우로기유첨소

封塋不勝感慕謹以清酌庶羞

봉영불승감모근이청작서수

祗薦歲祀尚

지천세사상

饗

향

오늘

연호 몇 년 세차 간지 몇 월 초하루 간지 며칠 간지 효자 아무개는 감히 밝혀 공경하옵는 아버지 아무 벼슬 부군께 아룁니다. 계절이 바뀌어 벌써 비와 이슬이 내렸습니다. 우러러 묘소를 쓸고 보니 사모하는 마음을 누를 길이 없습니다. 삼가 맑은 술과 여러 음식으로 공손히 드리는 예를 펴오니 흠향하소서.

아헌(亞獻), 종헌(終獻), 사신(辭神)하고 철상(徹)한 뒤에 후토신(后土神)에게 제사(祭祀) 지내기 위하여 자리를 편다.

후토신(后土神)에게는 강신(降神), 참신(參神), 삼헌(三獻; 초헌, 아헌, 종헌), 사신(辭神), 철상(徹)의 순으로 제사(祭祀) 지낸다.

축문(祝文)은 '아무 관직 아무개가 감히 후토신(后土神)에게 아룁니다.

아무개가 모친모관부군(某親某官府君)의 묘소에 공손히 세사(歲事)를 드리오니 보호하고 도우심은 실로 신의 보살핌 덕분입니다. 감히 술과 음식으로 삼가 전헌(奠獻)하오니 흠향(歆饗)하시기 바랍니다.(某官姓名, 敢昭告于, 后土氏之神. 某恭修歲事於某親某官府君之墓, 惟時保佑, 實賴神休, 敢以酒饌, 敬伸奠獻, 尙饗.)'[105]라고 한다.

나. 한식(寒食)

한식(寒食)은 동지(冬至)로부터 105일 째의 날이다. 보통 양력으로 4월 5일, 또는 4월 6일에 해당한다.

한식(寒食)의 유래(由來)는 다음과 같다. 춘추(春秋) 시대에 진(晉)나라의 왕자였던 문공(文公)은 나라가 어수선하여 여러 나라를 떠돌았다. 문공(文公)에게는 개자추(介子推)라는 충신이 있었다. 개자추(介子推)는 문공(文公)의 허기를 채워주기 위해 허벅지의 살을 베어 국을 끓여주기도 하였다. 문공(文公)은 마침내 진(晉)나라의 왕이 되었는데, 그 후로 개자추(介子推)의 충의(忠義)를 잊고 말았다. 이에 개자추(介子推)는 늙은 어머니를 모시고 산속으로 숨어버렸다. 뒤늦게 잘못을 깨달은 문공(文公)은 개자추(介子推)를 불렀으나 그는 산에서 나오지 않았다. 문공(文公)은 개자추(介子推)가 효성이 지극하므로 불을 지르면 어머니를 위해서라도 산에서 내려오리라 생각하였다. 그러나 개자추(介子推)는 끝까지 내려오지 않았고, 산에서 불에 타 죽었다. 문공(文公)은 자신의 실수를 뼈저리게 느끼며, 가슴이 아파 개자추(介子推)를 기리기 위하여 백성들에게 이날 하루는 불을 피우지 말라고 명하였다. 이에 백성들은 불을 피우지 못하여 찬밥을 먹어야 했으므로, 한식(寒食)이라 하였다.

---

105 주희(朱熹) 저, 임민혁 옮김(1999), 주자가례, 예문서원, p. 487.

한식(寒食)을 맞으면 궁중에서는 내병조(內兵曹)에서 버드나무를 문질러 불을 일구어서 왕에게 바쳤고, 왕은 각 부서와 신하들에게 새 불씨를 나누어 주었다. 궁중과 신하들은 새 불씨를 받기 위해 묵은 불씨를 없앴으므로, 이날은 각 가정에서 불씨가 없어 불을 피우지 못했고 자연히 찬 음식을 먹게 되었다.[106]

한식(寒食)은 양력으로 대개 4월 5일이나 6일쯤이다. 따라서 이때가 되면 씨를 뿌리거나 나무를 심을 절기이다. 조상의 묘소를 찾아 잔디가 잘 자라는지 살펴보고 묘제(墓祭)를 지내는 것도 효(孝)의 실천이다.

다음 [서식 5-17]은 한식(寒食) 산신축(山神祝)이며, [서식 5-18]은 한식축(寒食祝)[107]이다.

[서식 5-17] 한식(寒食) 산신축(山神祝)

維歲次某年某月干支朔某日干支幼學姓名
유세차모년모월간지삭모일간지유학성명

敢昭告于
감소고우

土地之神 今爲五代祖考學生府君
토지지신 금위오대조고학생부군

五代祖妣孺人某貫姓氏之墓 經年閱歲
오대조비유인모관성씨지묘 경년열세

神基佑之 俾無後艱 勤以 清酌脯醢
신기우지 비무후간 근이 청작포해

祇薦于神 尚
지천우신 상

饗
향

---

106 김득중(金得中), 예절강좌, 유교신문(儒敎新聞), 1989년 4월 1일자.
107 주병문(朱柄文, 1980), 축문집(祝文集), 필사본, p. 14.

이제 ○○년 ○월 ○○일에 유학 ○○○는 산신께 감히 밝혀 아뢰나이다. 오늘 오대조 할아버님 ○○○○ 어른과 오대조 할머님 부인 ○○○씨의 묘소에 이르러보니 해가 바뀌고 세월이 흘렀습니다. 신께서 도우시어 뒷날의 어려움이 없도록 하여주소서. 삼가 맑은 술과 포해로써 공경히 신께 바치오니 흠향하소서

[서식 5-18] 한식축(寒食祝)

향 饗		근이 청작서수 지천세사 상	謹以 淸酌庶羞 祇薦歲祀 尙	우로기유 첨소봉영 불승영모	雨露既濡 瞻掃封塋 不勝永慕	현오대조비유인모관성씨지묘 기서유역	顯五代祖妣孺人某貫姓氏之墓 氣序流易	현오대조고학생부군	顯五代祖考學生府君	감소고우	敢昭告于	유세차모년모월간지삭모일간지육세손명 維歲次某年某月干支朔某日干支六世孫名

이제 ○○년 ○월 ○○일에 육세손 ○○는 오대조 할아버님 ○○○○ 어른과 오대조 할머님 부인 ○○○씨 묘소 앞에 감히 밝혀 아뢰나이다. 절기가 흐르고 세월이 바뀌어 이미 비와 이슬이 내렸습니다. 우러러 묘소를 쓸고 보니 영원히 흠모하는 마음을 이길 수 없습니다. 삼가 맑은 술과 갖은 음식을 해마다 바치오니 흠향하소서

6. 사시제(四時祭)

사시제(四時祭)는 1년에 네 차례에 걸쳐 사당(祠堂)에서 지내는데, 춘분(春分), 하지(夏至), 추분(秋分), 동지(冬至)에 지내거나, 혹은 중월(仲月) 중에서 정일(丁日)이나 해일(亥日)로 날을 가려서 정하여 지낸다. 시제(時祭)라고도 한다. 시제(時祭)는 집안에 따라서는 1년에 한 번만 지내는 경우도 있다.

역부환조(易父換祖)의 수법으로 족보(族譜)를 위조하였다 하더라도 시제(時祭)에서는 조상과 자손의 관계를 속일 수 없으므로 향촌사회(鄕村社會)에서는 지배 계층으로 인정받기 위한 수단으로 삼거나, 동족(同族)의 결속을 강화하는 의례(儀禮)로도 이용되었다.[108]

시제(時祭)는 여러 제례(祭禮) 중에서도 그 의식(儀式)이 잘 갖추어졌다고 할 수 있다. 그러나 이재(李縡) 선생은 '시제(時祭)는 정제(正祭)이고, 제사(祭祀)는 시제(時祭)보다 중한 것이 없거늘, 근세에는 행하는 자가 심히 적으니, 참으로 한심스럽다.'[109]라고 하였다. 조선 시대에도 시제(時祭)는 잘 지내지 않았던 듯하다.

주자가례(朱子家禮)의 사시제(四時祭)를 간추리면 다음과 같다.[110]

- 시제(時祭)는 중월(仲月; 2월, 5월, 8월, 11월)을 쓴다. 열흘 전에 날을 점친다.(時祭用仲月. 前旬卜日.)
- 사흘 전에 재계(齋戒)한다.(前期三日, 齊戒.)
- 하루 전에 신위(神位)를 설치하고 그릇을 진설(陳設)한다.(前一日, 設位陳器).

---

108 임돈희(1996), 조상 제례, 대원사, pp. 31~36.
109 이재(李縡), 국역 사례편람(四禮便覽), 우봉이씨 대종회, 명문당, pp. 233~234.
110 주희(朱熹) 저, 임민혁 옮김(1999), 주자가례, 예문서원, pp. 429~461.

- 제사(祭祀)에 쓰일 희생(犧牲)을 살피고 그릇을 닦으며 음식을 갖춘다.(省牲, 滌器, 具饌.)
- 다음날 새벽에 일어난다. 채소, 과일, 술, 음식을 진설(陳設)한다. (厥明 夙興. 設蔬果酒饌.)
- 동이 틀 무렵 신주(神主)를 받들어 자리에 나아간다.(質明, 奉主就位.)
- 참신(參神), 강신(降神), 진찬(進饌), 초헌(初獻), 아헌(亞獻), 종헌(終獻), 유식(侑食), 합문(闔門), 계문(啓門), 음복(飮福), 사신(辭神).(參神, 降神, 進饌, 初獻, 亞獻, 終獻, 侑食, 闔門, 啓門, 受胙, 辭神.)
- 신주(神主)를 들인다.(納主.)
- 철상(撤床)한다.(徹.)
- 남은 제사(祭祀) 음식을 대접한다.(餕.)

주자(朱子)는 사시제(四時祭)의 날짜를 택함에 있어 '중월 상순 중 하루를 택하되 혹은 정일(丁日), 혹은 해일(亥日)로(擇仲月三旬各一日, 或丁或亥.)한다.'[111]고 하면서도, 사마온공(司馬溫公)이 말한 '맹선(孟詵)[112]의 집의 제의(祭儀)에는 이지이분(二至二分)[113]을 사용했다.(司馬溫公曰, 孟詵家祭儀, 用二至二分.)'[114]라는 것을 인용함으로써 날짜는 집안에 따라 다를 수 있음을 나타내고 있다.

가. 재계(齋戒)

주자가례(朱子家禮)에 이르기를 '사흘 전에 주인(主人)은 뭇 장부들을 거느리고 밖에서 치재(致齋)한다. 주부(主婦)는 뭇 부녀자를 거느리고 안

---

111 주희(朱熹) 저, 임민혁 옮김(1999), 주자가례, 예문서원, p. 430.
112 맹선(孟詵) : 당대 여주(汝州) 사람.
113 이지이분(二至二分) : 하지(夏至)와 동지(冬至)인 이지(二至), 춘분(春分)과 추분(秋分) 인 이분(二分).
114 주희(朱熹) 저, 임민혁 옮김(1999), 주자가례, 예문서원, p. 431.

에서 치재(致齋)한다. 목욕하고 옷을 갈아입는다. 술을 마시되 어지러운데 이르지 않도록 하고, 고기를 먹되 냄새나는 채소를 먹지 않는다. 조상(弔喪)하지 않으며(조문하지 않으며), 음악을 듣지 않는다. 흉(凶)하고 더러운 일에는 모두 참례(參禮)하지 않는다.(前期三日, 主人帥衆丈夫, 致齊於外. 主婦帥衆婦女, 致齊於內. 沐浴更衣. 飮酒不得至亂, 食肉不得茹葷. 不弔喪, 不聽樂. 凡凶穢之事, 皆不得預.)'[115]라고 하였다.

나. 설위진기(設位陳器)

다음 [그림 5-6]은 시제(時祭)의 설위진기도(設位陳器圖)이다.

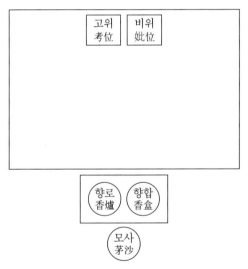

[그림 5-6] 시제(時祭)의 설위진기도(設位陳器圖)

주자가례(朱子家禮)에 이르기를 '주인(主人)은 여러 장부를 거느리고 심의(深衣)를 입고 집사(執事)와 함께 정침(正寢)을 청소하며 의자와 탁자를 깨끗이 씻고 털어 청결하게 한다. 신위(神位)를 당(堂)의 서북쪽에

---

[115] 주희(朱熹) 저, 임민혁 옮김(1999), 주자가례, 예문서원, p. 433.

남향하도록 진설(陳設)하는데, 고(考)는 서쪽이요, 비(妣)는 동쪽이다. 향안(香案)을 당(堂) 가운데에 진설(陳設)하고 향로(香爐)와 향합(香盒)을 그 위에 놓는다. 띠풀 묶음과 모래 두엄[모사(茅沙)]을 향안(香案)의 앞에 놓는다.(主人帥衆丈夫深衣, 及執事灑掃正寢, 洗拭倚卓, 務令蠲潔, 位於堂西北壁下南向, 考西妣東. 設香案於堂中, 置香爐香合於其上. 束茅聚沙於香案前.)'116라고 하였다.

다. 척기구찬(滌器具饌)

그릇을 닦고 음식을 갖춘다.

라. 설소과주찬(設蔬果酒饌)

다음날 새벽에 일어나 채소, 과일, 술, 음식을 진설(陳設)한다.

마. 봉주취위(奉主就位)

동이 틀 무렵 신주(神主)를 받들어 자리에 나아간다.

바. 참신(參神)

참신(參神)은 신주(神主)를 뵙는 의례(儀禮)이다. 주자가례(朱子家禮)에 의하면 '주인(主人) 이하는 차례로 서는데, 사당(祠堂)의 의례(儀禮)와 같다. 자리가 정해지면 재배(再拜)한다. 만약 존장(尊長)이 늙거나 병들었으면 다른 장소에서 쉰다.(主人以下叙立, 如祠堂之儀. 立定再拜. 若尊長老疾者, 休於他所.)'117라고 하였다.

---

116 주희(朱熹) 저, 임민혁 옮김(1999), 주자가례, 예문서원, p. 434.
117 주희(朱熹) 저, 임민혁 옮김(1999), 주자가례, 예문서원, p. 445.

또한 참신(參神)에서 분향(焚香)하고 좨주(祭酒)하는 것에 대하여 주자가례(朱子家禮)에서는 사마온공(司馬溫公)의 말을 인용하여 '옛날 제사(祭祀)는 신령(神靈)이 있는 곳을 알지 못하였기 때문에 울창주(鬱鬯酒)를 부어 냄새가 음(陰)으로 연천(淵泉)에 도달하게 하고, 쑥을 메기장(黍)과 차기장(稷)을 합해 냄새가 양(陽)으로 장옥(牆屋)에 도달하게 하였으니 널리 신령(神靈)을 구하려는 까닭이었다. 지금 이러한 예는 사민(士民)의 집에서 행하기 어려우므로 다만 분향(焚香)하고 술을 땅에 붙는 것[뇌주(酹酒)]이다.(司馬溫公曰, 古人祭者, 不知神之所在, 故灌用鬱鬯, 臭陰達于淵泉, 蕭合黍稷, 臭陽達于牆屋, 所以廣求神也. 今此禮旣難行於士民之家, 故但焚香酹酒以代之.)'[118]라고 하였다.

또한 강신(降神)에 앞서 참신(參神)하는 것에 대하여 진북계(陳北溪)[119]의 말을 인용하여 '이미 신주(神主)를 그 자리에 모셨다면 그 신주(神主)를 헛되이 볼 수 없고 반드시 절하고 공경해야 하므로 참신(參神)은 마땅히 (강신보다) 앞에 있어야 한다. 술을 따름에 이르러서는 또 장차 술을 드려 친히 그 신령(神靈)을 제향(祭饗)하는 처음이 되므로 강신(降神)이 마땅히 뒤에 있어야 한다. 그러나 시조(始祖)와 선조(先祖)의 제사(祭祀)는 다만 허위(虛位; 즉 지방(紙榜)을 말함)를 설치하고, 신주(神主)가 없으면 강신(降神)하고 뒤에 참신(參神)하는 것이 마땅하다.(北溪陳氏曰, 蓋旣奉主於其位, 則不可虛視其主, 而必拜而肅之, 故參神宜居於前. 至灌則又所以爲將獻, 而親饗其神之始也, 故降神宜居於後. 然始祖先祖之祭, 只設虛位而無主, 則又當先降後參.)'[120]라고 하였다.

---

118 주희(朱熹) 저, 임민혁 옮김(1999), 주자가례, 예문서원, p. 445.

119 진북계(陳北溪) : 진순(陳淳).

120 주희(朱熹) 저, 임민혁 옮김(1999), 주자가례, 예문서원, p. 445.

사. 강신(降神)

주자가례(朱子家禮)에 의하면, 강신(降神)의 절차는 '주인(主人)이 올라가 홀(笏)을 꽂고 분향(焚香)한 다음 홀(笏)을 빼어 들고 조금 물러나 선다. 집사(執事) 한 사람이 술병 마개를 열고 수건으로 병부리를 닦아서 주전자에 술을 채운다. 한 사람은 동쪽 계단의 탁자 위에 있는 쟁반과 술잔을 가지고 주인(主人)의 왼쪽에 선다. 한 사람을 주전자를 들고 주인(主人) 오른쪽에 선다. 주인(主人)이 홀(笏)을 꽂고 무릎을 꿇으면 쟁반과 술잔을 받들고 있는 사람 또한 무릎을 꿇는다. 잔받침과 술잔을 내놓으면 주인(主人)이 그것을 받는다. 술주전자를 가지고 있는 사람 또한 무릎을 꿇고 잔에 술을 따른다. 주인(主人)이 왼손에 잔받침을 들고 오른손에 술잔을 들고서 띠풀 위에 술을 붓는다. 그리고 나서 잔받침과 술잔을 집사(執事)에게 준다. 홀(笏)을 빼어들고 부복(俯伏)하였다가 일어나 재배(再拜)하고 내려와 자리로 돌아간다.(主人升, 搢笏焚香再拜, 出笏少退立. 執事者一人, 開酒取巾拭瓶口, 實酒于注. 一人取東階卓子上盤盞, 立於主人之左. 一人執注, 立於主人之右. 主人搢笏跪, 奉盤盞者亦跪. 進盤盞, 主人受之. 執注者亦跪, 斟酒於盞. 主人左手執盤, 右手執盞, 灌於茅上. 而盤盞授執事者. 出笏, 俛伏興, 再拜, 降復位.)'[121]라고 하였다.

아. 진찬(進饌)

[그림 5-7]은 진찬(進饌) 이전의 진설도(陳設圖)이다. [그림 5-7]에서 점선으로 표시된 빈 자리는 진찬(進饌)을 거치면서 반(飯; 메), 면(麵), 육(肉), 어(魚), 병(餠; 떡)이 채워지게 된다. 또한 적(炙)은 초헌(初獻)에서 올려 진설을 채운다.

---

121 주희(朱熹) 저, 임민혁 옮김(1999), 주자가례, 예문서원, p. 446.

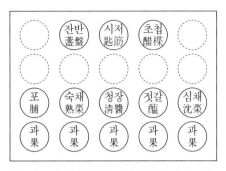

[그림 5-7] 진찬(進饌) 이전의 진설도(陳設圖)

주자가례(朱子家禮)에 의하면, 진찬(進饌)의 절차는 '주인(主人)은 홀(笏)
을 꽂고 육전(肉奠; 肉)을 잔반(盞盤)의 남쪽에 올리면, 주부(主婦)는 면식
전(麪食奠; 麵)을 고기의 서쪽에 올린다. 주인(主人)이 어전(魚奠; 魚)을 초
첩(醋楪) 남쪽에 올리고, 주부(主婦)는 미식전(米食奠; 餠)을 어전의 동쪽에
올린다. 주인(主人)이 갱전(羹奠; 羹)을 초첩(醋楪)의 동쪽에 올리고, 주부
(主婦)는 반전(飯奠; 飯)을 잔반(盞盤)의 서쪽에 올린다.(主人搢笏, 奉肉奠
于盤盞之南, 主婦奉麪食奠于肉西. 主人奉魚奠于醋楪之南, 主婦奉米食奠
于魚東. 主人奉羹奠于醋楪之東, 主婦奉飯奠于飯盞之西.)'[122]라고 하였다.

[그림 5-8]은 진찬(進饌) 이후의 진설도(陳設圖)이다.

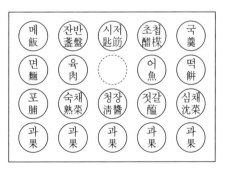

[그림 5-8] 진찬(進饌) 이후의 진설도(陳設圖)

---

122 주희(朱熹) 저, 임민혁 옮김(1999), 주자가례, 예문서원, p. 448.

자. 초헌(初獻)

주자가례(朱子家禮)에 의하면 초헌(初獻)의 절차는 '집사(執事) 한 사람이 술과 주전자를 들고 주인(主人)의 오른쪽에 선다. 주인(主人)은 신위(神位) 앞에서 동향하여 선다. 집사(執事)가 서향하여 잔에 술을 따르면 주인(主人)이 이를 받들어서 제자리에 올린다. 고(考)에게 올린 뒤에 비(妣)에게 올린다. 주인(主人)이 신위(神位) 앞에 북향하여 선다. 집사(執事) 두 사람이 고(考)와 비(妣)의 잔반(盞盤)을 들고 주인(主人) 옆에 선다. 주인(主人)이 무릎을 꿇으면 양쪽의 집사(執事)도 무릎을 꿇는다. 주인(主人)이 고(考)의 잔반(盞盤)을 받는데 오른손으로 술잔을 받들어 모사(茅沙) 위에 좨주(祭酒)하고 잔반(盞盤)을 집사(執事)에 돌려주면, 집사(執事)는 잔반(盞盤)을 제자리에 놓는다. 비의 잔반(盞盤)도 역시 마찬가지로 한다. 주인(主人)은 부복(俯伏)하였다가 일어나서 조금 물러나 선다. 집사(執事)가 화로에 간을 구워 접시에 담는다. 형제 중 맏이 한 사람이 그것을 받들어 시저의 남쪽에 올린다.(執事者炙肝於爐, 以楪盛之. 兄弟之長一人奉之, 奠於高祖考妣前, 匙筋之南.)'[123]라고 하였다.

[그림 5-9]는 초헌(初獻) 진설도(陳設圖)이다.

[그림 5-9] 초헌(初獻) 진설도(陳設圖)

---

123 주희(朱熹) 저, 임민혁 옮김(1999), 주자가례, 예문서원, p. 449.

이후에 축(祝)이 축판(祝板)을 들고 주인(主人)의 왼쪽에 서서 무릎을 꿇고 축(祝)을 읽는다. 사례편람(四禮便覽)의 시제(時祭) 축문(祝文)[124] 은 [서식 5-19]와 같다.

[서식 5-19] 시제축(時祭祝)

								한자	한글
饗 향	祔食尙 부식상	祗薦歲事以某親某官府君某親某封某氏 지천세사이모친모관부군모친모봉모씨	追感歲時不勝永慕敢以淸酌庶羞 추감세시불승영모감이청작서수	顯高祖妣某封某氏氣序流易時維仲春 현고조비모봉모씨기서유역시유중춘	顯高祖考官府君 현고조모관부군	某敢昭告于 모감소고우	年號幾年歲次幾月干支朔幾日干支某孝玄孫 연호기년세차기월간지삭기일간지모효현손	維 유	

오늘, 연호 몇 년 세차 간지 몇 월 초하루 간지 며칠 간지 효현손 아무개는 감히 밝혀 공경하옵는 고조할아버지 무슨 벼슬 부군, 공경하옵는 고조할머니 무슨 봉호 무슨 성씨께 아룁니다. 절기가 흐르듯이 바뀌어 계절이 중춘이 되었습니다. 세시마다 추모하여 느끼기에 깊이 사모함을 이기기 못합니다. 감히 맑은 술과 뭇 음식을 계절의 일로 드리오며, 아무 친족 무슨 벼슬 부군 아무 친족 무슨 봉호 무슨 성씨를 곁들여 음식을 올리오니, 흠향하소서.

---

124 이재(李縡), 국역 사례편람(四禮便覽), 우봉이씨 대종회, 명문당, pp. 226~227.

차. 아헌(亞獻)

주자가례(朱子家禮)에서 아헌(亞獻)의 절차는 '아헌(亞獻)은 주부(主婦)가 한다. 모든 부녀는 구운 고기를 받들어 올린다. 나누어 헌작(獻酌)하는 일은 초헌(初獻)의 의례(儀禮)처럼 하는데 다만 축(祝)을 읽지 않는다. 제례(祭禮)에는 주인(主人)이 초헌(初獻)한다. 주부(主婦)가 있지 않으면 아우가 아헌(亞獻)하고 제부(弟婦)가 종헌(終獻)한다.(主婦爲之. 諸婦女奉炙肉. 及分獻, 如初獻儀, 但不讀祝. 朱子曰, 祭禮, 主人作初獻, 未有主婦, 則弟得爲亞獻, 弟婦爲終獻.)'[125]라고 하였다.

카. 종헌(終獻)

주자가례(朱子家禮)에 이르기를 '형제 중 장자 혹은 장남, 혹은 친척이나 빈객(賓客)이 한다. 뭇 자제는 구운 고기를 받들어 올린다. 나누어 헌작(獻酌)하는 일은 아헌(亞獻)의 의례(儀禮)처럼 한다.(兄弟之長, 或長或, 或親賓爲之. 衆子弟奉炙肉. 及分獻, 如亞獻儀.)'[126]라고 하였다.

타. 유식(侑食)

주자가례(朱子家禮)에서 유식(侑食)에 대하여 이르기를 '주인(主人)이 올라가 홀(笏)을 꽂고 주전자를 들어 모든 신위(神位)에 술을 따라서 다 가득 차게 하고 향안(香案)의 동남쪽에 선다. 주부(主婦)가 올라가 숟가락을 밥 가운데 꽂되 손잡이를 서쪽으로 하고 젓가락을 바르게 하며, 향안(香案)의 서남쪽에 선다. 모두 북향하여 재배(再拜)하고, 내려와 자리로 돌아간다.(主人升, 搢笏執注, 就斟諸位之酒皆滿, 立於香案之東南. 主

---

125 주희(朱熹) 저, 임민혁 옮김(1999), 주자가례, 예문서원, p. 452.
126 주희(朱熹) 저, 임민혁 옮김(1999), 주자가례, 예문서원, p. 453.

婦升, 扱匙飯中, 西柄, 正筯, 立於香案之西南. 皆北向再拜, 降復位.)'[127]라
고 하였다.

파. 합문(闔門)

주자가례(朱子家禮)에서 합문(闔門)에 대하여 이르기를, '주인(主人)
이하가 모두 나오면 축(祝)이 문을 닫는데, 문이 없는 곳이면 발을 드리
우는 것도 괜찮다. 주인(主人)은 문의 동쪽에 서서 서향하고 뭇 장부는
그 뒤에 머문다. 주부(主婦)는 문의 서쪽에서 동향하고 뭇 부녀는 그 뒤
에 머문다. 만약 존장(尊長)이 있으면 다른 곳에서 조금 쉬니, 이것이 이
른바 '염(厭)'[128]이다.(主人以下皆出, 祝闔門, 無門處, 卽降簾可也. 主人立
於門東西向, 衆丈夫在其後. 主婦立於門西東向, 衆婦女在其後. 如有尊長,
則少休於他所, 此所謂厭也.)'[129]라고 하였다.

하. 계문(啓門)

주자가례(朱子家禮)에서 계문(啓門)에 대하여 이르기를, '축(祝)이 어
험하고 세 번 소리를 내고 문을 열면 주인(主人) 이하는 모두 들어간다.
앞서 다른 곳에서 쉬던 존장(尊長)도 또한 들어가 자리에 나아간다. 주인
(主人)과 주부(主婦)가 차(茶)를 받들어 고(考)와 비(妣)의 앞에 나누어 바
친다.(祝聲三噫歆, 乃啓門, 主人以下皆入. 其尊長先休於他所者, 亦入就
位. 主人主婦奉茶, 分進于考妣之前.)'[130]라고 하였다.

---

127 주희(朱熹) 저, 임민혁 옮김(1999), 주자가례, 예문서원, p. 454.

128 염(厭) : 염(厭)은 '배부르게 먹는다'는 뜻이니, 신령의 흠향(歆饗)을 말한다.

129 주희(朱熹) 저, 임민혁 옮김(1999), 주자가례, 예문서원, p. 454.

130 주희(朱熹) 저, 임민혁 옮김(1999), 주자가례, 예문서원, p. 455.

거. 수조(受胙)

수조(受胙)는 복(福)을 나누는 것을 말한다. 주인(主人)이 나아가 북향한다. 축(祝)이 잔반(盞盤)을 들고 주인(主人)의 오른쪽으로 나아간다. 주인(主人)이 무릎을 꿇으면 축(祝)도 무릎을 꿇는다. 주인(主人)이 잔반(盞盤)을 받아 좨주(祭酒)하고 술을 맛본다.

주자가례(朱子家禮)에 수조(受胙)에 대하여 이르기를 '축(祝)이 숟가락과 받침을 가져다가 모든 신위(神位)의 밥을 각각 조금씩 떠서 받들어 주인(主人)의 왼쪽으로 가서 복(福)을 빌면서 (조고의 제사라면)"조고(祖考)께서 공축(工祝)[131]에게 명하여 많은 복을 그대의 효손에게 이르게 하였으니, 그대들은 하늘에서는 녹을 받고 밭에서는 농사가 잘될 것이며, 눈썹이 세도록 오래 살아서 폐하지 말고 길이 하라."고 말한다.(祝取匙並盤, 抄取諸位之飯各少許, 奉以詣主人之左, 嘏于主人曰, 祖考命工祝, 承致多福於汝孝孫, 使汝受祿於天, 宜稼於田, 眉壽永年, 勿替引之.)'[132]라고 하였다.

주인(主人)이 술을 놓고 부복(俯伏)하였다가 재배(再拜)한다. 무릎을 꿇고 밥을 받아 맛보고 동쪽 계단 위에 서서 서향한다. 축(祝)이 서쪽 계단 위에 동향하여 서서 '이성(利成)'이라고 아뢰고 내려와 자리로 돌아간다. 모두 재배(再拜)한다. 주인(主人)은 절하지 않고 내려와 자리로 돌아간다.

너. 사신(辭神)

주인(主人) 이하는 모두 재배(再拜)한다.

---

131 공축(工祝) : 사례편람(四禮便覽)에는 제사(祭祀)의 신으로 해석.

132 주희(朱熹) 저, 임민혁 옮김(1999), 주자가례, 예문서원, pp. 455~456.

더. 납주(納主)

주인(主人)과 주부(主婦)는 모두 올라가 각각 신주(神主)를 받들어 독(櫝)에 들여놓는다.

러. 철상(撤床)

주부(主婦)가 들어와서 잔과 주전자와 다른 그릇에 남아 있는 것을 살펴 거두어서 모두 병에 넣고 봉한다. 채소, 과일, 고기, 음식은 모두 다른 그릇에 옮긴다. 주부(主婦)는 제기(祭器)를 씻어 보관하는 것을 살핀다.

참고문헌

가례언해(家禮諺解), 券之一 ~ 家禮諺解 券之十一.

건전가정의례의 정착 및 지원에 관한 법률(2012. 2. 1.).

건전가정의례준칙(2019. 7. 2. 개정).

경제기획원 조사통계국(1987), 1985 인구 및 주택 센서스 보고 제1권 전국편.

高麗大學校 民族文化硏究所(1995), 韓國民俗大觀 제1권 (社會構造·冠婚喪祭), 高大民族文化硏究所 出版部.

국립중앙박물관(1998), 박물관 전시유물 이야기.

국민윤리교재편찬위원회(1987), 社會와 倫理, 寶晉齋.

권영한(1998), 사진으로 배우는 관혼상제(冠婚喪祭), 전원문화사.

近思錄(上), 都珖淳 譯(1978), 瑞文堂.

近思錄(下), 都珖淳 譯(1978), 瑞文堂.

金能根(1973), 中國哲學史, 탐구당.

金于齋 編著(1992), 修正增補 正本 萬歲曆, 明文堂.

金赫濟(1998), 乙卯年大韓民曆, 明文堂.

論語, 南晩星 譯註(1978), 瑞文堂.

논어(論語), 박일봉(朴一峰) 譯著(1989), 育文社.

대천문화원(1987), 傳統禮節, 明文堂.

大學·中庸, 金赫濟 校閱(1986), 明文堂.

大學·中庸, 尹在瑛 譯註(1981), 正音社.

孟子, 都珖淳 譯註(1979), 正音社.

文化財研究所 藝能民俗研究室(1987), 韓國民俗綜合調査報告書 第十八册, 文化公報部 文化財管理局.

朴鍾浩(1959), 東洋哲學入門, 普光出版社.

史記 (本記·世家), 崔大林 譯解(1994), 홍신문화사.

史記, 최진규 역해(1996), 고려원.

成均館(1985), 儒林便覽, 儒道會總本部.

成均館(1993), 儒林教養全書.

성균관대학교 유학과(成均館大學校 儒學科, 1981), 유학원론(儒學原論), 成均館大學校出版部.

孫仁銖(1991), 韓國教育思想史Ⅲ(儒教의 教育思想), 文音社.

孫仁銖(1992), 韓國人의 家庭教育, 文音社.

손인수(1997), 한국인의 효도문화, 문음사.

신희철(申義澈) 編著(1990), 상례요람(常禮要覽), 보경문화사.

禮記, 李民樹 譯解(1997), 혜원출판사.

袁珂(1988), 中國의 古代神話, 文藝出版社.

儒教新聞, 1988년 9월 1일~1995년 3월 15일자.

兪炳鶴 編著(1984), 言語生活, 教學研究社.

이율곡(李栗谷) 著, 김성원(金星元) 譯(1986), 신완역 격몽요결(新完譯 擊蒙要訣), 明文堂.

李栗谷 著, 韓國精神文化研究院 編(1988), 國譯 栗谷全書, 株式會社 普晉齋.

이재(李縡), 국역 사례편람(四禮便覽), 우봉이씨 대종회, 명문당.

이형석(1998), 좌우에 관한 전통 관습 -남좌여우·남동여서-, 우리문화 9월호.

임돈희(1996), 조상 제례, 대원사.

임재해(1996), 전통 상례, 대원사.

조선일보사(1994), 사진과 그림으로 보는 가정의례.

주병문(朱柄文, 1980), 축문집(祝文集), 필사본.

주자가례(朱子家禮), 주희(朱熹), 임민혁 역(1999), 예문서원.

朱熹, 文公家禮(中華民國 5年, 1916), 上海江左書林.

청양문화원(1998), 전통혼례.

최길성(1986), 한국의 조상숭배, 도서출판 예전사.

崔在錫(1988), 韓國의 家族用語, 民音社.

崔虎 編著(1995), 最新 家庭寶鑑, 홍신문화사.

통계청(1996), 한국 사회의 지표.

한국국민윤리학회(1986), 國民 倫理, 螢雪出版社.

한국국민윤리학회(1988), 韓國의 傳統思想, 螢雪出版社.

한국학중앙연구원출판부(2014), 증보 사례편람 역주본.

韓永愚(1991), 우리 역사와의 대화, 을유문화사.

韓龍得(1986), 冠婚喪祭, 弘新文化社.

黃幹 著, 姜浩錫 譯(1975), 朱子行狀, 乙酉文化社.

황원구(1984), 中國思想의 源流, 연세대학교 출판부.

주자가례를 바탕으로 한
전통의례

초판 인쇄 2020년 4월 17일
초판 발행 2020년 4월 24일

지은이 | 주병구
발행자 | 김동구
디자인 | 이명숙 · 양철민
발행처 | 명문당(1923. 10. 1 창립)
주   소 | 서울시 종로구 윤보선길 61(안국동)
　　　　우체국 010579-01-000682
전   화 | 02)733-3039, 734-4798, 733-4748(영)
팩   스 | 02)734-9209
Homepage | www.myungmundang.net
E-mail | mmdbook1@hanmail.net
등   록 | 1977. 11. 19. 제1~148호

ISBN 979−11−90155−39−7 (03380)
25,000원